마르크스 vs 베버

세창프레너미Frenemy 008

마르크스 vs 베버

초판 1쇄 인쇄 2020년 12월 30일
초판 1쇄 발행 2021년 1월 7일
—
지은이 윤원근
펴낸이 이방원
편 집 송원빈·김명희·안효희·정조연·정우경·최선희·조상희
디자인 양혜진·손경화·박혜옥   **영 업** 최성수   **마케팅** 이예희
—
펴낸곳 세창출판사
　　　　신고번호 제300-1990-63호 **주소** 03735 서울시 서대문구 경기대로 88 냉천빌딩 4층
　　　　전화 02-723-8660 **팩스** 02-720-4579 **이메일** edit@sechangpub.co.kr **홈페이지** http://www.sechangpub.co.kr
　　　　블로그 blog.naver.com/scpc1992 **페이스북** fb.me/Sechangofficial **인스타그램** @sechang_official
—
ISBN 978-89-8411-996-3 93160

이 도서의 국립중앙도서관 출판예정도서목록(CIP)은 서지정보유통지원시스템 홈페이지(http://seoji.nl.go.kr)와
국가자료종합목록 구축시스템(http://kolis−net.nl.go.kr)에서 이용하실 수 있습니다.(CIP제어번호: CIP2020054829)

세창프레너미Frenemy 008

마르크스

vs

베버

호모 데우스 프로젝트

윤원근 지음

세창출판사

이 책은 마르크스와 베버에 관한 나의 학문적 연구를 대중 독자와 공유하는 교양서이다. 나는 『K. Marx와 M. Weber의 사상에 나타난 독일 지적 전통의 공동체 지향성에 대한 연구』로 박사학위를 받았는데, 이 책은 이 논문을 기반으로 하고 있다.

이 외에도 나는 다른 저작들에서 얻은 연구 결과물을 이 책에 함께 녹여 냈다. 출판 순서대로 소개하면 다음과 같다. 『현대 사회들의 체계』(1999), 『세계관의 변화와 동감의 사회학』(2002), 『애덤 스미스의 국부론을 말하다』(2009), 『유사 나치즘의 눈으로 읽는 프로테스탄트 윤리와 자본주의 정신』(2010), 『동감신학』(2014), 『문명의 문법과 현대문명』(2016).

나는 학부에서 경영학을 전공하고 대학원에서 사회학으로 석·박사학위를 받았다. 전공을 바꾼 이유는 '인간이란 어떤 존재이고, 인간들이 자유롭고 평등하게 서로를 존중하면서 살 수 있는 사회는 어떤 사회인가?'라는 질문이 생겼고, 이에 답하는 내 나름의 '학문 체계'를 세우고 싶었기 때문이다. 위에 언급한 책들은 이러한 관심의 결과물들이다. 사회학자로서 이 문제를 탐구하는 과정에서 피해 갈 수 없는 인물이 바로 사회학에서 가장 영향력이 큰 마르크스와 베버였다. 그래서 나는 박사학위 논문에서 마르크스와 베버에 도전하였다.

하지만 논문을 작성하면서 나는 마르크스와 베버에게서 보이는 강력한 전체주의적 열망에 크게 실망했다. 당시 나는 "K. Marx와 M. Weber의 사상에 나타난 독일 지적 전통의 전체주의적 경향에 대한 연구"라는 제목으로 학위 논문을 제출했지만, '전체주의'라는 제목이 너무 강한 주장을 담고 있어 뜻을 이루지 못하고 '공동체 지향성'으로 타협하였다.

나는 약간의 학문적 방황을 거친 후 애덤 스미스의 『도덕감정론』에서 인간성에 내재하는 보편적인 동감 원리를 발견하고 다시 학문 활동에 희망을 품게 되었다. 학술진흥재단(현 연구재단)이 지원하는 박사 후 연구 과정(1997-1999)에서 〈사회학, 질서의 문제 그리고 세계관〉이라는 프로젝트를 수행하면서, 세계관이 인간의 사고 형성에 지대한 영향을 끼친다는 사실을 확인했고, 유한 세계관과 스미스의 동감 원리를 결합한 〈동감의 사회학〉을 체계화하였다. 박사 후 연구 과정 지도 교수인 박영신 교수님과 함께 쓴 「동감의 사회학: 선한 사회의 조건에 대한 탐구」는 동감의 사회학 형성을 위한 전환점이 되었다. 그래서 출판된 책이 『세계관의 변화와 동감의 사회학』(2002)이었다. 여기에는 박사학위 논문도 포함되어 있다. 그 후 유한 세계관과 동감의 원리를 성경 해석에 적용한 결과를 『열린 사회를 위한 성경의 사회학』(2005)으로 출판하였으며, 이를 개정하고 보완하여 2014년 『동감신학』

을 출판하였다. 또 나는 이러한 연구 결과를 요약해서 소개하는 『문명의 문법과 현대문명』(2016)에서 현대문명의 문제를 해결하기 위해 동감문명 이론을 제안하였다. 나는 '동감'이 생물학을 비롯해 인문·사회과학 여러 분야와 신학까지 인간에 관련된 모든 학문을 '통섭'할 원리가 될 수 있을 것으로 생각한다. 마르크스와 베버는 이러한 보편적 동감의 정서 자체를 근본적으로 부정하는, 아니 파괴하는 사상 체계를 제시하고 있다.

이 책의 한계는 마르크스와 베버를 다루면서 이들의 독일어 원전을 직접 읽지 않았다는 점이다. 사실 나도 독일어를 완전히 익혀서 원저작을 읽어 보려고 생각하지 않은 것은 아니지만, 인생 전체를 마르크스와 베버 연구에만 낭비하고 싶지 않았다. 한국어와 영어로 번역된 책들만 읽어도 나는 이들이 무슨 생각을 하는지 나름대로 충분히 이해할 수 있었다.

이 책의 원고를 꼼꼼히 읽고 교정하면서 여러 가지 의견을 준 아들하진에게 감사한다. 신학대학원을 졸업하고 목사가 되어 현재 군목으로 복무 중인 하진은 학문적 제자인 동시에 좋은 동료이자 협력자다.

경희대학교 사회학과 송재룡 교수님께 감사를 드린다. 그는 항상 나의 학문적 노력을 격려했으며, '호모 데우스 프로젝트Homo Deus Projects'를 이 책의 부제로 정하는 데 크게 도움을 주었다. 어느 날 점심을 함께 먹던 중 이 책의 제목에 관해 내가 이야기했을 때, 그는 라틴어를 한번 사용하면 어떻겠냐는 제안을 하였고, 이 제안을 생각하다가 '호모 데우스Homo Deus'라는 라틴어가 떠올랐다. 순간 나는 마르크스와 베버의 사상을 포함하는 독일 지적 전통 전체가 하나의 거대한 호모 데우스 프로젝트라는 생각이 들었다.

호모 데우스는 '신이 된 인간'이라는 의미의 라틴어로, '인간의 신격화'를 일컫는 말이고, 호모 데우스 프로젝트는 무한 세계관의 사상 체계를 지칭하는 말이다. 나는 독자들이 마르크스와 베버의 사상을 이해하기 위한 포인트로 이들의 무한 세계관에 주목하기를 바란다. 이 책은 세계관을 유한과 무한의 관계에 초점을 두고, 유한 세계관과 무한 세계관으로 분류한다. 유한 세계관은 인간 존재의 유한성을 철저하게 자각하는 세계관이고, 무한 세계관은 인간 존재가 무한성을 성취할 수 있다고 여기는 세계관이다. 유일신의 존재를 인정하든 하지 않든, 무한성을 성취할 수 있다고 여기는 사상은 인간을 신격화하는 호모 데우스 프로젝트라고 명명할 수 있다. 일반적으로 전통문명들이 무한 세계관을 전제로 형성되었다면, 현대문명은 반대로 유한 세계관을 전제로 형성되었다고 할 수 있다.

흥미롭게도 몇 년 전에 유발 하라리가 『호모 데우스』라는 책을 출판하였다. 그는 이 책에서 호모 사피엔스가 과학기술의 도움으로 지적 설계를 통해 자신을 질적으로 훨씬 뛰어넘는 새로운 생물학적 종, 호모 데우스로 진화할 것이라고 주장했다. 그의 호모 데우스 용법이 이 책의 용법과 좀 다르지만, 호모 데우스 프로젝트를 전체주의와 연관 짓는 이 책의 논지는 미래 인류문명에 대한 우려 차원에서 하라리의 논지와 연결될 수 있다.

프레너미(friend+enemy)라는 흥미로운 시리즈를 기획하고 마르크스와 베버에 관한 원고를 나에게 부탁한 세창출판사에 감사를 드린다. 세창출판사의 청탁으로 먼지가 수북이 앉은 나의 학위 논문은 먼지를 털어 내고 새롭게 단장한 모습으로, 학위 논문의 원래 취지를 되살려 전체주의라는 콘셉트를 가진 단행본으로 세상에 나올 수 있게 되었다.

2021년 1월

윤원근

 차례

현대문명을 비판한
사회학의 영웅들

마르크스와 베버는 서구에서 출현한 현대문명modern civilization을 총체적이고 체계적으로 분석하고 비판하면서 독자적인 해결책을 제시한 사회학의 위대한 영웅적 창시자들로 인정받고 있다. 이들은 고전사회학과 현대사회학을 통틀어 사회학 분야에서 가장 강력한 인격적·지적 카리스마를 행사하면서 많은 추종자를 거느리고 있다. 사회학자들 사이에서 이 두 사람은 현대문명의 비극적 측면(마르크스는 노동자 계급에 대한 자본가 계급의 착취, 베버는 관료제적 질서의 억압)을 심오하게 분석했다는 점에서 쌍벽을 이루는 인물로 칭송되고 있다. 이들의 학문적 업적과 영향력은 사회학의 영역을 넘어 인문·사회과학 전체를 포괄하고 있으므로 사회학을 전공하지 않는 사람들에게도 이들의 명성은 익히 알려져 있다. 마르크스가 『자본론』이라는 책을 썼고, 베버가 『프로테스탄트 윤리와 자본주의 정신』을 썼다는 사실은 웬만한 사람도 다 알 정도이다.

이 책은 이 두 지적 영웅들을 서로 '친구'인 동시에 '적'이라는 시각에서 소개하고, 이들이 전체주의 관점을 취했다는 사실을 드러냄으로써 이들의 사상을 비판적으로 살펴보려고 한다. 미리 말하면, 마르크스는 잘 알려진 것처럼 공산주의 혁명 사상을 제시한 인물이고, 베버의 사상은 독일의 히틀러A. Hitler라는 카리스마적 지도자 출현의 전조라 할 수 있다.

항간에는 마르크스와 베버에 대한 잘못된 견해들이 존재하고 있다. 마르크스에 대해서는, 사상 자체는 훌륭한데 그 사상을 적용해서 현실 공산주의를 추구한 사람들이 오류를 범했다고 주장하는 견해들이 있다. 베버에 대해서는, 자유주의의 문제점과 한계를 명확히 인식하고 있었다는 의미에서, 천박한 낙관적 자유주의자와는 질이 다른 자유주의자[1], 관념론과 실증주의의 문제점을 극복하고 이 사이에 다리를 놓은 인물[2], 그리고 과학적 공평무사성公平無私性의 모범적 인물[3]이라는 견해들이 있다.

이 책은 이러한 인식과 주장이 사실이 아니라는 점을 밝혀 줄 것이다. 이들은 과학이라는 이름으로 인류의 평범한 도덕성 자체를 완전히 무시하고 파괴하는 독특한 사상 체계를 갖고 있다. 마르크스는 도덕을 생산력의 종속변수로 삼아 해체했으며, 베버는 권력의 정당성 논의를 통해 권력의 도덕적 정당성을 파괴했으며, 신념윤리와 책임윤리라는 이름으로 윤리를 파괴했다. 두 사람은 인류의 도덕성을 파괴하고 전체주의를 선호했다는 점에서 친구였지만, 마르크스가 좌파 전체주의인 유적(인류 전체를 포괄하는) 공산주의를, 베버가 우파 전체주의인 독일 민족주의를 추구했다는 점에서 적이라고 할 수 있다.

마르크스는 1818년 프로이센Preussen의 트리어Trier에서 태어났고, 베버는 1864년 프로이센의 에르푸르트Erfurt에서 태어났다. 베버가 태어났을 때 46살이었던 마르크스는 영국의 런던에서 살고 있었고, 계속 거기서 살다가 1883년 죽었다. 베버는 1920년 뮌헨에서 죽었다. 이 두 사람은 한 번도 서로 만난 적이 없었다. 하지만 둘 다 프로이센 왕국 출신이라는 사실이 매우 중요하다. 프로이센 왕국은 수많은 영방 국가들로 나누어져 있던 독일을 통일해 독일 제국(1871-1918)을 탄생시킨 주도 세력이다. 창건자라 할 수 있는 프리드리히 빌헬름F. Wilhelm (1620-1688) 이후 프로이센 왕국은 줄곧 전능한 신적 존재처럼 행동하는 군주가 부국강병 정책을 추구해 온 전체주의적 병영국가였다고 할 수 있다.

본문에서 다루겠지만, 프로이센의 이런 국가적 특징은 2차 세계대전에 이르기까지 독일 현대사를 이해하는 데 매우 중요하다. 2차 세계대전 이후 독일은 승전국인 미국에 의해 자유 세계에 편입되면서 훌륭한 민주주의 국가로 거듭났지만, 그 이전까지는 제대로 민주주의를 경험한 적이 없었다. 마르크스는 프로이센의 억압적인 군사적 관료제에 대한 반발로 국가를 부정하는 유적 공산주의 사상을 제시했으며, 베버는 프로이센의 효율적인 군사적 관료제에 커다란 미련을 갖고 독일 민족주의에 근거한 부국강병을 정당화하는 사상 체계를 구축하려고 하였다.

살아생전에 한 번도 만난 적 없는 두 사람을 어떻게 친구인 동시에 적이라고 말할 수 있을까? 이 책의 목적 중 하나는 이런 의문을 풀어 주는 것이다. 친구인 동시에 적이라는 표현은 사사로운 인간관계가 아니라 이들 사상의 유사성과 대립성을 두고 하는 말이다. 베버가 태어나기 이전부터 유럽과 독일에서는 공산주의 혁명을 추구하는 마르크스의 사상이 퍼져 있었으므로 베버는 자라면서 자연스럽게 그것에 친숙하게 되었다. 베버는 마르크스의 학문적 업적을 인정했지만, 그의 유적 공산주의 혁명 사상에는 동의하지 않았다. 그는 평생에 걸쳐 유물론적 역사 이론에 근거한 마르크스의 유적 공산주의 사상과 대결하였다. 이러한 이유로 마르크스와 베버 연구자들은 이들의 사상이 서로 대립한다는 사실을 강조하는 경향이 있다. 흔히 마르크스와 베버 연구자들 사이에서 언급되는 대립적인 요소들은 다음의 다섯 가지로 정리될 수 있다.

① 상반된 계급 이데올로그

마르크스와 베버는 근대 자본주의 사회에서 이해관계가 서로 대립하는 두 계급의 이데올로기적 대변자로 여겨진다. 마르크스가 자신의 변증법적 유물론을 프롤레타리아(노동자) 계급의 해방을 위한 지적 무기로 생각했다면, 베버는 프로테스탄트(개신교) 종교 관념이 부르주아(자본가) 계급의 내면세계, 즉 자본주의 정신을 형성하였다는 사실을 보여 주려고 하였다.

② 일원론 vs 다원론

마르크스는 물질적인 경제생활이 인간의 역사를 주도한다고 본 일원론자였던 반면에, 베버는 인간이 역사를 만드는 과정에서 드러나는 경제적 요소의 중요성을 인정하면서도 그것의 편향성을 극복하기 위해 정치권력과 종교 관념의 역할도 강조한 다원론자였다. 물론 마르크스 해석자들 사이에는 마르크스가 경제적인 삶이 일방적으로 인간의 관념을 형성한다는 경제결정론을 교조적으로 고집하지 않았다는 주장들이 제기되고 있다. 나는 마르크스의 사상에 대한 이 같은 변호에 동의하지 않는다. 이 문제는 본문에서 다루어질 것이다.

③ 결정론 vs 비결정론

마르크스가 인간의 역사는 생산력과 생산관계의 모순 발생과 그 해결이라는 내재적인 필연적 법칙에 따라 전개된다고 주장한 역사결정론자였다면, 이와 대조적으로 베버는 인간의 역사가 무수한 이질적 요소들의 뒤섞임에 의해 전개되면서 의도하지 않은 결과로 우연히 형성된다고 본 비결정론자였다.

④ 가치와 사실의 결합 vs 가치와 사실의 분리

마르크스는 이성에 의한 이론적 분석이 인간의 역사법칙을 그대로 보여 줄 수 있다고 주장하면서 사실(존재)과 가치(당위)를 하나로 결합했다. 그에 의하면, 인간이 어떻게 살아야 하는가(가치) 하는 문제는 전적으로 역사법칙에 대한 이성적 지식(사실)에 달려 있다. 그러나 베버는 이성에 의한 이론적 분석과 역사적 실재를 동일시하는 마르크스의 관점이 '독단'의 위험에 빠질 수 있다고 경고했다. 그에 의하면, 불완전한 이성에 의해 구성된 이론은 인간의 역사를 이해하는 '대략적인 추측heuristic' 도구에 불과한 허구적 구성체이므로 이론에 근거해 사실과 가치를 결합해서는 절대 안 된다. 이성은 도구에 불과하므로 가치판단에는 개입할 수 없다. 가치는 사실에 대한 이론적 지식 영역과 완전 별개의 '주관적 결단'에 속한다. 이론의 진리성을 강조한 마르크스가 진리 발견에 대한 이성의 능력을 과대평가하는 독단론자였다면, 베버는 이성의 능력을 부정하면서 개인의 비합리적인 주관적 결단을 강조한 허무주의자였다.

그러나 베버는 허구적인 구성체인 합리화와 관료제화 이론을 역사의 실제 과정과 동일시함으로써 자신의 방법론을 일관성 있게 유지하지 못했다. 이 결과로 베버는 체념론에 빠지게 되었다.

⑤ 혁명론과 체념론

마지막으로, 마르크스는 분업과 전문화를 특징으로 하는 현대 자본주의 문명을 인간소외의 절정이라고 비판하면서, 소외가 전혀 없는 이상적인 유적 공산주의 사회를 위한 혁명이 필요하다고 주장했다. 이에 반해 베버는 관료제적 전문화가 초래하는 소외와 비합리성을 분석하고 자유를 확보하기 위한 영웅적인 저항이 필요하다 역설하면서도, 궁극적으로는 합리화와 관료제화에 체념하고 전문적 역할에 헌신하도록 권고하였다.

그러나 이상과 같은 차이점들에도 불구하고 이 두 사상가는 전체주의 사회관과 그것의 정신적 토대인 반이성주의·실존주의적 세계관을 공유하고 있다. 반이성주의·실존주의적 세계관은 인간을 속박하고 있는 '유한성의 비애'를 초월해 신과 같은 무제약적 자유를 실현하려는 삶을 추구한다. 이러한 세계관에 근거해 마르크스와 베버는 개별 행위자를 우주의 중심으로 보고, 그들이 자유롭게 삶의 실존적 의미를 추구하면서도 전체와 완전히 하나가 되는 합일 공동체를 지상에 실현하려고 하였다. 우리는 두 사람이 추구하는 이상 사회를 '무제약적 주체들의 합일 공동체'라고 부를 수 있다. 얼핏 보기에 이러한 지향성이 매우 인간주의에 가까운 사상인 것처럼 보이지만, 결과는 정반대로 인간성 자체를 파괴하는 전체주의 사회로 퇴행하게 된다. 주체의 무제약적·절대적 자유를 강조하는 사상은 결국 다수의 소小주체들이 대大주체와 자신을 동일시해 그것에 복종하는 결과를 가져온다. 영국의 철학자 이사야 벌린I. Berlin도 "어떤 외부의 힘에도 의존하지 않고, 오직 자신에 의해서만" 삶을 유지하고 결정을 내리려는 주체적인 사상에 대해 "강제를 동원해서라도 다른 모든 것을 정복"해야만 하는 '에고'를 추구하는 것으로, "독재를 가리는 가면"이라고 말했다.[4]

독일 고전주의 작가인 실러F. Schiller는 "언제나 전체가 되도록 노력하라. 그래도 전체가 될 수 없으면 봉사하는 한 부분으로 전체에 참여하라"고 말했는데, 이 말은 독일 문화 전통의 본질을 정확하게 표현하는 말이라고 할 수 있다. 독일 지성사는 스스로 전체가 되려고 하는 소수의 영웅적 인간들과 이들에 복종함으로써 부분으로 전체에 봉사하는 다수의 평범한 인간들이 합일 공동체를 이루려는 사상들로 넘쳐난다. 프로이센의 창건자 프리드리히 빌헬름 이후부터 이런 전체주의적 합일 공동체 문화가 현실적인 정치 체계로 작동해 왔다. 이 책은 마르크스와 베버를 이러한 독일의 문화 전통을 충실히 계승하고 대변하는 인물로 취급할 것이다.

베버를 공부하는 사람들 사이에서 잘 알려진 베버의 학문적 전제는 "세계에 대해 의도적인 태도를 취하고 그것에 의미를 부여하는 능력과 의지를 가진"[5] 크고 위대한 영웅적 개인이다. 동시대의 프랑스 사회학자 뒤르켐E. Durkheim이, 현대문명 속에서 과잉 의미화된 개인이 사회구조의 제약을 넘어서려는 위험성(아노미의 위험성)을 보았던 것과 정반대로, 베버는 현대문명 속에서 사회구조가 개인을 억압해 왜소하게 만들 위험성을 보았다. 베버가 합리화(관료제화 포함)의 비합리성이라고 불렀던 것이 바로 이러한 왜소화 위험성을 말하는 것이었다.

마르크스도 베버와 동일한 관점을 갖고 있었다. 피상적으로 보면, 마르크스는 뒤르켐과 유사하게 구조를 강조하는 관점을 가진 것처럼 보인다. 유물론적 역사 이론을 전개하면서 마르크스는 뒤르켐처럼 개인이 사회구조에 의해 결정되는 존재로 보았다. 물론 뒤르켐이 한 집단이 공유하고 있는 집합의식을 사회구조의 원천으로 여긴 관념론적 관점을 취했다면, 마르크스는 경제적 생산력을 사회구조(마르크스에게 모든 사회구조는 계급구조이다)의 원천으로 여긴 유물론적 관점을 취했다는 차이점이 있기는 하다. 그러나 유물론적 역사 이론은 마르크스 사상 중에서 잘 알려진 부분이기는 하지만 그의 전체 사상을 구성하는 한 부분에 불과하다. 마르크스 전체 사상의 관점에서 보면, 그는 개인의 가치가 사회구조에 의해 결정되는 상황을 바람직하게 본 것이 아니라 베버처럼 개인이 억압되고 소외되는 부정적인 상황으로 보았다. 그는 역사상 존재한 모든 사회는 지배 계급과 피지배 계급의 대립구조로 형성되었으며, 종교, 도덕, 국가, 법, 예술 등은 이러한 계급구조를 정당화한다고 주장했다. 마르크스는 인간이 소외로부터 해방되어 무제약적·주체적 자유를 누리기 위해서는 이러한 계급 대립구조에서 벗어나야 한다고 보았다. 마르크스는 인간이 본래 무제약적 자유를 누리는 신적 존재였는데 역사 속에서 생존(먹고사는) 문제 때문에 자신의 본성으로부터 소외되었다고 진단하면서, 자본주의의 풍부한 생산력을 토대로 하는 유적 공산주의 사회를 만들면 원래의 신적 무한성을 회복할 수 있다고 보았다. 그가 말한 공산주의 사회는 개인이 사회구조에 의해 전혀 제약되지 않고, 진정한 주체가 되어 자기 삶의 의미를 무한히 자유롭게 추구하면서도 완전한 합일 공동체를 이루는 사회이다.

따라서 마르크스는 인간이 사회구조에 붙어 있음으로써 유의미해진다고 본 뒤르켐의 관점보다는, 세계에 대해 자유롭게 의미를 부여하는 능력과 의지를 가지고 모든 구조를 해체할 수 있다는 베버의 인간관을 공유하고 있다. 이처럼 '무제약적 주체들의 합일 공동체'를 추구한 점에서 마르크스와 베버는 막역한 사상적인 친구관계에 있다고 볼 수 있다. 이러한 친구관계는 이 두 사람이 독일의 문화 전통을 충실히 계승하고 있다는 점에서 더욱 두드러진다.

독일 문화 전통은 [인간의 개별적 자아 = 신]이라는 관점에서 무제약적 주체들의 합일 공동체를 이상화하는 오랜 역사를 갖고 있다. 독일 지식인들은 괴테J. W. Goethe의 『파우스트』에 나오는 파우스트 박사처럼 모든 지식을 습득해 신과 같은 무제약적인 상태에 도달하려는 열망으로 충만하다. 독일 전통에서 지적 거인들이 많이 출현하는 것도 이러한 열망 때문이다. 이런 점에서 독일은 신적인 존재가 되고 싶어 하는 사람들이 모여 사는 호모 데우스Homo Deus의 나라라고 할 수 있다. 본 저술에서는 이러한 독일 문화 전통과 두 사상가의 관계를 다루면서 이 두 사상가가 한 몸통을 이루고 있다는 사실을 보여 줄 것이다.

한 사회가 전체주의 정치 체제로 운영되는 것은 단순히 지도자의 폭력적 통치만으로는 불가능하다. 집합의식인 문화 자체가 전체와 자발적으로 하나가 되려는 전체주의적 열망을 공유하고 있어야 한다. 히틀러의 나치즘은 독일 문화 전통 내부에서 들끓고 있었던 이런 열망을 특정한 정치적·경제적 상황의 문제 해결이라는 방식으로 현실화한 것이라고 할 수 있다.

사회학은 전통적인 신분 귀속 집단으로부터 개인의 자유와 해방을 부르짖은 부르주와 혁명과 산업혁명의 여파로 탄생하였다. 이 혁명의 여파를 수습하는 과정에서 사회학자들은 자신이 속한 사회의 문화적 전통, 정치적 상황, 경제적 형편에 따라 개인의 자유로운 행위를 강조하는 개인 지향성과 집단에 대한 귀속을 강조하는 집단 지향성 사이에서 어떻게 균형을 잡을지를 고민하였다. 고전사회학자들의 이러한 고민은 하나의 학문으로서 사회학 전체의 가장 중요한 전통이 되었다.

앤서니 기든스Anthony Giddens는 개인의 자유로운 행위와 개인이 이미 귀속되어 태어나는 집단의 사회구조 중 어느 것이 더 중요하고 우선하는 것인지에 대한 논란을 사회학의 제1딜레마로 규정하였다. 인간은 자신의 삶의 조건을 능동적으로 통제할 수 있는 창조적인 행위자인가? 아니면 자신의 통제력 밖에 있는 사회적 힘의 결과물인가? 이 문제로 인해 사회학자들은 언제나 두 의견으로 나뉘었고, 지금도 나뉘고 있다. 이 딜레마는 이미 사회학의 탄생부터 시작된 것이고, 마르크스와 베버도 예외 없이 이 딜레마를 붙들고 씨름하였다. 사회학자들이 개인과 집단이라는 두 뿔의 딜레마에서 어느 뿔을 붙잡는가 하는 것은 그들이 태어나서 활동한 국가의 문화와 지식 전통으로부터 큰 영향을 받았다. 이런 면에서 마르크스와 베버는 모두 '무제약적인 주체들의 합일 공동체'라는 독일의 문화와 지식 전통 특유의 관점을 계승하는 차원에서 그 딜레마를 해소해 보려고 했다. '무제약적인 주체들의 합일 공동체'는 의미 주체인 개인의 개성을 극단적으로 강조하면서 동시에 개인의 개성을 공동체 속에 용해하는 자유-합일의 신비적 공동체이다.

그러나 마르크스와 베버가 이상으로 추구한 방향은 정반대였다. 이 둘은 같은 줄기에서 반대 방향으로 뻗어 나간 가지에 비유될 수 있다. 마르크스는 국가가 억압적인 관료제를 통해 지배 계급인 부르주아 계급의 이익을 대변하는 역할을 하므로, 그 안에서는 '무제약적인 주체들의 합일 공동체'가 불가능하며, 혁명을 통해 국가를 해체하고 인류 전체가 하나가 되는 '계급 없는 공동체'로 나아가야 한다고 주장했다. 그러나 베버는 이에 반대하였다. 그는 계급 체계와 관료제에 의한 억압이 존재하지만, 그래도 '무제약적 주체들의 합일 공동체'가 민족 국가 안에서만 가능한 것으로 보았다. 그는 공산주의 사회에서도 여전히 계급과 관료제에 의한 억압이 없어지지 않을 것이며 오히려 더 심해질 것이라고 주장했다. 따라서 베버는 계급구조와 관료제의 억압을 두려워하면서도, 그 억압을 체념하고 감내하면서 민족 국가 속에서 자신의 역할을 열정적으로 수행할 것을 주장하였다.

이상으로 마르크스와 베버 사상의 공통성과 대립성을 간단하게 정리해 보았다. 본론에서는 인간론을 포함해 두 사상가의 사상 전반에 걸친 다양한 내용을 다루면서 이러한 공통성과 대립성을 보다 자세하게 보여 줄 것이다.

　이 책은 총 3장으로 구성되어 있다. 1장에서 마르크스와 베버의 사상을 더 잘 이해하기 위해 내 나름의 분석 틀을 마련하는 작업을 수행하고, 이를 바탕으로 2장과 3장에서 본격적으로 마르크스와 베버의 사상을 분석한다. 2장에서는 친구로서 마르크스와 베버를 다루고, 3장에서는 적으로서 마르크스와 베버를 다룬다.

제1장

분석 틀:
현대문명과 독일 문화 전통

1

현대문명의 다섯 혁명들

마르크스와 베버의 사회학을 제대로 이해하고 평가하기 위해서는 먼저 16세기 이후 서구에서 출현한 현대문명과 독일의 문화 전통을 비교해서 이해하는 작업이 필요하다. 이 작업은 마르크스와 베버를 제대로 이해하는 분석 틀을 만드는 것에 해당한다. 사회학은 인류 문명사가 전통문명에서 현대문명으로 대전환을 이룩하는 과정에서 발생하였으며, 마르크스와 베버의 사상도 서구에서 최초로 일어난 이 같은 문명사적 대전환에 대한 반응이라고 할 수 있다. 전통적인 농업 문명 속에 깊이 잠들어 있던 프로이센 출신으로서, 이들은 현대문명의 성취를 받아들이는 데 매우 큰 심리적 부담감을 느끼고 있었으며, 따라서 이 두 사람은 거의 저주에 가까울 정도로 현대문명에 대해 비판적이었다. 마르크스와 베버뿐만이 아니다. 2차 세계대전에서 패배해 강제로 자유 세계에 편입되기 전까지 독일 문화 전통 전체는 일관되게 현대문명에 대한 두려움과 반감을 나타내었다.

사실, 현대문명에 노출된 모든 전통문명은 정도의 차이는 있지만 하나같이 유사한 반응을 보였다. 그 이유는 현대문명이 지금까지 인류 역사에 존재해 온 전통문명들과 완전히 다른 새로운 모습을 하고 있었기 때문이다. 현대문명의 새로운 모습은 과학 혁명, 계몽 혁명, 민주정치 혁명, 시장경제 혁명, 개인 혁명이라는 다섯 가지 요소들을 통해 형성되었다. 말 그대로 현대문명은 삶의 여러 차원에서 혁명적인 변화를 수반하였다. 이 다섯 가지 혁명은 서로 중첩되면서도 독자적으로 상호의존하고 상호견제하면서 현대문명의 주된 흐름을 형성해 왔다. 아래에서 각 요소의 핵심 내용을 간략하게 정리한다.

1) 과학 혁명

과학 혁명은 인간의 관념적 권위보다는 자연 세계의 객관적인 사실을 존중하는 태도에서 비롯되었다. 중세 서양을 지탱한 가톨릭 사상은 완전성의 실현이라는 관념에 지배되고 있었고, 우주와 인간과 지식은 완전성의 실현 정도에 대한 관념적 평가에 따라 권위가 계층화되었다. 완전성의 실현이라는 관념론은 고대 그리스 철학으로부터 물려받은 것이었다.

고대 그리스 철학자 아리스토텔레스Aristoteles의 사상은 중세 가톨릭 사상의 뼈대를 이루고 있었는데, 그는 "여자의 피는 남자의 피보다 검다", "남자는 여자보다 이가 더 많다", "갸름한 달걀에서는 암평아리가 나오고 동그란 달걀에서는 수평아리가 나온다"는 말을 진리라고 생각했다.[6] 고대의 다른 사상가들보다 감각적인 경험 세계를 더 중요하게 여겼던 그가 이런 어이없는 오류를 범한 것은 완전성을 열망하는 고대 그리스의 신념을 공유하고 있었기 때문이다. 그는 남자가 여자보다, 원이 타원보다 더 완전하다고 생각했다.[7]

고대 그리스 철학자들은 완전성의 실현을 최고의 미덕으로 여겼다. 소크라테스Socrates는 불완전한 경험 세계를 넘어선 완전한 보편적인 덕의 세계가 있다고 주장하고 이를 탐구하였으며, 그의 제자 플라톤Plato은 이 가르침을 이어받아 경험 세계에 존재하는 사물들을 가짜(사본)라고 규정하고, 이상적이고 완전한 실재인 이데아Idea의 세계를 탐구하였다. 그는 완전한 이데아의 세계를 직관하여 완전한 지식을 가진 철학자가 다스리는 정의로운 나라를 꿈꾸었다. 플라톤의 제자인 아리스토텔레스는 경험 세계의 사물들을 가짜라고 본 스승을 비판하고 눈에 보이는 경험적인 사물만이 진짜로 존재하는 것이라고 했다. 하지만 감각할 수 있는 사물의 '질료'보다는 이성으로만 파악할 수 있는 사물의 '형상'을 완전하고 참된 것이라 주장함으로써 완전성의 울타리를 벗어나지 못했다.

가톨릭은 이러한 고대 그리스 철학자들의 완전성 이론이 성경의 가르침과 일치한다고 여겼다. "고대 그리스인들이 기독교도가 아니었음에도 불구하고 가톨릭교회는 그리스인들의 사상이 기독교를 뒷받침한다고 믿었다. 따라서 그리스 철학자들에 대한 공격은 곧 기독교에 대한 공격을 의미했다."[8] 중세를 지배한 천동설은 완전한 천체가 지구를 중심으로 완전한 원운동을 한다고 주장하였다. 천동설은 지구를 중심으로 달 ➡ 수성 ➡ 금성 ➡ 태양 ➡ 화성 ➡ 목성 ➡ 토성의 순서로 돌고 있으며 그 바깥쪽에는 별들이 고정된 구가 있다는 소우주론을 상정하고 있었다. 여기서는 달 위에 천상의 세계가 있는데, 영원하고 불변하는 세계로 여겨졌다. 그리고 신의 대리인으로서 무오류한infallible, 완전한 교황이 지구의 중심에 있었다. 그 무오류한 교황이 천동설을 진리라고 선포하였다.

이러한 관념적 완전성의 세계가 관찰을 통해 불완전하다는 사실이 밝혀지면서 자연 세계에 관한 경험적 탐구가 시작되었고, 그것이 과학 혁명으로 나아갔다. 지동설을 주장함으로써 과학 혁명의 단초를 마련한 코페르니쿠스N. Copernicus는 행성들, 예를 들면 화성이 하늘에 정지해 있는 것처럼 보이다가 몇 달 동안 후진한다는 사실을 관찰했고 이에 착안하여 지동설을 주장하였다. 천동설도 주전원을 도입함으로써 행성의 후진 현상을 억지로 설명하기는 했다. 하지만 지동설을 수용하면, 지구가 화성보다 태양의 궤도를 더 빠르게 돌기 때문에 그러한 현상이 일어난다는 사실이 매우 쉽게 설명될 수 있다.

천동설을 지지한 사람들은 지구가 돈다면 탑 위에서 돌을 떨어뜨릴 때 그 돌이 탑 바로 아래 떨어지지 않아야 하는데 실제로는 바로 아래 떨어진다는 사실을 근거로 지동설을 반박하려고 하였다. 이에 대해 갈릴레이G. Galilei는 탑과 돌이 지구의 운동에 참여하고 있다는 사실을 강조함으로써 이 반박을 재반박하였다.

비록 코페르니쿠스는 천동설을 거부하고 지동설을 주장했지만, 태양을 중심으로 천체가 순수한 원운동을 한다고 생각한 점에서 여전히 천체의 완전성 이론에서 빠져나오지 못했다. 천체의 완전성 이론을 깨뜨린 사람은 케플러J. Kepler였다. 케플러는 동료인 튀코 브라헤T. Brahe가 남긴 정밀한 관측 자료를 살펴보다가 원운동과 자료가 도저히 맞지 않는다는 것을 알게 되었다. 처음에는 그도 원운동이라는 완전성의 관념과 자연 세계의 객관적인 사실 사이에서 고민하다 결국 객관적인 사실이 더 중요하다고 생각해 행성이 타원궤도 운동을 한다고 주장하였다. 또 갈릴레이는 자신이 발명한 망원경으로 태양의 흑점과 울퉁불퉁한 달의 표면을 관찰하였는데 이러한 발견은 천체의 완전성에 대한 신념을 더욱 붕괴시키는 쪽으로 나아갔다. 관찰된 사실이 관념의 권위보다 더 중요하다. 이처럼 천체가 불완전하다는 사실이 밝혀지고, 그와 더불어 천체의 완전성에 대한 기존 신념이 잘못되었다는 것이 드러나면서 자연 세계의 사실들을 관찰하고 실험하는 활동의 중요성이 강조되었다. 이러한 흐름 속에서 만유인력의 법칙을 발견해 새로운 천체 이론을 확립한 인물이 바로 실험 철학자 아이작 뉴턴I. Newton이었다.

뉴턴은 이성을 통해 확실하고 완전한 제1원리를 먼저 찾고, 이로부터 모든 것을 연역하려는, 데카르트R. Decartes를 포함한 모든 전통적 시도를 비판하였다. 그는 이러한 제1원리를 '가설'이라고 부르면서 다음과 같이 말했다. "나는 가설을 만들지 않는다. 현상으로부터 귀납되지 않는 것은 무엇이든지 가설이라 불려야 하고, 가설은 실험 철학에서 자리 잡을 수 없다." "실험과 관찰로부터 귀납에 의해 진행되는 논증이 이 일반적인 결론에 대한 증명이 되지는 못하지만, 그것은 사물의 본성이 허용하는 최선의 논증 방식이다." 뉴턴이 말하는 가설은 오늘날 과학에서 말하는 가설(검증이 필요한 "탐구되지 않은 주제에 대한 훈련된 추측"[9])과 의미가 다르다는 사실을 이해할 필요가 있다.

그는 경험 세계에 대한 관찰과 실험으로부터 출발하는 지식은, 수학이나 논리학에서 기대할 수 있는 필연적이고 완전한 지식이 아니라 굉장히 개연성이 높은 지식, 즉 불완전한 지식일 뿐임을 강조했다. 뉴턴은 완전하고 확실한 전제에서 출발하는 기존의 모든 방법, 특히 데카르트의 방법과 구별하기 위해 자신의 방법을 실험 철학이라고 불렀다.[10]

뉴턴의 실험 철학이 사용한 귀납논증은 논리적으로 타당하지 않다는 비판이 있다. 귀납추리의 전제가 참이라 하더라도 결론이 필연적으로 참일 수는 없다는 것이다. 철학자 러셀B. Russell이 예로 든 칠면조 이야기는 이에 대한 재미있는 예이다. 매사에 귀납추리를 통해 신중하게 결론에 도달하는 칠면조가 있었다. 이 칠면조는 다양한 조건에서 신중하게 하루 일과를 관찰하면서 주인이 '항상 아침 9시에 모이를 준다'라는 결론을 내렸다. 그러나 크리스마스이브에 칠면조는 모이를 먹는 대신에 목이 잘리고 말았다. 뉴턴도 이러한 문제를 잘 알고 있었다. 하지만 그는 이러한 문제점이 자연에 대한 경험적 지식에서 불가피하다고 보았다. 경험 세계에 대한 어떠한 지식도 수학 논리처럼 필연적으로 참인 지식이 될 수 없다. 러셀의 칠면조처럼 자연과 우주에 대한 어떠한 과학적 법칙도 우주가 소멸하게 되면 더는 타당하지 않게 된다. 이런 의미에서 모든 과학적 지식은 잠정적이다. 그럼에도 불구하고, 뉴턴이 강조한 것처럼 귀납추리보다 더 나은 방식으로 과학적 지식을 획득하기는 어렵다. 거듭 강조하지만, 뉴턴도 이미 귀납추리의 불완전함을 잘 인식하고 있었다.

귀납추리 외에 이에 도전하고 대안을 제시하는 과학에 대한 다양한 철학적 입장들이 있다. 포퍼K. Popper는 사실에 대한 관찰이 항상 '이론 의존적'이라고 주장하면서 독립된 사실에 대한 객관적 관찰을 강조하는 귀납철학을 비판했다. 또 그는 러셀의 칠면조 예처럼, 어떤 이론이 참되다는 것을 사실에 근거해 증명하기란 불가능하며, 오직 반증만이 가능하다고 주장했다. 이 두 가지 주장에 근거해 그는 상상력, 직관 등에 의해 제시된 이론적 추측이라는 점에서 과학은 다른 사이비 과학 활동과 별반 다르지 않다고 말한다. 다른 점은 과학 이론이 경험적 사실에 의해 논박되고 반증된다는 것이다. 포퍼는 과학의 발전을 과학자가 과감하게 추측하고 논박하는 과정으로 보았다.

포퍼의 반증철학은 귀납철학보다 더 치명적인 결함이 있다. 그것은 이론으로부터 독립된 사실이 존재하지 않는데 이론을 어떻게 사실에 의해 반증할 수 있는가 하는 문제이다. 사실에 대한 관찰이 항상 이론의존적이라면 결국 기존의 이론을 반증하는 사실도 독립된 사실이 아니라 기존의 이론에 대립하는 다른 이론의 관점에 포섭된 사실일 뿐이다. 결국, 기존의 이론을 독립된 사실을 가지고 반증하는 것은 불가능하고 기존 이론과 새로운 이론이라는 서로 다른 이론적 주장만 있을 뿐이다.

포퍼의 관점을 좀 더 급진적으로 펼친 것이 쿤T. Kuhn의 패러다임 이론이다. 쿤은 과학 활동이 패러다임 의존적이라고 주장했다. 패러다임은 과학 공동체의 연구 활동(이론, 개념, 모델, 방법론, 실험적 장치 등)에 기초를 제공하는데, 과학 공동체에 의해 수용된 하나의 견해(세계관, 형이상학, 가치관 포함)[11]로서 연구 활동에 대해서만이 아니라 과학 그 자체에 대해서도 구성적이다.[12] 한마디로, 패러다임은 지각 그 자체의 전제조건이다.[13] 따라서 패러다임과 독립해서 존재하는 사실은 없으므로, 서로 다른 패러다임들이 경쟁할 때 사실의 객관성을 따져서 어느 것이 더 나은 것인지를 합리적으로 결정하기란 불가능하다. 과학철학자들은 이것을 패러다임의 공약 불가능성incommensurability이라고 부른다. 공약 불가능성에 의하면, 경쟁하는 패러다임 사이의 선택은 양립할 수 없는 공동체의 생활양식들 사이의 선택과 같다.[14]

쿤의 패러다임 이론에서 한 발 더 나간 것이 파이어아벤트P. K. Feyerabend의 인식론적 무정부주의 관점이다. 그에 의하면, 과학적 업적들은 우연히, 또는 과학적 관행을 일탈해서, 아니면 과학 공동체 외부의 비전문가들에 의해 이루어졌으며, 또 과학적 지식이라고 해서 다른 지식과 특별히 다를 것도 없다.

"과학이 고정적인 보편적인 규칙에 따라 진행될 수 있고 또 진행되어야 한다는 생각은 현실적이지 못할 뿐만 아니라 바람직하지도 않다. […] 어떤 규칙의 타당성에도 반대한다. 모든 방법론은 그 나름의 한계를 가지고 있으며, 지속적으로 지지될 수 있는 유일한 '규칙'은 '어떻게 해도 좋다anything goes'는 것이다."[15]

그는 경쟁하는 이론들 사이의 공약 불가능성에 대한 쿤의 주장을 수용하면서 선택의 기준은 "심미적 판단, 취미에 의한 판단, 형이상학적 편견, 종교적 원망"[16] 같은 주관적 요소라고 주장했다.

뉴턴의 실험 철학이 강조한 귀납추리를 향한 또 다른 비판들도 있다. 하나는 귀납논증이 경험에 의해서 정당화될 수 없다는 것이다. 과거에 귀납논증이 성공했다는 사실들에 대한 귀납을 통해 귀납논증을 정당화하는 것은 순환론에 빠진다. 다른 하나는 귀납논증에 중요한 '다양한 상황에서 충분히 많은 관찰'이라는 의미가 모호하다는 것이다. 어떤 경우는 단 한 번의 관찰과 경험으로도 충분하다(불에 손을 갖다 대는 경우). 이러한 비판에도 불구하고 나는 귀납 철학이 과학에 대한 다른 철학적 입장들보다 더 설득력이 있다고 생각한다.

첫째, 과학 혁명은 우주와 인간과 지식을 완전성의 관념에서 해방하는 과정이라고 할 수 있는데, 뉴턴의 실험 철학이 바로 이런 불완전성을 가장 잘 인식하고 있다고 할 수 있다. 불완전성에 대한 뉴턴의 태도는 데카르트의 기계론 철학과 비교해 볼 때 좀 더 두드러진다. 데카르트는 신이 자연법칙을 '영원불변한 수학적 진리'로 확정해서, 자연이 그 자체로 완전하므로 신의 개입이 필요 없다는 이신론의 입장을 취했다. 이와 반대로 뉴턴은 자연이 '불완전'하므로 신의 개입이 필요하다는 견해를 갖고서 데카르트의 기계론적 완전주의와 싸웠다.[17] 또 뉴턴은 자신의 위대한 과학적 성취를 바닷가에서 조개껍질 몇 개를 줍고 기뻐하는 아이에 비유하면서 내 앞에는 '광대한 바다'가 펼쳐져 있다고 말했다. 이 말은 자신이 이룩한 과학적 지식이 얼마나 불완전한 것인가에 대한 고백이라고 할 수 있다. 독립된 사실의 존재를 부정하는 포퍼, 쿤과 파이어아벤트의 과학론은 과학적 지식의 불완전성을 인식할 수 있는 객관적인 근거가 없다. 이론으로부터 독립된 객관적 사실의 존재를 인정할 때에만 우리는 이론의 불완전성을 알 수 있게 된다.

물론 이론이 중요하지 않다는 것은 아니다. 윌슨에 의하면, "과학은 자료를 해석하는 이론을 개발함으로써 실험 도구를 통해 향상된 감각 경험을 합리적으로 처리할 수 있게 되었다. 과학에서는 그 어떤 것도 이론 없이는 의미가 없다."[18] 이론은 "상상력의 산물이다." "이론은 가설을 만들어 내고", "가설은 관찰과 실험을 통해 대답할 수 있는 질문으로 명료하게 번역된다."[19] 그렇지만 이론이 다른 이론과의 경쟁에서 살아남으려면 그 이론과 독립된 객관적 사실에 의해 검증되어야 한다.

둘째, 뉴턴의 귀납적 실험 철학은 민주주의에 가장 부합하는 방식이라고 할 수 있다. 수학자로 시작해 자연과학, 인문학, 사회과학 등 여러 분야에 걸쳐 커다란 업적을 남긴 세계적인 석학 브로노우스키J. Bronowski는 "과학자 집단은 객관적인 사실 이외에는 어떤 형태의 설득도 피하고 거부하도록 훈련되고 조직되어 있다"[20]고 하면서 객관적인 탐구(진리 탐구)에는 다음과 같은 인간적인 가치들이 개입된다고 주장했다. 과학의 결과물은 가치중립적이지만 과학 활동doing science에는 여러 가치가 개입한다. 그 가치들은 관찰과 사고의 독립성, 독창성, 이의제기, 자유, 관용, 공정성, 명예, 존중 등과 같은 것들이다.[21] 그에 의하면, 이러한 인간적 가치들을 무시하고 과학의 결과물에만 관심을 가지는 것은 과학에서 "정신"을 빼어 버리고 "몸체(시체)"만을 취하는 것이 된다.[22] 이렇게 되면 과학은 진리 탐구 활동이 아니라 특정 집단의 사리사욕을 충족시키기 위한 효율적인 도구로 전락하게 된다. 그는 이러한 과학의 가치들을 가장 잘 충족시키는 것이 바로 민주주의라고 주장했다. 귀납적 방법론은 민주주의와 잘 어울린다. 이런 점에서 과학 혁명 정신이 계몽 혁명과 민주정치 혁명에 큰 영향을 끼친 것은 당연하다고 하겠다.

2) 계몽 혁명

계몽은 일종의 정신 혁명이었다. 마치 깜깜한 어둠 속에서 갑자기 빛이 비춰는 것과 같은 혁명이었다. 계몽은 영어로 Enlightenment인데, 이 단어의 원래 의미는 빛을 비추는 것이다. 계몽사상은 뉴턴의 실험 철학에 의한 과학적 성취를 모델로 삼았다. 뉴턴의 과학적 성취는 당대의 사람들에게 빛으로 인식되었다. 뉴턴 시대의 시인이었던 알렉산더 포프A. Pope는 뉴턴의 성취를 다음과 같은 시로 찬미하였다.

Nature and nature's law lay hid in the night.
God said 'Let Newton be!' and all was light.
자연과 자연법칙은 어둠에 싸여 있었다.
신이 '뉴턴이 있어라' 하니 모든 것이 밝아졌다.

계몽사상가들이 주목한 것은 빛 자체였던 뉴턴의 업적뿐만 아니라 그 빛을 만들어 낸 방법이었다. "뉴턴의 탐구 결과에 못지않게 또 중요한 것이 있으니, 이것은 자연과학적 인식에서 입증된 탐구 방법론이다"[23]

자연이란 말은 법칙을 의미하며, 이때의 법칙은 사물의 외부에서 사물 속으로 주어진 법칙이 아니라 사물에 본래부터 주어져 있는 법칙이다. 이 법칙을 발견하기 위해 자기 생각이나 주관적 상상을 자연 속에 투사시켜서는 안 된다. 어디까지나 자연 자체의 진행 과정을 따라가야 하며, 관찰과 실험을 통해서 그리고 측정과 계산을 통해서 이 과정을 확정지어야 한다.[24]

베이컨F. Bacon은 『신기관』에서 이것을 "자연은 오로지 복종함으로써만 복종시킬 수 있다"[25]라는 말로 표현했다.

계몽주의는 이러한 자연과학의 탐구 방법을 통해 인간에 관련된 학문들을 새롭게 조명하려고 하였다. 자연과학의 모델에 따라 법, 사회, 역사, 정치, 도덕에 대한 통찰이 이루어졌다. 그 결과 계몽사상가들은 자연 상태의 인간이 '자유롭고 평등한 존재'라는 사실을 발견했다. 계몽사상 연구가 피터 게이P. Gay에 의하면, 계몽사상가들은 국적도 달랐고, 서로 다른 주장을 했지만 모든 인간의 자유와 평등을 자명한 사실로 받아들이는 보편주의적 인간론을 갖고 있었다. 그들은 "세속주의, 인류애, 사해동포주의, 자유를 위한 계획" 등에서 화음을 이루었는데[26] 이러한 것들은 모든 인간의 자유와 평등이라는 보편적 지향성에서 나올 수 있는 것들이다.

과학 혁명에서 말했지만, 유럽의 중세문명을 지탱한 가톨릭은 고대 그리스 사상을 성경 해석의 준거 틀로 삼아서 관념적인 완전성의 등급에 따라 인간 존재를 신분으로 계층화했다. 중세 가톨릭이 생각한 기독교 왕국 체계는 플라톤이 제시한 국가 체계와 매우 닮았다.

	중세 가톨릭 왕국	플라톤의 국가 체계
제1신분	영혼 구원과 진리를 담당하는 성직자 계급(완전한 인간)	지혜를 추구하는 철인 통치자 계급(완전한 인간)
제2신분	세속통치를 담당하는 황제와 귀족 계급	용기를 추구하는 전사 계급
제3신분	생산을 담당하는 평민 계급	절제를 추구하는 생산 계급

계몽사상가들은 중세 서양의 신분제도가 천동설과 마찬가지로 사실에 근거한 것이 아니라 관념에 의해 구성된 잘못된 질서라고 보았다. 그래서 그들은 사실에 근거한 새로운 사회질서를 탐구하였다. 그들이 자연 상태를 계몽된 사회의 출발점으로 삼은 것은, 자연 상태가 그릇된 관념에 의해 잘못 구성된 신분제도와 달리 인간의 모습을 있는 그대로 보여 준다고 생각했기 때문이었다.

존 로크J. Locke는 가장 대표적인 계몽사상가였는데 영국의 철학자 브라이언 매기B. Magee는 로크의 정신을 다음과 같이 표현했다.

그 권위가 지적인 것이든, 정치적인 것이든, 종교적인 것이든, 생각 없이 권위를 따르지 마라. 그리고 생각 없이 전통이나 사회적 관습을 따르지 마라. 늘 자기 자신에 대해 생각하라. 사실을 통해 자신의 견해와 행동을 사물이 실제로 존재하는 방식에 기초하도록 하라.[27]

로크에게는 자연 상태가 바로 사물이 실제로 존재하는 방식이었다. 루소도 자연 상태를 그렇게 생각했다. 그가 '자연으로 돌아가라'라고 말한 이유가 바로 이 때문이었다. 그래서 로크는 『통치론』에서 "정치권력을 올바르게 이해하고 그 기원을 구명하기 위해서는 모든 사람이 자연의 모습으로 어떤 상태에 있는가를 고찰해 보지 않으면 안 된다"[28]고 진술했던 것이다. 자연 상태에서 모든 인간은 자유롭고 평등하다. 자연과학적 지식이 사물의 자연적 질서를 반영하듯이, 인간 사회의 정치질서는 바로 이런 왜곡되지 않은 인간의 사실 상태, 즉 자연 상태를 가장 잘 반영하는 방식으로 이루어져야 한다.

자연 상태는 모든 사람이 자유롭게 평등한 상태이지만, 방종의 상태는 아니다. 물리적 자연 속에는 객관적인 물리법칙이 있어서, 물리적 자연이 이 법칙을 따르듯이, 인간의 자연(본성) 속에도 객관적인 자연법이 있어서 인간 사회는 이 법을 따라야 한다. 이 자연법은 시민 정부가 형성된 뒤 만들어질 실정법의 근거가 된다. "사람들은 모두 똑같은 자연적인 욕망(권리)"을 갖고 있기 때문에, 자연법은 다른 사람으로부터 "가능한 많은 사랑을 받고 싶다면 그들에 대해서도 완전히 똑같은 사랑을 베푸는" 것이 "자연적 의무"[29]라고 말한다. 모든 사람이 평등한 만큼 모두에게 적용되는 "똑같은 척도"[30]가 필요하기 때문이다. 자연법은 "누구도 다른 사람의 생명, 건강, 자유 또는 소유물(에 대한 권리)을 손상해서는 안 된다는 사실"[31]을 알려 준다.

또 자연법에 의하면, "모든 사람은 자기 자신을 안전하게 보호해야" 하며, "이와 같은 이유로, 자기 자신을 안전하게 하는 일에 위협을 받지 않는 한, 가능한 대로 다른 사람도 안전하게 보호해야" 한다.[32] 우리는 로크가 사유재산권을 신성불가침의 자연권으로 여겨 국가의 개입을 거부한 자유주의자로 묘사하지만, 이 구절은 모든 사람이 다른 사람의 안전한 삶에 책임이 있다는 것을 명시함으로써 국가의 사회보장 정책을 위한 자연법적 근거로 사용될 수 있다. 로크는 자연 상태에서 모든 사람은 평등한 가운데 생명, 자유, 재산이라는 자연권을 가진다고 언급했는데, 생명과 자유는 재산보다 더 기본적인 자연권에 속한다. 따라서 동료의 생명과 자유가 위협받는 상황에서 자신의 자유와 재산에만 집착한다면 그는 자연법을 위반하는 셈이다. 모든 사람이 천부적으로 갖고 태어나는 자연적 권리와 이 권리를 보장하는 자연법은 계몽사상의 핵심 요소라고 할 수 있다.

계몽사상가들은 인간의 완전성이라는 관념론에서 벗어나 모든 인간이 불완전한 존재라고 선포했다. 인간의 완전성에 대한 중세의 관념적 이상화는 불평등한 신분제를 확립했지만, 인간의 불완전성에 대한 계몽사상가들의 인식은 자유롭고 평등한 정치질서를 만들었다. 로크는 인간이 불완전한 존재임을 분명히 했다. 그에게 "인간은 잘못을 저지를 수 있는 유한한 존재"이었다.[33] 경험론을 체계화한 『인간 오성론』 서문에서 그는 오성이 "인간으로 하여금 다른 동물들보다 우위에 서게 하고 인간에게 그들을 능가하는 모든 편익과 지배력"을 주는 것이긴 하지만, 그 힘을 과신하지 않도록 조심시키는 것이 이 책을 쓴 동기라고 했다.[34] 로크는 인간 지식의 불완전성을 강조하기 위해 백지설Tabula rasa을 주장했다. 오늘날의 진화심리학에 의하면 백지설이 옳은 것은 아니지만, 인간 이성의 완전성에 대한 중세적인 관념을 철저히 부정한다는 점에서 큰 의의가 있다.

스코틀랜드의 계몽주의자 애덤 스미스A. Smith도 로크처럼 인간을 불완전하고 유한한 존재로 보았다. 그는 인간이 완전한 지식을 가질 수 있다는 전제 위에서 '자신의 판단을 선악의 최고 기준'으로 삼고, 자신의 계획에 따라 사회의 모든 부문을 완벽하게 구성하려는 교조주의자의 위험성에 대해 경고했다. 교조주의자는 스스로를 '그 국가 안에서 유일하게 현명하고 가치 있는 사람'으로 여기면서 동료 시민들을 자신의 구상에 따라 마음대로 배열할 수 있는 '장기판의 말'로 간주한다. 그러나 교조주의자는 자신이 설계한 '가상적인 아름다움'에 도취되어 모든 타협과 절제와 적응을 거부하고 지나치게 많은 것을 요구함으로써 결국 아무것도 얻지 못하고 만다. 종종 혁명에 휩싸이는 사회가 안으로 구태의연한 것은 이 때문이다.[35]

프랑스의 대표적인 계몽주의자인 볼테르Voltaire도 마찬가지였다. 관용에 대한 그의 강조는 인간의 불완전성을 철저히 인식한 데서 나온 것이었다.

> 관용이란 무엇인가? 관용은 인간만이 지닌 덕목이다. 인간은 누구나 할 것 없이 약점과 실수로 가득 차 있다. 우리의 어리석음을 서로서로 용서하도록 하자. 그것이 제1의 자연법이다.[36]

나는 여기서 칸트를 계몽주의자로 언급하고 싶지 않다. 「계몽이란 무엇인가」라는 글에서 "감히 알려고 하라Saprer aude"[37]는 답을 제시한 칸트는 계몽주의의 대표적인 인물로 인식되고 있다. 하지만 나는 칸트를, 인간의 불완전성을 강조한 계몽주의의 흐름을 역류해 인간의 완전성을 추구한 반계몽주의자로 여기고 있다. 이에 대해서는 독일 문화 전통을 다루는 부분에서 상론할 것이다.

3) 민주정치 혁명

민주정치 혁명은 모든 인간이 자유롭고 평등하다는 계몽사상에 기초를 두고, 모든 사람이 자유롭고 평등하게 살 수 있도록 정치제도를 마련하려는 시도라고 할 수 있다. 로크는 그의 『통치론』에서 자연 상태가 이해관계의 자연적 동일성(대접받고 싶은 대로 대접하라)이라는 자연법의 한계 안에서 조화롭게 자유와 평등을 누리는 상태이기는 하지만, 그것이 가진 결함 때문에 이를 보완하는 정치제도가 필요하다고 주장했다. 그가 말하는 자연 상태의 결함을 인용하면 다음과 같다.

① 공통의 척도로서 작용하는 안정된 법률이 없다. 자연법이 모든 이성적인 피조물에게 명백하고 이해 가능한 것이기는 하지만 사람들이 이에 대해 연구하지 않아 그 법에 대해 모를 뿐 아니라 자신의 이익을 추구하려는 편파적인 경향 때문에 자연법을 구속력 있는 법으로 받아들이지 않으려는 경향이 있다.

② 권위를 가진 공정한 재판관이 없다. 자연 상태에서는 모든 사람이 자연법의 재판관이자 집행자이므로 다른 사람의 일에는 무관심하고, 자신의 일에는 격정이나 복수심으로 극단적인 행동을 하는 경향이 있다.

③ 판결을 집행할 기관이 없다. 부정을 저지른 사람은 자신이 할 수만 있다면 무력을 사용해서라도 자신의 부정을 관철시킬 수 있다. 이러한 저항 때문에 처벌은 위험을 자초해 파멸의 구렁텅이로 빠질 수 있다.

로크는 이러한 결함을 보완하기 위해 계약을 통해 시민 정부를 구성하는 것이 필요하다고 보았다. 우리는 페인T. Paine이 강조한 다음과 같은 말을 기억해야 한다. "정부가 존재하기 전에 인간이 먼저 존재했으며, 정부가 존재하지 않는 시기가 있었다. 정부는 주권을 갖는 인민들 간의 상호계약에 의해 만들어졌다. 이것만이 정부가 생겨날 권리를 갖는 유일한 방식이고, 정부가 존재할 근거가 되는 유일한 원리이다."[38] 시민 정부는 자연 상태에서 사람들이 누리던 자유와 평등을 더 잘 향유할 수 있도록 해야 한다. 만약 시민 정부가 자연 상태의 자유와 평등을 억압한다면 시민들은 정부에 저항하고 혁명을 일으킬 수 있다.

시민 정부에서 가장 중요한 것은 헌법이다. 헌법을 정부의 법이라고 생각해서는 안 된다. 헌법은 "정부를 구성하는 인민의 법"이다. 따라서 정부는 헌법에 의해 지배된다. 헌법은 통치자의 자의적인 권력 행사를 방지하는 역할을 한다. 이것을 우리는 법치라고 부른다. "헌법 속에는 정부를 수립하는 원리, 정부를 조직하는 방식, 정부의 권력, 선거 방법, 의회 또는 유사한 기관의 존속 기간, 정부의 집행부가 갖는 권력 등 요컨대 시민 정부의 완전한 조직에 관련된 모든 것과 시민 정부가 행동하고 제약을 받은 원칙이 포함돼 있다."[39]

다음으로 중요한 것이 권력 분립이다. 로크는 입법권과 행정권의 이권분립을 이야기했다. 그는 법을 만드는 입법권을 "국가의 최고 권력"이라고 하면서 "법을 만드는 권력을 장악하고 있는 동일한 인물이 동시에 그 법의 집행권까지 장악한다는 것은 아무튼 권력을 장악하고 싶은 인간의 약점에 있어서는 큰 유혹이 아닐 수 없다"[40]고 경고했다. 입법권을 가진 인물이나 기관이 법을 집행하는 행정권까지 갖게 되면 법에 복종할 의무를 기피하거나 법을 자신의 이익에 이용하게 되어 사회와 통치의 목적에 위배되는 이해관계를 갖게 된다. 이렇게 되면 시민들이 자연 상태의 자유와 평등을 향유하는 것이 어렵게 된다. 이러한 이유에서 입법권과 행정권은 "분리"되어야 한다.

몽테스키외Montesquieu는 로크의 이권분립을 더욱 발전시켜 입법권, 집행권(행정권), 재판권을 분리하는 삼권분립을 주장했다. 그에 의하면, 재판권이 입법권과 집행권으로부터 분리되지 않으면, 자유가 존재하지 않는다. "재판권이 입법권과 결합하게 되면 시민의 생명과 자유에 대한 권력은 자의적인 것이 될 것이다. 왜냐하면 재판관이 입법자가 되기 때문이다. 재판권이 집행권과 결합하게 되면 재판관은 압제자의 힘을 갖게 될 것이다."[41] 동일한 사람이나 인민집단이 입법권, 집행권, 재판권을 모두 행사한다면 시민들은 모든 것을 잃게 될 것이다.

권력 분립에는 정치와 종교의 분리도 포함될 수 있다. 정교분리는 전통 사회에서처럼 정치권력이 특정 종교를 진리로 선포할 수 없다는 것을 의미한다. 미국은 1791년에 비준된 수정헌법 1조에서 "연방의회는 국교를 정하거나 또는 자유로운 신앙 행위를 금지하는 법률을 제정할 수 없다"라는 정교분리 원칙을 명시하였다.

마지막으로 중요한 것은 보통선거권이다. 보통선거권은 모든 성인 시민이 투표에 참여할 권리를 갖는 것이다. 모든 사람이 자유롭고 평등한 삶을 누리기 위해서는 모든 사람이 자신의 의사대로 자유롭게 투표에 참여할 수 있어야 한다는 말은 지극히 당연한 것이다. 그러나 민주정치 혁명이 일어난 초기에는 선거권이 제한되어 있었다. 민주정치 혁명을 주도한 자본가들은 왕정 세력과의 싸움에서 승리하기 위해 다수 대중(소작농, 도시 노동자, 여성들)의 힘이 필요했다. 그래서 그들은 모든 사람이 자유롭고 평등하다는 보편적 이념을 제시했지만, 혁명이 성공한 후 자신들의 계급 이익을 지키기 위해 다수 대중을 정치 참여에서 소외시켰다. 민주주의의 역사는 이러한 소외 세력들이 선거권을 획득하려는 투쟁으로 점철되어 있다.

이러한 소외 현상에 대해 마르크스는 자본가 계급이 내건 모든 사람의 자유와 평등이 '보편 이념'이 아니라 노동자 계급에 대한 착취를 정당화하기 위한 '허위의식'이라고 비판했다. 법적으로 자유롭고 평등한 자본가와 노동자가 서로 계약을 맺지만, 교섭력이 우월한 자본가에 더 유리한 계약이 이루어질 수밖에 없으므로, 자유와 평등 이념은 자본가에 의한 노동자 착취를 정당화하는 논리가 된다는 것이 마르크스의 주장이다. 그러면서 그는 한 사회의 지배적인 사상은 지배 계급의 사상이라고 말했다. 또 이런 시각에서 국가가 자본가 계급의 이익을 대변하는 집행위원회에 불과하다고 비판했다. 하지만 시간이 흐르면서 자유·평등이라는 보편 이념에 기반을 둔 보통선거권은 자본가 계급을 넘어 노동자, 농민, 여성, 소수 인종을 포괄하는 방향으로 확장되어 갔다. 자유·평등 이념의 보편성 덕분에 일단 시동이 걸리면 민

주주의는 계속 앞으로 나아가게 된다.[42]

4) 시장경제 혁명

시장경제 혁명은 파괴적인 이기심을 억제하고 생산적인 이기심을 자유롭게 풀어놓는 경제 제도를 확립하려는 시도이다. 경제학자 하일브로너R. Heilbroner는 인류가 생존 문제를 해결하는 방식들에는 전통, 명령, 시장이 있다고 말했다. 전통은 신분이나 카스트처럼 과업을 세습하는 방식이고, 명령은 전제군주나 공산당 같은 최고 권력자의 명령에 따라 과업을 수행하는 방식이며, 시장은 각자에게 이익이 되는 과업을 자유롭게 수행하는 방식이다. 시장은 현대문명이 제시한 방식이다.[43]

물론 현대문명 이전에도 시장은 있었다. 하지만 차이점이 있다. 그것은 이익추구 개념이다. 현대문명의 사람들은 시장에서의 이익추구 행위로 자신의 삶을 향상하려는 노력을 당연한 것으로 여긴다. 그러나 전통문명들에서는 이익추구 행위가 부도덕한 것으로 여겨졌다. 대부분의 전통 사회에서 상인이 천민으로 취급된 것도 그들의 이익추구 성향에 대한 부정적 생각과 관련되어 있었다. 상인들은 모든 사람을 이익추구 대상으로 여기기 때문에 전통문명의 신분질서를 교란하고 위협하는 존재로 인식되었다. 중세 유럽을 지배한 가톨릭은 부란 악한 것이며, 기독교인이 상인이 되어서는 안 된다고 가르쳤다.

시장이 사회의 지배적인 경제체제로 자리 잡게 된 데는 다음과 같은 요소들이 영향을 끼쳤다.

① 중세 유럽에서 생겨난 수많은 순수 경제인의 도시는 서구 부르주아 계급의 시초가 되었다. 베버에 의하면, 로마 제국을 멸망시킨 게르만족은 숲의 문명 사람들로서, 로마 제국의 도시문명을 완전히 파괴하고 요새화된 시골에서 성을 쌓고 살았는데, 이것이 장원제도와 봉건제도가 형성되는 데 큰 영향을 끼쳤다. 중세 초기에는 영역 싸움으로 전쟁이 자주 일어나 생산력이 급격히 떨어졌지만, 전쟁이 잦아들고 평화로운 시기가 되면서 생산력이 증가하고 영지 주변에 교역에 종사해 생활하는 순수 경제인의 도시가 형성되었다. 이 순수 경제인 도시에서 상공인들은 정치권력 집단의 간섭을 받지 않고 독자 세력을 형성하였다.[44]

② 중앙집권적인 국민국가의 출현으로 단일한 규칙과 공통의 화폐에 의해 운영되는 커다란 시장이 형성되었고, 국가 이익을 위한 해외 탐험을 적극적으로 지원함으로써 이익추구를 당연시하는 풍조가 나타났다.

③ 개신교가 출현해 신의 영광을 위해 직업 활동에 헌신하고 그 결과 돈을 버는 것을 긍정적으로 여기는 새로운 태도를 형성하였다. 이에 대해서는 베버의 사상을 고찰할 때 그가 쓴『프로테스탄트 윤리와 자본주의 정신』의 내용을 소개하면서 상세하게 다룰 것이다.

④ 복식 부기와 같은 합리적 회계 방법이 발전해 대규모 사업을 성공적으로 운영할 수 있었다.

⑤ 높아진 과학적 호기심으로 수많은 발명품이 등장하면서 발명이라는 개념이 뿌리를 내렸고, 처음으로 실험과 혁신을 우호적으로 여기게 되었다.[45]

이러한 여러 흐름이 뒤섞이면서 시장을 통한 이익추구 활동이 널리 퍼지게 되었고 이와 동시에 그러한 활동이 사회질서를 파괴하지 않을까 하는 두려움도 커 갔다. 시장의 작동 방식과 부의 본질에 대한 철학적 이해가 요구되었는데 이러한 시대의 욕구에 가장 잘 부응한 인물이 애덤 스미스였다.

이익추구에 대한 스미스의 해법은 생산적인 이기심을 풀어놓고 파괴적인 이기심은 억제하는 것이었다. 그는 시장이 자연적 자유 체계의 한 부분이라는 것을 보여 주려고 하였다. 자연적 자유 체계는 구성원이 인간의 본성을 자유롭게 표현했을 때 이루어지는 사회의 모습을 말한다. 그는 자연적 자유 체계가 동감sympathy에 기반을 둔 도덕을 토대로 운영된다고 보았다. 스미스는 인간 본성 속에는 자연적 동감이 새겨져 있다고 주장했다.

> 인간이 아무리 이기적인 존재로 여겨진다고 하더라도, 인간의 본성 속에는 분명히 다른 사람의 행운에 관심을 갖는 어떤 원리들이 있다. […] 우리가 다른 사람의 비참한 모습을 바라볼 때, 우리가 그것을 느끼거나 아주 생생하게 마음에 떠올리는 연민과 동정의 감정이 이런 종류의 원리에 속한다.[46]

동감은 단순히 연민과 동정의 감정뿐만 아니라 타인의 기쁨, 슬픔, 고통, 분노, 두려움 등과 같은 모든 종류의 열정에 대해 동료 인간으로서 갖는 유사한 감정을 말한다. 인간은 동감의 상호작용을 기뻐한다. 우리 인간은 자신의 마음속에서 일어나는 모든 감정을 다른 사람이 동감해 줄 때 기뻐하고, 그렇지 않을 때 충격을 받는다.[47]

스미스에 의하면, 사람들이 서로에게 동감하는 행위와 동감하지 않는 행위를 관찰해서 일반화하면, 맹목적인 자기 우선 거부라는 도덕의 일반원칙을 끌어낼 수 있다. 스미스의 말을 들어 보자.

우리 모두는 대중 속의 한 사람에 불과하고, 어떠한 점에서도 그 속의 어떠한 타인보다 나을 것이 없으며, 만약 우리가 맹목적으로 우리 자신을 타인들에 우선시킨다면 우리는 분개와 혐오와 저주의 정당한 대상이 될 것[이다].[48]

맹목적인 자기 우선 거부 원칙은 이해관계가 없는 공평무사한 관망자의 시각이다. 그는 다음과 같이 말했다. "도덕 감정은 편파적인 사람들이 가까이 있고, 이해관계가 없는 중립적인 사람들이 멀리 떨어져 있을 때 쉽게 부패한다."[49]

도덕의 일반원칙은 두 종류의 도덕으로 이루어져 있다. 하나는 정의justice의 도덕이고 다른 하나는 자혜beneficence의 도덕이다. 정의의 도덕은 다른 사람의 이기심을 나의 이기심만큼 존중하는 도덕이다. 스미스는 정의의 도덕 한계 안에서 활동하는 이기심을 생산적인 이기심으로, 이 한계를 벗어나는 것을 파괴적인 이기심으로 보고, 생산적인 이기심을 시장에 자유롭게 풀어놓는 것은 인류의 복지 증진에 기여한다고 주장했다. 이처럼 정의의 도덕 한계 안에서 교환이 일어난다는 점에서 스미스에게 교환은 수요공급의 법칙에 의해 결정되는 경제적 개념인 동시에, 동일한 가치를 가진 상품 사이에서 일어나는 도덕적인 개념이었다.

그의 노동가치 개념과 자연가격 개념은 모두 교환이 도덕적 개념이라는 것을 나타내고 있다. 스미스는 노동을 "모든 상품의 교환가치를 나타내는 참된 척도"라고 본다.[50] 따라서 시장에서 교환되는 상품은 서로 동일한 노동시간이 투하된 것이어야 한다. 그래야 도덕적으로 정의로운 교환이라고 할 수 있다. 물론 노동의 질이 서로 다르므로 정확한 척도를 발견하기는 쉽지 않다. 따라서 시장에서 상품을 교환할 때 흥정으로 조절되지만 사람들은 대략 노동의 시간과 질을 따진다. 자연가격은 판매자가 자기의 사업을 계속할 수 있는 최저가격[51]으로, 도덕적으로 정의로운 가격이다. 이에 반해 독점가격은 모든 경우에 구매자로부터 짜낼 수 있는 최고 가격인데, 그것은 도덕적으로 정의롭지 못한 가격이다.

마르크스가 스미스의 노동 가치 개념을 가져와 착취의 부도덕함을 설명한 것은 잘 알려져 있다. 스미스가 착취라는 용어를 사용하지는 않았지만, 그는 정의의 도덕을 어기면서 탐욕스러운 이익을 추구하는 것에 대해서는 정부가 시장에 개입해 엄격히 규제해야 한다고 보았다. 그는 "모든 구성원을 다른 구성원의 불의나 억압으로부터 보호"하는 "엄정한 사법 행정"이 국가의 의무임을 분명히 했다.[52] 불의나 억압이라는 말속에는 당연히 불공정한 거래도 포함된다. 그는 국가가 자본가들의 독점을 조장하는 행위를 비판하면서 국가의 시장 개입을 반대했다.

스미스는 다음과 같이 말하기도 했다.

> 상인들과 제조업자(자본가)들의 이익은 결코 공공의 이익과 일치하지 않는다. 오히려 사회를 기만하고 심지어는 억압하는 것이 그들에게는 이익이 된다. 따라서 그들은 수없이 많이 사회를 기만하고 억압한 적이 있다. 따라서 우리는 그들이 제안하는 모든 법률과 규제에 대해서 항상 큰 경계심을 가지고 매우 진지하고 주의 깊게 오랫동안 신중하게 검토한 뒤에 채택해야 한다.[53]

국가가 자본가들의 독점을 조장하는 것은 불의와 억압을 억제해야 할 의무를 저버리고 오히려 불의와 억압에 앞장서는 꼴이다. 스미스의 관점에서 보면, 시장은 무조건 보이지 않는 손에 의해 조화롭게 되는 것이 아니라 정의의 도덕 안에서 작동할 때만 조화를 이룬다. 정의의 도덕에 대한 신뢰가 무너지면 보이지 않는 손은 조화로운 손이 아니라 미친 손이 되고 만다.

정의의 도덕에 비해 자혜의 도덕은 자신의 이기심을 희생해서 다른 사람들의 어려움을 돌봐 주는 도덕이다. 정의의 도덕이 시장 안에서 작용한다면, 자혜의 도덕은 시장 밖에서 작용한다. 시장은 인간 사회의 매우 중요한 프로그램이지만 시장이 인간 사회의 모든 문제를 해결할 수는 없다. 정의로운 시장은 시장 밖에서의 자비로운 활동에 의해 보완되어야 한다. 시민들이 자발적으로 자비로운 활동을 통해 동료 시민들의 불행한 상태를 충분히 돌볼 수 있다면 별문제가 없겠지만 현실적으로 이루어지기 어렵다. 따라서 국가는 시장 밖에서 복지 제도를 통해 사회 안전망을 확립하는 방식으로 자비로운 활동을 담당할 필요가 있다. 스미스의 자연적 자유 체계를 그림으로 요약하면 다음과 같다.

자연적 자유 체계 도식

스미스는 정의의 도덕을 건물의 골조에 비유하고 자혜의 도덕을 장식에 비유하면서 정의의 도덕의 중요성을 더 강조하고 있다. 나는 이것을 약간 수정해 둘의 균형을 강조하고 싶다. 저부담 저복지가 [정의의 도덕 〉 자혜의 도덕]이라면, 중부담 중복지는 [정의의 도덕 ≒ 자혜의 도덕]이고, 고부담 고복지는 [정의의 도덕 〈 자혜의 도덕]이라고 할 수 있다.

물론 스미스 이후 시장경제는 스미스가 말한 대로 정의의 도덕 한계 안에서 작동하지 않았다. 시장은 자본가들의 무자비한 탐욕에 의해 왜곡되는 경우가 많았으며, 오늘날도 여전히 지속되고 있다. 하지만 스미스는 자본가의 편도 아니고 노동자의 편도 아니었다. 그는 국가와 국민을 가장 부유하게 하는 보편적 부의 증진을 위한 중립적인 사회철학과 시장의 작동원리를 제시하려고 하였다.

5) 개인 혁명

개인 혁명은 인간을 집단 속의 존재로 이해하지 않고 집단에서 독립해 있는 "개별적 개인"으로 여기는 인식의 변화를 말한다. 개별적 개인으로서의 인간은 인류문명사에 등장한 인간에 대한 새로운 개념이다. 프랑스 철학자인 르그로R. Legros에 의하면, 전통문명과 현대문명은 인간을 완전히 다른 방식으로 이해한다.[54]

전통문명들에서 인간은 신분 집단 속에 포섭된 존재였다. 사람들은 "누구나 자신의 출생에 따라 계급, 종교, 성, 민족, 가족, 집단 혹은 종족, 국가의 일원으로 행동"한다. 그리고 인간은 신분 집단 간에, 혹은 같은 신분 집단 내에서도 서로 다른 위계서열상의 위치를 갖는 존재이다. 인간은 태어날 때부터 이러한 위계서열상의 위치에 따라 타율적으로 부과된 의무를 따르도록 강요된다. 르그로는 이러한 인간 상황을 "위계의 원칙, 공동체의 원칙, 타율의 원칙"으로 정리한다.

현대문명에서 인간의 상황은 전혀 다르다. 모든 인간은 "개별적 개인"으로 인식되고 또 모든 개별적 개인은 같은 인간으로 인식된다. 인간성이 어떤 집단적인 소속관계보다 더 근원적인 것으로 인식되며,

인간성에 소속되는 것 외의 어떠한 집단적 소속관계도 본질적인 것으로 나타나지 않는다. 모든 개인은 같은 인간으로서 집단과 소속관계를 포함해서 자신의 운명을 자율적으로 결정할 수 있는 동등한 권리를 천부적으로 갖고 태어난다. 현대문명에서 인간 상황은 "평등의 원칙, 독립의 원칙, 자율의 원칙"으로 정리된다. 전통문명과 현대문명의 인간 이해를 그림으로 나타내면 다음과 같다. 그림에서 실선과 점선은 중요성의 차이를 나타낸다.

전통적 인간 이해
집단이 중요 / 보편적 인간성 약화

현대적 인간 이해
개인이 중요 / 보편적 인간성 강화

우리는 전통적 인간 이해와 현대적 인간 이해의 특징을 잘 드러내는 하나의 상징으로 한자의 人과 영어의 H를 비교해 볼 수 있다. 인간을 나타내는 한자의 人은 위계의 원칙, 공동체의 원칙, 타율의 원칙이 적용되는 전통적 인간 이해를 상징적으로 잘 보여 준다. 人은 한 사람은 위에서 기대고 있고 다른 사람은 밑에서 받치고 있는 방식으로(위계의 원칙) 묶여 있으므로(공동체의 원칙), 행동할 때 두 사람은 항상 서로에게 의존할 수밖에 없다(타율의 원칙). 이에 반해 영어로 인간의 학명을 의미하는 단어 Homo sapiens의 첫 알파벳인 H는 평등한 두 개인(I)이 대등한 존재(평등의 원칙)로 서로 기대지 않고 자신의 두 발로 서서(독립의 원칙), 자유롭게 다른 개인(I)과 관계를 맺을 수도 있고 단독으로 존재할 수도 있다(자율의 원칙).

르그로는 또 고대 아테네 민주주의와 근대 민주주의의 차이점에 대해 다음과 같이 말했다. 고대 아테네 민주주의도 현대 민주주의처럼 시민(자유인)들을 평등한 존재, 자율적 존재, 독립적 존재로 인식했지만, 그들이 인간이고 개인이기 때문이 아니라 아테네 시민이었기 때문이었다. 따라서 아테네 민주주의에서는 인간으로서 개인이 존재하지 않았다. 오히려 아테네 민주주의는 인간으로서 개인을 부정했다. 고대 아테네인들은 국가 공동체의 공적인 일에 관련된 일을 하는 집단적 사람들만을 시민(자유인)으로 여겼다. 개인은 인간의 범주에 들어가지 못했다. 영어에 바보를 뜻하는 idiot는 고대 그리스어 idiotes에서 유래한 말인데, 바로 국가 공동체의 공적인 일에 무관심한 사람을 의미하는 것이다. 아테네 시민이 아니면 다 바보고 야만인이었다. 하지만 근대 민주주의는 모든 사람을 인간이자 개인으로서 평등한 존재, 자율적 존재, 독립적인 존재로 인식한다. 국가 공동체 이전의 자연 상태에서 부여받은 천부의 권리가 바로 보편적인 인간으로서 권리인 동시에 개인으로서 권리이다.

여기서 우리는 집단주의·개인주의 이분법의 문제점을 간단하게 살펴볼 필요가 있다. 우리는 집단주의를 집단의 이익을 위해 개인의 이익을 희생하는 것으로, 개인주의를 개인의 이익을 위해 집단의 이익을 희생하는 것으로 정의하면서 전통문명을 집단주의로, 현대문명을 개인주의로 규정한다. 그러나 개인 혁명을 겪은 현대문명은 개인주의 문명이 아닐뿐더러 이런 개인주의는 어떤 문명에서도 실제로 존재할 수 없다. 개인의 이익을 위해 집단의 이익을 희생하는 사회와 문명은 필연적으로 자멸하게 된다. 그런데도 오히려 개인주의 사회로 규정되는 현대문명사회들이 사회를 더 잘 운영하면서 번영하는 이유는 무엇인가?

우리가 흔히 개인주의 사회라고 하는 서구 사회는 개인의 독립적인 권리와 존엄성을 강조하면서도, 개인들이 서로 공존하면서 각자의 자유를 누릴 수 있도록 하는 보편 가치와 규범을 동시에 강조한다. 이렇게 양쪽의 균형을 맞춤으로써 권리와 의무가 조화되는 사회를 만드는 것이다. 하지만 개인주의라는 용어는 마치 개인의 권리와 이익만을 무조건 강조하는 것으로 오해될 수 있다. 이렇게 되면 개인주의는 이기주의와 동일시되는데, 현대문명의 개인 혁명을 이런 식으로 이해하는 것은 커다란 잘못이다.

지구상의 모든 사회는 한쪽 극단에 개체성만을 강조하고, 다른 쪽 극단에 사회성만을 강조하는 연속체의 어느 지점에 속한다고 할 수 있다. 이를 그림으로 나타내면 다음 면과 같다.

이 그림에 따르면, 집단주의를 취하고 있는 전통문명 사람들의 눈에는 개인의 중요성을 강조하는 현대문명 사람들이 더 개인주의적인 것으로 보일 수 있다. 마치 심장이 중앙에서 약간 왼쪽에 치우쳐 있지만, 왼쪽 팔의 관점에서 볼 때는 오른쪽에 있는 것처럼 보이는 것과 같은 이치이다. 그러나 그렇게 보인다고 심장이 오른쪽에 있는 것이

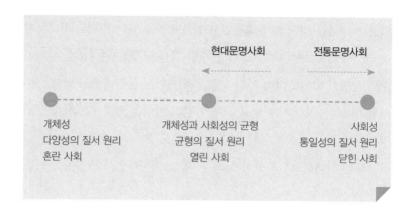

아닌 것처럼 현대문명도 개인주의 문명인 것은 아니다. 오히려 개체성과 사회성 사이의 균형을 추구하는 문명이라고 할 수 있다.[55] 한 조사에 의하면, 사회가 현대화될수록 개인의 자기표현 가치가 중시되고, 그와 더불어 민주주의의 지수도 높아진다.[56] 그러나 아무리 현대화되고 민주화되더라도 개체성이 균형점을 넘어 너무 많이 주장된다면 그 사회는 위험해진다.

나는 개인주의·집단주의 이분법이 가져오는 착시 현상을 벗어나기 위해 개체성만을 강조하는 다양성의 원리, 사회성만을 강조하는 통일성의 원리, 이 둘 다를 고려하는 균형의 원리라는 개념을 사용할 것을 제안한다. 아무리 개인 혁명이 일어나더라도 개체성이 사회성을 일방적으로 무시할 수는 없다.

인간은 본성상 개체적 존재인 동시에 사회적 존재이다. 이것은 빛이 입자인 동시에 파동인 것과 같은 이치다. 자연과학뿐만 아니라 인문학, 사회과학 등 방대한 분야에 걸쳐 해박한 지식을 가진 영국의 수학자 브로노우스키는 인간 행위를 연구하고자 한다면 사회를 묶는 인간의 의무와 인간에게 허용해야 하는 개인적 행동의 자유 두 가지를 고려해야 한다고 주장했다. 인간이 추구하는 가치는 사회적 존재가 되어야 하는 요구와 자유로운 존재가 되려고 하는 요구를 조화시켜야 한다. 무정부주의자가 모든 것을 희생하고 자유만을 추구한다면 인간 사회는 정글이 될 것이고, 반대로 독재자가 사회질서만을 원한다면 인간 사회는 전체주의가 될 것이다.[57] 개체적인 인간과 사회적인 인간을 이어 주는 연결 고리가 바로 애덤 스미스가 말한 동감의 역할이다. 동감은 모든 사람이 자신의 개인적인 감정을 자유롭게 표현할 수 있을 때 가장 잘 작용한다. 현대문명의 개인 혁명은 전통문명에서 사회성에 비해 지나치게 억압된 개체성을 사회성과 조화를 이루는 수준까지 회복하려는 노력이라고 할 수 있다.

현대문명을 과학 혁명, 계몽 혁명, 민주정치 혁명, 시장경제 혁명, 개인 혁명 다섯 가지로 규정하는 것은 경희대학교 후마니타스 칼리지의 중핵 교과 과목 중 하나인 〈우리가 사는 세계〉의 교재 『우리가 사는 세계』의 관점을 가져온 것이다. 지금 이 과목은 아쉽게도 중핵 교과에서 빠져 있다. 이 책은 당시 대학장이었던 도정일 교수의 책임 아래 해당 교과목 담당 교수들의 깊은 고민과 열띤 토론 속에서 만들어졌다. 나는 이 책의 집필부터 여러 번의 개정에 관여하였다. 『우리가 사는 세계』가 다섯 요소를 현대문명을 규정하는 주요 요소들로 제시한 것에는, 그것들이 현대문명의 주요 특징일 뿐만 아니라 '더 나은 인간, 더 나은 사회'를 위한 인류문명의 보편적 자산이므로 이들 중 하나라도 포기해서는 안 된다는 의미가 포함되어 있다.

현대문명에 대한 이상의 논의가 서구 중심주의로 오해되지 않았으면 한다. 이 요소들이 서구에서 먼저 출현했다고 해서 서구인들에게 만 국한되어야 한다는 논리는 성립하지 않는다. 지동설이 서구에서 먼저 출현했다고 해서 지동설이 서구에만 타당한 이론이 아닌 것과 같은 이치이다. 지동설은 물리현상이고 다섯 요소는 문화현상이기 때 문에 성격이 다르다는 비판이 제기될 수 있다. 나는 이러한 비판에 대 해 지동설이 보편적인 자연현상으로 타당한 것처럼, 다섯 요소 역시 보편적인 인간성에 타당하다고 대답하고 싶다. 나는 현대문명에 대한 이 같은 이해에 근거해서 마르크스와 베버의 사상을 분석하고 평가할 것이다.

2
세계관의 변화와 현대문명의 출현

막스 베버는 종교사회학 서문에서 다음과 같은 질문을 제기했다.

근대 유럽 문명을 계승한 우리는 인류의 보편적인 역사와 관련 된 문제를 연구할 때 다음과 같은 물음을 던지지 않을 수 없다. 도 대체 어떠한 이유로서 서양 문명에서만 인류 전체에 보편적 의의 와 가치를 둔 문화현상이 나타났는가? 왜 중국과 인도에서는 서양 과 같은 합리화의 길을 개시하지 못했는가?[58]

나도 이와 비슷한 질문을 던지고 싶다.

도대체 어떠한 이유로 인류문명의 보편적 자산으로서의 가치를
갖는 과학 혁명, 계몽 혁명, 민주정치 혁명, 시장경제 혁명, 개인 혁
명이 서구에서만 나타났는가? 왜 서구 외의 다른 지역에서는 이러
한 혁명들이 일어나지 못했는가?

이 질문에 답하기 위해서는 세계관에 대한 탐구를 수행해야 한다.
베버에 대한 분석에서 자세하게 논하겠지만, "인류 전체에 보편적 의
의와 가치를 둔 문화현상"에 대한 베버의 시각이 완전히 잘못되었기
때문에 베버의 답변 또한 완전히 잘못되고 말았다.

1) 세계관의 중요성

세계관은 말 그대로 세계를 바라보는 관점이다. 쉽게 표현하면 세
계관은 안경에 비유될 수 있다. 파란색 안경을 끼면 세계가 파란색으
로 보이고, 노란색 안경을 끼면 세상이 노랗게 보이듯이, 세계관은 인
간을 포함한 우주 만물을 특정한 관점에서 바라보도록 만든다. 세계
의 근본과 삶의 궁극적 문제들에 대한 인지적 신념이 바로 세계관이
다. 인지적 신념은 인간과 우주 만물이 '이러저러하다'라고 규정한다.
인지적 신념은 이러한 규정에 근거해 자연현상과 인간 삶의 모든 측
면을 포함하는 삼라만상을 하나의 총체적인 상 안으로 통합하는 역
할을 한다. 또 그것은 세상을 의미 있는 실재reality로 해석할 수 있도록

해 주며, 인간사의 제반 문제를 특정한 방식으로 해결하도록 지침을 제공한다.[59]

세계관이 세계의 근본과 삶의 궁극적 문제들에 대한 인지적 신념인 만큼 그것은 반드시 무한에 대한 성찰로 나아간다. 인간은, 한편으로는 다른 동물들과 같이 유한한 존재이지만, 다른 한편으로는 그들과 달리 무한을 사모하는 존재이다. 따라서 근본과 궁극을 찾으려는 인간의 노력은 결국 무한적인 것에 이르러서야 안식할 수 있다. 유한한 어떤 것도 근본적이고 궁극적인 원인이 될 수 없다. 고등 문명들에서 무한 개념이 세계를 설명하는 출발점이 되는 것도 이 때문이다.

물론 무한 개념에 도달하지 못한 문명들도 있다. 자연물 숭배, 정령 숭배, 토템 숭배, 다신론 문명들이 그러하다. 흄D. Hume에 의하면, 다신론은 서로 다른 신들의 완전성(전쟁의 신, 미의 신, 의술의 신 등)을 인정하지만, 아직 무한 개념에는 도달하지 못한 상태이다.[60] 무한 개념은 궁극적 실재Ultimate Reality라 불린다. 기독교의 신God, 불교의 공空, 유교의 천天이나 태극太極, 도교의 도道, 힌두교의 브라만Brahman 등은 모두 무한을 의미하는 궁극적 실재라고 할 수 있다. 모든 종교 경전은 무한의 존재나 상태에 대한 언급으로 시작한다.

예를 들면, 기독교 경전인 성경은 "태초에 하나님이 천지를 창조하시니라"는 말로 시작된다. 모든 유한한 존재들이 무에서 무한한 신의 창조 행위로 비롯되었다는 것을 선언하는 것이다. 이 창조신의 관점에서 인간을 포함한 모든 만물이 정의되고 해석된다. 불교의 주요 경전인 『반야심경』은 "관자재보살이 色(유한한 물질세계)이 곧 空이라는 사실을 깨달은 후, 모든 괴로움에서 벗어났다"라는 구절로 시작된다.

유한한 물질적 존재들과 '텅 빈 무한'인 공은 서로 연속된 동전의 양면이라는 선언이다. 무한한 상태를 의미하는 공을 떠나서 불교 사상은 존재할 수 없다. 유교 경전 중 하나인 『중용』의 첫 구절은 "하늘天이 명한 것이 성性이고, 성을 따름이 도道이며, 도를 닦음이 교教"라고 선언하고 있다. 신유학에서 천天은 태극으로 바뀐다. 무한한 하늘의 선한 이치가 유한한 자연과 인간의 본성 속에 새겨져 있고, 이 선한 본성을 잘 드러내는 것이 도이며, 가르침을 통해 도를 닦아야 한다는 것이다. 유교는 만물을 천과 태극의 관점에서 이해한다. 종교 사상 외에 철학 사상에서도 플라톤의 선善의 이데아, 아리스토텔레스의 순수 형상, 플로티노스Plotinos의 일자一者, 스피노자B. Spinoza의 능산적 자연, 헤겔G. Hegel의 절대정신, 하이데거M. Heidegger의 존재 개념 등도 일종의 무한을 의미하는 궁극적 실재라고 할 수 있다. 문명은 무한한 궁극적 실재를 공유하는 문화 집단들로 이루어져 있다.

기독교의 신은 누가 만들었느냐, 유교의 태극은 누가 만들었느냐는 질문을 할 수는 있다. 하지만 문화의 논리에서 볼 때 성립될 수 없는 부적절한 질문이다. 왜냐하면, 그 어떤 것도 무한을 만들 수는 없기 때문이다. 무한은 그 자체로 존재하므로 만들어질 수 없다. 기독교의 신도, 유교의 태극이나 천도, 불교의 공도 다 무한이므로 이 무한을 만들 수 있는 그 어떤 존재도 있을 수 없다.

이런 의미에서 세계관은 문명의 일반적 전제이다. 사회학자 알렉산더J. Alexander에 의하면, 일반적 전제는 일반성과 결정성을 가진다. 일반성generality이란 "가장 범위가 넓은 일반화된 원리"를 의미하며, 결정성decisiveness이란 "덜 일반적인 모든 수준의 논의에 명시적으로 또는 암묵적으로 유의미한 영향력"을 갖는다는 것을 의미한다.[61] 따라서 특정 문명의 세계관적 특성은 당연히 그 문명의 행위 원리에도 영향을 끼칠 것이다. 따라서 문명은 세계관에 따라 분류될 수 있다.

2) 세계관의 유형

각 문명의 세계관적 특성을 다양하게 분류할 수 있겠지만, 이 글은 유한 세계관과 무한 세계관의 분류를 제시한다. 유한 세계관the finite worldview은 '유한은 무한을 붙잡을 수 없다the finite is not capable of the infinite'고 보는 유형이고, 무한 세계관the infinite worldview은 '유한은 무한을 붙잡을 수 있다the finite is capable of the infinite'고 보는 유형이다. 즉 유한한 존재인 인간이 자신의 능력과 의지로 무한한 궁극 실재에 도달하거나 성취할 수 있느냐 없느냐 하는 것이다. 무한과 유한의 관계 설정 방식은 인류의 모든 문명과 철학과 사상을 체계적으로 분류할 수 있는 출발점이라고 나는 생각한다. 이러한 세계관 분류는 신학자 폴 틸리히P. Tillich가 루터M. Luther와 츠빙글리U. Zwingli가 보인 성만찬에 대한 서로 다른 견해를 소개한 것에서 차용한 것이다.[62]

유한 세계관

유한 세계관은 인간이 무한을 사모하는 존재이긴 하지만, 그럼에도 유한한 존재라는 사실을 강조한다. 무한을 사모하는 성질 때문에 인간은 자신의 유한성을 더 잘 인식할 수 있다. 무한을 사모하는 성질이 없는 다른 동물들은 자신의 유한성을 인식하지 못한 채 단지 유한성에 고착된 생활을 할 뿐이다.

이처럼 인간의 유한성을 강조하는 유한 세계관은 무한의 절대진리를 추구하기보다는 유한한 경험 세계를 인식하고 분석하는 객관적인 활동을 중요시하므로, 경험 세계에 대한 공정한 관찰이 지식을 획득하는 이상적인 방법이라고 여긴다. 하지만 유한 세계관은 인간의 이성, 의지, 감정을 유한하고 불완전한 것으로 여기기 때문에 공정한 관찰의 이상이 실현되기 매우 어렵다는 사실 또한 인정한다. 중요한 것은 공정한 관찰이 실제로 항상 가능하다는 것보다는 공정한 관찰을 소중하게 여기는 태도 자체이다. 경험론의 창시자 베이컨은 객관적 지식의 획득을 방해하는 네 가지 우상에 대해 말했는데, 이것은 공정한 관찰을 지식의 출발점으로 삼는 대표적인 예이다. 스미스의 공평무사한 관망자도 같은 예에 속한다.

유한 세계관에서는 서로의 신체가 분리되어 있으므로 개인의 독립성이 사실로 인식되며, 모든 인간은 이처럼 불완전한 자아로서 서로 평등하다. 물론 개인들 간에 재능과 능력의 차이가 있지만, 이 차이는 무한과 유한 사이의 근본적인 질의 차이가 아니라, 같은 유한 내에 존재하는 양의 차이이다. 모든 인간이 자유롭고 평등하게 태어났다는 것은 바로 이러한 의미이다. 평등한 독립적 개인은 인간이 입자particle로 존재함을 나타낸다.

인간관계는 인간의 불완전성에 대한 깊은 성찰을 바탕으로 권력을 분점分點하여 서로 의존하고 견제하는 방식으로 이루어지며, 사랑과 설득, 친절, 관용 등이 가치 있는 덕목이 된다. 따라서 유한 세계관에서는 평등한 인간들 간의 자유로운 자기표현을 통한 자연스러운 동감 행위로 사회질서가 유지된다. 서로에 대한 동감의 연결은 인간이 파동wave으로 존재함을 나타낸다.

유한 세계관의 소유자들은 동감에서 도출된 정의의 도덕과 자혜의 도덕이라는 보편적인 규칙을 근거로 서로의 차이와 다양성을 존중한다. 여기서는 경기에 참여하는 모든 사람에게 똑같이 적용되는 보편적인 경기 규칙을 만들고, 선수와 심판을 제도적으로 분리하여 심판이 경기 규칙을 운영하도록 한다. 이렇게 된다면 선수들은 경기 규칙을 지키는 한에서 서로 경쟁하면서 개인 기량을 마음껏 발휘할 수 있다. 법치에 근거한 국가와 시민사회의 분화라는 현대문명의 핵심 기제는 규칙을 중심으로 심판과 선수를 분리하려는 노력의 결과라고 할 수 있다. 현대문명은 심판과 규칙과 선수의 분화에서 더 나아가 심판 역할을 담당한 사람들을 다시 입법부·사법부·행정부로 나누어 서로 견제하면서 균형을 유지하도록 하는 제도를 만들었다.

무한 세계관

유한 세계관과 반대로 무한 세계관은 무한을 사모하는 인간의 본성을 과장해, 인간이 무한을 실현할 수 있는 능력이 있는 것처럼 여긴다. 여기서는 유한 세계와 무한 세계를 연결하는 길을 발견할 수 있다고 보면서 무한의 절대진리를 획득하는 데 더 관심이 많으며, 궁극적으로는 무한과의 합일을 지향한다. 무한 세계관은 독일 철학자 헤겔이 말한 유한의 비애를 벗어나려고 한다. 무한은 분리 가능한 부분들로 이루어진 유한한 존재들과 반대로 '분리 불가능한 전체'로 상정된다. 따라서 무한 세계관에서는 항상 전체가 강조된다.

무한 세계관에서 인간의 자아는 유한 세계를 담당하는 현상 자아와 무한 세계를 담당하는 본질 자아로 나누어지고, 본질 자아가 참된 자아로 인식된다. 모든 본질주의는 무한 세계관의 산물이다. 본질 자아는 경험 세계를 인식·분석하는 객관적인 활동에는 관심이 없고 경험 세계 배후의 무한한 진리를 파악하려는 주관적인 활동에 열중한다. 이것은 객관이 경시되고 주관이 무한화(절대화)된다는 것을 의미한다. 주관의 절대화는 지성(이성)을 절대시하는 주지주의主知主義(이성주의 또는 합리주의), 의지를 절대시하는 주의주의主意主義, 감정을 절대시하는 주정주의主情主義 등의 다양한 형태로 나타난다. 여기서는 경험 세계에 대한 공정한 관찰이라는 관념 자체가 존재하지 않는다. 모든 인식 활동은 그 자체로 주관적 관념 활동이기 때문이다. 따라서 사실을 경시하거나, 왜곡하거나, 과잉 일반화하는 독단주의와 이분법적 흑백논리가 만연한다. 무한 세계관은 인간을 윌슨E. Wilson이 말한 "인지의 감옥"[63]에 가둔다. 유한 세계관이 사실 세계를 중심에 두는 지동설적 세계관이라고 한다면, 무한 세계관은 관념 세계를 중심에 두는 천동설적 세계관이라고 할 수 있다.

이러한 자아의 등급화는 인간 사이의 존재론적 차이와 불평등을 당연시하는 신분질서와 엘리트주의로 나아간다. 한편에는 무한의 절대진리를 열망하고 실현하려는 신성한 초인간(본질형 인간)이 있고, 다른 한편에는 유한 세계에 집착하는 속된 인간(현상형 인간)이 있다. 따라서 인간관계에서는 무한의 경지에 도달한 인간에 대한 존경, 권위, 명령 등이 가치 있는 덕목이 되며, 이러한 덕목을 중심으로 권력 독점과 지배 행위 원리가 득세한다.

무한 세계관에서 동감 행위는 열등한 삶의 방식이다. 이상적인 삶이란 무한의 경지에 도달한 상태에서 자족성을 누리는 것이다. 감정은 자족성에 심각한 흠집을 낸다. 감정에 휩싸이는 것은 인간의 유한성과 불완전성과 취약성을 드러내는 수치스러운 경험이다. 감정은 깨달음이나 수양, 훈련을 통해서 완전히 통제하거나 소멸시켜야 하는 대상이다. 감정의 통제나 소멸에 성공하느냐의 여부가 무한의 경지에 도달한 위대한 인간과 유한성에 매여 있는 보통 인간을 가르는 결정적인 기준점 중 하나이다. 따라서 문화적으로 훈련된 사이코패스들이 도덕적으로 존경의 대상이 되는 경우가 많다.

3) 상반된 방향의 무한 세계관: 이성주의·구조주의 vs 반이성주의·실존주의

무한 세계관에는 무한을 성취하는 두 가지 상반된 방향이 있다. 하나는 무한의 절대진리를 이성으로 인식하는 것이 가능하다고 보는 이성주의·구조주의 유형의 무한 세계관이다. 이성에 의해 인식된 무한은 영원불변의 보편적인 형식이나 구조로 나타난다. 그래서 이성주의와 구조주의(형식주의)는 서로를 수반한다. 이 형식이나 구조는 영원불변한 것이므로 완전성을 그 특징으로 한다. 완전한 구조나 형식에 대한 인식은 특별한 능력을 갖춘 소수에 의해서만 가능한 것으로 여겨진다. 여기서는 경험 세계를 그 배후의 구조적 통일성으로 환원하고 통제하려고 한다. 그러다 보니 이성에 의해 파악된 구조(사실)가 바로 행위의 당위적 가치가 된다. 사실(이성)과 가치의 이러한 결합은 독단주의와 형식주의를 초래하며, 따라서 인간의 자연스러운 감정과 동감의 정서를 억압하게 된다. 통일성의 추구는 선수들 중에서 가장 지혜롭거나 선하거나 힘센 선수가 게임의 규칙을 만들고 심판의 역할까지도 겸하는 방식으로 게임을 운영하는 것(전체주의, 독재정치, 전제정치, 권위주의 등)을 이상으로 추구하게 된다. 모든 선수는 심판을 겸하는 선수의 생각과 의지를 따라야 한다.

다른 하나는 무한의 절대진리가 이성에 의해 인식될 수 있는 것이 아니고, 의지나 감정의 고양과 실존적 체험을 통해 무한의 절대진리에 참여하거나 그것과 합일할 수 있다고 여기는 반이성주의·실존주의 유형의 무한 세계관이다. 이 세계관에서는 무한에 대한 인식이 소수의 엘리트에게만 가능하다는 이성주의·구조주의에 반발해, 대체로 무한에 대한 참여가 모든 사람에게 가능하다고 주장한다. 여기서 무한은 무제약성을 의미한다. 무한이 영원불변한 구조를 갖는다는 말은 그것이 제약되어 있으며, 유한하다는 표시이다. 그러한 무한은 참된 무한이 아니다. 형식에 얽매이지 않고 계속 변화하는 무한이 참된 무한이다. 무한의 실현은 형식 해체와 동일시되며, 이런 무한을 포착하는 본질 자아는 형식 해체적 자아이다. 따라서 이성에 의한 분별지分別智가 독단으로서 비판받고, 그것을 해체하는 무분별지無分別智가 참된 지식으로 여겨진다. 이렇게 되면 이성의 역할은 최소화되므로 사실(이성)과 가치는 별개가 된다. 가치는 행위자의 주관적 결단의 영역에 위치한다. 이성주의·구조주의가 동감의 정서를 억압한다면, 반이성주의·실존주의는 그것을 해체한다. 여기서도 종종 이성 개념이 사용되지만, 이때의 이성은 형식을 주조하는 이성이 아니라 반대로 형식을 부정하는 의미로 사용된다. 독일 철학자들이 사용하는 이성 개념은 대부분이 이런 용법이다.

반이성주의·실존주의 무한 세계관에서는 경험 세계를 그 배후의 다양성으로 해체하고 환원하려는 압력이 존재한다. 이러한 압력은 과격한 인식론적·도덕적 상대주의를 초래한다. 또 다양성의 추구는 통일성의 원리에서 강요되는 엉터리 게임에 염증을 느끼고 모든 경기 규칙을 부정하면서 모든 선수가 심판이 되어 제멋대로 게임을 하는 정치적 무정부주의를 이상으로 추구한다.

4) 반이성주의·실존주의 세계관의 변신

흥미롭게도 통일성에 저항하고 다양성을 추구하는 반이성주의·실존주의도 결국은 통일성의 추구로 변화된다. 이성주의·구조주의가 지배하는 곳에서, 반이성주의·실존주의는 반발심리의 작용으로 개체성과 다양성을 극단적으로 강조하는 해체 쪽으로 흐른다. 프랑스의 경우가 좋은 사례라고 할 수 있다. 이에 대해서는 1장 3절에서 프랑스 사회학자 콩트A. Comte와 뒤르켐을 설명할 때 언급된다. 이에 반해 반이성주의·실존주의가 지배 집단이 되는 곳에서는 방향을 바꾸어 통일성이 적극적으로 옹호된다. 독일의 경우가 좋은 사례이다. 이 책의 2장 3절에 독일의 문화 전통에 대해 자세한 논의가 제시되어 있다.

다양성을 추구하는 반이성주의·실존주의가 지배하는 곳에서 방향을 바꾸어 통일성이 적극적으로 추구되는 이유는 다음과 같다. 첫째로 다양성을 현실 속에서 곧이곧대로 추구하면 집단이 해체된다. 둘째로 반이성주의·실존주의에서도 무한한 일—의 상태를 실현하는 것을 이상으로 추구한다. 이때 무한은 각 개인이 주관적으로 체험하는 것인데, 그것은 "아무런 구별들도 보이지 않는, 그 정도를 알 수 없는 깊이, 또는 인간의 이해가 도달할 수 없는 존재의 충만성"이다.[64] 그 정도를 알 수 없는 충만성이 신적 무한성과의 일체감이라는 통일성의 신비적 토대가 된다.

무한을 성취할 가능성이 모든 사람에게 개방되어 있다는 점에서 다양성 추구는 일견 평등주의처럼 보인다. 하지만 실제로 그러한 가능성을 성취할 수 있는 조건과 자질을 갖추고 있는 사람은 소수일 것이다. 그 결과 소수는 깨달은 자라는 이름으로 어리석은 대중을 통치하고 가르칠 수 있는 권위를 획득하게 되고, 이는 엘리트주의로 귀결된다. 이것은 무정부주의자가 정권을 잡으면 통일성을 강요하는 독재자가 되는 것과 같은 이치이다.

이러한 변신을 위해 개인의 참된 다양성(개인의 개성)은 공동체적 통일성(집단적 개성) 속에서만 가능하다는 신비적 논리가 개발된다. [일(一, 무한) = 다(多, 유한)]의 사고가 이러하다. 여기서는 자유가 공동체를 통해 실현된다는 [자유 = 공동체]의 등식이 성립된다. 개인의 참된 실존은 전체를 지향하는 집단적 실존이다. 완전한 해체는 완전한 용해와 같다. 극과 극은 통한다는 말이 있듯이, 개체성에 대한 극단적 강조는 오히려 개인을 부정하고 해체해 집단의 통일성으로 나아간다. 이성주의·구조주의 세계관이 불변하는 구조적 위계서열로 이루어진 전체를 통해 통일성을 실현하려고 한다면, 반이성주의·실존주의 세계관은 그러한 구조적 위계서열을 개인의 소외로 보고, 모든 형식과 구조를 해체하여 미분화된 전체와 일체감을 추구하는 방향으로 통일성을 실현하려고 한다.

세계관에 대한 논의를 종합하면, 유한 세계관, 이성주의·구조주의 무한 세계관, 반이성주의·실존주의 무한 세계관은 인간 사고의 기본 유형을 나타낸다. 이 세 가지 세계관을 바탕으로 인간의 사고 분류표를 만들 수 있다. 다음 면에 이 분류표가 제시되어 있다. 린네C. Linn'e가 지구상의 복잡하고 다양한 생명체들에 대한 분류법을 제시한 것처럼, 나는 인류의 복잡하고 다양한 사고들에 대한 분류표를 만들 수 있다고 생각한다. 물론 이 사고 분류표는 연구의 결론이라기보다는 앞으로 동료 연구자들에 의해 계속 검증되거나 개선되거나 혹은 반증되거나 할 일종의 가설이라고 할 수 있다.

일반적으로 가장 많이 알려진 기존의 세계관 분류는 유일신의 존재를 인정하는 유신론적 세계관과 유일신의 존재를 부정하는 무신론적 세계관의 구분이다. 그러나 인간의 사고 유형과 사회 유형이라는 관점에서 보면, 유신론이든 무신론이든 별로 차이가 없다는 것이 나의 생각이다. 다음 사고 분류표에서 보듯이 유신론에서든 무신론에서든 유한 세계관과 무한 세계관으로 나누어질 수 있으며, 유신론의 무한 세계관은 무신론의 무한 세계관과 비슷한 사고 유형과 사회 유형을 갖게 되고, 그 반대로 무신론의 유한 세계관은 유신론의 유한 세계관과 비슷한 사고 유형과 사회 유형을 갖게 된다.

우리는 이러한 사고의 기본 유형을 준거점으로 삼아 지구상의 문명들을 작동시키는 문법을 알아낼 수 있다. 전통문명들에서는 대체로

세계관에 따른 사고 분류표

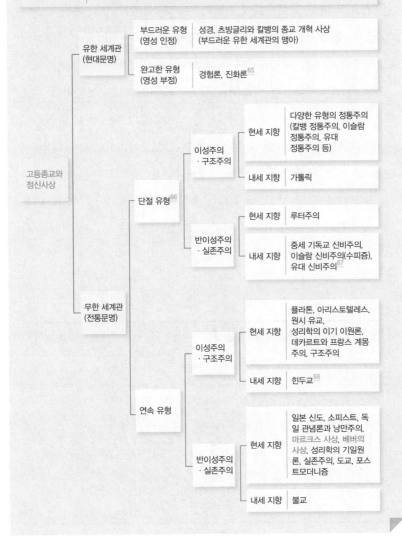

무한 세계관에 근거를 두고 이성주의·구조주의와 반이성주의·실존주의가 서로 반발하여 출현하는 경우가 많다. 예를 들면, 힌두 문명의 카스트 형식주의에 반발하여 불교 문명의 형식 해체가 나타났고, 유교 문명의 관료 형식주의에 반발하여 도교 문명의 형식 해체가 나타났으며, 중세 가톨릭 문명의 독단주의에 반발하여 기독교 신비주의의 형식 해체가 나타났다. 고대 그리스에서도 파르메니데스Parmenides의 존재 이론과 헤라클레이토스Heraclitos의 유전流轉이론, 보편자를 강조한 플라톤주의와 상대주의를 추구한 소피스트가 대립하여 출현하였다. 이러한 논지에서 볼 때, 데카르트의 이성주의(데카르트는 플라톤주의자로 알려져 있다)와 이를 비판하고 해체하려는 포스트모더니즘 사이의 대립은 새로운 것이 아니라 현대문명 상황에서 새로운 방식으로 변용을 일으킨 것에 불과하다. 주제는 같고 소재만 바뀌었을 뿐이라는 의미다. 정리하면 다음과 같다.

전통문명들의 문법		현대문명의 문법
이성주의 · 구조주의 무한 세계관	반이성주의 · 실존주의 무한 세계관	유한 세계관
형식주의(전체의 통일성)	형식 해체(개체의 다양성)	균형
지배 행위 원리	지배 행위 원리	동감 행위 원리
유교, 힌두, 가톨릭, 파르메니데스의 존재이론, 플라톤주의, 데카르트주의 등	도교, 불교, 기독교 신비주의, 헤라클레이토스의 유전이론, 소피스트, 포스트모더니즘 등	칼뱅의 종교 개혁 경험론

5) 칼뱅의 종교 개혁과 유한 세계관의 출현

과학 혁명, 계몽 혁명, 민주정치 혁명, 시장경제 혁명, 개인 혁명이 서로 영향을 주고받으면서 출현한 현대문명은 무한 세계관에서 유한 세계관으로의 변화에 기인한 것이다. 이러한 변화는 종교 개혁을 통해서 일어났다. 종교 개혁은 무한 세계관에 갇혀 있던 유럽의 중세문명을 돌파하여 유한 세계관으로의 변화를 주도하였다.

종교 개혁은 본래의 성경 정신으로 돌아가려는 열망 속에서 진행되었다. 성경은 많은 종교 경전들 중 유한 세계관의 잠재력을 가진 유일한 형태라 할 수 있다. 구조기능주의 사회학의 대가인 파슨스T. Parsons는 구약성경에 나타난 이스라엘의 사고가 서양 사회의 진화에 기여한 가장 중요한 요인으로, 무한한 신성과 유한한 인간성을 분리한 것을 꼽았다. 이스라엘에서는 어떤 인간도 신성을 주장할 수 없었고, 또 신성에 참여할 수도 없었다.[69]

종교 개혁은 루터에 의해 먼저 시작되었다. 그러나 그의 개혁은 기존의 가톨릭 구조를 허물어뜨리는 데는 크게 기여했지만, 새로운 세계관을 마련하는 데는 미치지 못했다. 중세 가톨릭의 무한 세계관을 돌파하여 유한 세계관을 제시하는 데 중요한 역할을 한 인물은 칼뱅 J. Calvin이었다. 역사적으로 볼 때, 칼뱅 신학 사상의 영향을 크게 받은 네덜란드, 잉글랜드, 스코틀랜드, 미국 등이 종교에 의한 계몽운동을 주도하면서 현대문명을 선도했다. 독일의 종교 사학자 트뢸치E. Troeltsch는 칼뱅의 종교 개혁이 근대 세계의 형성 과정에서 중요한 역할을 했다고 말했다.[70]

칼뱅의 신학적 사고를 한마디로 특징짓자면 유한 세계관이라고 할 수 있다. 잘 알려진 것처럼, 종교 개혁은 고대의 원전으로 돌아가려는 르네상스의 영향을 받아, 기독교 신앙의 원천인 성서로 돌아가라는 정신을 통해 일어났다. 그는 이러한 정신에 따라 성서에 근거해 무한한 창조주인 신과 그의 유한한 피조물을 엄격하게 구분하였다. 칼뱅은 신을 피조물을 절대적으로 초월해 있어 어떤 방법으로든 알 수 없는 존재로 보았다. 신은 인간의 이성으로 인식될 수도 없고(이성주의 부정), 실존적으로 체험될 수도 없다(실존주의 부정). 무한은 무한이고, 유한은 유한이며, 신은 신이고 인간은 인간이다.[71] 그에 의하면, 인간은 유한한 존재로서 신이 정한 법을 지켜야 한다. 이처럼 신의 초월성을 주장하면서 칼뱅은 무엇보다도 무한한 신과 유한한 피조물을 혼합하는 우상숭배를 경계했다. "우리의 인식을 통해 파악할 수 없는 그런 신을 공상해서는 안 된다."[72] 그의 이러한 태도는 유한한 경험 세계 배후에 있는 무한의 존재를 파악하려는 일체의 시도를 좌절시키며, 바로 유한 세계관의 특징을 잘 나타내고 있다고 할 수 있다.

많은 사람들은 르네상스·계몽주의로 이어지는 일련의 사상들이 기독교를 미신으로 비판하고 기독교와 단절한 결과 현대문명이 탄생했다고 여긴다. 사실은 그렇지 않다. 르네상스와 계몽주의가 현대문명의 출현을 자극하거나 현대문명을 보급하는 데 도움을 줄 수는 있었겠지만, 현대문명을 만들어 낸 본류는 아니다.

이탈리아 르네상스에 대해 간단하게 언급하면, 그것은 신의 존재를 부정하고 고대 그리스의 소피스트 철학자 프로타고라스Protagoras가 말한 "인간은 만물의 척도다"를 기본 구호로 삼았다. 여기서 인간이란 개인을 말한다. 개인은 완전히 자율적인 존재이다. 개인은 신뿐만 아니라 집단의 규범이나 제약에 얽매이지 않고 자주적이고 독자적으로 결정을 내리는 존재이다. 모든 개인은 스스로 입법자이며, 옳고 그름, 선과 악의 기준은 개인이 결정한다. 알베르티L. Alberti는 "개인은 하려고 마음만 먹으면 자기 혼자 힘으로 무엇이든지 해낼 수 있다"고 말하였고, 미란돌라P. Mirandola는 "인간의 유일한 조건은 조건이 없다는 것, 자유롭다는 것"이라고 말했다. 다시 말하면, 개인이 신처럼 자유로운 존재라는 것이다. 이런 점에서 이탈리아 르네상스는 무한 세계관의 정신 운동이라고 할 수 있다.[73]

게다가 계몽주의 자체는 르네상스보다 칼뱅의 종교 개혁에서 큰 영향을 받았다고 할 수 있다. 유명한 계몽주의 연구가 피터 게이의 말을 빌리자면, "계몽주의는 가톨릭 국가(프랑스)보다는 프로테스탄트 국가(영국)에서 발생"했으며, "계몽주의를 선전한 사람은 프랑스인이었지만 계몽주의의 수호성인과 선구자는 베이컨, 뉴턴, 로크와 같은 영국인이었다. [⋯] 영국인이 없었다면 이성과 철학은 프랑스에서 여전히 보잘것없이 유치한 단계에 머물러 있었을 것이다."[74]

우리는 서구 계몽주의의 "수호성인"과 "선구자"였던 베이컨, 뉴턴, 로크, 흄이 모두 영국 출신의 경험론자였다는 사실에 주목할 필요가 있다. 경험론의 시조인 베이컨은 칼뱅이 매우 경계한 우상이라는 용어를, 경험적 지식을 방해하는 그릇된 관념이라는 의미로 사용하였다. 베이컨은 『신기관』에서 아리스토텔레스의 논리학을 비판하면서 "인간의 정신 능력을 무작정 찬양"하는 것이 "모든 악폐의 뿌리"[75]라고 말했다. 이런 의미에서 계몽주의는 이성이 계몽을 시킨다는 의미가 아니라 중세 이성의 과대망상이 경험적 사실에 의해 계몽된다는 의미로 해석되는 것이 더 타당할 것이다. 이성이 자신의 능력을 과대망상으로 부풀렸을 때 인간의 지식은 어둠 속에 놓여 있었지만, 자신의 한계를 알게 되었을 때 인간의 지식은 빛 속에 있게 되었다. 지식이 경험으로부터 나온다고 주장하는 경험론은 현대문명에서만 나타나는 독특한 인식 방식으로, 전통문명들에서는 찾아보기 어렵다. 경험론은 청교도들을 통해 잉글랜드와 스코틀랜드에 칼뱅의 유한 세계관이 보급된 것과 무관하지 않다.

칼뱅은 유한한 피조물과 무한한 창조주를 엄격하게 구분하는 창세기의 유한 세계관을 자기 신학의 출발점으로 삼았다. 가톨릭이 지배한 중세 유럽은 신적인 힘으로 충만한 세계였다. 교회의 성례전적 구조, 성자들의 중재, 기적 등 다양한 통로를 통해 신적인 힘이 세계 속에 현존해 있었다. 칼뱅은 신의 초월성을 강조함으로써 세계에 충만했던 신적인 힘을 제거했다. 신은 어떠한 자연현상이나 인간현상과도 동일시될 수 없는 존재이다. 인간과 자연은 이제 신비스럽거나 성스러운 그 무엇이 아니다. 이런 칼뱅 신학 사상의 결과는 모든 주술적인 힘으로부터 세계를 해방하는 탈주술화demagification였다.[76] 이제 인간과 자연은 경험을 통해 연구할 수 있는 대상이 되었다. 신성하지는 않지만, 자연은 신의 아름다운 책이다. 신을 알 수 있는 두 권의 책이 있는데 하나는 성경이고, 다른 하나는 자연이다. 피조 세계는 '신의 영광의 극장'이므로 그것에 관한 연구는 신의 지혜를 발견하는 훌륭한 수단이었다. 따라서 칼뱅은 자연을 과학적으로 연구하는 것을 적극적으로 장려하였다.[77]

칼뱅은 "물리적 세상과 인체 모두 신의 지혜를 입증하는 증거"라고 보고 천문학과 의학 연구를 장려했다. 이 외에도 그는 신의 말씀인 성경을 문자적으로 읽지 않는 방법을 제시함으로써 신앙이 과학 활동을 방해하지 않도록 장애물을 제거했다. 그에 의하면, 성경은 마치 어머니가 어린아이 수준에 맞추어 말을 하는 것과 같이, 무지한 인간이 이해할 수 있도록 기록된 것이었다. 따라서 성경을 천문학, 지리학 또는 생물학 교과서로 여겨서는 안 된다.[78]

1660년에 영국 런던에서 창립된 왕립학회는 과학자들이 모여 만든 최초의 연구 공동체였는데, 회원들 상당수가 청교도들이었다. 칼뱅 신학 사상의 추종자들을 네덜란드에서는 고이센, 잉글랜드와 미국에서는 청교도, 스코틀랜드에서는 장로교도, 프랑스에서는 위그노라 부른다. 경험론의 창시자인 베이컨의 어머니도 열렬한 청교도였는데, 그는 어머니의 태도에 영향을 받았다. 베이컨에 이어 경험론을 체계화한 로크도 청교도의 후예였다. 동감 현상을 경험적으로 탐구한 스미스도 칼뱅주의를 국교로 삼은 스코틀랜드 출신이다. 경험론을 완성하고 스미스보다 앞서 동감 이론을 제시한 흄도 어렸을 때 칼뱅 교도였다.

따라서, 유한 세계관의 칼뱅 신학 사상은 경험론 형성에 큰 영향을 끼쳤다고 할 수 있다. 막스 베버는 다음과 같이 말했다.

수학적 토대를 갖춘 합리화된 경험론에 대한 금욕적 프로테스탄티즘의 뚜렷한 선호는 잘 알려져 있다. [...] 믿음의 열매로 기독교인을 알 수 있듯이 신의 작업에 대한 지식은 신의 지식과 그의 계획을 통해서만 알 수 있다. […] 신의 자연법칙에 대한 경험 지식으로부터 세계의 본질에 대한 파악으로 올라가는 것이 바람직하다. 신의 계시의 단편적인 특성 때문에 형이상학적 사변의 방법으로는 결코 세계의 본질을 파악할 수 없다고 칼뱅주의자들은 생각했다. 17세기의 경험론은 금욕의 수단이었다. 경험론은 신에게 인도하는 길로 인식되었던 반면 철학적 사변은 신으로부터 멀리 벗어나는 길로 인식되었다.[79]

하라리Y. Harari는 과학 혁명의 성격을 "무지를 기꺼이 인정"한 "무지의 혁명"[80]에서 찾는데 그것이 가능했던 이유는 유한 세계관의 출현을 전제로 해서만 이해될 수 있다. 무한 세계관에서 유한 세계관으로 세계관이 바뀜에 따라 지식의 대상이 사변적인 무한 세계에서 유한한 경험 세계로 바뀌게 되었고, 그 결과 인간은 경험 세계에 대해 무지하다는 것을 알게 된 것이다.

아울러 칼뱅 신학 사상은 이런 유한 세계관을 바탕으로 나이, 신분 등에 따라 아랫사람이 윗사람을 존경하게 되어 있는 권위주의적 관습을 피조물 신격화로 여겨 배격하였다. 베버의 『프로테스탄트 윤리와 자본주의 정신』에 의하면 그들은 모자 벗기, 무릎 꿇기, 머리 숙이기, 칭호의 중복 사용을 거부하였으며, 이러한 반反권위주의적인 태도는 복종의 선서를 금욕의 실천으로 여기는 가톨릭과 달리 모든 금욕적 프로테스탄트에 공통으로 나타나는 것이었다. 이러한 탈권위주의는 칼뱅 신학 사상의 영향을 받은 국민들, 특히 미국인들의 민주주의적 특질의 역사적 기초가 되었다.[81] 피조물 신격화 거부에 근거한 이런 반권위주의는 "모든 사람은 평등하게 창조되었다"라는 미국독립선언문 구절로 이어졌다.

그들은 신에 의해 평등하게 창조된 상태를 자연 상태로 보고, 자연 상태의 인간 속에 자연법이 작용하고 있다고 보았다. 자연법은 "신이 모든 사람의 마음과 영혼과 생각과 양심에"[82] 새겨 놓은 것이다. 트뢸치에 의하면, 칼뱅주의자들은 이 자연법에 근거한 저항권 개념을 발전시켰고, 계약을 통해 자연법에 근거를 둔 "헌법과 권력의 선택"을 지지하였다.[83] 파슨스는 개인주의, 평등주의, 직업적 전문성, 민주주의 같은 현대적인 관념들이 칼뱅의 신학 사상 안에 강력한 뿌리를 두고 있는 것으로 보았다. 진화생물학의 유물론 관점에서 모든 가치 관념을 상상의 허구라고 보는 유발 하라리도 개인의 자유와 평등을 강조하는 현대문명의 가치가 기독교 전통에서 유래한 것이라고 말한다.

> 개인의 자유에 대한 믿음은 […] 전통 기독교에서 직접 물려받은 유산이다. 창조주 하나님에게 의지하지 않을 경우, 사피엔스 개개인이 뭐 그리 특별한지를 설명하기가 당황스러울 정도로 어려워진다.
>
> 모든 인간이 평등하다는 사상은 모든 영혼이 하나님 앞에서 평등하다는 일신론적 확신의 개정판이다.[84]

스코틀랜드 계몽주의 연구가 베리C. Berry에 의하면, 스코틀랜드 계몽주의자들은 개인의 의도적인 계획과 전혀 다른 결과를 낳는 인간 사회의 복잡성을 줄곧 강조하면서, 인간 사회를 이성으로 설계design

하려는 위험성을 경고했다.[85] 바로 이 점에서 스코틀랜드 계몽주의는 데카르트적 이성주의 관점에서 사회를 설계하려 한 프랑스 계몽주의와 결정적으로 달랐다. 다음 장에서 살펴보겠지만, 프랑스의 사고 전통 형성에 큰 영향을 준 가톨릭 사상은 이성주의·구조주의 세계관을 갖고 있다. 이렇게 보면 스코틀랜드 계몽주의의 온건한 태도가 프랑스 계몽주의의 독단적 태도보다 현대문명과 더 잘 어울리지 않는가?

혼히, 이성을 극단적으로 강조한 프랑스 계몽주의가 계몽주의의 전형인 것처럼 여겨지지만, 그것은 프랑스의 정치적 상황과 가톨릭 특유의 이성주의 토양을 바탕으로 한 지엽적인 현상일 뿐이다. 종교 개혁의 영향으로 네덜란드, 스위스, 스코틀랜드, 영국, 미국에서는 신앙의 힘에 의지해 사회가 상당한 진보를 이룩했고, 이러한 흐름과 이어져서 이성의 역할도 강조되었다. 그래서 이들 나라의 지식인들은 신앙과 이성을 양립시킬 수 있었다. 그러나 프랑스에서는 구체제와 그것을 정당화하는 가톨릭의 보수적인 태도 때문에 진보적인 지식인들은 종교를 혐오하면서 이성을 신앙과 대립시켰다. 프랑스 계몽주의의 이성주의는 가톨릭의 이성주의 유전자를 물려받은 것이다. 서로 닮을수록 부모와 자식 사이에 더 격렬한 갈등이 생긴다는 사실을 우리는 경험적으로 잘 알고 있다.

무한한 신의 세계를 아는 것을 최고의 가치로 여겼던 중세문명과 달리 종교 개혁 이후 현대문명의 시조들은 유한한 경험 세계에 관심을 기울이며 과학적 지식과 경제적 부를 추구하였다. 또 그들은 중세문명의 그릇된 신분제도의 장막을 찢고 모든 인간이 천부적으로 평등하고 자유롭다는 사실을 발견했으며, 이를 토대로 새로운 유형의 사회를 건설하려고 하였다. 그 결과 인간들 사이의 차별과 배제가 철폐되고, 인간의 권리와 존엄성의 가치를 실현하려는 시민 혁명이 일어났다.

현대문명을 수용한 사회들에서는 인간이 동료 인간을 지배하고 억압하는 상황이 많이 개선되었고, 또 개선되어 가고 있다. 현대문명은 자유로운 정치체제를 형성하여 사람들을 전제주의로부터 해방했으며, 과학적 탐구와 기술 혁신을 통해 물질적 풍요를 창출했다. 그 결과, 대다수 사람이 더 안전하게 생명과 자유를 누리면서 행복을 추구할 수 있게 되었다.[86]

3
독일 문화의 호모 데우스 프로젝트 전통

1) 중세 가톨릭 사상의 이성주의·구조주의 세계관

마르크스와 베버의 사상을 이해하기 위해서는 또한 독일의 문화 전통과 근대 독일사에 대한 이해도 선행되어야 한다. 두 사상가는 독일 문화 전통의 반이성주의·실존주의를 공유하고 있다는 점에서 친구일 뿐만 아니라 한 가족이라고 할 수 있다.

독일의 문화 전통을 형성하는 데 결정적인 역할을 한 인물은 종교 개혁가 마르틴 루터였다. 루터는 독일인들에게 종교 개혁가인 동시에 독일 민족의 문화적 영웅으로 여겨진다. 루터는 가톨릭 신부였지만 면죄부를 판매하는 가톨릭의 행위를 반박하는 95개조 논제를 비텐베르크 교회 정문에 게재함으로써 종교 개혁의 길을 가게 되었다. 그의 기독교 이해는 가톨릭의 기독교 이해와 근본적으로 달랐다. 가톨릭이 기독교의 신을, 이성주의·구조주의 무한 세계관의 관점에서 바라보았다면, 루터는 반이성주의·실존주의 무한 세계관의 관점에서 바라보았다.

먼저 가톨릭의 세계관에 대해 간단하게 살펴보기로 한다. 앞장에서 살펴본 것처럼, 현대문명의 출현은 종교 개혁가 칼뱅의 유한 세계관이 스위스, 네덜란드, 스코틀랜드, 영국, 미국 등의 나라에 널리 보급된 것과 관련이 있다. 칼뱅은 기독교 신이 모든 피조물을 초월해 있으므로 인간은 결코 신을 알 수 없다는 관점을 취함으로써 무한한 신과 유한한 피조물을 엄격히 구분하였다.

가톨릭은 이와 달리 무한자인 신을 피조물 뒤에 존재하면서 인간의 이성을 통해 파악되기를 기다리는 최고의 보편적 존재로 이해했다.[87] 신학자 틸리히에 의하면, 중세 가톨릭에서 신은 앎intellect으로서 이해되어야 하는 실체로 인식되었다.[88] 가톨릭 사상을 완성한 토마스 아퀴나스T. Aquinas는 앎(이성)을 신의 첫째가는 특징이라고 보았다. 따라서 앎은 당연히 인간의 첫째가는 특징이기도 하다.[89] 인간을 인간답게 만드는 것이 이성이다. 신과 인간은 같은 이성을 공유하고 있다. 이성적인 신이 이성적인 인간을 만든 것이다. 이성의 최고 목표는 보편적 선을 실현하는 것이다. 보편적인 선은 피조물 안에서는 발견할 수 없고 신 안에서만 찾아낼 수 있다. 따라서 이성은 감각적이고 잠정적인 세계를 초월하여 영원불변하는 신적 본질을 명상해야 한다.

가톨릭에서는 이성적인 신이 교회의 위계구조인 성직 체계 형태로 존재한다. 교회는 신의 거룩한 몸이다. 따라서 가톨릭 사상은 눈에 보이는 교회의 인간적 속성보다는 그 배후의 신적 실체를 추구한다. 교회론의 이러한 특성은 성찬론인 화체설化體說, theory of transubstantiation에서도 그대로 재현된다. 화체설에 의하면, 빵과 포도주가 성찬용으로 구별되는 순간부터 신자의 먹는 행위와 관계없이(먹기 전이든지, 먹고 남은 것이든지 간에) 속성(현상)에서는 감각 대상인 유한한 물질로서 빵과 포도주로 있지만, 실체(본질)에서는 감각할 수 없는 무한한 신성을 가진 예수의 살과 피로 변해 구조적으로 영속한다. 이것은 이성주의·구조주의 유형의 무한 세계관이다.

철학사에서는 가톨릭이 지배하던 유럽의 중세를 '이성이 신앙의 시녀 역할을 한 시대'로 규정한다. 얼핏 보면 그런 것 같지만, 좀 더 자세히 들여다보면 교황의 대이성大理性, Reason이 신앙을 지배한 시대라고 할 수 있다. 이성의 능력을 강조하게 되면 필연적으로 뛰어난 이성과 열등한 이성, 큰 이성과 작은 이성 사이에 차별이 이루어지게 된다. 과학 혁명 부분에서도 언급했듯이, 중세 가톨릭 왕국은 기독교 신앙을 전면에 내세웠지만 실제로는 플라톤과 아리스토텔레스의 고대 그리스 사상을 빌려와 그 뼈대로 삼았다.[90] 아우구스티누스의 사상은 플라톤 사상을, 토마스 아퀴나스 사상은 아리스토텔레스 사상을 토대로 한 것이다. 플라톤과 아리스토텔레스는 인간을 이성적 존재로 규정하면서 무한성과 완전성을 성취할 수 있는 이성의 능력에 대해 깊이 신뢰하고 있었다. 플라톤의 선의 이데아와 아리스토텔레스의 순수 형상은 모두 이성에 의한 무한성과 완전성의 실현에 대한 열망을 반영하고 있다.

플라톤은 말할 것도 없고, 아리스토텔레스도 자신의 저서 『윤리학』에서 완전성(무한성)을 성취할 수 있는 이성의 능력을 바탕으로, "이상적 인간"을 "인간적인 삶"을 넘어 "신적인 삶을 살아가는 존재"로 보았다. 신적인 삶을 사는 인간이 바로 행복한 인간이다. 자기충족self-sufficiency은 신(무한)의 중요한 특징인데, 아리스토텔레스는 행복을 자기충족으로 정의하였다. 신적인 삶이란 바로 자기충족적인 삶이다. 그는 신을 "부동의 동자unmoved mover"로 정의하였는데 이 정의 속에 신의 자기충족이 잘 드러나 있다. 부동의 동자를 '관조'하는 것이 가장 신적인 삶이고 가장 행복한 삶이다. 가톨릭의 신은 인간에 의해서 파악되기를 기다리는 부동의 동자이다. 소크라테스는 델피의 아폴로 신전 입구에 새겨져 있는 "너 자신을 알라"는 말을 '너의 무지를 자각하라'라는 의미로 해석한 것으로 알려져 있다. 하지만 박종현의 『헬라스 사상의 심층』에 따르면, 소크라테스는 '너 속에 로고스(신성)의 능력이 있다는 사실을 깨닫고 그것을 적극적으로 활용하라'는 정반대의 의미로 사용했다. 신적인 삶을 사는 것에 대한 플라톤과 아리스토텔레스의 추구는 스승 소크라테스에서부터, 아니 그 이전의 피타고라스학파 때부터 이미 시작된 것이다. 피타고라스학파는 "신적인 우주와 재결합하는 것"이 인간 삶의 궁극적인 목표라고 보았다.[91]

가톨릭 사상을 떠받친 실재론realism은 모두 플라톤과 아리스토텔레스의 이성주의에 근거한 것이다. 실재론은 강한 실재론과 온건한 실재론으로 나누어진다. 강한 실재론은 플라톤의 이데아처럼, 보편자가 개별적인 사물들보다 먼저 존재한다고 보는 것이며, 온건한 실재론은 아리스토텔레스의 형상론처럼 보편자가 사물 안에 존재한다고 보는 것이다. 강한 실재론이든 온건한 실재론이든 중세 가톨릭 사상은 실재론에 근거하여 이성을 통해 진리인 보편자를 인식할 수 있다는 견해를 갖고 있었다.

물론 가톨릭은 아리스토텔레스와 달리 인간이 이성만으로는 완전한 행복에 도달할 수 없다고 여긴다. 완전한 행복은 은혜를 통해서 주어진다. 그리스도 안에서 주어지는 행복은 인간 본성 이상의 것이며 은혜를 통해 첨가되는 것이다. 이 은혜의 도움으로 우리는 초자연을 지향할 수 있게 된다. 같은 논리로 아퀴나스는 인간의 문화 활동이 이성에 의해 발견되는 자연법에 따라 이루어지지만, 자연법 외에 또 다른 법이 있다고 보았는데, 바로 신법神法, divine law이다. 이 신법은 복음을 통해 계시가 된 법으로, 초자연적인 법이다. 자연법은 국가가 주관하며, 신법은 교회가 주관한다. 따라서 교회가 국가 위에 있다. 이런 식으로 그리스도의 대리인인 교황을 정점으로 하는 중세의 계층적 신분구조가 성립된다. 가톨릭은 '은혜가 자연을 완성한다'라는 관점을 갖고 있기 때문에 은혜가 인간 이성을 더욱 완전하게 한다고 본다. 이러한 견해에서 교황 무오류설이 생겨났다고 할 수 있다. 가톨릭이 말하는 완전성의 등급 질서를 그림으로 나타내면 다음과 같다.

초자연(은혜)	=	완전한 행복	=	복음(신앙)	=	교회	=	신법	=	교황
자연(본성)	=	보편적인 완전한 선	=	이성(철학)	=	국가	=	자연법	=	황제

같은 관점에서 가톨릭은 신의 말씀이자 진리의 근거인 성경이 교회에 의해서 만들어졌고, 성경의 해석권도 교회에 속한다고 주장했다. 그런데 가톨릭 교회는 교황을 정점으로 하는 위계 조직이므로, 결국 교황이 성경의 궁극적인 해석권을 갖게 된다. 따라서 교황의 대이성 Reason이 진리의 척도이고, 다른 사람의 이성reason은 교황의 이성에 복종해야 한다. 이것이 교황의 대이성을 중심에 두는 교황 중심 천동설이다. 모든 사람은, 심지어는 신조차도 그의 주위를 돌아야 한다. 천동설은 교회의 권위를 정당화하는 우주론이라고 할 수 있다. 우주의 중심은 지구이고, 지구의 중심은 바티칸 교회이며 바티칸 교회의 중심은 교황이다. 중세 가톨릭이 지동설을 억압한 이유가 바로 이 때문이라고 할 수 있다.

가톨릭의 이성주의·구조주의 세계관은 프랑스 문화 전통의 형성에 큰 역할을 하였다. 프랑스는 중세 가톨릭 사상의 초기 발전을 주도했을 뿐만 아니라 16세기에 이르기까지 신학과 철학 연구의 중심지 역할을 했다.[92] 이러한 특성 때문에 칼뱅이 프랑스인이었음에도 그의 종교 개혁 사상은 프랑스에서 격심한 박해를 받았다. 프랑스의 대표적인 계몽사상가 볼테르는 칼뱅주의자들에 대한 가톨릭의 박해(장 칼라스 사건과 성 바르톨로뮤 대학살 사건)를 보면서 그 유명한 『관용론』을 썼다.

프랑스 혁명이 과격하게 진행된 이유도, 또 혁명 이후 프랑스가 민주주의 정치제도를 확립하는 데 큰 어려움을 겪은 이유도 가톨릭의 이성주의·구조주의 무한 세계관 때문이라고 할 수 있다. 가톨릭은 자신의 사상 체계를 완전하다고 여기고 있었으므로 모든 새로운 변화에 대한 열망을 억압하고 그 완전성을 수호하려고 하였다. 완전성을 수호하고자 하는 가톨릭의 태도 속에는 당연히 왕의 권력이 신으로부터 유래한다는 왕권신수설도 포함되어 있었다. 가톨릭의 이러한 보수적 완고성 때문에 프랑스 혁명 세력들은 왕과 귀족보다도 그들의 권위를 정당화해 주는 성직자들을 더 혐오하였으며 혁명 이후 기독교를 공적 영역에서 완전히 추방하려고 하였다. 그러나 혁명의 주도 세력들도 가톨릭의 이성주의·구조주의 유전자를 고스란히 물려받았으므로 이성의 완전성에 심취해 있었다. 기득권 세력과 도전 세력 둘 다 이성의 완전성으로 무장하여 충돌하였다.

프랑스 사회학자 토크빌A. Tocqueville은 프랑스에서 민주주의 정착이 왜 그렇게 어려운지, 왜 미국에서는 민주주의가 잘 정착되었는지를 설명하기 위해 『미국의 민주주의』라는 책을 썼다. 그에 의하면, 프랑스에서는 종교 정신과 자유 정신이 대립하는 반면, 미국에서는 이 둘이 결합해 있었다. 그의 다음과 같은 말은 프랑스의 이성주의·구조주의 풍토를 잘 드러내 준다.

> 프랑스 지식인들은 엄연한 사실들을 경멸하고 […] 논리의 규칙과 미리 구상된 사상 체계에 따라서 […] 전체 구조를 재구조화하려는 욕망을 가졌다.[93]

이처럼 이성의 완전성에 근거해 세계를 완전히 재구조화하려는 욕망은 프랑스 철학자 데카르트에게서도 두드러지게 나타난다. 그는 극단적인 방법론적 회의를 통해 의심할 수 없는 확실한 지식을 확립하려고 하였다. 그의 저작 『성찰』에서 다음과 같은 말이 등장한다. "만일 학문에 있어서 확실한 것을 수립하고자 한다면, 일생에 한 번은 모든 것을 뿌리째 뒤집어엎어 최초의 토대부터 다시 시작하지 않으면 안 된다. 그리고 그러기 위해서는 조금이라도 의심스럽게 여겨지는 것은 모조리 의심해야 한다."[94] 이성을 통해 확실한 지식을 확립하려는 그의 시도는 프랑스의 이성주의·구조주의의 유산을 물려받았기 때문이라고 할 수 있다. 데카르트는 신의 존재를 인정했지만, 그에게 신은 이성에 의한 지식의 확실성을 보증하는 수단에 불과했다.

　프랑스의 이성주의·구조주의 전통은 프랑스 출신의 사회학자 콩트와 뒤르켐에게도 그대로 유전되고 있다. 사회학의 창시자로 불리는 콩트는 프랑스 혁명 이후 무질서한 상태가 계속되는 프랑스에 질서를 회복하는 것을 사회학의 목표로 삼았다. 그가 프랑스 혁명을 초래한 계몽 혁명과 민주주의 혁명을 혐오하였던 탓이다. 콩트는 『사회동학』에서 인류의 정신이 공상적인 정신이 지배하는 신학적 단계, 추상적 정신이 지배하는 형이상학적 단계, 실증적 정신이 지배하는 과학적 단계로 발전한다고 주장했다. 그런데 여기서 중요한 것은 콩트가 형이상학적 단계를 신학적 단계에서 과학적 단계로 발전하는 '과도적인 혼란기'라고 보았다는 것이다. 형이상학적 단계는 '자연 상태에서 모든 인간이 자유롭고 평등하다'라는 계몽사상을 지칭한 것이다. 콩트는 계몽사상을 실증적 토대가 없는 형이상학적 신념이며, 이 사상이 개탄할 만한 무정부 상태를 초래한다고 비판했다. 따라서 형이상학적 단계는 빨리 과학적 단계로 이행해야 한다고 주장했다.

　이러한 이행에 중요한 역할을 하는 것이 사회학이다. 사회학자들은 사회의 과학적 법칙을 확립해 계몽 혁명으로 방자해진 개인들을 엄격하게 통제하는 임무를 수행해야 한다. 과학에 대한 콩트의 강조는 뉴턴의 과학적 성취에서 큰 영향을 받은 것이었지만 뉴턴의 경험론적 실험 철학을 거부하고 데카르트의 합리론을 수용했다. 콩트는 사회학 이론이 원인을 탐구하는 것이 아니라 이성으로 사회의 법칙적 공리를 확립하는 것이며, 경험적인 현상은 이러한 공리로 환원되어야 하는 것이라고 주장했다.[95] 이런 관점에서 그는 뉴턴의 경험주의를 "사회학의 발전에 절대적인 장애물로 간주"했다.[96] 그러면서 그는 『사회정학』에서 사회의 기본 단위가 개인이 아니라 가족이며, 따라서 사회구조는 개인들의 속성으로 환원될 수 없다고 강력하게 주장했다.[97] "사회구조는 하위구조들로 구성되어 있으며, 더 단순한 구조들의 정교화를 통해 발전한다."[98] 콩트에게 사회학은 한마디로 경험을 이성적 공리로, 개인을 구조로 환원시키는 학문이다.

이를 위해서는 무엇보다도 권위의 집중화가 중요하다. 콩트는 『실증철학강의』에서 다음과 같이 주장했는데 그의 사회학이 무엇인지를 잘 보여 준다.

> 과학적인 사회학자이자 설교가들이기도 한 사람들은 신학적 시대에 가톨릭 신부들이 그러했던 것처럼 그들의 우월한 지식의 힘을 사용하여 사람들의 의무와 복종을 강조함으로써 도덕적 지도자가 되며 그 집단의 검열관이 될 것이다. 그들은 교육의 방향을 제시하는 자이며, 또한 사회의 각 구성원들의 능력을 판단하는 최고 재판관이 된다. 미래의 실증적 사회학자 중심의 사회sociocracy에

서는 선악에 대한 실증적 지식을 획득한 인류교의 목사(그는 동시에 과학자이기도 하다)가 사람들을 집단적 의무에 굳게 묶어 두고 내재적 권리라는 파괴적인 사상을 어떤 형태로든지 나타나지 못하게 할 것이다.[99]

아마 콩트는 과학적 단계의 사회를 지배하는 교황이 되고 싶었던 것이 분명하다. 사회학자 로버트 니스벳R. A. Nisbet은 콩트의 사상을 "중세의 술병에 부어진 실증주의라는 포도주"[100]라고 비유했는데, 이를 이 글의 맥락에 맞게 좀 더 구체적으로 표현하면 '중세 가톨릭의 이성주의·구조주의 술병에 부어진 과학이라는 포도주'가 될 것이다.

콩트의 후배 뒤르켐도 이성주의·구조주의 유전자를 그대로 물려받고 있다. 인간의 이성이 경험 사실들을 지배하는 배후의 본질에 대한 지식을 얻을 수 있다고 보는 이성주의와 배후의 실체는 구조의 형태로 존재한다는 구조주의는 뒤르켐의 사회학을 지탱하는 양대 축이다. 콩트가 죽은 다음 해 태어나 활동한 뒤르켐은 개인의 자유와 평등이 확산되는 것에 대해 콩트보다 더 수용적 태도를 보이기는 했지만, 그가 주창한 사회학의 목표도 개인을 사회구조에 묶어 두는 것이었다. 그가 사회학을 '사회적 사실에 관한 연구'로 규정하고 "사회적 사실을 사물로 간주하는 것이 사회학의 제일가는 최고의 근본 규칙이다"라고 선언한 데서 이러한 의도가 잘 드러나 있다.[101] 사회적 사실은 사회구조의 다른 표현이다.

뒤르켐의 과학관도 콩트의 과학관처럼 뉴턴의 경험론이 아니라 데카르트의 합리론에 근거해 있다. 그는 전문 과학자들이 자신의 편견을 갖고 사회현상을 분석하면서도 마치 그것을 사물로 취급하고 있는 것처럼 착각하고 있다고 비판했다. 과학으로서의 사회학의 목표는 이러한 거짓 관념들 —베이컨의 '우상들'— 을 제거하고 사회현상을 있는 그대로 관찰하는 것이다.[102] 이처럼 사물에 대한 객관적인 관찰을 강조한다는 점에서 일견 그는 경험론자인 것 같지만, 실제로는 이성을 통해 경험 사실 너머에 있는 본질에 대한 지식을 획득할 수 있다고 보는 이성주의를 따르고 있다.

그는 데카르트처럼 감각 작용은 쉽게 주관에 빠지기 때문에 그릇된 주관적 지식으로부터 참된 객관적 지식을 구별해야 하며, 이성이 이 역할을 맡는다고 주장한다. 그에게 과학은 그릇된 관념의 원천인 경험을 벗어던지고 실재의 심층인 본질에 대한 지식을 추구하는 활동이다.[103] 이런 점에서 그가 말하는 '사물'은 곧 본질인 셈이다. 그가 "과학적 진리의 사슬 속에서 우세한 역할을 하는 첫 번째 고리는 바로 데카르트적인 원칙이다"[104]라고 선언한 것은 이런 의미가 있다고 할 수 있다.

이런 점에서 뒤르켐을 실증주의자로 분류하는 것은 적절하지 못하다. 뒤르켐의 사회학적 실증주의는 경험론 계열의 실증주의와 매우 다르다. 이것은 콩트의 실증주의에도 똑같이 적용된다. 콩트는 뉴턴의 자연과학 혁명의 영향을 받아 사회학을 과학과 결합했지만, 그의 과학관은 뉴턴의 경험론적 과학관과 달랐다. 그는 표면적으로는 과학의 방법인 관찰과 실험을 강조했음에도 불구하고 실제로는 이성의 명석·판명한 진리 위에 사회를 구성하려는 데카르트식의 이성주의적 과학관을 갖고 있었다. 뒤르켐도 마찬가지였다.

뒤르켐의 이성주의는 구조주의와 결합해 있다. 그에 의하면, 이성에 의해 파악 가능한 사회적 실재의 심층은 개인들의 일시적이고 쉽게 변하는 표층 행위 밑에서 이를 규제하는 불변의 구조 형태로 존재하고 있다. 그는 관념을 가지고 사회현상에 접근하는 스펜서H. Spencer 와 같은 잘못된 과학자는 개인들의 행위만을 보는 오류를 범하지만, 사회현상을 사물로 취급하는 자신과 같은 참된 과학자는 구조를 본다고 주장했다.[105] 사물의 가장 중요한 특징은 개인들의 의지와 노력으로 수정할 수 없는 구조로 존재한다는 것이다.[106] 이러한 구조에 대한 지식만이 참된 과학 지식일 수 있다. 왜냐하면, 과학 지식은 객관적이어야 하는데 구조만이 객관성을 보증하는 안정성과 불변성을 갖기 때문이다.[107] 뒤르켐이 사회적 사실을 "개인의 표현과 별개로 존재하는 독자성을 갖는 실재"로 본 것도[108] 구조의 맥락에서 이해될 수 있다.

물론 뒤르켐의 사회학에서 집합의식은 매우 중요한 사회적 사실이다. 집합의식은 사회를 신성하게 만드는 힘의 궁극 원천이다. 하지만이 집합의식은 항상 사회구조의 형태로 현존한다. 이것은 가톨릭에서신성한 그리스도가 떡과 포도주 속에 구조화된 형태로, 그리고 성직의 위계질서로 짜인 교회 제도 속에 구조화된 형태로 현존한다고 보는 것과 동일 선상에 있는 것이다. 뒤르켐이 종교를 "성스러운 사물들에 대한 신념들과 의례들의 체계를 갖는 사람들의 집단(교회) 활동"으로 정의하면서도[109] 집합의식의 내용인 신념 체계보다는 집합의식의 구조인 의례 체계와 교회를 종교의 핵심으로 보고 있다는 사실[110]이 그의 구조주의 성향을 말해 준다. 그에게 집합의식은 사회구조를 강화하는 수단이다. 그는 현대사회에 들어오면서 종교의 사색적 기능(신념

체계)은 과학의 발전으로 더는 유지될 수 없다고 보면서도 종교의 의례 기능은 여전히 중요하다고 보았다.[111] 종교 의례는 집합의식을 고양해 사회구조를 신성하게 함으로써 사람들을 사회구조에 붙어 있게 하고 사람들에게 삶의 의미와 활력을 제공한다.[112]

뒤르켐의 사회학은 이성주의와 구조주의를 두 축으로 삼아 다양한 개체성을 통일된 사회성으로 환원시키려는 노력을 담고 있다. 그에 의하면, 인간 본성의 한 측면인 개체성은 감각 가능한 경험 세계이고, 다른 한 측면인 사회성은 그 배후에 존재하는 실체 또는 본질이다. 본질이 현상을 규정짓는 것처럼 사회성은 개체성을 규정짓는다. 때문에 그의 사회학에서 개인은 시·공간적으로 제약된 '너무 작은' 존재이고, 자신과 자신의 좁은 지평 안의 사물밖에 알지 못하는 '무력한' 존재이며, 자신이 의식하지 못하는 사회의 심층구조에 의해 결정되는, 그리고 그럴 때만 삶의 의미를 유지할 수 있는 존재이다.[113] 스미스의 용어로 표현하면, 개인은 사회구조라는 장기판의 말과 같은 존재이다.

물론 뒤르켐은 현대사회에서 개인이 '숭배'의 대상이 되었고, 이는 돌이킬 수 없으며[114], 국가는 "가장 완벽한 개인화를 보장"해야 한다고[115] 말했다. 그러나 그가 말하는 개인은 개체성을 자유롭게 추구하는 개인이 아니라 사회를 신으로 숭배하고 복종하는 개인이었다. 그가 스펜서의 개인주의를 가짜 개인주의로, 루소나 칸트의 개인주의를 도덕적 개인주의인 진짜 개인주의로 분류했다는 사실[116]이 이를 말해 준다.[117] 일반 의지에 복종하는 루소의 개인이나 루소의 일반 의지를 복제한 정언명령에 순수한 의무감으로 복종하는 칸트의 개인은 어떤 개인인가? 그는 자신을 사회 공동체 속에 환원시켜 버린 나머지 자신의 독립성을 갖지 못하는 개인, 공동체의 명령에 절대적으로 복종할수록 자유롭다고 여기는 개인이다.

2) 루터 신학 사상의 반이성주의·실존주의 세계관

가톨릭이 기독교의 신을 '부동의 동자'로서 피조물 뒤에 존재하면서 인간의 이성을 통해 파악되기를 기다리는 정적인 존재로 이해했다면, 루터는 기독교의 신을 자신의 피조물들을 가면mask으로 사용하면서, '피조물 안에서 또 피조물을 통해' 자신을 직접 계시하는 역동적인 존재로 보았다.[118] 이러한 신 이해에 따르면, 신은 모든 자연질서와 인간의 제도 안에 현존한다.[119]

인간의 역사 또한 신의 가면이다. 기독교의 신은 인간의 역사 속에 현존하면서 사회의 구조를 만들고, 해체하고, 다시 만드는 변증법적 운동을 하면서 자신의 의지를 전개해 나간다. 신은 "활동하는 능력이요 끊임없이 움직이고 역사하는 부단한 활동"으로 존재하고 우리는 그러한 신을 체험한다.[120] 영웅적인 인물들은 이러한 신의 능력과 활동의 도구이다. 신학자 틸리히는 루터가 "한니발이나 알렉산드로스 대왕이나 나폴레옹 ―그리고 여기에는 오늘날 히틀러가 덧붙여질지도 모른다― 같은 위대한 인물들"을 "신이 사용하는 무기"인 동시에 "신의 말"로 여겼다고 말했다.[121] 이러한 신 이해는 헤라클레이토스의 유전하는 로고스와 유사하다.

이러한 신관에서는 이성으로 신을 사색하는 것이 아니라 의지나 감정을 통해 피조물 뒤에 숨어 있는 신과 실존적으로 합일하는 체험이

중시된다. 베버는 앞서 언급한 저서 『프로테스탄트 윤리와 자본주의 정신』에서 루터의 신 이해를 "그릇" 이론으로 설명하였다. "신자는 자신의 은혜 상태에 대해 스스로를 신(성령)을 담는 그릇"이라고 느낀다. 자신을 "신(성령)의 그릇"으로 느끼면, "종교 생활은 신비주의와 감정주의로 향하게" 된다.[122] 또 베버는 다음과 같이 말했다. "루터파 신앙이 도달하기 위해 노력한 최선의 종교적 경험은 특히 17세기 중에 발전되었는데, 신성과의 신비적 합일이다. 그 말의 표현처럼, 이 감정은 신성에 흡수되었다는 감정이며, 신자의 영혼 속으로 신적인 것이 실제로 들어왔다는 감정이다."[123] "루터는 신비적 전통과 관계를 하면서, 신과 합일하려고 하는 고전적인 신비적 노력을 그리스도-신비주의 Christ-mysticism로 전환시킨 사람들의 노선을 추종했다."[124]

루터의 교회는 가톨릭 교회처럼 객관적인 신성을 가진 교권 구조가 아니라 신자들 개개인이 주관적 믿음을 통해 신성에 참여하는 공동체이다. "기독교인은 믿음에 의해 신성해[진다.]"[125] 루터의 성찬론인 공재설共在說, theory of consubstantiation도 이러한 교회론과 맥을 같이한다. 공재설에 의하면, 성찬용 빵과 포도주는 가톨릭에서처럼 예수의 살과 피라는 실체로 변해 있는 것이 아니다. 몸을 가진 아들 신 예수는 아버지 신의 오른편에서 앉아서 아버지 신과 함께 모든 개개의 존재들을 가면으로 삼아 그 존재들 '안에, 함께 그리고 아래'에 이미 임재해 있다. 따라서 성찬에 사용될 "빵과 포도주 안에 함께, 그리고 아래에"도 몸을 가진 예수가 당연히 임재해 있다. 주관적인 믿음을 가지고 빵과 포도주를 먹게 되면, 예수의 살과 피가 효력을 발휘해 인간이 예수의 신적인 몸에 참여하는 유기적 결합이 일어나지만, 믿음 없이 그냥 먹으면 아무런 효력이 나타나지 않는다. 루터에게 절대적으로 중요한 것은 믿음이라는 개인의 주관적인 의미부여이다. 가톨릭처럼 "[구조] 자체의 작용에 의해 효과가 있는 것이 아니라 [주관적] 믿음에 의해 효과가 있는 것이다."[126] 이것은 한 개인을 의미부여 주체로 절대화하는 반이성주의·실존주의 유형의 무한 세계관이다.

　이러한 종교 사상이 세속화되면서 과학에 대한 서로 다른 개념이 형성된다. 칼뱅의 유한 세계관의 영향을 받은 영국과 미국에서, 과학은 베이컨이나 뉴턴에서 모범적으로 나타나는 것처럼 주관적 편견을 배제하고 경험적 현상에 대한 객관적인 관찰이나 실험으로부터 귀납추리를 통해 경험적 일반화에 도달하는 활동이다. 가톨릭의 이성주의·구조주의 무한 세계관의 영향을 많이 받은 프랑스에서 과학은 선험적인 구조적 원리를 가지고 경험을 통제하는 활동이면서, 동시에 경험적 현상 배후에 있는 구조적 원리를 탐구하는 활동이다.

　루터의 반이성주의·실존주의 무한 세계관을 계승한 독일에서 과학은 두 가지로 나타난다. 이 둘은 모두 역사주의로 불린다. 한 종류의 역사주의는 모든 개개의 사물들을 가면으로 삼아 자신을 계시하는 신과 신비적으로 하나가 되려는 루터파 신앙을 물려받은 것이다. 이것은 독일 낭만주의를 거쳐 독일 역사학파로 나타난다. 이 역사주의에서는 개체 사상이 두드러진다. 독일 낭만주의 신학자 슐라이어마허 F. Schleiermacher의 다음과 같은 진술은 개체 사상을 잘 표현하고 있다.

"일회적인 개개의 존재(개체)는 만유 속에 자기를 표현하고, 또한 만유는 개개의 존재 속에 반영되어 다양하게 나타난다. 그리고

개개의 존재가 이러한 만유를 직관하게 될 때 그는 만유의 매개자
가 된다. 그런데 바로 이러한 만유가 개성 그 자체인 것이다."[127]

사실, 이 말은 루터의 신이라는 단어를 만유라는 말로 바꾸어 루터의 성찬론을 되풀이하고 있다. 개체 사상은 역사 속에서는 모든 것이 일회적이고 비반복적이며 그 자체로 고유한 가치를 가진다는 사상으로, 개별적인 사건의 우연성과 비합리성을 강조한다. 이 개체 사상에 근거해 독일 역사학파는 자연현상과 인간현상(역사 또는 문화)을 근본적으로 구별하였다. 독일 역사학파에 의하면, 자연현상은 법칙에 따라 일어나는 결정론의 영역이고, 인간현상은 자유 의지에 따라 일어나기 때문에 법칙이 적용될 수 없는 영역이다.[128] 개체 사상은 신칸트학파의 문화과학론과도 관련되어 있다. 개체 사상에 의하면, 역사에는 법칙이 없고, 오직 개별적인 주체의 결단과 선택이 역사를 만들어 간다. 따라서 '사실과 가치'는 철저히 분리되어야 한다. 뒤에서 살펴보겠지만, 막스 베버는 이 계열의 사상가라고 할 수 있다.

다른 한 종류의 역사주의는 역사를 가면으로 삼아 사회구조를 만들고 해체하면서 자신의 의지를 전개해 나가는 루터의 신적 운동을 변증법적 필연법칙으로 정립하려는 시도로 나타난다. 이러한 시도를 한 인물이 바로 헤겔이다. 헤겔은 루터의 신 개념을 절대정신으로 대체하고, 이 절대정신이 역사 속에서 변증법적으로 자신을 실현해 나간다는 관념론적 역사철학을 정립하였다. 마르크스는 이것을 거꾸로 뒤집어 절대정신을 생산력이라는 신으로 대체해 그것이 역사 속에서 변증법적으로 자신을 실현해 나간다는 유물론적 역사철학을 정립하였

다. 인간 역사의 제도들은 헤겔에게는 절대정신의 가면이고, 마르크스에게는 생산력의 가면이다. 이 역사주의에서 과학은 역사의 필연적인 운동법칙을 탐구하는 것이다. 따라서 '사실과 가치'는 완전히 결합해 있다. 역사의 운동법칙이 바로 인간이 추구해야 하는 당위적인 가치가 되는 것이다. 열린 사회의 사상가로 유명한 포퍼는 『역사주의의 빈곤』이란 책을 썼는데, 여기서 말하는 역사주의는 역사의 법칙성을 강조하는 헤겔과 마르크스의 역사주의를 말한다. 그런데 흥미롭게도 포퍼의 열린 사회론은 독일 역사학파의 개체 사상 계열을 수용하면서 헤겔과 마르크스를 비판한 것이라고 할 수 있다.[129]

가톨릭 사상에서 교회는 국가보다 상위 존재이다. 계몽 혁명에서 보았듯이 중세 가톨릭에서 제1신분은 성직자 계급이고 왕과 귀족 계급은 제2신분에 불과하다. 이를 교회 중심의 정교일치라고 부를 수 있다. 반대로 루터의 사상은 국가를 교회보다 우위에 두는 국가 중심의 정교일치를 초래했다. 이를 정당화하는 것이 루터의 두 왕국 이론이다. 두 왕국 이론은 신이 완전히 다른 질서에 의해 움직이는 두 왕국을 통해 세상을 지배한다고 본다. 두 왕국은 정신적 왕국과 세속적 왕국이다. 정신적 왕국은 영혼 구원과 관련되어 있고, 세속적 왕국은 물질적인 삶과 관련되어 있다. 정신적 왕국은 신의 무한한 사랑에서 시작된 자발적인 사랑에 의해 질서가 유지되는 반면 세속적 왕국은 강제적인 힘으로 질서가 유지된다. 루터에 의하면, 정신적 왕국은 인간의 마음속에서 이루어지고, 세속적 왕국은 외부의 행동을 통해 이루어진다.

교회는 정신적 왕국에 속하고, 국가는 세속적 왕국에 속한다. 이 두 왕국은 각자 신에 의존해 있지만, 완전히 별개의 질서를 갖고 있다. 불신자들은 세속적 왕국의 질서 속에서만 살고, 기독교인들은 두 왕국 모두의 질서 속에 산다. 하지만 기독교인들도 국가의 강제력에 복종해야 한다. 국가는 신이 인류에게 부여한 가장 큰 축복 중 하나다. 국가 권력자, 예를 들면, 히틀러는 신의 대리인이며 신의 도구이다. 신은 히틀러라는 가면을 쓰고 직접 국가를 다스린다. 따라서 히틀러에게 저항해서는 안 된다. 그에게 저항하는 것은 신에게 저항하는 것이다.[130]

이런 논리에 따라 루터 교회는 국가의 한 기관으로 흡수되었으며, 정부 당국자가 직접 교회를 관리하였다. 따라서 주관적인 신앙이 좋을수록 국가에 더욱 순종하게 된다. 이런 방식으로 개인의 주관적 믿음과 국가 정치질서 간의 합체가 일어난다. 신과의 신비적 합일은 민족 국가와의 신비적 합일과 동일시된다. 독일 지식인들이 민족주의와 국가주의에 매몰된 것도, 또 독일 교회가 하나같이 히틀러를 숭배한 것도 국가중심 정교일치의 루터교 전통 때문이다.

게다가 루터는 신의 은혜(복음)에 대한 개인의 믿음을 너무 강조한 나머지 법을 준수하는 것, 즉 도덕적 행위를 평가절하했다. 그에 의하면, 신앙은 신의 은혜를 "아무것도 하지 않고 그저 받아들이기만 하는 것이다." 그리고 "신앙만이 의이고 불신앙만이 죄"[131]이며, 죄의 크고 작음, 많고 적음은 무의미하다. 그러면서는 복음과 법을 대립시켰다. "법은 죽이는 사역이고, 복음은 생명의 사역이다."[132] 그러면서 그는 두 왕국을 구별한 것처럼 복음과 율법을 다음과 같이 구별했다.

율법과 복음을 구별하는 방법은 복음을 천상에, 율법을 지상에 두어 [⋯] 하늘과 땅만큼의 큰 차이를 만드는 것이다. [⋯] 신앙과 양심에 관한 문제라면 법을 완전히 배제하고 그것을 지상에 남겨 두어라 [⋯] 반대로 시민 정치에서는 법에 대한 복종이 엄격하게 요구되어야 한다. 양심에 관한 것, 복음에 관해서는 [⋯] 어떠한 것도 알려지지 말아야 한다.[133]

루터교 신자이면서 기독교 현실주의 신학을 제시한 라인홀드 니버 R. Niebuhr는 역사 속에서 정의를 실현하는 관점에서 볼 때, 기독교인의 삶에서 법의 중요성을 무시하고 죄의 많고 적음에 관심이 없었던 루터의 사상이 "패배주의"이며, "문화적 반계몽주의"[134]라고 말했다. 그러면서 그는 "폭군의 불의에 대한 루터의 무관심은 독일 문명의 역사에서 치명적인 결과를 낳았다. 독일 현대사의 비극적 측면은 루터의 사상과 무관하지 않다"[135]고 결론을 내렸다.

이에 비해 칼뱅은 신의 도덕법이 교회와 국가 모두를 통치한다고 주장했다. 교회와 국가는 모두 신의 주권과 도덕법 아래 존재하며 이 법을 성취하는 데 협력해야 하지만 각자 분리되어 운영되어야 한다.[136] 도덕법에 대한 이러한 강조는 자연법의 근대적 부활에 큰 영향을 주었다. 이러한 분리의 원칙에 따라 그는 국가 행정력이 교회 조직 내부에까지 손을 뻗칠 수 있는 소지를 없애 버렸다. 그 결과 칼뱅 신학 사상을 받아들인 곳에서는 국가가 교회를 좌지우지하는 일은 일어나지 않았으며, 미국 청교도들의 활동에서 보는 바와 같이 교회는 시민사회를 형성하는 선봉이 되었다. 이것이 미국에서 일어난 종교 존중의 정교분리이다. 이에 반해 프랑스 혁명 이후에 나타난 정교분리는 종교 부정의 정교분리라고 할 수 있다.

루터의 반이성주의·실존주의 세계관은 독일 관념론 철학과 낭만주의 문학에 지대한 영향을 끼쳐 독일 문화 전통을 형성하는 데 결정적인 역할을 했다. 주관적인 믿음을 통해 인간이 신성에 참여한다는 루터 사상의 영향으로, 독일 문화 전통에서는 개인의 자아가 신적인 무한성을 실현하려는 강력한 욕망으로 표현되었다.

독일 문학 전공자인 김주연은 『독일 문학의 본질』에서 독일 문화 전통의 특징을 "… 신성과 […] 순수한 영혼 사이의 분리를 극복하고 […] 절대적 존재로 나아가는 내적 고백의 경건 형식"[137]이라고 정의하였다. 그의 말을 좀 더 들어 보자.

나는 바로 이 신비주의[이 책의 용어로는 반이성주의·실존주의 무한 세계관]가 일련의 다른 개념들, 곧 관념론, 이상주의, 낭만주의와 같은 독일 문학의 본질 형성의 핵심적 요소라고 보고 그 성격을 규명함으로써 독일 문학이 '비현실성'을 내포한다는 가설을 입증할 수 있지 않을까 생각한다. 이러한 가설과 함께 우리는 실제에 있어서, 독일 문학뿐 아니라 독일 정신사 일반, 나아가서는 독일 역사 전반을 훑어볼 수도 있다. 가령, 문학의 경우 독일 문학의 고전으로 문학사에 빛나는 작품들은 대체로 이 가설을 반증하는 것들이 대부분임을 알 수 있다. 예컨대, 독일 문학사가 자랑하는 […] 괴테와 낭만주의, […] 정신사에서도 그것은 확인되는바, 칸트-헤겔-후설E. Hussel로 이어지는 철학 체계가 거대한 관념론의 세계임은 너무나도 유명한 사실이다. 독일을 영광되게 하기도 하고, 독일을 오욕되게 하기도 한 모든 힘의 원천은 확실히 비현실성-낭만성-관념론-이상주의[의 뿌리가 되는] 거대한 신비적 에너지임을 쉽게 찾아볼 수 있다.[138]

3) 독일식 화혼양재의 성공

프리드리히 빌헬름의 화혼양재 전략

일본은 메이지유신을 통해 가려 쓰기[139] 전략으로 현대화에 성공했다. 이런 가려 쓰기 현대화 전략을 일본에서는 화혼양재和魂洋才라고 부른다. 서구에서 탄생한 현대문명이 동쪽으로 밀려왔을 때 조선과 중국과 일본은 모두 비슷한 가려 쓰기 전략을 추구했다. 조선의 전략은 동도서기東道西器라고 불리고, 청의 전략은 중체서용中體西用이라고 불린다. 표현은 다르지만 의도하는 바는, 각자의 고유한 정신은 그대로 유지하면서 부국강병을 위해 서양의 효율적인 과학기술과 경제 제도를 모방하자는 것이다. 이러한 전략들을 정리하여 다음 면에 도식으로 표현하였다.

그러나 조선과 청의 전략은 실패했고, 일본의 전략만 성공했다. 조선과 청의 전략이 실패한 것은 삼강오륜이라는 절대가치를 수호하려는 유교의 이성주의·구조주의 세계관으로는 가려 쓰기 전략을 추구하기가 쉽지 않았기 때문이다. 반면에 일본의 전략은 독일, 특히 프로이센의 전략을 모방한 것이었다. 흥미롭게도 일본 문화 역시 독일 문화처럼 반이성주의·실존주의 세계관에 바탕을 두고 있어서 수호해야

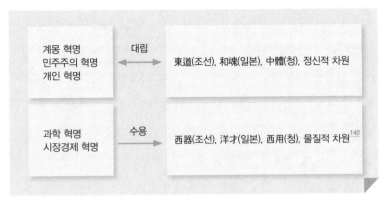

현대문명의 다섯 혁명들

할 절대가치가 없었다. 그래서 두 나라 다 가려 쓰기 전략으로 외래문물을 수용하기가 쉬웠다. 독일 문화가 신과의 신비적 합일에서 시작한다면, 일본 문화는 신적인 존재인 천황과의 합일에서 시작한다.

일본인들은 자신들이 신들의 자손이라고 믿고 있다. 천황은 태양의 여신(아마테라스 오미카미)의 후손이고, "귀족 가문과 일반 백성들은 일본의 여러 섬에 거주하고 있던 보다 등급이 낮은 신"의 후손들이다.[141] 일본 사람들은 일본이 "신과 여신으로 가득 차" 있다고 여긴다. "모든 종류의 자연현상과 사물 속에 신"이 깃들어 있다.[142] 신도에는 800만의 신들이 있는데 이 신들에는 "번개와 태풍 등의 자연현상", "산, 폭포, 바위 등 자연물", "조상신" 등이 포함되어 있다.[143] "그래서 일본 사람들은 자기네 나라를 '신의 땅'이라고 불렀다."[144] 신들 가운데서 가장 높은 신이 바로 태양의 여신으로, 이세신궁에 있는 그녀의 사원은 "일본에서 가장 성스러운 곳"이다.[145]

통산성 관료로 일하다가 퇴직해서 유명 작가로 활동했던 사카이야 다이치堺屋太一는 자신의 저서 『일본이란 무엇인가』에서 일본이 경제적 근대화를 빨리 수행할 수 있었던 반면에 한국과 중국은 그렇지 못했던 원인을 나름대로 설명하였다. 그에 의하면, 신도에는 어떤 "경전"도, "계율"도 없다.[146] 경전과 계율이 없다는 것은 지켜야 하는 객관적인 도덕규범이 없다는 것을 의미한다. 사카이야 다이치는 이러한 특성이 신도에 "영원한 생명"을 주어서 "다른 가치관과 공존할 수" 있도록 만들었다고 본다.[147] 일본의 메이지 근대화가 성공한 것도 신도의 이러한 특성 때문이라고 그는 주장한다. 그에 의하면, 메이지 근대화 이전에 일본은 신도를 중심으로 외래문물을 성공적으로 수용한 선례를 갖고 있었다.

긴메이 천황欽明(539-571) 때에 들어온 불교는 의료, 약학, 건축, 수리, 농경, 금속주조 등과 같은 우수한 지식과 기술을 갖고 들어와 세력을 급속도로 확장하였다. 불교의 영향으로 고대 야마토 왕국은 산업이 융성하고 번영해 많은 귀족들이 불교를 믿게 되었다. 요메이 천황用明(585-587) 때에는 천황의 모친과 부인이 모두 불교도인 집안 출신이었으며, 천황도 개인적으로 불교를 믿게 되었다. 상황이 이렇게 되자 불교 세력은 천황에게 공식예불을 하라고 요구했다. 공식예불을 한다는 것은 신도 신화를 버리고 불교를 국교로 삼는 것을 의미하며, 그렇게 되면 천황제가 폐지될 수밖에 없었다. 이러한 상황에서 불교 세력과 신도 세력 사이에 격화된 갈등을 해소한 인물이 쇼토쿠 태자聖德(574-622)였다. 그는 스이코 천황推古(592-628)의 섭정으로 활동하면서 신도를 중심으로 불교와 유교를 습합褶合함으로써 천황제를 지켜냈다. 그는 "신도를 줄기로 하고, 불교를 가지로써 뻗게 하며, 유교의 예절을 무성케 하여 현실적인 번영"을 이루는 방법으로, "신들은 존경을 받아야 한다. 그런데 존경을 해도 징벌을 내리기도 하는 것이 일본의 신들이다. 이 징벌을 막아 줄 수 있는 것이 불교다. 따라서 우리는 불교도 숭상해야 한다"라는 주장을 펴면서 스스로 절을 짓고 불교를 깊이 믿는 자세를 보였다.

사카이야 다이치에 의하면, 그의 습합 사상은 일본에 엄청난 정신적 영향을 끼치게 되었는데, 그 이후로 일본은 종교적 계율에 사로잡히지 않고 가려 쓰기 전략을 통해 외래문화를 받아들일 수 있게 되었다.[148] 쇼토쿠 태자의 습합 시도가 성공할 수 있었던 것도 신도에는 경전과 계율이 없었기 때문이었을 것이다.

이와 반대로 그는 중국이 근대화에 실패한 원인을 유교의 경전과 계율을 절대적으로 옳다고 여기는 태도에서 찾는다. 이러한 태도 때문에 근대 서양의 기술을 배울 때, "저 근대기술을 낳고 보급시킨 사상은 무엇인지", 그 배경에 있는 사상이 자신들의 사회에 허용될 수 있는지를 먼저 검토하게 되므로 "외국 기술을 도입"하는 문제가 "정치 사회 문제로 확대되고 혼란"을 일으킨다. 중국이 근대화에 실패한 것은 이러한 문화의 논리가 작용한 것이다.[149]

일본의 국가 종교인 신도에 경전과 계율이 없다는 것은, 달리 말하면 천황의 의지가 무제약적이고 절대적이라는 것을 의미한다. 그리고 이런 천황의 의지에 대한 순종이 최고의 도덕적 가치를 갖고 있다. 독일의 루터교에서 신과의 신비적 합일이 최고의 가치를 가지는 것처럼, 일본 신도에서도 천황의 절대적 의지와 합일하는 것이 최고의 가치를 갖게 되는 것이다. 이렇게 해서 和의 공동체가 이루어진다. 전통적인 독일인들이 국가 교회 속에서 국가 권력에 복종할 때, 완전한 합일 공동체가 되고, 그때 가장 자유로움을 느끼는 것처럼, 전통적인 일본인들도 천황의 명령(실제의 권력자가 천황의 권위를 도용할 수 있다)에 복종할 때, 완전한 화和의 공동체가 되고, 또 가장 자유롭다고 느끼는 것이다. 만세일계의 천황숭배는 이런 반이성주의·실존주의 세계관에서 탄생하는 것이다.

루스 베네딕트R. Benedict는 일본의 국민성을 연구한 자신의 책『국화와 칼』에서 일본인들이 "역사의 어느 시대에 있어서나 악의 문제를 의식하는 능력"을 결여하고 있다는 조지 샘슨G. Sampson의 말을 인용하였다.[150] 그러면서 그녀는 일본인들이 인간의 영혼을 선한 영혼과 악한 영혼으로 나누는 것이 아니라 온유한 영혼과 거친 영혼으로 나눈다고 말했다.[151] 객관적인 도덕적 규범이 없으므로 그 기준에 따르는 선과 그것에 대치되는 악의 관념이 존재하지 않는다는 것이다. 선과 악의 객관적인 규범이 존재하게 되면 천황의 행위도 이 기준에 따라 평가될 것이고, 그렇게 되면 천황을 숭배하는 행위는 불가능할 것이다. 일본은 중국의 유교를 받아들였음에도 불구하고 무제약적인 절대의지를 갖는 천황에 대한 숭배에 따라 중국의 유교를 변형시켰다.

다시 베네딕트의 말을 들어 보면, 일본은 유교를 받아들일 때 매우 중요한 도덕규범인 인의仁義를 삭제했다. 베네딕트는 일본인 학자 아사카와 간이치朝河貫一의 다음과 같은 말을 인용하였다. "일본에서 이들 사상(인의 사상)은 분명히 천황제와 맞지 않았다. 따라서 학설로서도 그대로 받아들여졌던 일이 한 번도 없었다."[152] 일본에서 징기(인의)를 행한다는 것은 "파락호들의 의리"에 불과한 것으로 천시되었다. 인의를 강조한 중국에서 역성혁명 사상의 출현이 당연한 것처럼, 인의를 버리고 천황의 절대의지를 강조한 일본에서 천황 가문이 만세일계로 이어진 것 또한 당연하다.

독일의 가려 쓰기 전략은 일본의 메이지유신(1867)보다 거의 2세기 앞서 프로이센의 프리드리히 빌헬름에 의해 처음으로 추구되었다. 프로이센은 1871년 독일 통일을 주도한 세력이었다. 서문에서 언급한 것처럼, 마르크스와 베버가 모두 프로이센 출신이라는 것은 상당히 의미심장하다. 그럼 프로이센에서 가려 쓰기, 즉 화혼양재가 이루어진 과정을 살펴보자.

독일인이었던 루터의 개혁은 독일 지역을 중심으로 퍼져 나갔다. 당시 독일은 300여 개의 영방국가들로 이루어져 있었다. 이들 영방국가들은 신성로마제국의 제후국들인데다가 루터의 종교 정신을 수용하였기 때문에 봉건적인 억압 상태를 그대로 유지했다. 프로이센도 처음에는 루터교 지역이었다. 이 지역의 통치자였던 호엔촐레른가의 알브레히트Albrecht는 가톨릭에서 루터파로 개종하였다. 그의 아들이 후손 없이 빨리 죽었으므로 그는 통치권은 맏사위인 요한 지기스문트J. Sigismund에게 넘겼는데, 지기스문트는 루터파에서 칼뱅파로 개종하였다. 하지만 그는 혼자만 칼뱅파로 개종하였고 가족들은 그대로 루터파로 남겨 두었으며, 프로이센 민중들에게도 개종을 강요하지 않았다.

이런 상황에서 지기스문트의 손자 프리드리히 빌헬름은 네덜란드의 라이덴 대학교에서 10대 후반기를 보내고 있었다. 여기서 공부하던 빌헬름은 네덜란드의 막강한 해상무역과 선진화된 효율적 군사 조직이 칼뱅주의에 힘입은 바가 크다는 것을 알고 자신이 물려받은 칼뱅주의의 가치를 새롭게 깨닫게 되었다. 그는 칼뱅주의를 프로이센의 국가종교로 정하고 주위의 귀족들을 칼뱅주의로 개종하도록 권유했으며, 프랑스에서 박해를 받아 탈출한 칼뱅파 신도인 위그노들을 적극적으로 수용하였다. 하지만 인구 대다수가 루터파 신도였으므로 동시에 종교의 자유를 허용하였다. 그는 칼뱅주의의 금욕 정신에 따라 군주제적 청교도주의를 추구했고, 그것의 중요한 부분으로 프로이센의 관료제를 최초로 프로그램화했다.

그는 국가에 헌신하는 것을 종교적 임무로 보고, 국민에게도 같은 헌신을 요구하면서, 국가를 자신을 정점으로 하는 효율적인 관료제적 기계로 만들려고 하였다.[153] 그에게 국가는 모든 바퀴와 원동기가 조화를 이루는 기계 같아야 하고 군주는 전지전능자로서 모든 일을 움직이는 직공장이 되어야 한다.[154] 이러한 시도는 루터주의와 칼뱅주의의 독일식 습합이자 가려 쓰기 전략이라고 할 수 있다.

이러한 프로그램의 연장 선상에서 프리드리히 빌헬름의 손자인 프리드리히 대왕은 프로이센의 보통주법普通州法을 만들었다. 이 법은 효율적인 국가 통치를 위해 수학적으로 엄밀하게 만들어졌다.[155] 독일 철학자 딜타이W. Dilthey는 이 법에 대해 다음과 같이 말하였다.

프로이센 자연법이라 불리는 이 법전은 사생활의 말단까지도 규율하려 하고 있다. 왜냐하면, 그것은 보편타당한 자연법의 명제에 따르면서도 동시에 일정한 공동체에 제약되어 있기 때문이다. 즉 공동체의 경제생활에, 공동체의 사회구조에, 말하자면 공동체의 내부에 있어서 질서를 가지는 여러 공동 단체에 제약되어 있기

때문이다.[156]

　『세계 문화와 조직』에서 호프스테드G. Hofstede는 독일인들이 선호하는 조직 모델을 잘 돌아가는 기계로 소개하고 있는데,[157] 이 기계 모델을 독일에 처음 확립한 인물이 바로 프리드리히 빌헬름이다. 나중에 베버를 살펴볼 때 알게 되겠지만 독일의 기계 조직 모델 전통은 베버의 관료제론에 심대한 영향을 미치게 된다. 독일 프랑크푸르트학파 지식인들이 도구적 이성 개념을 사용해 현대문명을 비판하는 데에는 이유가 있는데, 그것은 독일이 바로 도구적 이성에 의해 기계적으로 조직된 나라이기 때문이다. 그들은 현대문명을 왜곡해서 수용한 독일의 후진적 현상을 마치 세계적인 현상인 것처럼 과장하고 있다고 할 수 있다.

　일본인들이 화和를 일본의 정신이라고 여긴 것처럼, 독일인들은 믿음을 통해 신과 합일하는 루터의 신비적 공동체 정신을 독일 정신으로 간주한다. 그리고 프리드리히 빌헬름이 칼뱅주의를 바탕으로 효율적인 기계적 관료제를 수립함으로써 독일은 후에 과학과 시장경제를 수입해 국가 발전에 이용할 수 있는 토대를 마련한 셈이다.

　민중의 다수를 차지하던 루터파 사상은 권력에 대한 무조건 순종을 강요했기 때문에 절대군주에 의해 지배되는 국가 관료제 프로그램에 더할 나위 없는 환경을 제공했다.[158] 이것은 루터교의 성향이 엄격한 규율을 강요하는 관료제에 적합했다는 것을 의미하지는 않는다. 반대로 루터교는 기존의 모든 관습을 해체하고 주관적인 내면의 믿음만을 강조하는 그것의 반이성주의·실존주의 세계관으로 말미암아 외부의 모든 규율을 경멸하는 특징을 갖고 있었다. 그러면서도 루터교는 민족 속에 융해되어 국가 권력에 순종하도록 가르치는 이중성을 갖고 있었다.

　루터교가 형식화되고 교리화되면서 내면적인 에너지를 상실해 갈 때 독일에서는 경건주의 운동이 일어났다. 독일 경건주의는 루터교의 전통 안에서 정치권력에 복종하며 주로 내면적 경건을 기초로 한 도덕 운동을 전개하였다. 독일 경건주의는 독일식 화혼양재를 추구한 프리드리히 빌헬름의 관료제 정책에 매우 부합하는 정신성을 제공하였다. 그것은 근본적으로 루터의 종교 개혁 정신으로 돌아가려는 운동이었다. 독일 경건주의의 창시자인 슈페너P. Spener는 네덜란드와 영국의 칼뱅주의에서 강조하는 금욕주의로부터 많은 영향을 받았지만, 그것을 루터교 전통 내에서 변형시켰다. 그도 칼뱅주의자들처럼 춤을 추거나 연극을 구경하는 것을 금했고, 우아한 옷차림, 화려한 연회 따위를 단죄하였다. 그러나 칼뱅주의의 금욕주의가 세속적인 국가 권력을 포함한 전통적 권위에 대한 도전을 중요 가치로 포함하고 있었던 반면, 독일 경건주의는 루터의 두 왕국 사상에서 정신적 왕국의 측면에 치중한 운동이었다. 경건주의의 도덕 갱신 운동은 정직하고 성실하게 권력에 복종하는 프로이센의 시민과 관료들을 배양하는 데 크게 기여하였다.

　독일 경건주의 운동은 슈페너에서 프랑케A. H. Francke로, 프랑케에서 친첸도르프N. L. Zinzendorf로 이어졌다. 특히 프랑케는 프로이센 왕가의 정치적인 지원과 법적인 특권 보장에 힘입어 교육 개혁을 추진하였다. 그는 프로이센 신분제에 적합하도록 생산 계층(농부들과 수공

업자들)을 위한 독일 학교, 신학자, 법률가, 의사 등을 양성할 것을 목표로 시민들의 자녀들을 교육하는 라틴어 학교, 국가의 고급 장교와 고위 관료의 양성을 목표로 귀족의 자녀들을 교육하는 통치자 학교를 운영하였다.[159] 프랑케는 성경의 로마서 13장 4절, "그(권력자)는 하나님의 사역자가 되어 네게 선을 베푸는 자니라 그러나 네가 악을 행하거든 두려워하라 그가 공연히 칼을 가지지 아니하였으니 곧 하나님의 사역자가 되어 악을 행하는 자에게 진노하심을 따라 보응하는 자니라"를 근거로 세속 군주의 권력 행사와 전쟁 수행이 정당하다고 인정하였으며, 이에 프로이센 왕가는 경건주의의 개혁적 이상을 군국주의 국가 이념과 동일한 것으로 여겨 지원하였다.[160]

빌헬름의 이러한 유산은 후에 프로이센이 독일 통일의 주도 세력이 됨으로써 독일의 현대사에 결정적인 영향을 끼쳤다. 텐브록R. H. Tenbrock은 이 정책이 그 후 독일 역사의 '본질적인 부분'을 형성했다고 논평했다.[161] 프로이센의 군국주의적 국가 관료제는 후에 독일 나치즘의 전체주의 실현에 더할 나위 없이 좋은 도구가 되었다.

참고로, 빌헬름의 유산을 계승하여 프로이센을 유럽의 군사 강국으로 만든 사람은 대왕으로 불리는 프리드리히 2세Friedrich II였다. 칸트는 「계몽이란 무엇인가」라는 글에서 "원하는 만큼 따져 보라. 그러나 복종하라"는 프리드리히 대왕의 말을 옹호하면서 계몽주의에 대한 논의를 전개하였다. 프리드리히 대왕은 종교와 언론, 이주의 자유를 허용하였으므로 당시 프로이센은 독서회, 토론집단, 서점, 신문, 과학 등에서 문화 부흥기를 경험하였다. 프리드리히 대왕이 계몽 군주라고도 불리는 이유다. 하지만 자유는 학문적 사고에만 한정되었으며, 시민의 행동은 철저히 통제되었다. "원하는 만큼 따져 보라. 그러나 복종하라"라는 말은 이러한 의미를 지니고 있다. 자유로운 학술 연구는 새로운 지식의 발전을 가져와 국력을 강하게 해 주지만, 시민의 자유로운 행동은 철저히 통제되어야만 했다. 칸트는 대왕의 정책에 발맞추어 계몽을 "감히 생각하라(자신의 이성을 사용하는 것)"고 했지만, 생각을 행동으로 표현하는 것에는 반대함으로써 생각과 행동을 이원화시켰다.

칸트는 "민중에게 자유가 허용된다면 계몽은 확실히 이루어질 수 있다"[162]라고 하면서도 자유를 이성의 공적 사용에만 한정하고, 사적 사용은 금지하였다. 이성의 공적 사용은 "어떤 사람이 한 사람의 학자로서 대중 앞에서 이성을 사용하는 경우"이다. 이때 그는 "인류 공동체의 한 구성원으로서, 혹은 세계 시민사회의 한 구성원으로서" 자신의 저작을 통해 자기 생각을 자유롭게 말할 수 있다. "원하는 만큼 따져 보라"라는 것은 이성의 공적 사용에만 해당한다. 이성의 사적 사용은 그가 한 국가의 공직자나 시민으로서, 한 조직의 일원으로서 자기의 이성을 사용하는 경우이다. 이때 그는 자신의 이성을 사용해서는 안 된다. 칸트는 말했다. "구성원들은 기계적 장치에 의해 단지 수동적으로 정부의 명령대로 그 일을 수행할 수밖에 없다. […] 여기서는 논의가 허용되지 않는다. 사람들은 복종하지 않으면 안 된다."[163] "복종하라"라는 것은 이성의 사적 사용에 해당한다. 이성을 공적으로만 자유롭게 사용할 때 계몽된 대중을 낳을 수 있다. 이성의 공적 사용과 사적 사용을 이처럼 분리하는 칸트의 계몽 전략은 사상과 학문의 자유는 보장하면서도 시민적·정치적 자유는 금지한 프리드리히 대왕의 정책을 적극적으로 변호하는 것이다.

프리드리히 대왕은 계몽을 한 사람에 의해 통제되는 전체주의 국가 형성에 필요한 도구라고 보았다. 그는 다음과 같이 말했다. "뉴턴이 라이프니츠G. W. Leibniz나 데카르트와 공동으로 작업했다면 만유인력의 법칙을 알아내지 못했을 것이다. 이와 비슷한 이치로 정치 체제가 한 사람의 머리에서 나오지 않으면 그것의 성립과 유지가 불가능하다."[164] 당시 그의 부관이었던 베렌호르스트G. H. Berenhorst는 "프로이센은 군대를 거느린 국가가 아니라 국가를 거느린 군대라고 할 수 있다"[165]고 말한 바 있다. 프로이센의 역사에서 우리는 독일의 지식인들과 대학들이 학문적으로는 세계적인 업적을 많이 이루면서도 시민으로서는 권력에 맹종한 이유를 알 수 있다.

프리드리히 대왕의 화혼양재식 독재를 정당화한 칸트 철학

칸트는 철학사에서 대륙의 합리론과 영국의 경험론을 종합한 인물로 인정되고 있지만 나는 프로이센의 화혼양재 전략을 뒷받침한 사상가로 이해하고 싶다. 칸트는 인식론과 도덕철학에서 주체의 능동성과 자유를 강조한 철학을 발전시켰다. 이런 맥락에서 "감히 생각하라"는 말을 이해할 수 있겠다. 하지만 흥미롭게도 칸트는 주체의 능동성과 자유를 항상 법칙에 대한 복종과 동일시했다. 법칙에 완벽하게 복종할수록 더 주체적이고 자유롭다는 역설이 칸트 철학의 핵심이다. 나는 이러한 역설이 화혼양재 전략을 정당화하는 시도라고 주장하고 싶다. 이를 이해하기 위해서는 칸트 철학의 기본 요지를 살펴볼 필요가 있다.

칸트는 세계를 사물 자체의 세계(본체계)와 사물 자체가 인식 주체에 의해 구성되는 세계(현상계)로 나누었다. 우리가 과학적 지식이라고 부르는 것은 현상계에 속하는 것이다. 우리가 사물을 인식할 때 사물 자체는 항상 우리 속에 있는 형식에 의해 구성되어 나타난다. 우리는 사물 자체에 대해서는 결코 알 수 없다. 우리가 사물을 구성하는 단계는 2단계로 이루어져 있다. 1단계에서 우리는 우리 속에 있는 시간과 공간 형식으로 사물 자체를 구성한다. 2단계에서 우리는 이렇게 구성된 사물 자체를 다시 인과관계를 포함하는 범주들로 구성한다. 따라서 우리가 과학적 지식이라고 부르는 인과관계법칙은 사물 자체의 관계라기보다는 우리가 사물에 부여한 인과관계에 의해 구성된 것이다. 따라서 현상계에서 주체적으로 행동한다는 것은 인과법칙에 따라 행동한다는 것과 같은 의미이며, 주체가 능동적일수록 더욱더 인과법칙에 따라 행동해야 한다. 이에 [인식 주체의 자유 = 법칙에 대한 복종]이라는 등식이 성립한다.

이러한 등식은 본체계에서도 그대로 적용된다. 본체계는 사물 자체의 세계인데, 우리는 이에 대해 전혀 알 수 없다. 그러면 사물 자체의 세계는 우리에게 무엇인가? 칸트는 본체계를 도덕적 실천의 영역이라고 선언하면서 실천이성이 이를 담당한다고 했다. 인간은 도덕적 주체로서 근본적으로 자유이다. 도덕적 행위는 항상 책임이 따르기 때문에 자유로운 의지로 하지 않으면 책임을 따지기 어렵다. 따라서 칸트는 "자유는 도덕법의 존재 근거"[166]라고 말했다. 그런데 재미있게도 현상계가 오성의 범주에 따라 인과법칙으로 구성되듯이, 본체계도 실천이성의 정언명령에 따라 도덕법칙으로 구성된다.

그는 도덕적 명령을 가언명령과 정언명령으로 구분하였다. 가언명령은 특정한 조건에서 타당한 명령이다. 성공하고 싶으면 정직하라는 식이다. 가언명령은 인과관계(정직은 성공의 원인)에 따라 어떤 목적을 이루기 위한 수단에 관련된 명제이다. 따라서 칸트는 현상계를 '수단의 왕국'으로 불렀다. 이에 반해 정언명령은 모든 사람이 무조건 복종해야 하는 보편적인 도덕법칙으로 본체계에 적용된다. 칸트는 정언명령의 두 가지 형식을 제시했다. 하나는 '네 행위의 준칙이 보편타당한 법칙이 되도록 행위하라'는 것이고, 다른 하나는 '인간을 수단으로만 대하지 말고 동시에 목적으로도 대하라'는 것이다.

그는 정언명령의 도덕법칙에 의무 동기로 복종하는 것만이 선의지이고 도덕적이며, 바람, 욕구, 기호, 충동, 연민, 동정심, 인간애, 행복 등의 끌림 동기로 일어나는 모든 행위는 도덕적이 아니라고 보았다. 끌림 동기에 따른 행위는 끌림이라는 노예 상태에 놓이는 것이다. 따라서 [도덕 주체의 자유 = 도덕법칙에 대한 의무로서 복종]의 등식이 성립된다. 의무에 대해 칸트는 다음과 같이 찬양하였다. "의무여! 너 숭고하고도 위대한 이름이여, 너는 사람들이 너를 좋아할 아무것도 가지고 있지 않으면서 너에게 복종하기를 요구한다."[167]

칸트에게 인간은 현상계에서는 인과법칙에 따라 행동해야 자유인이고, 본체계에서는 도덕법칙에 따라 행동해야 자유인이다. 이처럼 주체의 자유를 법칙에 대한 복종과 동일시하는 것은 도덕적 독재를 자유의 이름으로 정당화하는 것이다. 보다 직접적으로 말하면, 칸트의 철학은 프리드리히 대왕의 화혼양재식 독재를 정당화하는 논리이다. 실제로 칸트는 "시민 의무, 즉 정부, 군대, 학교, 가정 등에서 신으로부터 임명된 상급자들에 대한 충성, 생의 모든 상황에서 가져야 할 의무감, 위임받은 직책에서 지켜야 할 정직"[168]에 특별히 관심을 가졌다. 이것은 루소가 도덕적 자유의 이름으로 일반 의지의 독재를 정당화하는 것과 유사한 방식이다.[169]

루터가 신의 나라를 정신적 왕국과 세속적 왕국의 두 왕국으로 나눈 것처럼, 칸트도 감각이 지배하는 현상계인 수단의 왕국과 실천이성이 작용하는 본체계인 목적의 왕국으로 나누었다. 이런 점에서 칸트의 이원론은 루터의 두 왕국 이론을 수용해서 철학적으로 세련화한 것이 아닌가 한다. 참고로, 칸트의 부모는 루터파 전통을 이어받은 독실한 독일 경건주의 신도였다. 루터와 칸트의 연속성을 표로 정리하였다.

루터	
신성의 영역	자연과 역사 영역
내면의 본질 세계	신성의 가면들로서 현상 세계
정신적 왕국	세속적 왕국
교회	국가
사랑을 통해 신성과 합일하는 내면세계	권력의 논리가 적용되는 외면세계

칸트	
사물 자체의 본체계	인식 주체에 의해 구성되는 현상계
순수 이성의 법칙 세계(내면세계)	인과법칙의 세계(현실 정치의 권력 세계)
정언명령	가언명령
목적의 왕국	수단의 왕국
선의지=의무 동기=자유 상태	감각적 욕망=끌림 동기=노예 상태

앞에서 살펴본 계몽 혁명은 자연 상태에서 모든 인간이 자유롭고 평등한 자연적 권리를 갖는다고 보면서 서로의 권리를 존중하는 의무로서 자연법을 상정하였다. 이것은 마치 모든 사람의 권리와 의무가 바늘과 실처럼 결합하여 있는 모양새라고 할 수 있다. 한 개인이 의무로서 자연법에 복종하는 것은 그의 자유로운 권리 행사가 억압당하는 것이지만, 이 한계 안에서 모든 개인의 권리와 자유 행사가 보장될 수 있으므로 결국 자연법은 권리와 자유를 보장하는 토대가 된다. 하지만 칸트의 사상에서는 이성의 법인 정언명령에 무조건 의무적으로 복종하는 것만이 자유이고, 개인의 자연권 추구는 모두 욕망의 노예 상태에 놓이게 되는 가짜 자유이다. 이런 점에서 칸트의 계몽은 자유를 외치면서 그 위에 벗어던질 수 없는 이불을 뒤집어씌우는 모습에 비유될 수 있다. 칸트는 자신의 인식론과 도덕론을 코페르니쿠스적 전환이라고 불렀지만, 나는 계몽 혁명에 의해 코페르니쿠스적 전환이 일어난 것을 다시 그 이전으로 되돌리려고 한 역코페르니쿠스적 전환이라고 부르고 싶다. 그는 '권리선언'으로 시작된 현대문명을 부정하고 '의무선언'으로 역사의 물길을 되돌리려고 하였다.

루터의 신학 사상과 칸트의 신학 사상을 계승한 독일 지식인들은 자유를 내면의 영역(생각의 자유)에만 국한해 외면적 자유를 향한 시도를 좌절시켰고, 게다가 내면적 자유가 외면적 행동의 자유보다 더 우월하다는 사상을 발전시킴으로써 시민 혁명보다는 국가 권력에 대한 복종의 의무를 강조했다. 니버의 말대로 루터의 신학이 독일의 불행한 현대사에 큰 영향을 끼친 것과 마찬가지로 칸트의 도덕철학도 그러하다고 할 수 있다.

한나 아렌트H. Arendt는 나치의 유대인 학살 정책에 헌신한 아이히만O. A. Eichmann이 체포되어 예루살렘 법정에서 재판받는 모습을 『예루살렘의 아이히만—악의 평범성에 관한 보고서』라는 책으로 남겼다. 이 책에 보면 아이히만은 "나치의 법률 제도하에서는 어떠한 잘못도 저지르지 않았"[170]다고 주장하면서 그 이유를 다음과 같이 말했다고 아렌트는 기록한다. "그가 기소당한 항목들은 범죄가 아니라 국가의 공식 행위"[171]였다. "자기는 언제나 법을 준수하는 시민"[172]이었다. 당시 "히틀러의 명령은 제3제국 내에서는 '법의 효력'을 지니고 있었다."[173] "자신의 죄는 복종의 죄뿐이며, 복종은 미덕으로 칭송되었고, 그 미덕은 나치 지도자들에 의해 오용되었다."[174]

아이히만은 계속해서 자신은 칸트의 정언명령을 알고 있었지만 국가에 의해 범죄가 합법화된 시대에 자신은 '자기 행위의 주인'이 아니었고, 칸트의 정식이 더는 적용 가능하지 않으므로, 칸트의 정식을 "네 행위의 원칙이 이 땅의 입법자(히틀러)의 행위의 원칙과 동일한 것처럼 행위하라"로 왜곡해서 읽었다고 말했다. 아렌트는 이러한 이해가 "터무니없는 것"이라고 비판했지만, 실은 칸트의 사상 속에 이러한 위험성이 내재해 있다고 할 수 있다.

칸트 철학이 아이히만을 만드는 데 크게 공헌했다는 것이 나의 생각이다. 모든 감정(끌림 동기)을 삭제하고 정언명령에 의무 동기로만 행동하는 것이 도덕적이라고 훈련받은 다른 독일인들처럼, 아이히만도 정언명령보다 더 높은 자리에서 명령을 내리는 히틀러에게 순수한 의무 동기를 가지고 복종한 것이다. '따져 보라. 그러나 복종하라. 모든 감정을 삭제하고 오직 명령에 복종하는 의무 동기만으로.' 끌림을 유발하는 감정의 삭제는 칸트의 도덕철학에서 최고의 미덕이 아 닌가?

아우슈비츠 수용소장 루돌프 헤스R. Hess는 『헤스의 고백록』에서 다 음과 같이 말했다. "수용소 나치 관계자들이 […] 나에게 되풀이해서 물었다. '도대체 우리가 이런 일을 할 필요가 있을까요? 몇십만이라는 여자와 아이들이 꼭 학살되어야 하는가요?' 나 역시 마음속에서 수없 이 그들과 같은 의문을 품었다. 인간적인 감정이 치밀어 올랐다. 나는 수용소장이라는 직책상 말했다. 모든 인간적인 감정을 침묵시켜야 한 다."[175] 아이히만도 교수형을 당하는 순간, 모든 인간적인 감정을 침묵 시키면서, "자신을 완전히 통제하고 있었다. 아니 그 이상으로, 그는 완벽한 자기 자신이었다."[176]

이런 점에서 나는 아렌트의 책 제목 '악의 평범성'에 결코 동의할 수 없다. 아이히만은 평범한 인간으로서 악을 행한 것이 아니라 모든 인 간적 감정을 경멸하고 의무 동기만을 가장 선한 의지로 여기도록 문 화적으로 특별히 훈련된 '비범한 인간'으로서 악을 행한 것이다. 의무 동기만을 선한 의지로 여기도록 훈련받은 단선 회로의 인간이었기 때 문에 아이히만은 "말하기의 무능함", "생각하기의 무능함", "다른 사람 의 입장에서 생각하는 것의 무능함"[177]을 드러낼 수밖에 없었다. 다시 말하지만, 이 세 가지 무능함은 독일 문화 속에서 특별히 훈련받은 무 능함이었다.

현대문명의 특징과 독일 문화 전통과 역사에 대한 이상의 논의를 분석 틀로 삼아 마르크스와 베버의 사상을 자세히 검토해 보자. 이러 한 분석 틀을 갖고 있지 않으면, 마르크스와 베버의 사상을 제대로 이해할 수 없으므로 어느 정도 분량의 분석 틀이 필요했다. 나는 마르크스와 베버의 사상에 대한 기존의 설명 방식이 이러한 체계적인 분석 틀을 가지고 접근하지 못했기 때문에 그들의 참모습을 제대로 보여주는 데 실패했다고 생각한다.

제2장

친구:
마르크스와 베버,
호모 데우스 프로젝트의 동반자

1

독일 문화 전통과 마르크스 사상

마르크스 사상 전체를 한마디로 요약하면, 인간이 신적 무한성을 누리는 이상 사회를 '이 땅의 현실 속에서' 실현하는 것이었다. 신적 무한성을 누린다는 말의 의미는 인간이 신처럼 무제약적 자유를 누리면서도 전체로 합일하는 공동체를 이룬다는 것이다. 이것을 우리는 서문에서 '무제약적 주체들의 합일 공동체'로 표현했다.

이미 살펴본 것처럼, 이것은 마르크스의 사상에서 처음 나타난 것이 아니라 루터의 신학 사상과 칸트의 철학 사상에서 이미 모습을 나타내고 있었다. 그러나 여기엔 중요한 차이점이 있다. 루터와 칸트가 자유로운 주체들의 합일 공동체를 내면세계에서 관념적으로만 누리면서 현실적으로는 국가 권력에 복종하도록 했다면, 마르크스는 억압적인 국가 권력을 제거하고 무정부 상태에서 무제약적 주체들의 합일 공동체를 현실 속에서 실현하려고 했다는 것이다. 그것이 바로 그가 추구한 유적(인류 전체를 포함하는) 공산주의이다.

혼히 마르크스가 공정하고 평등한 분배를 실현하기 위해 공산주의 혁명을 시도했다고 알려져 있지만 사실은 전혀 그렇지 않다. 분배 문제는 마르크스에게 중요한 것이 아니었다. 그는 "분배에 대한 관심을 구부르주아 의식과 개인주의에 대한 강조로부터 비롯되는 한 가지 문제라고 생각했다." 그의 목표는 인류 전체가 개별적으로 무제약적인 자유를 누리면서도 하나로 합일할 수 있는 신비적 공동체를 만드는 것이었다. 하지만 이러한 신비적 공동체는 현실에서 반드시 절대권력의 통제를 받는 독재나 전체주의로 귀결된다. 모든 현실 공산주의 사회가 그런 모습을 보이는 이유는 마르크스가 추구한 이상 사회에 내재해 있는 근본적인 결함에 있다. 유한한 인간은 그런 공동체를 만들 수 없기 때문이다. 안 되는 것을 억지로 만들려고 하면 이를 강제할 절대권력이 필요하다.

일반적으로 마르크스의 사상은 헤겔의 관념론과 반대되는 유물론으로 이해되고 있다. 헤겔과 마르크스는 둘 다 현대문명의 주요 기제인 시민사회가 개인(의 이기심)에 의해 분열되어 있다고 부정적으로 묘사하면서 그것을 극복하기 위한 대안을 모색했다. 헤겔이 대안으로, 정신적인 극복을 중시하는 '프로이센 국가 공동체'를 제시했던 반면, 마르크스는 물질적인 극복에 치중한 '인류 사회 공동체'를 제시했다. 헤겔이 관념론자로, 마르크스가 유물론자로 이해되는 것은 이처럼 서로 다른 대안 모색에 기인한 것이다. 마르크스 자신도 이러한 차이를 다음과 같이 진술한 바 있다.[178]

하늘에서 땅으로 내려오는 독일 철학과는 정반대로 우리는 땅에서 하늘로 올라간다. 즉 우리는 인간이 말하고 상상하고 관념화시킨 것으로부터 출발한다거나, 혹은 이야기되고 상상되고 표상된 인간으로부터 출발해 그로부터 육체를 가진 인간에게 도달하려는 것이 아니다. 오히려 우리는 현실적으로 활동하는 인간으로부터 출발하며, 또한 그의 현실적인 생활 과정에서 이 생활 과정의 이데올로기적 반영과 반향der ideologischen Reflexe und Echos을 서술한다.

그러나 마르크스에 대한 이 같은 이해는 더욱 근본적인 세계관 차원에서 그가 헤겔과 한 뿌리라는 사실을 간과하게 만든다. 마르크스의 사상을 제대로 이해하기 위해서는 그가 현대문명의 문제를 극복하기 위해 제시한 방법이 헤겔과 달랐다는 사실 못지않게 헤겔과 마찬가지로 무제약적 주체들의 합일 공동체를 이상적인 삶의 형태로 보았다는 사실에도 주목할 필요가 있다. 나의 견해로는 전자보다는 오히려 후자가 마르크스 사상을 이해하는 데 더 본질적인 것이 아닌가 한다. 물론 이렇게 말한다고 해서 헤겔과 마르크스의 차이가 중요하지 않은 것은 아니다.

'하늘에서 땅으로 내려오는' 헤겔의 관념론과 '땅에서 하늘로 올라가는' 마르크스의 유물론은 독일의 반이성주의·실존주의 무한 세계관이라는 같은 뿌리와 줄기에서 반대 방향으로 뻗어 나간 가지이다. 독일의 반이성주의·실존주의 세계관 외에 프랑스의 초기 사회주의와 영국의 정치경제학도 마르크스 사상의 주요한 원천으로 간주되고 있다.[179] 그러나 이 셋의 결합은 단순한 수평적 결합이 아니라, 신적 무한성을 누리려는 독일적 세계관이 프랑스 사회주의 사상과 영국의 정치경제학 사상을 수단으로서 흡수하는 수직적 결합이라고 할 수 있다. 다시 말하면, 프랑스의 사회주의 사상과 영국의 정치경제학 사상은 독일의 반이성주의·실존주의 세계관을 실현하기 위해 마르크스가 잡아먹은 영양식 정도로 이해할 수 있다.

프랑스의 초기 사회주의가 사유재산 제도로 인해 프롤레타리아가 궁핍해지는 문제에 초점을 맞추고 그것을 해결하려고 했던 반면, 마르크스는 사유재산 제도와 프롤레타리아의 출현을 인간이 무한한 신적 본질로부터 소외되는 현상으로 규정하고 그 본질을 회복하는 데에 더 큰 관심을 두었다. 또한, 영국의 정치경제학이 후기 마르크스의 자본주의 분석에 큰 영향을 끼친 것은 사실이지만, 그것은 유물론적 역사 이론(생산력과 생산관계의 모순)을 자본주의 사회(이윤율 저하의 법칙)에 적용해 자본주의의 필연적인 붕괴법칙을 도출하는 도구로 사용되고 있을 뿐이다. 마르크스 사상의 전체 체계의 관점에서 볼 때, 유물론적 역사 이론이 무한 세계관의 부분 집합이듯이, 영국의 정치경제학은 유물론적 역사 이론의 부분 집합이다. 이를 그림으로 정리한 자료가 다음 면에 있다.

지금부터 우리는 마르크스의 반이성주의·실존주의 무한 세계관을 그의 인간론, 노동 개념, 소외 개념, 유물론적 역사 이론, 해체론적 해방 관념, 자연법 사상과 근대 시민사회에 대한 비판, 정치경제학을 비판하는 역사주의 사상을 통해 자세히 알아보려고 한다.

독일의 반이성주의 · 실존주의 무한 세계관

프랑스의 사회주의

영국의 정치경제학

1) 인간론

본질적 자아의 무한성을 실현하고자 하는 독일적 세계관은 마르크스의 인간론 속에 고스란히 들어 있다. 마르크스는 벤담J. Bentham에 대한 논의를 통해 두 종류의 인간 본성에 대해 말한 적이 있다.

> 유용성의 원리를 벤담이 발견해 낸 것은 아니다. 그는 단지 엘베시우스Helvetius와 그 밖의 몇몇 프랑스인들이 18세기에 재치 있게 이야기했던 것을 지루하게 다시 반복했을 뿐이다. 개에게 유용한 것을 알기 위해 우리는 개의 본성을 연구해야 한다. 이것을 인간에게 적용시키자면 인간의 모든 행위, 운동, 관계 등을 유용성의 원리로 비판하려고 하는 자는 **일반적인 인간의 본성**을 먼저 다루어야 하며, 그런 연후에 **역사적 매 시대마다 한정된 인간의 본성**[필자 강조]을 다루어야 한다.[180]

여기서 일반적인 인간의 본성은 독일 문화 전통의 본질적 자아를 말하는 것이며, 역사적 매 시대마다 한정된 인간의 본성은 현상적 자아를 말하는 것이라고 할 수 있다.[181]

마르크스의 사상 체계는 흔히 초기의 인간론과 후기의 유물론적 역사 이론으로 구분된다.[182] 초기의 인간론에서 마르크스는 주로 본질적 자아를 논의의 대상으로 삼고 있는 반면에, 후기의 유물론적 역사 이론에서는 본질적 자아와 현상적 자아의 상호분열과 재결합의 과정(본질적 자아의 소외와 회복 과정)을 거치는 역사의 필연적 법칙에 대해 주로 논의하고 있다. 이하에서는 마르크스의 인간론이 어떤 방식으로 독일적인 반이성주의·실존주의 세계관의 본질적 자아론을 계승하였는지 살펴볼 것이다.

헤겔의 인간론을 수용하다: 신은 인간의 '자기의식'

마르크스의 인간론은 종교 비판에서 시작된다. 종교에 대한 그의 최초의 공식적 언급은 1838-1841년 사이에 작성된 박사 학위 논문 『데모크리투스와 에피쿠로스의 자연 철학의 차이』의 서문에서이다.

세계에 도전하려는 절대적으로 자유로운 철학이 그 심장 속에 한 방울의 피라도 아직까지 지니고 있다면 그 철학은 반대자들에게 에피쿠로스의 다음과 같은 말을 끊임없이 상기시켜 주어야 한다: '대중이 믿는 신을 거부하는 행동이 불경스러운 것이 아니라 신에 대한 대중의 판단과 믿음을 받아들이는 자가 불경스럽다.' 철학에 있어서 비결이란 존재하지 않는다. 요컨대 '나는 모든 신을 혐오한다'는 프로메테우스의 고백은 인간의 자기의식을 최고의 신성으로 인정하지 않는 천상천하의 모든 신에 대항하는 철학의 고백이며 그 슬로건이다. [⋯] 프로메테우스는 철학사에 있어서 가장 숭고한 성인이며 순교자이다.[183]

여기서 마르크스는 신의 존재를 부정하면서 인간의 자기의식을 신성과 동일시하고 있다. 이러한 동일시는 1841년 그가 바우어B. Bauer와 함께 작성한 소책자『헤겔, 무신론자와 반기독교 신자에 대한 최후 심판의 나팔』에서도 잘 나타나고 있다.

간단히, 종교란 절대정신의 자기의식이다. 신은 철학에 대해 죽어 있다. 단지 자기의식인 자아만이 살아 있고, 만들고, 작용한다. 그것만이 모두다. 너희들 자신이, 바로 너희들이 종교에서 경배하는 그것이다. 너희들 자신이 [⋯] 너희가 보고자 하는 신이다.[184]

루게A. Ruge는 마르크스가 속했던 헤겔 좌파의 종교 비판에 대해 "신, 종교 [⋯] 는 제거되고, 철학적 공화국 곧 인간들이 신들로 선언되었다"[185]고 묘사한 바 있다.

종교 비판에 나타난 이와 같은 마르크스의 인간론은 신적인 본질적 자아를 의식이나 정신의 측면에서 보고 있으므로 헤겔의 관념론적 인간론과 별 차이가 없다고 할 수 있다. 마르크스의 인간론이 헤겔과 달리 본질적 자아의 무한성을 '감각적으로' 누리려는 유물론적 인간론으로 발전하게 된 것은 그가 헤겔의 관념론을 비판한 포이어바흐L. A.

Feuerbach의 인간론을 수용하고 난 후부터였다. 포이어바흐의 『기독교의 본질』이 출판되었을 때, 마르크스는 "여러분들이 진리와 자유에 도달하는 길은 '불의 강'을 뚫고 나가는 길밖에 없습니다. 포이어바흐는 우리 시대의 '연옥'입니다"[186]라고 말했다. 독일어로 포이어바흐는 '불의 강'이라는 의미이다. 이 말은 포이어바흐의 인간론이 마르크스의 인간론에 어떤 영향을 끼쳤는지를 잘 보여 주고 있다. 마르크스는 이 불의 강을 통과한 뒤에야 자신의 인간론과 유물론을 발전시킬 수 있었다. 그러므로 마르크스의 인간관을 지성사 맥락에서 이해하기 위해서는 먼저 독일 특유의 인간관이 헤겔과 포이어바흐를 통해 어떻게 발전해 왔는가를 점검해 볼 필요가 있다.

포이어바흐를 뚫고 나가다: 신은 인간의 '자기감정'

포이어바흐의 인간론은 그의 저서 『기독교의 본질』에 나타나 있는 "신은 인간이며, 인간은 신이다"[187]라는 구절로 잘 표현되고 있다. 신과 인간의 이러한 동일시는 헤겔 철학에 대한 포이어바흐의 비판의 결과였다. 그런데 재미있게도 헤겔 역시 초기 논문에서 "신은 인간이다"[188]라고 언급한 바 있다. 헤겔과 포이어바흐 모두 신과 인간을 동일시하고 있는데 과연 어떤 차이가 있는 것일까?

헤겔은 유한적 존재인 인간 속에서 무한적 존재인 신을 발견하려고 하였다. 그래서 그는 피조물을 초월해 있는 성서의 인격 신을 부정하고 인간 속에 있는 절대정신(이성)을 신으로 상정하였다. 그가 보기에 성서의 신은 "인간이 거기(무한)에 도달하지 못하기 때문에" 악(惡)무한이다. 반면에 유한 속에 내포되고 통일되어 있는 자신의 절대정신은

진眞무한이다. 헤겔의 절대정신은 앞서 소개한 루터파 신 이해를 그대로 가져와서 이름만 바꾼 것이다. 루터도 신을 초월적인 존재(악무한)가 아니라 내재적인 존재(진무한)으로 보았다.

헤겔은 절대정신(신)이 인간에 내재해 있으므로 유한한 인간을 통해 자신을 인식할 수밖에 없다고 주장했다. 그는 다음과 같이 진술하였다.

> 인간이란 신이 자기 자신을 인식하는 바탕[이다.] […] 신은 인간의 신 인식에서 자기를 인식한다. 따라서 인간 안에 있는 신 인식을 떠나서 신의 자기 인식이란 있을 수가 없다.[189]

이것은 인간이 자신을 신(무한자)으로 인식했을 때, 신도 자신을 신(무한자)으로 인식한다는 의미이다. 헤겔에 의하면, "예수는 '자아 감정(스스로 신이 되고자 하는 감정)'을 거부할 수 없었던 예외적인 유대인"[190]이었으며, "신과 인간이 일체라는 것을 깨달은 첫 사람이었다."[191] 예수가 구세주인 것은 예수가 신이 되고자 한 인간의 모범이었기 때문이다. 그렇다면 절대정신이라는 신은 결국 인간의 보편적 본질, 즉 본질적 자아를 말하는 것이다. 이러한 맥락에서 뢰비트K. Löwith는 "헤겔의 원리는 정신이며, 정신은 〈절대자〉로서 인간의 진정한 보편적 본질이다"라고 하였다.[192] 결국, 절대정신은 인간의 본질적 자아이다.

포이어바흐는 이러한 헤겔의 관념론적 인간론에 대응하여 유물론적 인간론을 전개하였다.[193] 그의 유물론은 신을 본질적 자아와 동일시한 점에서 헤겔의 관념론과 같았다. 그러나 본질적 자아를 '의식'이나 '정신' 속에서 찾지 않고 '감정' 속에서 찾으려 한 점에서 헤겔의 관념론과 다르다. 포이어바흐는 인간의 감정적 모습을 본질적 자아로 보았다. 그의 감정적 인간은 피와 살을 가진 인간, 감각을 가진 인간, 따라서 물질적 환경 속에 있는 인간을 의미하였다. 그는 헤겔의 관념론이 사변적이기 때문에 인간이 현실적 고통을 인식하지 못하도록 해 인간을 불구자로 만든다고 비판하면서, 자신의 유물론은 인간이 현실을 참되게 느끼도록 만든다고 주장하였다. 헤겔의 철학은 "좀 더 잘 사유하기 위해 머리에서 자신의 눈을 빼내는 철학"인 반면, 자신의 유물론은 "사유하기 위하여 감관, 무엇보다도 눈을 사용하는" 철학이라는 것이다.[194] 그에게 피와 살을 가진 감정적 인간은 "인간의 참된, 현실적인, 전체적인 본질"로 파악되었다.[195] 따라서 그는 다음과 같이 말할 수 있었다.

> 신의 본질은 감정의 본질이 나타난 표현 이외의 다른 것이 아니다. '감정은 신적인 것의 기관이다'라는 말이 가지고 있는 […] 진실한 의미는 감정이 인간의 본질 중에서 가장 고귀한 것이고 가장 뛰어난 것, 즉 신적인 것이라는 것을 의미하는 것이다."[196]

이처럼 포이어바흐는 헤겔과 같이 인간의 본질적 자아를 신과 동일시하고 있다는 점에서 독일의 반이성주의·실존주의 세계관을 이어받고 있지만, 정신이 아니라 감정을 본질적 자아로 보았다는 점에서 헤겔과 대립하는 관점에 서 있다. 이러한 상반된 인간 이해로 인해 양자는 이상 사회를 서로 다르게 설정한다. 이에 대해서는 잠시 후 언급할 것이다.

포이어바흐는 인간을 자신의 '유적 본질'에 대해 사고할 수 있는 유일한 존재로 보았다.[197] 그에게 '유적 본질'이라는 말은 '본질적으로 무한한 존재'라는 의미이다.[198] 이것은 인간이 신적 존재라는 것을 의미한다. 포이어바흐는 신의 존재를 부정하였기 때문에 신적 존재라는 용어를 사용할 수가 없었으므로, 유적 존재는 신적 존재의 대용으로 사용되었다고 볼 수 있다. 이러한 인식에 근거하여 포이어바흐는 기독교의 신을 인간의 본질적 자아가 인간 외부에 투사되어 대상화된 존재로 보았고,[199] 기독교가 인간의 자아숭배 종교라는 결론을 내렸다.[200] 그는 기독교의 자아숭배가 자아분열을 가져온다고 다음과 같이 주장하였다.

> 종교는 인간의 자기분열이다. 즉 종교에 있어서 인간은 인간에게 대립하는 존재자로서 신을 자기에게 대립시킨다. 신의 본성과 인간의 본성과는 상반한다. 신은 무한한 존재자이며, 인간은 유한한 존재자이다. 신은 완전하며, 인간은 불완전하다. 신은 영원이며, 인간은 일시적이다. 신은 전능하며, 인간은 무력하다. 신은 신성하며 인간은 죄깊다. 신과 인간은 양극이다. 신은 […] 모든 실재성의 총체이며, 인간은 […] 모든 허무성의 총체이다. 그러나 인간은 종교 안에서 자기의 잠재된 본질을 대상화한다. 그러므로 종교는 신과 인간의 대립-갈등에서 시작되는 것이며, 그와 같은 대립-갈등은 인간과 인간 자신의 본질과의 대립-갈등이라는 것으로 증명되어야 한다.[201]

그는 이러한 자아분열을 본질적 자아와 현상적 자아 간의 분열로 보았다. 즉 인간의 무한한 본질과는 달리 현실적 상황은 제한적이기 때문에 양자 간의 격차가 클수록 인간은 제한된 상황을 초월하려는 종교적 욕구가 심화한다는 것이다. 그래서 포이어바흐는 "삶이 공허하면 할수록 신은 풍요로우며 더 구체적이 된다. […] 오직 가난한 인간만이 부유한 신을 가진다. 신은 결핍이라는 심정으로부터 발생한다"[202]고 했다. 그는 종교에 나타난 인간의 자기분열을 소외라고 불렀다. 이러한 소외를 극복하기 위해서 포이어바흐는 본질적 자아의 무한성을 헤겔처럼 관념적으로가 아니라 감각적으로 누릴 수 있어야 한다고 주장했다.

이처럼 무한한 존재를 의미하는 포이어바흐의 유적 존재는 무제약적인 자유를 향유하면서도 인류 전체의 합일 공동체를 지향한다. 이것은 그가 신(본질적 자아)을 사랑으로 정의한 데서 잘 나타나 있다. 그는 사랑에 대해 "유적 통일성이 심성을 매개로 하여 실현된 것 이외의 아무것도 아니다"라고 하였다.[203] 포이어바흐에게 사랑은 무제약적 자유를 가진 본질적 자아들을 하나의 합일 공동체로 결합하는 감정이다.

헤겔과 포이어바흐는 독일 철학의 끊임없는 논제였던 이상(무한한 본질적 자아)과 현실(유한한 현상적 자아) 간의 관계를 반대로 해석하였기 때문에 그들이 이상적으로 생각한 사회의 내용에서도 대립했다.[204] 본질적 자아의 무한성을 정신 속에서 관념적으로 향유하려고 한 헤겔은 현실 속에 이상이 내재하고 있다고 보았다. 이것은 현실 그 자체가 이미 이상적이라는 것을 의미한다. "현실적인 것은 이성적이요, 이성적인 것은 현실적이다"라는 헤겔의 유명한 말은 현실의 이상화를 말하는 것이다. 이러한 보수적인 견해에서 헤겔은 루터파 프로테스탄트 국가였던 억압적인 프로이센 정치 체제에서 절대정신이 실현되었으므로, 프로이센의 국가 제도를 내면화하면 절대정신과 하나가 되어 본질적 자아의 무한성이 실현된다고 보았다. 더 새로운 역사는 없다. 헤겔식 역사의 종말인 셈이다. 이 종말의 관점에서 헤겔은 '미네르바의 올빼미는 황혼이 깃든 저녁 무렵에 날기 시작한다'고 말했다.

그러나 포이어바흐는 헤겔과 달리 이상이 현실로부터 유리되어 있다고 보았다. 즉 이상은 소외된 인간 현실을 반영하는 것이었다. 포이어바흐에게 "신(이상)이란 영혼의 근저에 가로놓여 있는 말로 표현하기 어려운 탄식"[205]이었다. 그래서 그는 소외된 인간 현실을 회복하는 것이 시급하다고 보았고, 이 과제를 성공적으로 수행할 방법은 현실 속에서 이상을 실현하는 것이었다. 이것은 인간이 본질적 자아의 무한성을 정신이 아닌 현실 속에서, 그리고 관념이 아닌 감각을 통해 향유하는 것을 의미한다. 그 결과 포이어바흐의 유물론은 프로이센의 불평등한 공동체를 거부하고 모든 인간이 완전히 자유롭고 평등한 새로운 합일 공동체인 공산주의를 건설하고자 하는 급진적인 형태로 발전할 수밖에 없었다.

터커R. C. Tucker는 『칼 마르크스의 철학과 신화』에서 포이어바흐의 인간론이 자아를 신과 동일시하는 헤겔의 인간론에 대한 반동으로 나타났다고 보았다. 그는 다음과 같이 말했다. "포이어바흐는 자아를 신격화하는 인간이 자기에게 가하는 불행에 반항한다. 그는 이 자아 신격화에서 생기는 「모순의 지옥 같은 고통」으로부터 인간을 구출하기를 원한다. 그러므로 그의 철학은 「종교」 안에서 역사적으로 자아분열된 존재로 생각되는 인간에 대하여 깊은 연민으로 가득 차 있다."[206]

그러나 포이어바흐의 인간론에 대한 터커의 해석은 적절하지 못하다. 포이어바흐의 인간론이 헤겔의 인간론에 대한 반동인 것은 사실이지만, 헤겔이 말하는 자아 신격화에 대한 반동인 것은 아니다. 오히려 포이어바흐는 본질적 자아의 무한성을 관념적으로 향유하려고 한 헤겔과 반대로, 현실 속에서 감각적으로 향유하고자 했기 때문에 더 철저하게 자아를 신성과 동일시했다고 할 수 있다. 터커는 포이어바흐의 인간론을 인간이 완전히 인간적으로 되는 휴머니즘이라고 불렀다. 우리는 '완전히 인간적으로 되는 것'이 포이어바흐에게 무엇을 의미하는가를 알아야 한다. 그는 신을 본질적 자아의 외적 투영이라고 보기 때문에 '완전히 인간적으로 되는 것'은 '인간이 완전히 신적으로 되는 것'이다. 포이어바흐의 휴머니즘은 살과 피를 가진 감정적 인간이 현실적으로 신성을 향유하는 휴머니즘이다. 그러나 새로운 합일 공동체를 향한 포이어바흐의 유물론은 마르크스에 의해 보다 완전하게 체계화되었다고 할 수 있다.

포이어바흐를 넘어서다: '실천'을 통한 신성의 회복

마르크스는 인간론이 모든 이론의 기초가 된다고 주장했다. "근본적으로 된다는 것은 사태를 그 뿌리에서 파악한다는 것이다. 그리고 인간에게 있어서 뿌리라는 것은 다름 아닌 인간 자신이다."[207] 그러나 그는 자신의 인간론을 독자적이고 체계적으로 제시하지 않았는데 그것은 그의 견해가 포이어바흐의 것과 별로 다르지 않았기 때문이다.

마르크스는 종교에 대한 비판을 모든 비판의 전제로 보았다.[208] 즉 인간론은 종교 비판으로부터 출발해야 한다는 것이다. 그러나 그는 "독일에서 종교에 대한 비판은 사실상 끝났다"고 선언했다.[209] 이러한 선언은 마르크스가 저술 활동을 본격적으로 시작하기 전인 1884년에 등장했는데, 이로써 포이어바흐의 종교 비판을 염두에 두고 한 말이라는 사실을 알 수 있다. 이러한 선언의 의미는 종교 비판이 포이어바흐에 의해 종결되었다는 것이다.

이러한 사실은 마르크스가 그의 저술들에서 포이어바흐의 인간론을 거의 그대로 되풀이하고 있는 데서 확인된다. 예를 들면,『헤겔 법철학 비판 서문』의 다음과 같은 글은 마르크스의 종교 비판으로 자주 인용되었는데 그 내용이 포이어바흐의 것과 같다.

> 인간의 유적 본질이 아무런 진정한 현실성도 얻지 못하기 때문에 종교는 인간적 본질의 환상적 현실화일 뿐이다. […] 종교상의 불행은 한편으로는 현실의 불행의 표현이자 현실의 불행에 대한 항의이다. 종교는 곤궁한 피조물의 한숨이며, 무정한 세계의 감정이고 또 정신을 상실해 버린 현실의 정신이다. 종교는 민중의 아편이다.[210]

이처럼 종교 속에서 상실된 인간의 본질적 자아를 되찾고자 한 점에서 그는 포이어바흐와 일치하였다. 그래서 그는 다음과 같이 말했다. "진리의 피안Jenseits der Wahrheit이 사라진 뒤에 차안의 진리Wahrheit des Diesseits를 확립하는 것은 역사의 과제이다."[211] 여기서 '진리의 피안'은 인간 외부에 존재하는 신을 의미하며, 차안의 진리는 인간이 자신의 본질인 신성을 되찾는 것을 의미한다. 그러나 마르크스는 본질적 자아를 실현하려는 방법에서 포이어바흐와 견해를 달리했다.

포이어바흐는 본질적 자아의 외적 투영이 신이라는 사실을 인간이 이론적으로 '인식'하기만 하면 인간이 본질적 자아를 실현할 수 있다고 보았다. 그의 『기독교의 본질』은 이러한 목적으로 쓰인 것이라 할 수 있다. 이 책에서 포이어바흐는 종교 속에서 인간의 소외를 보면서도 종교가 인간의 신성을 일깨워 주는 긍정적 역할을 할 수 있다고 평가했다.

포이어바흐와 달리 마르크스는 '실천'만이 소외된 인간의 본질적 자아를 실현할 수 있는 유일한 방법이라고 믿었다. 그는 루게에게 보낸 편지에서 포이어바흐와 자신의 일치점과 차이점을 다음과 같이 진술하였다. "포이어바흐가 자연에 너무 치중하여 정치를 경시했다는 점 한 가지만을 제외하면 그의 모든 경구에 동의한다. 그런데 오늘의 철학이 진실한 것이 될 수 있는 유일한 통로가 있다면 그것은 정치이다."[212] 여기서 '정치'란 실천을 의미하는 것이다.

마르크스는 종교에 대한 이론적 비판에서 멈추어 버린 포이어바흐를 실천의 차원에서 극복하고자 했다. 그의 『포이어바흐에 관한 테제』(이하 『테제』로 함)는 이러한 관점을 표현하고 있다. 『테제』에서 마르크스는 포이어바흐의 유물론을 "직관적 유물론"이라고 부르면서 그것의 실천성 결여를 지적하고 있다. 『테제』의 마지막에 마르크스는 자신이 포이어바흐와 어떻게 다른지를 다음과 같이 표현하였다. "철학자들은 세계를 단지 여러 가지로 해석해 왔을 뿐이다. 그러나 중요한 것은 세계를 변혁시키는 일이다."[213] 그의 후기 사상에 속하는 유물론적 역사 이론은 실천의 필요성을 충족시키기 위한 것이라 하겠다.

본질적 자아의 무한성을 실현하는 방법에 있어서 포이어바흐와 마르크스의 이러한 차이는 그들이 지향하는 공동체의 성격에도 반영되어 있다. 포이어바흐가 시민사회에서 분열된 인간성을 회복하기 위해 단지 "나와 너의 사랑"에 의한 공산주의 공동체를 지향하였다면, 마르크스는 과학적 분석에 입각한 혁명을 통해 공산주의 공동체를 실현하려고 하였다.[214]

2) 노동 개념

마르크스의 노동 개념은 인간론의 핵심인 본질적 자아와 밀접하게 관련되어 있다. 마르크스는 『경제학-철학 수고』에서 포이어바흐를 따라서 인간의 본질을 "유적 존재"로 규정하였다. "인간은 유적 존재이다. […] 곧 인간은 총괄적인universal, 따라서 자유로운 존재로서의 자기 자신과 관계를 맺는다." "인간은 유적 존재로서 존재한다. […] 바로 그렇기 때문에 인간의 활동은 자유로운 활동이다."[215] 이러한 전제 위에서 그는 참된 노동을 자유롭게 인간의 유적 본질을 실현하는 것으로 보았으며, 그렇지 못한 상태를 소외로 보았다. 여기서 우리는 유적 존재라는 용어가 본질적 자아의 무한성과 관련된다는 사실을 몇 가지 측면에서 살펴볼 것이다.

심미적 활동으로서의 노동 개념

다음과 같은 서술에서 우리는 인간의 노동에 대한 마르크스의 인식을 알 수 있다.

> **대상적 세계**의 실천적 산출, 곧 비유기적 자연의 **가공**은 인간이 의식적인 유적 존재, 곧 자기 자신의 본질로서의 유나 유적 존재로서의 자기 자신과 관계하는 존재임을 실증한다. 동물도 생산을 하기는 한다. 동물도 벌과 비버와 개미 등등과 같이 둥우리 곧 집을 짓는다. 그러나 동물은 자기 자신이나 그 새끼들에게 직접 필요한 것만을 생산한다. 동물의 생산은 일면적인 데 반해 인간의 생산은 총괄적이다. 동물은 오로지 직접적인 신체적 욕망의 지배 아래서만 생산하는 데 반해 인간 자신은 신체적 욕망에서 벗어나서 생산하며 실로 이러한 욕망으로부터의 자유 속에서 비로소 생산한다.
>
> … 동물은 오로지 그 동물이 속한 종의 수준과 욕구에 따라 생산할 뿐이지만, 인간은 각각의 종의 수준에 따라 생산하는 방법을 알고 있고 대상에 대해 그 대상 고유의 수준을 부여하는 방법을 알고 있다. 따라서 인간은 미의 법칙에 따라 [대상을] 조형하기도 한다.
>
> 그러므로 인간은 다름 아닌 대상 세계의 가공을 통하여 비로소 자기 자신을 유적 존재로서 현실적으로 실증한다. 이러한 생산이 곧 활동적인 유적 생활이다.[216]

여기서 우리는 노동에 대한 다섯 개의 정의를 도출해 볼 수 있다. 첫째, 노동은 대상적 세계의 실천적 산출, 곧 자연의 가공이다. 둘째,

노동은 생산 활동이다. 셋째, 노동은 신체적 욕망으로부터 자유로운 생산 활동이다. 넷째, 노동은 미의 법칙에 따른 생산 활동이다. 다섯째, 인간은 노동을 통해 자기 자신을 유적 존재로 실증한다.

이 다섯 특성 중에서 '미의 법칙에 따른 생산 활동'으로서의 노동은 마르크스의 무한 지향적 자아의 특성을 이해하는 데 특히 중요하다. 마르크스에게 있어서 유적 존재인 인간은 본질적으로 예술적 존재이기도 하다.[217] 그래서 그는 인간의 유적 본질이 완전히 실현되어 참된 노동이 행해지는 공산주의 사회를 다음과 같이 예술가들의 공동체로 묘사하고 있다.

> 예술적 재능을 특정한 개인들에게 독점적으로 집중시키고 이러한 재능과 관련되어 있는 광범한 대중에게는 이러한 재능을 발전시키지 못하도록 억제하는 것은 노동 분화의 결과이다. [⋯] 예술가를 하나의 특정한 예술에 종사하게 함으로써 화가, 조각가 등등의 전문가가 생겨나는데 바로 이러한 전문 분야의 명칭 자체가 그의 전문 직업적 발전의 편협성과 노동 분화에 대한 그의 의존성을 나타내고 있다. 공산주의 사회에서는 화가라는 전문 직업인이 존재하지 않고, 기껏해야 여러 다른 활동과 병행하여 그림 그리기에도 종사하는 사람들이 존재할 뿐이다.[218]

공산주의 사회에서는 아무도 배타적인 전문 작업 영역을 갖지 않고 각자가 원할 때는 언제든지 작업 영역을 옮길 수 있다. 즉 거기서는 "사냥꾼, 어부, 양치기, 혹은 비판가가 되지 않고서도 내가 마음먹은

대로 오늘은 이것을, 내일은 저것을, 곧 아침에는 사냥을, 오후에는 낚시를, 저녁에는 목축을, 밤에는 비판을 할 수 있게 된다.″[219] 그런데 이러한 상태는 사냥, 낚시, 목축, 비판 등 모든 작업이 반드시 수행되어야만 하는 부담으로서가 아니라 미를 창조하는 예술적 활동으로 간주될 때에만 가능할 수 있다. 따라서 마르크스의 공산주의 사회는 모든 것이 심미적 기준에 따라 수행되는 미의 공동체인 셈이다. 터커는 마르크스의 공산주의 사회에 대해 다음과 같이 지적한 바 있다. "마르크스의 종국적 공산주의 개념은 기본적으로 성격상 「심미적」이다. 그의 유토피아는 미래의 인간·자연 관계의 심미적 이상인데 이 관계를 그는 예술적 창조의 관점에서 그리고 인간이 만든 환경적 미에 대한 창조자의 평가 관점에서 본다.″[220]

노동 개념과 낭만주의

미적 창조 활동으로서 마르크스의 노동 개념은 독일 낭만주의의 심미적 인간관에 의해 크게 영향을 받았다고 할 수 있다. 베커K. Bekker는 청년기의 마르크스가 "낭만주의의 대표자들을 열심히 모방″[221]하면서 "그 스스로 낭만주의적 정열의 심조 한복판으로 빠져들어 갔다"라고 말하였다.[222] 피셔E. Fisher는 마르크스의 사상을 독일 낭만주의 운동의 한 흐름으로 보기까지 하였다.[223] 물론 마르크스는 그의 사상이 성숙해 감에 따라 낭만주의에 대해 "깊어지는 적대감"을 나타내었다. 러셀에 의하면, "벤담이나 제임스 밀J. Mill과 마찬가지로, 마르크스도 낭만주의와는 무관하여 언제나 과학의 편에 서려고 하였다.″[224] 사실, 마르크스 자신도 그의 사상에 '과학적'이라는 형용사를 붙이고 싶어 했다. 외관상 그의 유물론적 역사 이론은 과학적인 것처럼 보이며, 따라서 낭만주의보다는 사실주의에 훨씬 가까이 있는 것 같다. 그러나 뒤에서 살펴보겠지만 유물론적 역사 이론은 낭만주의의 인간관을 계승한 초기 인간론에 토대를 두고 있다고 할 수 있다.

루카치G. Lukács에 의하면, 낭만주의는 "본연의 독일 정신을 가장 심오하게 표현한 문예사조"이다.[225] 또한, 지명렬은 그의 저서 『독일 낭만주의 연구』에서 독일 사람을 낭만적 인간으로 규정하고 있다.[226] 세계를 본체계와 현상계로 구분한 칸트의 이원론은 낭만주의에 중요한 지적 기초를 제공하였다.[227] 코르프H. Korff는 객관적인 감각 세계(현상계)가 칸트 철학에서 어떠한 위치에 있는가를 다음과 같이 묘사했다.

> 감각 세계는 실재하는 세계 자체(본체계)의 실상을 드러내지 못하며 오히려 그것을 은폐해 버린다. […] 우리 눈에 보이는 것은 세계의 표면에 불과하며, 우리의 이성은 세계의 표면을 더듬어 갈 수 있을 뿐, 결코 그 진정한 내부에 들어갈 수 없다.[228]

이것은 이성과 경험에 의해 획득된 과학적 지식이 본질적 지식이 아닐 뿐만 아니라 오히려 본질적 지식의 획득을 방해한다는 것을 의미한다. 칸트에게 본질적 지식은 본체계의 영역에 속하는데, 본체계란 내면에 있는 본질적 자아의 자유로운 상상의 영역이다. 코르프에 의하면, 내면세계를 향한 낭만주의의 환상 탐닉은 이처럼 자유로운 상상 활동에서 비롯된다.[229] 칸트는 과학적 지식을 추구하는 현상적 자아의 활동에 대해 수단적인 가치를 부여했던 반면에, 낭만주의자들은 그것을 거의 무시하고 상상의 영역으로 도피하고자 하였다.

낭만주의의 환상 탐닉은 주로 무한성에 대한 본질적 자아의 동경으로 표출된다. 동경은 동경을 낳고 대상이 바뀌면 새로운 동경이 생기는 이 같은 동경의 연속은[230] 내적 자유감 속에서 환상을 추구하고자 하는 낭만주의자들에게 알맞은 소재를 제공한다. "모든 인간에 있어서 무한한 것에 대한 동경이 계발되어야 한다"[231]는 슐레겔F. Schlegel의 말은 낭만주의의 환상 탐닉을 대변해 주는 좋은 예라 할 수 있다.

낭만주의의 동경론에서 핵심적인 것은 슈미트C. Schmitt가 독일 낭만주의의 본질로서 지적한 '주관화된 기회 원인론'에서 찾아볼 수 있다.[232] 주관화된 기회 원인론이란 개인의 주관성을 신과 같은 절대적 위치에 두는 것을 말한다. "주관성은 마치 조물주와도 같은 권능을 부여받게 되고, [⋯] 주관성의 독자적인 자기 운동은 예술 및 삶의 철학에서 알파요 오메가가 되는 것이다."[233] 이러한 견해는 세계와 그 안에 있는 모든 사물을 그 자체로 의미를 지니는 것으로 보지 않고, 주관성(본질적 자아)의 자유로운 동경 활동을 위한 재료로 본다. 낭만주의자들은 여러 가지 유한한 형식들에 제약된 현상적 자아의 세계에서 해방되어 내면적 동경을 통해 본질적 자아의 무한한 자유를 추구하고자 하였다. 그들의 동경 추구는 주로 예술적 창조 활동을 통해 추구되었다.

낭만주의자들은 현실의 굴레에서 벗어나 본질적 자아의 자유를 누릴 수 있는 사람을 교양인이라 불렀다. 교양은 독일어로 "Bildung"인데, 형성, 교육 등으로도 번역된다. 이 용어는 낭만주의 문학 이론의 핵심으로, 끊임없는 자기부정으로 완성에 도달하려는 노력(노동)을 말한다. 여기서 완성이란 본질적 자아의 무제약적 자유를 누리는 상태를 의미한다. 따라서 교양인의 내면에는 본질적 자아의 무한성을 성취하기 위한 혁명이 계속되고 있다고 할 수 있다.[234] 이러한 교양인을 만들어 내는 것이 낭만주의의 교육 목표였다. 결국, 노동을 통해 자신의 유적 본질을 실현하고자 하는 마르크스의 노동자는 예술적 창조활동을 통해 본질적 자아의 무한한 자유를 향유하고자 한 낭만주의의 교양인과 같다고 할 수 있다. 그런데 낭만주의의 교양인은 공동체적 일체감 속에서 본질적 자아의 무제약적 자유를 체험하는 공동체적 존재였다.

마찬가지로 마르크스의 노동자도 유적 존재로서 자신의 자유를 인류 전체와의 공동체적 일체감을 통해 체험하고자 하는 공동체적 존재이다. 이것은 마르크스의 총체적 인간이라는 개념 속에 잘 반영되어 있다. 총체적 인간은 유적 본질을 향유하는, 즉 참된 노동을 향유하는 인간(노동자)을 의미하는 것으로, 마르크스는 모든 사람의 무제약적 자유에 입각한 공동체에서만 이러한 총체적 인간의 실현이 가능하다고 보았다. 총체적 인간의 자유는 시민사회의 합리적 자유와 다른 것이다. 마르크스는 시민사회의 자유가 개인을 공동체로부터 분리한다고 보았다. 결국, 총체적 인간의 자유는 공동체적 일체감에 의해 체험되는 독일적인 신비적 자유라 할 수 있으며, 총체적 인간은 공동체적 인간이라고 할 수 있다. 이러한 노동의 공동체적 성격은 그의 소외 개념에도 잘 나타나 있다.

3) 소외 개념

미적 법칙에 따른 생산 활동으로서의 마르크스의 노동 개념은 낭만주의자들이 추구한 본질적 자아의 무제약적인 자유 활동과 유사하다. 낭만주의에서 본질적 자아는 형식으로부터 자유롭게 되려는 형식 해체적 자아였다. 낭만주의에 의하면, 형식이 존재한다는 것 그 자체가 제한이고, 구속이며, 부자유이다. 이것은 현상적 자아의 속성이다. 절대적 자유를 속성으로 하는 본질적 자아는 형식에 얽매이지 않는다. 마르크스의 노동 개념에도 이와 같은 본질적 자아의 특성이 포함되어 있다. 그것을 가장 잘 보여 주는 것이 소외 개념이다.

마르크스는 소외를 노동의 산물이 "노동자 바깥에, 노동자와는 무관하게, 노동자에게 낯설게 존재하고 노동자에게 대항하는 독자적 권력"으로 되는 현상으로 정의한 바 있다.[235] 그러나 소외에 대한 마르크스의 포괄적인 정의에 따르면, 인간은 '필연적으로' 자신의 노동의 산물에 의해 소외당하게 된다. 예를 들면, 망치는 못을 박기 위해 만들어진 노동의 산물이다. 그러나 그 망치는 때로는 사람이 걸려 넘어지는 장애물이 될 수도 있고, 때로는 사람을 죽이는 흉기가 될 수도 있다. 이때 인간은 망치로부터 소외당하는 것이 된다.

망치의 예는 역사적인 제도에 확대 적용될 수 있다. 인간은 집단생활을 조정·규제하기 위해 종교, 정치, 법, 경제, 등 제도적인 형식들을 만들어 낸다. 이러한 제도적인 형식들은 인간의 노력 없이는 존재할 수 없었다는 의미에서 인간 노동의 산물이다. 그러나 망치의 예에서처럼 사회제도도 '인간의 바깥에, 인간과는 무관하게, 인간에게 낯설게 존재하고 인간에게 대항하는 독자적인 권력'이 되어 인간을 소외시키게 된다. 그렇다고 인간이 제도를 떠나서는 살 수 없는 상황이다.

그러나 마르크스는 다르게 생각했다. 그는 본질적 자아의 무한성에 궁극적 관심을 두고 있었기 때문에 정도의 차이보다는 전부가 아니면 무無라는 선택을 제시한다. 마르크스는 소외가 존재한다는 이유로 모든 역사적인 사회를 용납하지 않고 소외가 전혀 존재하지 않는 새로운 상태를 실현하고자 노력하였다.[236] 소외가 전혀 존재하지 않는 상태는 인간의 행위를 규제하는 제도적 형식마저 없이 모든 인간이 무제약적 자유를 향유하는 상태, 즉 형식이 해체된 상태이다. 그러나 형식이 해체된 무제약적 자유는 너와 나의 구분이 없는 공동체적 일체감을 통해 체험되는 것이기 때문에 마르크스가 말하는 소외는 결국 공동체적 일체감의 상실을 의미한다.[237] 이러한 면에서 마르크스의 소외 극복은 곧 완전한 합일 공동체의 건설을 의미하는 것이다.

헤겔과 마르크스는 인간의 자아를 유한한 현상적 자아와 무한한 본질적 자아로 구분하고 후자를 인간의 참된 모습으로 본 독일 문화 전통을 공유하고 있었다. 그러나 두 사람은 소외의 극복, 즉 완전한 공동체의 실현에 대한 전략에는 상반된 생각을 갖고 있었다. 본질적 자아의 무한성을 관념적으로 성취하고자 한 헤겔은 소외를 의식의 차원에서 극복하려 한 데 반해, 본질적 자아의 무한성을 현실 속에서 성취하고자 한 마르크스는 소외를 실천으로 극복하고자 하였다. 아비네리 S. Avineri는 소외 개념에 대한 양자의 차이를 인식하고 헤겔의 소외 개념에 대하여 다음과 같이 분석하였다.

헤겔에 있어서 소외란 외적이고 객관적인 현상계와 접촉할 때의 의식의 상태를 의미한다. 이때 대상은 인간에게 외적이며 낯선 것으로 나타나며, 의식은 이러한 타자 존재 속에서 격리되고 소외된다. 헤겔에 따르면, 의식은 다음과 같은 사실을 인식함으로써 이러한 소외로부터 스스로를 해방시킨다. 그 사실이란 외적 대상으로 나타나 의식의 자주성을 부정하는 그 대상이 사실은 의식 그 자체에 의해 투사된 것에 불과하다는 것, 즉 의식은 근본적으로 "자기의식self-consciousness"으로서 오로지 자신만을 파악한다는 것이다. 의식 바깥에 존재하는 듯이 나타나는 대상들을 결국 의식의 현상적 표현에 불과하다. 의식의 최종 목표는 이러한 인식에 도달하는 것이다.[238]

이처럼 헤겔이 의식의 상태를 강조한 데 반해 마르크스는 실천을 강조하였다.

마르크스는 대상들의 자율적 존재를 인정하기 때문에 소외를 단지 인식의 차원에서만 극복하는 데 만족할 수 없었으며 대상을 창조하는 실천 속에서 그 해답을 찾아야 했다. 헤겔에 있어서 소외는 의식의 상태로서, 다른 의식의 상태에 의해 제거될 수 있는 것이었다. 그러나 마르크스에게 있어서 소외는 실재하는 대상과 관련되는 것으로서, 대상과 관계하는 현실적인 행위의 영역에서만 제거될 수 있다.[239]

소외 개념에 대한 이러한 차이로 두 사람은 소외가 없는 이상적인 공동체의 모습을 서로 다르게 상정하였다. 헤겔은 프로이센 국가를 이상적인 합일 공동체로 보고 관념적인 일체감을 통해 본질적 자아의 무한성을 체험함으로써 근대 시민사회의 소외가 극복될 수 있다고 생각했다. 반면에 마르크스는 모든 인간이 본질적 자아의 무제약성을 실천적으로 향유하는 이상적인 합일 공동체를 건설함으로써 근대 시민사회의 소외를 극복하고자 하였다.[240]

결국, 헤겔과 마르크스 둘 다 공동체로부터의 분리를 소외라고 보았다는 점에서는 같지만, 헤겔은 프로이센 국가 공동체로부터의 분리를 소외로 본 반면, 마르크스는 인류 사회 공동체로부터의 분리를 소외로 보았다는 점에서 상반된다고 할 수 있다.

지금까지 마르크스의 종교 비판, 노동과 소외 등에 대한 고찰을 통해 그가 독일의 반이성주의·실존주의 무한 세계관을 계승하고 있다는 사실을 알아보았다. 마르크스는 모든 사람이 형식 해체의 무제약적 자유를 주체적으로 향유하면서도 일체감으로 하나가 되는 합일 공동체를 지향하였다. 차이가 있다면 마르크스 이전의 독일 문화 전통에서 본질적 자아는 정치권력의 통제 아래 놓이는 관념적인 내면세계였다면, 마르크스의 본질적 자아는 정치권력의 통제를 벗어던지고 외부 세계에서 감각적으로 그 무한성을 향유하는 그런 사회를 만들려고 하였다. 이런 사회를 마르크스는 공산주의 사회라고 불렀다. 공산주의 사회의 모습에 대해서는 3장에서 자세하게 살펴볼 것이다.

4) 유물론적 역사 이론:
본질적 자아와 현상적 자아의 분열과 결합

인간론에서 살펴본 것처럼, 마르크스는 모든 주체의 무제약적 자유와 합일 공동체를 실현하지 못하는 상태를 소외로 규정했다. 이러한 인간론과 소외론이 마르크스의 초기 사상에서 핵심 요소였다면, 후기 사상인 유물론적 역사 이론에서는 이러한 소외가 인간 사회에서 왜 발생하게 되었으며 그것이 어떻게 극복될 수 있는가를 집중적으로 연구하였다.

마르크스는 초기의 인간론과 소외론에서는 인간의 자유로운 행위를 주장하였다가 후기의 유물론적 역사 이론에서는 경제적 힘에 의한 결정론을 주장하였다. 마르크스 연구가들은 초기와 후기 간의 이러한 차이를 어떻게 해석해야 할지 의견의 일치를 보지 못하고 있다. 사회학자 알렉산더J. C. Alexander는 마르크스 연구가들의 입장을 네 가지로 분류하고 있다. 첫 번째 입장은 인간 행위의 자유를 강조하는 초기의 입장이 후기의 유물론적 역사 이론에서도 계속 유지되고 있다는 것이며, 두 번째 입장은 마르크스가 처음부터 유물론적 역사 이론의 결정론적 입장을 견지했다는 것이며, 세 번째 입장은 초기의 자유론적 입장과 후기의 결정론적 입장 사이에 단절이 있다는 것이며, 네 번째 입장은 알렉산더 자신의 주장으로, 초기의 자유론과 후기의 결정론이 뚜렷이 구별되는 것은 사실이나 이 둘은 연속성을 유지하고 있다는 것이다. 알렉산더는 마르크스의 사상을 적극적이고 자발적인 변동을 유발하는 반反자발적인 사회 이론이라고 보았다.[241]

알렌산더의 입장에 동의하면서, 나는 후기의 유물론적 역사 이론이 초기의 인간론·소외론에서 시작된 본질적 자아의 무제약적 자유 향유와 합일 공동체를 실현하면서부터 인간의 삶이 타락하게 된 원인과 해법을 제시하고 있다고 주장하고 싶다. 다시 말하면, 초기의 인간론에서 마르크스는 주로 본질적 자아를 논의의 대상으로 삼고 있는 반면에, 후기의 유물론적 역사 이론에서는 본질적 자아로부터 현상적 자아가 이탈하는 소외 과정과, 이 소외가 해소되어 현상적 자아가 본질적 자아와 재결합하게 되는 역사의 필연적 법칙에 대해 주로 논의하고 있다. 이를 그림으로 나타내면 다음과 같다.

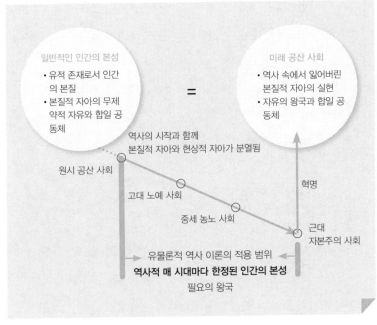

초기 인간론과 후기 유물론적 역사 이론의 관계 도식

이 그림에 대해 좀 더 자세하게 살펴보자. 유물론적 역사 이론은 사회 정태적 측면을 설명하는 사회구조론과 사회 동태적 측면을 설명하는 역사변동론으로 구성되어 있다. 마르크스는 사회구조론에서 사회가 생산력과 생산관계로 이루어진 경제적 하부 토대와 종교, 철학, 예술, 도덕, 법, 정치 등으로 이루어진 정신적 상부구조로 구성되어 있다고 보았으며, 역사변동론에서는 하부 토대에 속하는 생산력과 생산관계의 모순과 그 모순의 해결, 즉 변증법적 운동으로 사회가 발전해 간다고 주장하였다. 생산력은 자연으로부터 생존 수단을 추출할 수 있는 도구와 지식 등 인간의 능력을 말하고, 생산관계는 자연으로부터 생존 수단을 추출할 때 서로 관계를 맺는 방식을 말하는데, 주로 소유관계의 형태를 띤다. 유물론적 역사 이론은 마르크스의 『정치경제학 비판을 위하여』 서문에서 다음과 같이 잘 요약되어 있다.[242]

인간은 그들 생활의 사회적 생산에서 그들의 물적 생산력의 일정한 발전수준에 조응하는 일정한, 필연적인, 그들의 의사와는 무관한 생산관계를 맺는다. 이 생산관계 전체가 사회의 경제적 구조, 현실적 토대를 이루며, 이 위에 법적이고 정치적인 상부구조가 세워지고 일정한 사회적 의식형태들이 그 토대에 조응한다. 물적 생활의 생산양식이 사회적, 정치적, 정신적 생활 과정 일체를 조건 지운다. 인간의 의식이 그들의 존재를 규정하는 것이 아니라, 반대로 그들의 사회적 존재가 그들의 의식을 규정하는 것이다. 사회의 물적 생산력은 어떤 발전 단계에 이르면 그들이 지금까지 그 안에서 움직였던 기존의 생산관계, 또는 이것의 단지 법률적 표현일 뿐인 소유관계와 모순에 빠진다. 이들 관계는 생산력의 발전 형태들로부터 질곡으로 전환된다. 그러면 사회적 혁명기가 도래한다. 경제적 기초의 변화와 더불어 전체의 거대한 상부구조가 조만간 변혁된다.

이처럼 마르크스가 사회구조와 역사 변동에서 경제적 하부구조를 독립변수(영향을 주는 변수)로, 상부구조를 종속변수(영향을 받는 변수)로 상정했기 때문에 유물론적 역사 이론은 경제결정론으로 불리어 왔다. 마르크스는 경제결정론을 통하여 인간이 역사 속에서 자신의 본질적 자아로부터 소외당하게 된 원인과 소외의 극복 방법 모두를 제시하고자 하였다.

마르크스에게 인간의 역사는 본질적 자아와 현상적 자아가 분열되는 과정이다. 다시 말하면, 역사는 인간이 자신의 참모습인 본질적 자아를 상실하게 되는 과정을 말한다. 역사 속의 인간은 현상적 자아로서 외부의 힘에 의해 수동적으로 결정되고, 동료들과 적대적으로 되며, 공동체로부터 분리된다. 이러한 소외 현상은 근대 자본주의에 와서 절정에 달하게 된다.[243]

마르크스는 이처럼 역사 속에서 인간이 본질적 자아로부터 소외될 수밖에 없는 이유로서 "인간 역사의 제1전제는 […] 살아 있는 개인들의 생존Existenz"이라는 사실을 들고 있다.[244] 번역자는 Existenz를 '실존'이라고 번역하였는데, 생존으로 번역하는 것이 마르크스의 의도를 더 잘 드러낸다고 생각해 내가 바꾸었다. 마르크스는 물질적인 생존 수단을 산출하는 경제적 생산 활동이 필연적으로 최초의 역사적 행위가 될 뿐만 아니라 모든 역사의 기본 조건이 된다고 하였다. 따라서 인간의 역사는 생존의 필연성이 지배하는 필요의 왕국이다. 필요의 왕국에서 인간은 모든 활동이 제약을 받는 유한의 비애를 체험한다. 먹고 살기 위해 일해야 하고, 특정 직업이나 기능을 위한 분업에 매여 있어서 하고 싶은 일을 자유롭게 하지 못하는 제약 속에서 살아간다. 여기서 한 인간이 어떤 존재인가 하는 것은 그의 물질적 조건, 즉 그가 "무엇was을 생산하는가, 그리고 어떻게wie 생산하는가"[245]에 달려 있다. 이처럼 개인의 존재가 그의 물질적 조건에 달려 있는 상황을 마르크스는 소외로 규정하였다.

좀 더 구체적으로 살펴보면, 경제적 생산 활동은 이중관계에서 일어난다. 하나는 자연과의 관계이며 다른 하나는 다른 인간과의 사회적 관계이다. 인간은 자연과의 관계를 통해서만 생존 수단을 획득할 수 있다. 그러나 인간은 홀로 고립된 상태에서는 자연으로부터 생존 수단의 획득에 성공할 수 없다. 그러므로 개인들은 불가피하게 사회적 관계를 맺게 된다. 사회적 관계란 타인들과 구속적인 관계를 맺어야 하는 필연성 때문에 형성된 "다수 개인의 협업"[246]이다. 마르크스는 이 협업 양식을 생산양식이라고 불렀다. 생산양식은 "인간 상호 간의 유물론적 관련"[247] 형태로서 여기서 역사를 움직이고 지배하는 생산력이 출현하게 된다. 마르크스는 이에 대해 다음과 같이 말하였다.

… 다양한 개인들 사이의 협업을 통해서 성립되는 배가된 생산력은 그들의 협업이라는 것이 자발적이 아니라 자연 발생적[필연적]이기 때문에, 그들에게 그들 자신의 통일된 힘으로서가 아니라

낯선 하나의 외적 강제력으로서 등장한다. 그리고 그들은 그 위력의 시작도 끝도 알지 못하며, 따라서 그들이 그 힘을 지배하기는커녕 오히려 그것이 인간의 의지 및 행동에서 독립한 독자적인 것으로서, 인간의 의지와 행동을 지배하는 일련의 국면과 발전 단계를 관통해 나간다.[248]

생산력은 인간의 의지와 행동, 즉 노동의 산물이다. 그런데도 그것이 인간에게 낯선 하나의 외적 강제력이 되어 인간의 의지와 행동을 지배하게 된다. 이는 인간의 존재 가치가 그의 물질적 조건에 의해 결정된다는 것을 의미한다. 이것이 마르크스가 말하는 소외이다. 인간 노동의 산물인 생산력이 이처럼 소외시키는 힘으로 나타나는 이유는 앞에서 말했듯이 역사의 제1전제인 생존의 필연성 때문이다. 마르크스는 생존의 필연성을 "'정신'은 애초부터 물질에 '붙들려' 있다는 저주스러운 운명을 짊어지고 있"다고 표현하였다.[249] 이 때문에 인간 사회에 사유재산 제도가 발생하고, 가진 자와 못 가진 자 간의 계급 분화가 나타나며, 정신노동과 육체노동의 분화가 생긴다. 그리고 인간은 자신의 본질인 무제약적 자유와 공동체적 관계를 상실하게 된다. 그래서 마르크스는 "노동의 분업과 더불어 고립된 개인, 혹은 개별 가족의 이익과 상호 교통하는 모든 개인이 가진 공동이익 사이의 모순도 아울러 주어진다"라고 말했던 것이다.

그러나 마르크스는 유물론적 역사 이론에서 한편으로는 이처럼 생존의 필연성이 본질적 자아의 상실을 초래하는 원인으로 보았으면서도, 다른 한편으로는 이 생존의 필연성이 인간의 본질적 자아를 회복시켜 주는 원동력이 된다고 보았다.[250] 이 과정을 좀 더 자세하게 살펴 보도록 하자.

마르크스에 의하면, 생존의 필연성은 인간들 간의 생산관계를 출현 시킨다. 인류 최초의 생산관계는 순수한 협동관계였던 공산주의 형태 였다. 원시 상태의 인간은 자연으로부터 획득할 수 있는 물질적 생산 력이 너무 미약하였으므로 서로 협동하지 않을 수 없었다. 협동하지 않으면 굶어 죽게 된다. 따라서 원시 사회는 순수한 협동을 위해 공산 주의 방식을 취하게 되었다. 원시 사회가 공산주의 방식을 취한 것은 인간성이 고상해서가 아니라 굶어 죽지 않으려고 하는 물질적 생존의 필연성 때문이었다. 이 때문에 원시 사회의 인간들은 본질적 자아의 무제약적 자유는 허용되지 못했다. 따라서 원시 공산 사회에서 인간 의 현상적 자아는 자신의 본질적 자아로부터 소외되었다. 인간은 역 사의 시초에서부터 생존의 필연성 때문에 자신의 본질에서 소외된 상 태에서 출발할 수밖에 없었다.

이후 원시 공산 사회에서 생산 수단이 발달하면서 소비하고 남은 잉여가 발생하자 인간은 생존의 필연성 때문에 잉여를 서로 차지하기 위해 고민을 하게 되었고, 그 결과 인간 사회는 잉여를 차지한 지배 계급과 잉여를 차지하지 못한 피지배 계급으로 나누어졌다. 그 결과 귀족 계급과 노예 계급이 대립하는 고대 노예 사회가 출현하였고, 계 속해서 영주 계급과 농노 계급이 대립하는 중세 농노 사회, 자본가 계 급과 노동자 계급이 대립하고 투쟁하는 근대 자본주의 사회로 나아갔 다. 그리하여 마르크스가 『공산당 선언』에서 말한 것처럼, "지금까지 존재한 모든 사회의 역사는 계급투쟁의 역사"[251]가 되고 말았다. 원시 공산 사회에서는 생존의 필연성 때문에 무제약적 자유를 누리지는 못했지만, 그래도 공동 이익이라는 것이 존재했다. 그러나 이후의 인간 역사는 생존의 필연성 때문에 서로 투쟁하게 되면서 공동체적 관계마저도 상실하고 말았다. 개별적인 특수 이익과 공동체의 공동의 이익 사이에 모순이 발생했다는 마르크스의 언급은 이러한 상황을 말하는 것이다. 지배 계급과 피지배 계급의 출현으로 공동 이익과 개별적인 특수 이익 사이에 모순이 발생하면서 인간의 관념 활동인 상부구조의 여러 제도, 즉 정치, 법, 철학, 문학, 예술 등도 생겨나는데, 이들은 모두 지배 계급의 이익을 대변하는 이데올로기 역할을 한다.

마르크스는 인간 역사의 변동 과정을 생산력과 생산관계의 조응, 모순의 발생, 그리고 모순의 해결이라는 변증법적 과정으로 설명했다. 그에 의하면, 일단 생산관계가 출현하면 생산력은 지속해서 증가하게 된다. 이처럼 기존의 생산관계 안에서 생산력이 계속 증가하는 상태를 생산관계와 생산력의 조응 단계라고 할 수 있다. 비유로 말하면, 엄마의 자궁에 착상된 태아가 영양분을 공급받으며 자라나는 상태를 상상할 수 있겠다. 그러나 생산력이 어느 정도 증가하게 되면 생산력은 자신을 키워 낸 생산관계와 모순 상태에 빠지게 된다. 이것은 마치 10달이 된 태아가 더 이상 자궁에 머물 수 없는 것과 같다. 이 모순은 기존의 생산관계가 붕괴하고 새로운 생산관계가 형성됨으로써 해소된다. 이 모순이 극에 달했을 때 혁명이 일어나면 기존의 생산관계는 새로운 생산관계로 이행하게 된다. 모든 역사의 발전이 생산력의 지속적인 증대에서 이루어진다. 이게 경제결정론으로 불리는 그의 유물론적 역사 이론의 핵심이다.

후기로 가면서 마르크스가 완고한 경제결정론에서 벗어났다고 주장하는 사람들은 다음과 같은 문장을 즐겨 인용한다.

> 정치, 법, 철학, 문학, 예술의 발전은 모두 경제에 달려 있다. 그러나 그들 모두는 서로서로 영향을 주고받으며 경제적 토대에 대해서도 영향을 줄 수 있다. 이 경우 경제 현상만이 〈유일한 능동적 원인〉이며 다른 것은 모두 단순한 수동적인 결과에 지나지 않는다는 의미는 아니다. 오히려 〈결국에 가서는〉 그 자신을 관철하고야 마는 경제적 필연성이란 영역 안에서 상호작용이 존재한다는 것을 뜻한다.[252]

하지만 아무리 다른 요소들이 모종의 역할을 할 수 있다고 하더라도 경제적 필연성이 자신을 관철하는 한계 안에서 상호작용할 뿐이라면 그것 역시 경제결정론일 뿐이다.

마르크스는 역사의 변증법적 발전 과정이 원시 공산 사회, 고대 노예 사회, 중세 농노 사회, 근대 자본주의 사회, 미래 공산주의 사회의 다섯 단계를 거친다고 주장했다. 마지막 단계인 미래 공산주의 사회에서 인간은 자본주의 사회의 풍부한 생산력을 바탕으로 더는 생존의 필연성에 속박되지 않게 되어, 드디어 역사 속에서 잃어버린 자신의 본질적 자아를 회복하여 무제약적 자유와 합일 공동체를 동시에 실현할 수 있는 자유의 왕국에 들어간다.

마르크스가 이처럼 생존의 필연성을 소외의 원인으로 본 동시에 소외 극복의 원동력으로 본 이유는, 현실(존재)과 이상(당위)의 문제를 해결하려는 노력의 산물로 볼 수 있다. 마르크스는 일찍부터 현실과 이상, 존재와 당위의 문제를 통합하고 싶어 했다. 그는 19살 때 이미 아버지에게 보내는 편지에서 "저는 존재와 당위 사이의 갈등 때문에 머리가 무척 어지럽습니다"[253]라고 쓴 적도 있었다. 처음에 그는 현실과 이상, 존재와 당위가 전적으로 대립한다고 보았지만, 곧 헤겔 철학 속에서 이 둘을 통합할 수 있는 해결책을 발견하였다. 헤겔은 절대이성이 역사 속에서 변증법적 운동을 하면서 자신을 실현해 간다고 보는 역사관을 제시함으로써 현실과 이상, 존재와 당위를 통합시킬 수 있었다. 그의 유명한 말, "현실적인 것은 이성적인 것이고, 이성적인 것은 현실적인 것이다"는 이러한 통합을 잘 보여 준다. 그러나 마르크스는 헤겔의 역사 이론이 관념을 중심으로 한 것이므로 거꾸로 서 있는 이론이라고 비판하면서 이를 물질을 중심으로 뒤집어 바로 세워야 한다고 주장했다. 이것이 바로 유물론적 역사 이론이다. 마르크스는 포이어바흐처럼 인간이 자신의 본질로부터 소외되어 있다고 보고 모든 인간이 본질적 자아의 자유를 향유하는 이상적인 공동체를 건설하고자 하였다. 그러나 포이어바흐가 '나와 너의 사랑'에 호소하여 이러한 이상을 실현하고자 하였던 것과는 달리 그는 그러한 이상으로 인도하는, 그리하여 이상과 현실을 통합하는 '역사 내재적 필연 법칙'을 제시하고자 하였다. 마르크스는 포이어바흐가 역사의 중요성을 인식하지 못하였음을 다음과 같이 비판하였다. "포이어바흐가 유물론자인 한 그에게는 역사가 나타나지 않으며 또한 그가 역사를 고찰하는 한에는 유물론자가 되지 못한다. 그가 표방하는 유물론과 역사는 […] 전혀 별개의 것이다."[254]

마르크스가 발견한 역사 내재적 필연 법칙은 생산력과 생산관계의 변증법인데 이 법칙을 가능하게 하는 원동력이 바로 경제적 생존의 필연성인 것이다. 마르크스에 의하면, 경제적 생존의 필연성 때문에 인간은 자신의 본질적 자아로부터 소외당하기는 했지만, 기존의 현실 속에서 계속해서 새로운 이상을 만들어 냄으로써 소외를 극복하고 궁극적으로 본질적 자아를 회복하게 되는 것이다.

5) 해체로서의 해방 관념

본질적 자아의 무제약적 자유를 실현하려는 마르크스의 사상 속에는 인간이 사회적 삶을 영위하는 데 필요한 제도들을 인정하지 않는 해체론적 특성이 강하게 드러나 있다. 무제약적 자유의 추구 자체가 바로 해체 그 자체이다. 이 해체론은 환상 탐닉의 동경 속에서 무한한 자유를 누리기 위해 모든 형식을 거부한 낭만주의의 형식 해체와 같은 맥락 속에 있는 것이다. 그리고 낭만주의자들이 형식 해체적 자유를 통해 합일 공동체를 추구한 것처럼 마르크스 사상의 해체론도 합일 공동체의 추구와 밀접한 관계가 있다.

마르크스는 인간 해방을 소외가 없는 상태, 즉 인간이 본질적 자아의 무한성을 현실적으로 향유하는 상태를 말한다. 그는 종교, 도덕, 가족, 국가, 법, 과학, 예술 등 인간 역사에서 생겨난 모든 제도를 소외 현상으로 보았다. 따라서 인간이 소외로부터 해방되어 자신의 본질을 회복하기 위해서는 이러한 외적 형식들로부터 자유롭게 되어야만 한다고 주장했다.[255] 이러한 해체론은 공산주의 사회에 대한 그의 묘사에서 잘 드러난다. 그는 공산주의를 인간이 모든 형식에서 벗어나 본질적 자아의 상태로 복귀한 상태로 묘사하였다.[256] 이러한 사회에서는 인간 활동을 제약하는 어떠한 형식도 존재하지 않는다. 모든 인간적 감각과 속성, 곧 보고 듣고 냄새 맡고 맛보고 느끼고 사유하고 직관하는 일이 자유로워진다. 공산주의 사회에서 인간은 이러한 감각과 속성을 모든 측면에서 전 방위적으로 향유할 수 있다. 마르크스는 공산주의 사회의 이러한 형식 해체적 인간을 "모든 심오한 감각을 갖춘 부유한 인간"[257]이라고 불렀다.

마르크스의 추종자들은 공산주의가 분배의 정의와 평등을 목표로 하는 것으로 알고 있다. 이러한 생각은 자본주의 사회에서 잉여 가치 착취에 대한 마르크스의 비판을 염두에 둘 때 설득력이 있는 것처럼 보인다. 그러나 착취에 대한 마르크스의 비판은 분배의 정의와 평등을 목적으로 하는 것이 아니라 혁명을 일으키기 위해 자본주의의 모순을 폭로하려는 전략 일부일 뿐이다. 마르크스는 『고타 강령 비판』에서 공정하고 평등한 분배가 공산주의의 목표가 아님을 밝히고 있다. 그는 노동 소득의 공정한 분배를 요구한 고타 강령의 제3항을 비판적으로 검토한 후에 다음과 같이 결론을 맺고 있다.

나는 […] 평등한 권리와 공정한 분배에 대하여 좀 상세히 말하였는데 그 목적은 […] 한때에는 어떤 의의가 있었으나 지금에 와서는 낡아 빠진 빈말로 된 관념론들을 교조로서 또다시 우리 당에 강요하려는 것이 얼마나 큰 범죄 […] 인가를 보여 주려는 데 있다.[258]

마르크스는 "분배를 중요시하고 거기에 중점을 두는 것은 일반적으로 잘못되었다"라고 말하였다.[259] 인간의 여러 감각과 속성을 자유롭게 향유하고자 하는 부유한 인간의 눈으로 볼 때, 공정하고 평등한 분배는 인간소외의 표현인 또 하나의 형식에 불과할 것이다. 터커는 분배적 정의의 이상이 마르크스의 정신적 우주에 완전히 생소한 것이라고 하였다.[260]

마르크스의 형식 해체적 정신에는 분배의 이상뿐만 아니라 모든 도덕적 이상이 생소한 것으로 나타난다. 일반적으로 도덕적 이상은 인간의 본질에 관한 규정과 깊이 관련되어 있다. 그러나 인간의 본질을 무제약적인 존재로 보는 마르크스의 태도에서는 어떠한 도덕적 기준이나 이상이 결코 도출될 수 없다. 따라서 마르크스에 대한 포퍼의 다음과 같은 지적은 적절하지 못하다.

> 마르크스가 도덕론을 명시적으로 전개하는 것을 피한 까닭은 도덕적 설교를 싫어했기 때문이다. 물을 마시라고 설교는 하면서 포도주를 마시는 도덕가에 대한 깊은 불신을 가지고 있었던 마르크스는 그의 윤리적 확신을 명백하게 표현하는 것을 주저했다. […] 그는 당시의 도덕가들은 공격했다. 마르크스가 보기에 그들은 마르크스가 비도덕적이라고 생각하는 당시의 기존 사회질서를 옹호하는 아첨꾼들이었기 때문이다.[261]

마르크스가 도덕론을 명시적으로 전개하지 않은 이유는 포퍼가 지적한 것처럼 도덕가들의 이율배반적 행동 때문이 아니라, 모든 형식을 거부하는 그의 기본 태도 때문이다. 본질적 자아의 무한성을 향유하려는 마르크스에게 도덕론을 제시한다는 것 자체가 인간성을 억압하는 또 하나의 형식을 만드는 것과 같은 것이었다.

언젠가 마르크스는 좋아하는 라이프스타일을 묻는 설문지 항목에 "인간적인 것치고 나와 무관계한 것은 없다"[262]라고 썼다. 똑같은 항목에 대해 엥겔스F. Engels는 "아무런 준칙도 가지지 않는 것"이라고 썼다. 이 속에는 도덕에 대한 마르크스주의의 기본 태도가 잘 집약되어 있다고 할 수 있다. 마르크스가 『독일 이데올로기』에서 "일반적으로 공산주의자는 도덕을 설교하지 않는다. [...] 공산주의자는 서로 사랑하라, 이기주의자가 되지 말라 등과 같은 인간에 대한 도덕적 요구를 강요하지 않는다"[263]라고 한 이유는 설교하거나 강요할 도덕적 준칙이 없었기 때문이라고 할 수 있다. 터커는 마르크스 사상의 이러한 특성을 다음과 같이 지적하였다.

> 그는 도덕 철학자의 부류에 속하는 자는 아니다. 그는 무엇보다도 선·악 문제에 관심을 가진 것은 아니었다. 유물사관의 포괄적인 구조 안에 포함되어 있는 그의 체계는 윤리의 체계의 형식으로 구성되어 있지 않다. 그것은 인간을 위한 최고선의 문제나 올바른 행위의 기준 문제를 제기함으로써 풀어나가지 않는다. 그는 윤리적 탐구에 전연 무관할 뿐 아니라 도리어 그 자체를 무시해 버린다.[264]

6) 자연법 사상과 시민사회에 대한 비판

이러한 해체론적 관점에서 마르크스는 근대 시민사회와 그것의 토대가 되는 자연법 사상을 해체하였다. 자연법은 자연 상태에서 모든 사람이 서로를 같은 종류의 동료 인간으로서 자유롭고 평등하게 대우해야 한다는 인간 내면의 법이다. 이 법은 근대 시민 정부 형성의 근거가 되었으며, 자연법론자들은 이 법을 어기는 국가의 법은 법으로 인정될 수 없다고 보았다. 그러나 마르크스는 자연법의 보편타당성을 부정하였다. 그에 의하면, 한 시대의 지배적인 사상은 그 시대의 지배 계급의 물질적 이익을 반영할 뿐이다. 그는 다음과 같이 말했다.

> 어떤 시대에서나 지배 계급의 사상이 지배적인 사상이다. 다시 말해 사회의 지배적인 물질적 세력인 지배 계급이 동시에 그 사회의 지배적인 정신적 세력이라는 말이다. 물질적인 생산의 수단을 통제하는 계급은 그 결과 정신적인 생산의 수단도 통제하고 있으며, 그에 따라 정신적인 생산 수단을 가지지 못한 계급의 사상은 대체로 그것에 종속된다. 지배적인 사상은 지배적인 물질적 관계들의 관념적 표현, 사상으로서 파악된 지배적인 물질적 관계일 뿐이다.[265]

마르크스는 이러한 관계를 인식하지 못하는 데서 허위의식이 발생한다고 하였다. 허위의식이란 지배적인 사상이 지배 계급의 특수 이익을 대변하는 것임에도 불구하고 마치 사회 전체의 보편 이익을 대변하는 것인 양 행세하는 것을 말한다. 허위의식이 생기는 이유는 "지배 계급의 사상을 지배 계급 자신으로부터 떼어 놓고 거기에 독립적인 존재를 부과하면서 […] 그 사상들의 생산조건과 생산자들에 관해서는 숙고하지"[266] 않기 때문이다. 마르크스에 의하면, 그 대표적인 예가 근대 자연법의 자유·평등사상이다. 그는 자연법 사상이 말하는 만인의 자유와 평등이 외관상 틀림없는 진리처럼 보이지만 실질적으로 그것은 노동시장에서 생산 수단을 소유한 자본가와 자신의 육체 외에는 아무것도 소유하지 못한 노동자 사이의 부자유하고 불평등한 계약을 은폐시키면서 지배 계급인 자본가 계급의 특수 이익을 정당화시키는 이데올로기적 기능을 담당하게 된다고 비판하였다.[267] 그러나 기든스A. Giddens는 『유물론적 역사 이론의 현대적 비판』에서 자연법의 핵심 가치인 자유, 평등 권리 개념을 공허하고 순전히 형식적인 것으로 보는 마르크스의 관점을 비판하였다. 기든스에 의하면, 이러한 개념들은 노동자 자신의 이익을 신장시키는 데 사용한 사상적 기초이기도 했다.[268] 노동자뿐만 아니라 노예, 농부, 여성, 소수 인종도 자연법적 신념에 근거하여 자신들의 권리를 계속 신장해 왔다. 자연법의 보편적 성격 때문에 민주주의는 "일단 시동이 걸리면 정지시키거나 되돌리기가 좀처럼 쉽지 않다."[269]

마르크스가 자연법 사상에 근거한 시민사회(자본주의 사회)를 비판한 또 다른 이유는 시민사회의 자유가 인간을 개인과 개인으로 서로 '분리'한다고 보았기 때문이다. 그에 의하면, 시민사회에서 인간의 권리는 "원자화되고 상호 적대적인 개인들의 권리"였다.[270] 시민사회에서의 개인들을 이처럼 원자화되고 상호 적대적인 존재로 보는 마르크스의 견해는 이익 사회를 "만인에 대한 만인의 잠재적인 적대 또는 전쟁 관계"로 묘사하는 퇴니스F. Tönnies의 견해와 같은 것이다(물론 독일 문화의 공통된 특징이다). 그는 다음과 같이 말하였다.

> 자유에 대한 인간의 권리는 인간과 인간의 결합에 기초한 것이 아니라 인간을 인간으로부터 분리하는 데 터 잡고 있다. 그것은 이러한 분리에 대한 권리이며 자기 자신에게 제한되어 있는 제한된 개인의 권리이다. […] 재산에 대한 인간의 권리와 자신의 소유를 향유하고 이를 자의로 처분할 권리이기에 이는 타인을 고려하지 않고 사회로부터 고립된 자기 위주의 권리이다. 시민사회의 기초를 형성하고 있는 것은 전자의 개인적 자유와 이 자유를 후자의 재산권에 적용한 것이다. 이는 타인 속에 자기 자유의 실현을 찾는 것이 아니라 자기 자유의 제한을 보게 한다.[271]

따라서 마르크스는 근대의 시민사회가 실현한 "정치적 해방"[272]만으로 만족할 수 없었다. 그는 모든 개개인이 하나의 개체적 인간으로서 무제약적 자유를 누리면서도, 동시에 합일 공동체를 이루는 유적 존재가 되는 "인간적 해방"[273]을 주장했다. 마르크스는 그의 논문 『유태인 문제에 관하여』에서 정치적 해방에 대해 다음과 같이 비판하였다.

> 정치적 민주주의는 그것이 인간 — 어느 한 개인이 아니라 모든 인간 — 을 지고 지상의 존재로 여긴다는 점에서 기독교적이다. 그러나 이것은 문명화되지 않고 비사회적인 모습의 인간, 우연적으

로 존재하는 인간, 우리 사회의 전체 조직에 의해 타락하고 그 자
신을 잃어버리고 자신으로부터 소외되어 있으며 비인간적인 관계
와 요소들에 의해 억압받고 있는 인간 —한마디로 아직 유적 존재
를 실현하지 못한 인간— 을 뜻한다.[274]

마르크스에게 있어서 인간의 유적 본질을 실현하는 참된 자유는 무
제약적인 상태에서 항상 모든 인간을 하나로 결합하는 공동체적 자유
였다. 결국 마르크스에게 인간 해방은 형식이 해체된 자유를 의미하
는 것이며, 동시에 이것은 전 인류가 공동체적 일체감을 느끼는 상태
이기도 하다. 해체와 합일은 항상 동전의 양면처럼 결합하여 있다. 이
러한 해체적 자유 개념을 근거로 그는 인격의 독립성을 전제로 하는
시민사회의 자유를 비판했던 것이다.

7) 역사주의와 정치경제학 비판

마르크스의 역사주의 사상도 그의 해체론적 사고의 한 예이다. 역
사주의 사상은 인간의 보편적 본성에 근거한 보편 규범으로서의 자연
법 사상에 대한 대안으로 마르크스가 제시한 것이다. 애덤 스미스에
서 시작되는 영국의 정치경제학은 자연법 사상에 근거해서 형성된 학
설인데 이에 대항해서 마르크스는 인간의 역사를 [원시 공산 사회 ➡
고대 노예 사회 ➡ 중세 농노 사회 ➡ 근대 자본주의 사회 ➡ 미래 공
산주의 사회]라는 다섯 단계의 이행 과정으로 해석한 유물론적 역사
이론을 제시했다.

그는 정치경제학을 근대 부르주아 사회의 이론적 분석으로 간주하였다.[275] 마르크스가 정치경제학을 비판한 주된 이유 중 하나는 그것의 비역사성 때문이었다. 그는 정치경제학자들이 역사적으로 성립한 개인이 아니라 자연에 의하여 부여된 개인에서 출발한다고 비판하였다.[276] 이것은 정치경제학이 자연법에서 말하는 자연 상태에서의 개인을 전제로 하고 있음을 의미한다. 정치경제학의 대표자라 할 수 있는 애덤 스미스의 경제 이론은 여러 실정법으로부터 독립해 있는 초역사적인 자연법 원리에 자리 잡고 있다.[277]

스미스는 미개 사회로부터 문명사회에 이르는 인간의 역사적 과정을 자연법이 스스로를 실현해 가는 동적 과정으로 파악하였다.[278] 그에 의하면, 근대 시민사회는 이러한 동적 과정의 정점에 도달한 사회이다. 따라서 그는 근대 시민사회가 보편적인 자연법 원리 위에 세워진 사회이며 시민 개개인은 자연 상태에서의 보편적 개인이라고 생각하였다. 스미스의 경제 이론은 바로 이러한 보편적 개인들이 자유롭게 욕망을 추구할 때 나타나게 되는 일종의 행동법칙이다. 이러한 논리에 기초하여 정치경제학자들은 근대 시민사회를 전 역사적으로 타당한 사회 형태라고 여겼다.

하지만 마르크스는 이러한 정치경제학의 관점을 착각이라고 말하였다.[279] 그는 보편적인 자연적 개인 같은 것은 인정하지 않았으며 개인은 항상 "하나의 보다 큰 전체에 속하는, 원래부터 비독립적인 존재"[280]라고 보았다. 그에 의하면, 구체적인 사회관계와 분리해 있는 개인이란 단지 추상에 불과하다.[281] 이러한 견해에 따르면, 정치경제학자들의 개인은 역사적으로 존재하는 자본주의적 사회관계 속에 자리 잡고 있다고 할 수 있다. 마르크스는 인간의 역사를 생산력의 발전 과정으로 보고, 역사의 각 시기가 생산력의 특정한 발전 단계에 의해 제약된다고 보았다. 그리고 그는 생산력의 서로 다른 발전 단계에 있는 사회는 서로 다른 법칙에 의해 지배된다고 생각하였다.

> 각 역사적 시기는 저마다 독자적인 법칙을 갖고 있다. […] 생명은 그것이 하나의 주어진 발전 시기를 경과하여, 어떤 한 단계에서 다른 단계로 이행하자마자 다른 법칙의 지배를 받기 시작한다. […] 생산력Produktivkraft의 발전이 다름에 따라 제 관계, 그것들을 규정하는 법칙도 달라진다.[282]

이 말은 마르크스의 사상에 대한 카우프만F. Kaufman의 논평이다. 마르크스는 카우프만의 논평에 대해 다음과 같이 극찬했다. "이 필자[카우프만]는 자신이 나의 진정한 나의 방법이라고 불렀던 것을 그렇게도 적절히, 그리고 나 자신이 이 방법을 적용하는 데에 대하여 그렇게도 호의적으로 묘사하였다." 이러한 논의에서처럼 마르크스는 근대 시민사회의 질서를 절대적이고 최종적인 형태로 보지 않고 역사적으로 지나가는 한 단계로 보았다.[283] 이는 시민사회의 기본 원리인 자연법 사상이 인간 삶의 보편적인 기준이 될 수 없다는 것을 의미한다. 마르크스는 정치경제학자들이 자연법에 근거하여 주장한 자유경쟁 이론에 대해 다음과 같이 비판하였다.

> 자유경쟁을 인간 자유의 최종적인 발전 형식으로 간주하고 자

유경쟁의 부정을 개인적인 자유와 이 개인의 자유에 기초하고 있는 사회적 생산의 부정으로 간주하는 것은 불합리한 일이다. [...] 이런 종류의 개인적 자유는 동시에 모든 개인적 자유를 가장 완벽하게 억압하는 것이며 개성을 사회적 조건에 전면적으로 귀속시키는 것이다. 이때 사회적 조건이란 물질적 힘의 형식을 취하여 심지어는 개인들이 관계하는 객체들이 개인들로부터 독립하여 개인들을 억누르는 그런 방식을 취한다. [...] 일단 경쟁이 표면적으로 자유로운 개성의 절대적인 형식이라고 믿는 환상이 사라지기만 하면 이는 다음과 같은 사실을 증명해 준다. 즉 경쟁의 조건, 곧 자본을 토대로 한 생산 조건이 이미 하나의 장애물로 느껴지고 생각되는데, 이러한 조건은 실로 이미 하나의 장애물이며 앞으로 점점 그렇게 되리라는 사실을 증명하게 된다. 자유경쟁이 생산력 발전의 최종 형식, 따라서 인간 자유의 최종 형식이라는 주장은 바로 중산층의 지배가 세계사의 최종적인 형태라고 주장하는 것과 다름없는데 이러한 주장은 물론 어제의 벼락부자에게는 매우 유쾌하게 들릴지 모른다.[284]

자유경쟁의 이러한 역사적 제한성은 이것에 근거한 정치경제학자들의 경제법칙의 역사적 제한성을 의미하는 것이다. 인간 삶의 일반적 법칙들은 똑같은 것으로서 현재나 과거나 모두 적용할 수 있다고 본 정치경제학자들을 향하여 마르크스는 이러한 "추상적 법칙은 존재하지 않는다"라고 말했다.[285]

하지만 마르크스의 역사주의는 이론 체계의 논리적인 내적 정합성을 파괴하는 문제점을 드러내게 된다. 즉 그의 역사주의는 삶의 궁극적 기준이 역사 속에서만 발견된다고 보는데, 이 견해는 역사를 소외의 장으로 보는 마르크스 자신의 견해와 양립할 수 없는 것이다. 소외개념 자체가 부정적인 가치판단인바, 이 같은 판단을 위한 어떤 보편적이고 초역사적인 기준이 필요하다. 그러나 그는 보편적이고 초역사적인 기준의 존재를 부정한다. 그러면서도 그는 공산주의 사회가 되면 역사 속에서 소외되었던 인간의 본질이 회복된다고 반복해서 말한다. 역사 속에서 잃어버렸다가 다시 찾게 되는 인간의 본질이란 결국초역사적인 것이라고 할 수 있다. 따라서 마르크스의 사상은 모순에 빠지고 만다. 명시적으로는 삶의 궁극적 기준이 역사 안에 있다고 주장하지만, 초역사적인 삶의 기준을 가정하지 않고서는 전개하기 불가능한 논의를 포함하고 있기 때문이다.

마르크스의 이론적인 모순은 그의 스승인 헤겔에서는 나타나지 않는다. 역사를 절대정신(신)의 자기전개로 본 헤겔에게는 역사가 항상긍정적이기 때문이다. 따라서 역사 속에 삶의 궁극적 기준이 존재한다고 본 헤겔의 견해는 논리적으로 문제가 없다. 그러나 헤겔의 철학을 뒤집은 마르크스의 사상에서는 사정이 다르다. 마르크스는 역사를완전히 부정적으로 본다. 그에게 있어서 역사는 순전히 인간 활동의산물이지만 인간은 역사의 시작과 더불어 자신의 본질로부터 소외된다. 따라서 마르크스는 본질로부터 소외되기 이전의 초역사적인 인간상태를 판단할 수 있는 기준을 가지고 있어야 한다. 그는 그 기준을포이어바흐를 따라 유적 존재로 표현했다. 이와 같은 이유로, 인간 삶의 궁극적 기준이 역사 속에서만 존재한다는 그의 주장은 그의 사상 전체의 논리적 정합성을 파괴하는 것이다.

헤겔의 역사주의를 좀 더 소개하면, 그는 인간 역사를 자유를 향한 절대이성(신)의 자기실현 과정으로 보았다. 만물의 실체이고 본질[286]인 이성은 역사에 내재하면서 개별적인 현상에 통일성을 부여하는 구체적이고 역동적인 실체이다. 따라서 이성은 시대에 따라 다르게 나타난다. 헤겔은 역사 속에서 자신을 실현해 가는 이성의 포괄적인 목적 속에서만 개인의 존재 의미가 있다고 보았기 때문에, 자연법 사상에서 말하는 개인의 보편적인 자연적 권리들을 도덕적으로 잘못된 것으로 보았다.[287]

그의 이성은 역사 속에서 특정한 제도를 만들고, 해체하고 또 다른 제도를 만드는 변증법적 과정을 통해 자신의 목적을 실현해 간다. 변증법은 일반적으로 [정-반-합]의 3단계 인식 방법으로 알려져 있다. 헤겔의 변증법은 형식 해체적 논리 체계이다. 그것은 전통적인 형식 논리학을 부정하고 있다. 형식 논리학에 따르면, 모든 사유는 [A는 非A가 아니다]라는 모순율에 따라야 한다. 그러나 헤겔의 변증법은 [A는 非A다]라고 말한다. 헤겔에 의하면, 모든 사물은 그 자체로 모순적이기 때문에, 모순은 피할 수 없을 뿐만 아니라 대단히 바람직하기도 하다.[288]

예를 들어, 분필은 희기도 하지만 길쭉하기도 하고 원통형 모양이기도 하다. 따라서 분필은 서로 모순되는 것들의 통합체이다. 이런 모순되는 성질들이 모여 분필이 되는 것이다. 우리가 분필을 인식할 때, 누군가 '분필은 희다'라는 명제를 먼저 제시한다면, 이 명제는 정립 명제These가 된다. 그러나 이 명제에 반대해서 다른 사람이 '분필은 길쭉하다'라는 명제를 제시한다면 이 명제는 반정립 명제Antithese가 된다. 분필은 서로 대립하는 두 명제를 모두 포함하고 있으므로, '분필은 희기도 하고 길쭉하기도 하다'라는 종합 명제Synthese로 통합된다. 종합 명제는 정립 명제와 반정립 명제를 모두 지양하면서도 보존함으로써 통일을 이룬다. 이 종합 명제에 대해 누군가가 분필은 원통형 모양을 하고 있다는 제3의 명제를 제시한다면 종합 명제는 다시 정립 명제가 되고, 제3의 명제는 반정립 명제가 되며 이 둘은 다시 지양되고 보존되면서 하나로 통일된다. 그런데 헤겔은 인간의 역사 속에서 이성이 실제로 변증법적인 운동을 하면서 자신을 실현해 간다고 주장했다. 헤겔에게서 변증법은 "인식의 형식일 뿐만 아니라 세계의 객관적인 형식이기도 하다."[289]

헤겔의 변증법에서 우리가 주목해야 하는 것은 모든 대립적인 것들의 동일성을 주장하는 동일성 철학philosophy of identity이다.[290] 모든 대립적인 것은 궁극적으로 동일한 것이다. 이러한 모순과 동일성의 변증법적 논리 속에서는 모든 것이 상대화된다. 거기서는 옳은 것과 그른 것을 구별하는 보편적인 기준이 존재하지 않는다. 선에 못지않게 악도 절대이성의 자기실현에 이바지한다. 선은 최고의 가치가 되지 못한다. 절대정신의 자기실현에 합치한다면 오히려 악이 선택될 수도 있다. 아니 반드시 악이 선택되어야만 한다. 그뿐만 아니라 변증법적으로 움직이는 인간의 역사에서 선은 악으로부터 나오며 악에 근거하지 않는 선이란 없다.[291] 밤이 새벽으로 가는 도중에 있는 것처럼 "악은 선으로 나아가는 도중"에 있다.[292]

헤겔은 다음과 같이 말했다. "세계는 그 성격에 있어서 개인적인 도덕 —개인의 양심과 그들의 특수한 의지와 행동 양식— 보다 더 고차적인 기반을 차지하고 있다. 정신의 절대적인 목적이 요구하고 성취하는 것과 신의 섭리가 행하는 것은 선악의 동기를 묻는 것을 초월한다. 따라서 옛날식의 옳음과 질서에 발을 붙이고 서 있는 사람이 주장하는 것은 살아 있는 정신과 신이 내동댕이쳐 버린 형식적 올바름이다."

헤겔의 변증법을 이처럼 길게 언급하는 것은 이것이 그대로 마르크스에게 적용되기 때문이다. 차이가 있다면 마르크스는 헤겔의 변증법적 정신운동을 유물론으로 뒤집어, 각 단계의 사회마다 발생하는 생산관계와 생산력 사이의 모순을 해결함으로써 사회가 변화되며 역사가 이행된다고 주장했을 뿐이다. 헤겔의 사상에서 절대정신의 자기실현이 개인의 도덕과 양심, 선과 악을 해체하고 초월해 있는 것처럼, 마르크스의 사상에서는 생산력의 지속적인 증대가 개인의 도덕과 양심, 선과 악을 해체하고 초월한다. 생산력의 지속적인 증대가 결국은 공산주의를 가져오는데, 공산주의 혁명을 위해서는 수단과 방법을 가리지 말아야 한다. 마르크스주의자들에게 도덕은 존재하지 않는다. 이것은 이미 해체로서의 해방 관념에서 자세하게 다룬 바 있다.

헤겔과 마르크스로 이어지는 법칙적인 역사주의 외에 독일 지성사에는 개체를 강조하는 또 다른 역사주의가 존재한다. 이 흐름을 독일 역사학파라고 부른다. 이것은 1장에서 루터의 사상을 언급하면서 간단하게 소개하였다. 독일에서는 시민 혁명의 근거가 되는 자연법 사상을 해체하기 위해 주로 역사를 강조하는 전통들을 발전시켰다. 개체를 강조하는 역사주의도 신적 무한성을 실현하려는 헤겔·마르크스와 기본 정신을 공유하고 있지만, 헤겔과 마르크스가 역사의 필연적인 변증법적 법칙을 강조한 것과 달리 역사의 우연성과 비합리성을 강조하였다. 이 역사주의는 낭만주의의 개체 사상과 연결되어 있다. 텐브룩에 의하면, "낭만주의는 […] 그 어떤 객관적 한계(형식)도 인간에게 두어서는 안 된다는 절대적 자유를 선언했다. […] 인간의 유일한 정의는 무한한 것을 추구하는 존재라는 것이다."[293] 인간의 자유에 대해 이러한 견해를 갖고 있었던 낭만주의자들은 형식을 생명력이 없는 것으로 간주하였다. 하우저A. Hauser는 낭만주의자들의 이와 같은 태도를 다음과 같이 지적하였다.

> [낭만주의자들은] 모든 확실하고 결정된 것(즉 형식)이란 무한한 생성과 영원한 변화 및 삶의 역동성과 생산성을 특징으로 하는 충족 안 된 열린 가능성보다 원래가 더 무가치한 것으로 생각하였다. 일체의 확고한 형상, 일체의 명백한 생각과 확실한 표현들은 그들에게 있어 죽은 것처럼 생각되었[다].[294]

그들에 의하면, 모든 유한한 형식은 무한성에 대한 동경을 통해 파괴·극복되어야 할 대상이었다. 이러한 형식 해체적 태도는 "의식적·지적 방랑"[295]으로 표현되기도 한다. 이 방랑 과정에는 법칙도, 규정도, 형식도, 완성도 존재하지 않고 무한성을 향한 영원히 생성하는 동경만이 존재할 뿐이다. 슐레겔F. Schlegel은 이러한 상태를 전진하는 우주의 시로 표현했다.[296]

낭만주의의 형식 해체적 자유는 보편적 규범을 상정하는 자연법적 사고와 대립하는 것이다. 슐라이어마허는 자연법이 인간 생활을 획일적인 도덕적 틀에 한정시키고 있다고 비판하였는데[297] 이것은 낭만주의의 반자연법적 정서를 대변하는 것이라고 할 수 있다. 낭만주의자들에게 자연법은 죽은 형식에 불과한 것이었다.

역사 연구에 있어서 이러한 낭만주의적 자유는 개체個體 사상으로 표현되고 있다. 개체 사상은 역사를 끊임없는 생성과 변전의 장으로 보고, 역사 속에서는 모든 것이 일회적이고 비반복적이며 그 자체로 고유한 가치를 가진다는 사상이다.[298] 그러므로 개체 사상은 자연히 사건들의 다양성과 이질성, 역사의 맹목성과 우연성, 역사 발전의 부정 등을 강조하게 된다. 이러한 견해는 "모든 시대는 신에 직결된다"[299]라는 독일 역사학자 랑케L. Ranke의 말이나 "모든 사건은 영원에 참여한다"[300]라는 부르크하르트J. Burchhart의 말과 일치된다고 하겠다. 따라서 개체 사상은 정태적인 합리적 세계질서를 상정하는 자연법적 사상과 갈등을 일으킬 수밖에 없다.[301] 개체 사상을 강조하는 낭만주의적 역사주의는 훗날 신칸트 학파를 통해 베버의 사상에 많은 영향을 주게 된다.

8) 과거의 공동체에 대한 동경

마르크스는 근대 시민사회를 공산주의 단계에 의해 대치될 역사의 한 단계로 상대화시켰다. 그의 역사적 시각은 역설적으로 과거의 공동체적 삶에 대한 동경과 관계가 있다. 물론 마르크스는 과거의 삶을 이상화하고 되돌아가려고 했던 사람들과는 달리, 이상 사회를 미래에 설정하였다. 실제로 그는 필연적 역사법칙에 따라 인간의 이상 사회가 곧 도래하리라고 예언했다. 그러나 그가 그리고 있는 이상 사회의 모습은 낭만적인 유유자적과 감정적인 일체감이 혼합된 중세의 공동체적인 삶에 대한 향수를 담고 있는 것처럼 보인다. 이하에서 이 같은 역설에 대해 간단하게 살펴보기로 한다.

무엇보다 먼저 언급되어야 할 한 가지 사실은 마르크스가 촌락 공동체의 목가적인 삶의 모습을 다음과 같이 비판했다는 것이다.

> 저 근면하고 소중한, 그리고 악의 없는 수많은 사회 조직체들이 그 단위들로 해체되고 분해되어 재앙 속으로 빠져들게 되고, 동시에 그 구성원들이 고대적 형태의 문명과 전래의 생계 수단을 상실해 가는 것을 목격하는 것은 매우 가슴 아픈 일이긴 하지만, 이 목가적인 촌락 공동체들은 비록 외면적으로는 악의 없게 보이지만 언제나 동양적 전제주의의 굳건한 기초가 되어 왔고, 그리하여 인간을 최소한의 범위 속에 가두어 놓고 미신에 저항할 수 없게 만들고 전통적 규범에 예속시켜 놓았으며, 인간의 정신으로부터 위대함과 역사적 에너지를 빼앗아 오고 있었음을 잊어서는 안 된다. [⋯] 또한, 환경에 대한 지배는커녕 인간을 외부적 환경에 예속시켰고, 자기 전개적인 사회 상태를 절대 불변의 자연적 운명으로 바꾸어 놓았던 신분 차별과 노예제에 의해 이 조그만 공동체들이 오염되어 있었음을 잊어서는 안 된다.[302]

마르크스는 중세의 목가적인 삶이 가족, 직업 유형, 신분, 길드 등 다양한 질곡에 의해 억압당하고 있었다는 사실을 잘 알고 있었다.[303] 때문에, 그는 이 다양한 질곡들을 "역사의 쓰레기통 속으로 쓸어 넣은 프랑스 대혁명의 〈거대한 폭풍우〉에 대해 긍정적으로 언급"하였다.[304] 그러나 그가 중세의 공동체적인 삶 자체를 부정했다기보다는 그것을 억압하고 있던 다양한 질곡들을 부정했다고 보는 편이 더 합당하다. 이것은 자본주의에 대한 그의 양면적인 태도에서 잘 나타난다. 그는 엥겔스와 함께 쓴 『공산당 선언』에서 모든 질곡을 타파하고 세계를 하나로 만드는 자본주의 생산력의 혁명적인 힘에 다음과 같이 경탄했다.

> 부르주아지는 역사에서 극히 혁명적인 역할을 하였다. 부르주아지는 자기들이 지배권을 획득한 곳에서는 어디서나 일체의 봉건적, 가부장적, 목가적 관계를 파괴하여 버렸다. 부르주아지는 타고난 상전들에 사람을 얽매어 놓고 있던 가지가지의 봉건적 기반을 무자비하게 토막토막 끊어 버렸다.[305]

> 자기 생산물의 판로를 부단히 확장하려는 요구는 부르주아지로 하여금 전 지구상을 뛰어다니게 한다. [⋯] 부르주아지는 세계 시장을 개발함으로써 모든 나라의 생산과 소비를 세계적인 것으로 만들었다. [⋯] 민족적 일면성과 제한성은 더욱 불가능하게 되고 허다한 민족적, 지방적 문학으로부터 하나의 세계문학이 형성된다.[306]

그러나 그는 자본주의가 중세의 공동체적인 삶 자체를 파괴하는 것에 대해서는 분개했다.

> 이리하여 사람들 사이에는 다만 노골적인 이해관계와 냉혹한 현금 계산 외에는 다른 아무런 연관도 남지 않았다. 부르주아지는 종교적 광신, 무사적 열광, 시정배적 감상 등의 성스러운 감격을 얼음과 같이 차디찬 이기주의적 타산의 물속에 담가 버렸다. 부르주아지는 사람의 인격적 가치를 교환가치로 전환시켰으며 특허장에 의하여 보장되었거나 제힘으로 얻은 무수한 자유 대신에 단 하나의 파렴치한 상업의 자유를 내세웠다. [⋯] 부르주아지는 지금까지 영예로운 것으로 생각되어 왔고 경건한 마음으로 보아 오던 일체의 활동으로부터 그 신성한 후광을 박탈하였다. [⋯] 부르주아지는 가족관계로부터 감정적이며 감상적인 외피를 벗겨 버리고 가족관계를 순전한 금전관계로 만들어 버렸다.[307]

마르크스와 평생 함께 작업하면서 『공산당 선언』도 함께 작성한 엥겔스는 "봉건 생활을 편안하고 평화스러운 것으로" 이상화하면서, 촌락 공동체를 "아이들이 전원에서 순박하게 자라고 놀이친구들과 친하게 성장하고 있는 안정된 가부장적 사회"로 묘사했다.[308] 마르크스의 이 두 가지 경향을 종합해 보면, 그의 이상 사회는 자본주의의 놀라운 생산력과 중세의 공동체적인 삶을 결합한 기묘한 형태를 가졌다고 볼 수 있다. 그것은 감정적 일체감을 통해 영위되던 과거의 공동체적 삶의 양식과 아주 비슷한, 미분화된 통일체로서의 인류 사회 공동체인 것처럼 보인다. 이를 통해 우리는 마르크스가 추구한 신적 무한성이 무제약적 자유와 미분화된 합일 공동체의 결합물이라는 사실을 다시 한번 확인할 수 있다.

2
독일 문화 전통과 베버 사상

마르크스 사상과 마찬가지로, 베버의 사상도 독일 문화 전통의 반이성주의·실존주의를 계승하면서, 인간을 신적 무한성을 누리는 존재로 보았다. 반복되지만, 신적 무한성을 누린다는 말은 개개 인간의 자아가 신처럼 무제약적 자유를 누리면서도 다른 자아들과 하나의 공동체를 이루는 '무제약적 주체들의 합일 공동체'를 이룬다는 뜻이다.

일부에서는 베버의 사상이 통일성 있는 이론 체계를 갖추지 못했다는 의견도 있다. 마르크스와 달리 베버의 사상은 복잡하고 다양해서 산뜻한 그림을 그리기가 어렵다는 것이다. 베버는 문제를 접할 때 여러 각도에서 바라보았으며, 어떠한 체계도 제시하지 않았다. 그의 사상에는 몇 개의 근본적인 개념들이나 가정들에 근거해 있는 통일된 이론적 "구조"가 존재하지 않는다. 베버를 이런 식으로 이해하는 사람들은 같은 맥락에서 베버가 몸소 마르크스 사상이 안고 있는 "과도한 단순화"를 경고하였다고 말한다.[309] 베버 연구가인 안드레스키s. Andreski는 이러한 사실 때문에 베버가 자신의 작업을 계승하는 학파나 제자들을 남기지 못하였다고 하였다.

하지만 나는 그렇게 생각하지 않는다. 나는 그의 사상이 고도의 통일성을 이루고 있으므로 논리적으로 일관성 있게 체계화하는 것이 가능하다고 주장한다. 이러한 주장을 강력히 지지하고 요청하는 요소가 베버의 "인격Persönlichkeit" 개념이다. Persönlichkeit는 개성으로 번역되기도 한다. 베버의 사상에서 인격은 개성을 통해 표현되기 때문에 인격=개성의 등식이 성립될 수 있다. 베버에게 "[개개의] 인간은 세계에 대해 의도적인 태도를 취하고 그것에 의미를 부여하는 능력과 의지를 가진 문화적 존재"[310]인 동시에 "일정한 궁극적인 가치 및 삶의 의의에 대한 내적 관계의 항상성에 도달할 수 있는 능력"을 가진 "이성적 존재"이다.[311] 이 말은 인간의 행위가 자연의 사건처럼 일어나는 것이 아니라 "의식적으로" 행해진다는 것을 의미한다. 이처럼 문화적 존재인 동시에 이성적 존재인 인간에 있어서 가장 중요한 것은 주관적으로 선택한 궁극적 가치와 삶의 의미에 대해 "의식적인 항상성"과 "내적 무모순성"을 성취하는 것이다.[312] 베버는 이것을 "인격"이라고 불렀다. 인간 행위자는 인격을 성취하기 위해서 무의식적이고 반사적으로 행동해서는 안 되며, 기질, 기분, 감정 등을 통제해 일관성을 유지할 수 있어야 한다.[313] 베버 사상에서 인격의 성취는 최고의 도덕적 명령이다.

인격의 이러한 중요성을 고려해 볼 때 베버의 저작들은 그 자신이 선택한 궁극적 가치를 중심으로 일관성 있는 통일체를 구성하기 위한 의식적인 노력의 산물이라고 할 수 있다. 만약 그의 지적 산물들이 이처럼 통일체를 구성하고 있지 않다면 베버는 인격이 되는 데 실패한 셈이 된다. 본 연구는 베버의 저작들이 나타내는 다양하고 복잡한 외양보다는 그의 인격 개념에 더 비중을 두기로 한다. 참고로 소개하면, 헨리히D. Henrich는 "막스 베버의 윤리학은 그의 방법론과 동일한 원리에서 이해되어야 하며, 그 원리에서 과학론의 통일성이 수립되어야 한다"[314]고 주장한 반면, 비담D. Beetham은 베버의 사회학이 그의 정치적 관심과 따로 떨어져 이해되어야 한다고 주장했다.[315] 나는 헨리히의 입장이 더 타당하다고 생각한다. 베버의 저작들에 대한 총체적인 논평에서 안드레스키는 베버가 신경쇠약으로 어려움을 겪었음에도 감정을 잘 통제하여 건전한 분석과 냉정한 용어를 사용하고 있다는 사실에 감동했다고 고백한 바 있는데, 이러한 사실은 '인격'을 성취하기 위한 베버의 고도의 의식적인 노력의 결과로 해석될 수 있다. 베버의 모든 저작은 절대적인 주관적 결단(무제약적 자유)에 따라 독일 민족을 자신의 신(궁극적인 가치)으로 선택하고, 이 신이 가장 강력한 신이 되는 방법을 제시하는 것을 목표로 한 것이라고 할 수 있다.

베버의 저작들은 두 가지 요소에 의해 크게 영향을 받았다. 하나는 프로이센에 의해 통일된 독일이 강력한 민족주의를 바탕으로 급속한 경제발전을 이루면서 유럽의 패권 국가로 등장하고 있었다는 것이고, 다른 하나는 유럽에서 공산주의 혁명을 추구하는 마르크스주의가 크게 위력을 떨치고 있었다는 것이다. 이런 상황에서 베버는 마르크스주의를 비판하면서 독일 민족의 문화적 위대성을 성취할 방법을 모색하였다.

1) 인간론

베버의 사상에 대한 고찰도 인간론에서 시작하기로 하자. 베버의 인간론은, "우리(개개의 인간을 의미함)는 세계에 대해 의도적인 태도를 취하고 그것에 의미를 부여하는 능력과 의지를 가진"[316] 존재라는 선언 속에 잘 함축되어 있다. 의미를 부여하는 실존적 주체로서의 개인은 베버 사상의 알파와 오메가이다. 이러한 이유로 베버에게 인격은 곧 개성이 되는 것이다. 의미부여 주체로서의 개인은 모든 사람이 공유하는 보편적 인격을 가진 존재가 아니라 그 자신만의 독특한 개성적 특질을 갖는 인격의 소유자이다. 이런 점에서 베버는 헤겔과 마르크스의 역사법칙적 역사주의에 대립하는, 독일 낭만주의의 '개체 사상'을 이어받은 역사주의에 속한다.

그에 의하면, "문화는 무의미한 무한한 세계 과정 중에서 인간 존재들(개개의 존재들을 말함)이 의미와 중요성을 부여하는 부분이다."[317] 주관적인 의미가 부여되지 않은 문화적 대상들(인간도 포함)은 무의미하다는 점에서 존재하지 않는 것과 마찬가지다. 베버에게는 "의미가 인간 행위를 규정하는 요소가 된다."[318] 어떤 것이 의미 있을 때만 그것은 가치를 가진다. 의미가 없다는 것은 가치가 없다는 것이고, 가치가 없다는 것은 존재하지 않는 것과 같은 것이다. 이런 점에서 베버에게 개인은 자신의 개성으로 의미를 창조하는 신처럼 무제약적인 존재이다. 이것은 루터가 '개인의 믿음'이라는 주관적 의미부여를 통해 무한한 신과 합일하는 효력을 얻는 것과 크게 다르지 않다. 하지만 합리화되어 신이 존재하지 않는 세상에서는 개인의 믿음이라는 거추장스러운 중재물을 거칠 필요가 없이, 개인이 바로 의미를 부여하는 무제약적 주체가 된다. 베버의 사상에서 매우 중요한 가치중립성론, 합리화론, 과학론은 모두 무제약적인 의미부여 주체로서의 개인이라는 인간론과 밀접한 관련이 있다.

베버의 이러한 인간론은 인간의 자아를 본질적 자아와 현상적 자아로 구분하고 본질적 자아를 참된 자아로 규정하는 독일 전통의 진부한 방식과 연결되어 있다. 아래에서 살펴볼 가치중립성(가치 자유), 합리화론, 과학론, 반反자연법적인 특수주의, 문화적 존재로서의 인간은 모두 베버의 인간론 속에서만 이해할 수 있다.

2) 가치중립성:
본질적 자아의 절대적 주관화를 위한 논리적 정당화

먼저 베버 사회학에서 인간론 다음으로 중요한 가치중립성(가치 자유)에 대한 논의부터 시작하자. 가치중립성은 그의 인간론의 직접적인 논리적 결과물이라고 할 수 있다. 가치중립성은 독일어로 Wertfreiheit인데, 영어로는 value-neutrality 또는 value-free로 번역된다. 가치중립성은 다음의 다섯 가지 항목으로 요약된다.

사실과 가치의 엄격한 분리

베버의 가치중립성 논의에서 무엇보다 먼저 강조되어야 할 것은 사실(판단)과 가치(판단)가 근본적으로 분리되어야 한다는 것이다. 그는 "경험적 사실의 확립(사실 판단)과 이러한 사실에 대한 평가(가치판단)는 무조건 분리되어야 한다. 이 둘은 논리적으로 다른 것이다. 이들을 마치 동일한 것처럼 취급한다면 그것은 이질적인 문제들을 혼동하는 것이다"[319]라고 말했다. 베버가 말하는 가치판단에는 윤리적·도덕적 판단도 포함된다.

사실판단과 가치판단은 근본적으로 다른 영역에 속한다. 사실판단은 객관적인 경험의 영역에 속하므로 진위를 가릴 수 있는 반면에, 가치판단은 주관적인 영역에 속하므로 진위를 가릴 수 없는 것이다. 따라서 베버는 사실에 대한 탐구로부터는 가치가 도출될 수 없다[320]고 주장했다. 간단한 예를 들면, '지금 비가 오고 있다'라는 사실판단으로부터 '비옷을 입고 가야 한다'라거나 '우산을 가져가야 한다'와 같은 가치판단을 제시해서는 안 된다는 것이다. 어떤 행위를 선택하는지는 오로지 행위자의 주관적 가치에 달려 있다.

사실은 가치의 도구

베버는 사실과 가치의 관계를 수단-목적의 관계로 보았다. 목적의 선택은 주관적 가치와 결단의 영역이므로 경험적 사실에 근거해서 결정될 수 없다. 일단 목적이 주어질 때, 효과적으로 달성하기 위한 가장 적합한 수단을 선택하는 것만이 경험적 사실에 근거해서 결정될 수 있다.[321] 따라서 그는 한편에서 목적과 가치의 영역을, 그리고 다른 한편에서 수단과 사실의 영역을 설정하였다. 이것은 수단-목적의 관계에서, 가치는 목적의 역할을 행하고, 사실은 수단의 역할을 행한다는 것을 의미한다. 또한, 객관적 사실 영역이 주관적 가치 영역의 수단이 된다는 것을 의미한다.

베버는 과학이 사실의 문제만을 취급할 수 있다고 강조하였다. 그는 "엄격히 경험 과학인 사회과학이 개인에게 [가치 또는 목적] 선택의 어려움을 덜어 주려고 하는 것은 부적당하다. 그러므로 그것은 그렇게 할 수 있다는 인상을 불러일으켜서는 안 된다"[322]고 말하였다. 즉 경험적인 분석[과학]은 목적이 명백하게 주어져 있고 그것의 실현에 적합한 수단이 문제시되는 곳에서만 해결책을 제공할 수 있다는 것이다.[323] 이것은 과학이 수단에 불과하다는 것을 의미한다.

가치중립성에 나타나는 이 같은 논의를 코저 L. Coser가 "윤리적 중립성 ethical neutrality"이라고 부른 개념과 혼동하지 말아야 한다. 윤리적 중립성이란 과학적 작업 '과정'에서 요청되는 것으로, "사회과학자가 […] 자료가 나타내는 바에 복종하고 따라야"[324] 하며 자신의 결론을 지지하기 위해 자료를 조작해서는 안 된다는 것을 의미한다. 이에 반해 가치중립성은 '과학은 사실의 문제만 취급할 수 있다'라는 과학 작업 그 자체의 근본적인 한계에 관련된 논의이다. 사실을 다루는 과학은 그 자체로는 의미가 없고, 연구자의 주관적 가치와 연관될 때 비로소 그 가치의 부속물로, 즉 수단으로만 가치를 가진다.

여기서 실증주의자와 베버의 차이점이 뚜렷이 드러난다. 실증주의자와 베버는 모두 사실과 가치를 엄격히 구분하지만, 그 의미는 서로 다르다. 실증주의자는 검증 가능한 객관적 사실만을 의미 있는 것으로 보고, 검증 불가능한 행위자의 주관적 가치는 무의미한 것으로 여긴다. 이와 반대로 베버는 주관적인 가치만이 의미 있는 것이며, 객관적인 사실은 그 자체로는 무의미할 뿐만 아니라 행위자의 주관적인 가치에 따라 언제든지 재구성될 수 있는 수단적인 요소에 불과하다고 본다. 이러한 맥락에서 베버는 과학의 도구적 역할을 주장했다.

이성의 도구적 역할

베버는 과학의 수단적인 지위를 이성의 일반 능력에까지 확대 적용한다. 이성은 어떤 원리가 행위의 기초가 되어야 하는가에 대해서는 결코 탐구할 수 없다.[325] 과학과 마찬가지로 이성은 객관적인 경험적 사실만을 취급할 수 있을 뿐이다. 따라서 이성의 능력은 주관적 가치나 목적에 부합되는 수단 역할을 수행하는 데 한정된다. 베버는 이성적 논의를 통해 서로 다른 가치들 사이의 화해나 합리적 조정은 불가능하다고 보았다. 가치는 이성이 취급할 수 있는 영역이 아니다.

구속력 있는, 객관적으로 타당한 가치의 부정

그렇다면 베버에게 가치 선택은 어떻게 이루어지는가? 바로 의미 부여 주체인 개인의 주관적 결단에서 이루어진다. 개인의 가치 선택을 구속할 수 있는 객관적으로 타당한 가치는 절대적으로 존재하지 않는다. 베버는 개인의 자유와 평등, 인권 보장의 토대가 되는 자연법과 같은 현대문명사회의 보편적 규범을 전혀 인정하지 않았다. 베버의 가치론은 결단주의에 속한다. 결단주의는 주체적 자아의 결단이 "무와 혼돈으로부터 모든 규범과 질서를 만들어 내는 절대의 근원이며, 이를 구속하는 것은 아무것도 없다는 법철학상의 학설"[326]이다. 따라서 가치중립성은 가치 자유이다. 가치는 주관적인 평가와 결단에 속하므로 외부의 어떤 것에도 구속될 수 없다.

이처럼 가치중립성은 가치와 사실을 엄격히 분리하고 객관적 사실을 주관적 가치의 도구로 보는 이원론에 근거하고 있는데, 이는 인간의 자아를 질적으로 차원이 다른 본질적 자아와 현상적 자아로 구분하는 독일적 전통의 이원론적 자아관과 밀접한 관련이 있다. 가치중립성에 나타난 이원론을 칸트 철학의 이원론과 비교해 보는 것은 이러한 관련성을 명확하게 이해하는 데 도움이 된다.

베버의 주관주의적 가치론과 칸트의 도덕철학

베버의 가치중립성은 여러 가지 면에서 칸트 철학과 유사하다. 칸트는 현상계와 본체계(물자체의 세계)라는 두 개의 세계를 상정하였다. 현상계는 과학적 분석이 가능한 경험적 지식의 영역인 데 반해, 본체계는 인식이 불가능하므로 그것에 대한 지식을 획득할 수 없는 영역이다. 칸트는 본체계를 인식의 영역이 아니라 도덕적 실천의 영역으로 간주했다. 이러한 구분을 근거로 그는 현상적 자아와 본질적 자아(또는 본체적 자아)를 구분하였다. 현상적 자아는 경험적 지식을 추구하는 수단적 자아이며, 본질적 자아는 도덕적 실천을 담당하면서 정언명령을 발하는 목적적 자아이다. 따라서 현상적 자아는 본질적 자아의 도구가 된다. 칸트와 베버 사이에는 다음과 같은 공통점이 있다.

① 칸트가 세계를 본체계와 현상계로 구분한 것같이 베버도 세계를 가치의 세계와 사실의 세계로 구분하였다.

② 칸트가 객관적 경험 세계를 현상계로 보고 오직 주체 속에서만

확인될 수 있는 세계를 본체계로 본 것같이, 베버도 모든 객관적인 경험 세계를 사실의 세계로 보고, 가치의 세계를 주체 속에서만 확인될 수 있는 것으로 보았다.

③ 칸트가 본체계를 목적의 영역으로, 현상계를 그것에 종속되는 수단의 영역으로 본 것처럼, 베버 또한 가치를 목적의 영역으로, 사실을 가치의 수단적 영역으로 보았다. 이상과 같이 정리해 보면, 도덕적 실천 영역인 칸트의 '본체계'가 베버에게서 주관적 '가치 영역'으로 바뀌었다는 것 외에는 큰 차이가 없다. 표로 나타내면 다음과 같다.

칸트	
본질적 자아	현상적 자아
사물 자체의 본체계	인식 주체에 의해 구성되는 현상계
주체의 내면세계	외면적인 물리 세계
보편적인 도덕적 정언명령	필연적인 인과법칙
목적의 왕국	수단의 왕국

베버	
본질적 자아	현상적 자아
의미와 가치의 세계	사실의 세계
주체의 내면세계	객관적인 경험 세계
결단의 영역(주관의 절대화)	인과관계 영역
목적의 세계	수단의 세계

물론 칸트의 보편적 정언명령과 베버의 주관적 가치는 그 개념이 아주 다르다. 베버의 가치 영역은 칸트의 본체계보다 훨씬 더 주관화되었다. 서유럽에서 계몽주의가 번성할 때 활동했던 칸트에게는 자연법 사상의 특성인 보편타당한 객관적 규범을 강조하는 흔적이 남아 있었다. 말하자면, 칸트의 본질적 자아는 보편타당한 법칙인 정언명령에 의무감으로 복종하는 자아였다. 칸트의 정언명령이 순수 실천이성의 명령이라서 자연법처럼 육체를 갖고 살아가는 현실 세계에 적용될 수 있는 것은 아니었지만 그래도 객관적인 보편적 규범의 형식을 취하고 있기는 하다. 그러나 자연법 사상에 토대를 둔 "계몽주의의 장밋빛 색조가 회복 불가능한 정도로 시들어 버린"[327] 시대에 살았던 베버는, 칸트가 본질적 자아 속에 남겨 두고자 했던 이러한 보편적 규범의 흔적마저 지워 버렸다. 베버의 본질적 자아가 담당하는 가치는 절대적으로 주관화되어서 객관성과 보편성을 완전히 파괴하는 것이었다.

베버의 주관주의적 가치론과 리케르트의 초주관적 가치

베버는 칸트 철학을 계승한 신칸트 학파 철학자인 리케르트H. Rickert로부터 많은 영향을 받았다. 신칸트 학파는 자유의 영역이며 도덕법칙의 영역인 칸트의 본체계를 문화로 대체하였다.[328] 그 결과 필연적인 인과관계 영역을 탐구하는 자연과학(현상계)과 자유의 영역을 탐구하는 문화과학(본체계)이 엄격히 구별되었다. 칸트가 인간의 자유를 본체계에 한정했듯이, 신칸트 학파는 인간의 자유를 문화 속에 한정했다. 신칸트 학파의 문화과학 논리에 의하면, 현상계의 자연법에 토대를 둔 시민적 자유는 물질문명과 관련된 하등한 자유이며, 본체계의 정신문화 속에서 이루어지는 형이상학적 가치 추구의 자유가 바로 참된 자유이다. 1장에서 논한 현대문명의 여러 혁명들을 겪은 영국과 프랑스에서는 문명을 긍정적인 개념으로 사용했으나, 후진국이었던 독일에서는 문명을 물질적 차원으로 비하하고, 문화를 정신적인 차원으로 찬양하면서 독일 문화의 우월성에 자부심을 드러내는 전통이 형성되어 있었다. 리케르트에게서도 이러한 특징이 드러난다.

> 리케르트는 초월적·이상적 가치 이론을 발전시키고, 바로 그 토대 위에 광범위한 가치 체계를 구축하며, 또한 바로 이를 통해서 문화과학으로 하여금 전래적인 정신적이고 이상적인 문화가 물질적이고 경제적인 것에 의하여 타락하고 파괴되는 것을 방지하고 이를 보존할 수 있는 개념적·이론적 근거와 능력을 부과하는 것을 철학의 가장 중요하고 근본적인 임무로 설정한다.[329]

리케르트에게 초월적·이상적 가치는 (민족) 문화 속에 객관적인 형태로 존재한다. 문화는 "보편적으로 인정된 가치와 이것에 의해 구성된 의미구조물이 결부되고 바로 이러한 가치에 준거해 돌보는 실제적인 대상들의 총합"[330]이다. 문화 속에 존재하는 객관적 가치는 개인의 주관적 가치를 초월해 "초개체적이고 초시간적인 타당성"[331]을 지니는 "형이상학적이며, 규범적인 가치"[332]였다. 그러나 "인간은 세계에 대해 의도적인 태도를 취하고 그것에 의미를 부여하는 능력과 의지를 가진"[333] 존재라는 사실을 문화과학의 선험적 전제로 보는 베버는 객관적 가치가 주관적 가치를 초월한다는 주장을 받아들일 수 없었다.

베버에게 가치는 객관적으로 주어지는 것이 아니라 "개인이 주관적으로 어느 가치가 자신의 삶과 행위에서 중요하다고 표상하기 때문에 그 가치가 의미 있[334]게 되는 것이다.

베버는 리케르트가 말하는 형이상학적 가치들이 인정되면 "칸트로부터 [절대정신이라는 형이상학적 실체를 상정하는] 헤겔[335]로 변질하고 말 것이며, 그렇게 되면 문화과학과 사회과학은 경험적인 토대를 갖지 못해 사라질 것이라고 보았다.[336] 그렇다고 베버가 리케르트의 초주관적·형이상학적 가치론에 포함된 민족 지상주의를 부정한 것은 아니다. 베버는 민족정신이라는 형이상학적인 가치를 습관적으로 수용하는 것이 아니라 자의식에 의한 주관적 결단으로 민족을 자신의 신으로 섬기는 새로운 민족 지상주의의 길을 개척했다고 할 수 있다.

베버의 주관주의적 가치론과 독일 낭만주의의 유기체론

리케르트의 객관적인 형이상학적 가치를 비판하는 동일한 논리가 독일 낭만주의의 유기체론에 대한 베버의 비판에도 그대로 적용될 수 있다. 독일 낭만주의자들은 민족을 성장하는 유기체와 같은 것으로 여기고 민족을 유일한 삶의 원리라고 주장했다.

독일 낭만주의 신학자 슐라이어마허는 인간은 민족성 안에서만 "스스로를 완전히 이해할 수" 있으며, 민족성 안에서만 인간은 "공통된 느낌과 공통된 이념으로 향할 수"[337] 있다고 고백했는데, 이는 낭만주의자들의 정서를 잘 대변하는 것이었다. 독일 낭만주의 문학가 슐레겔A. W. Schlegel(F. Schlegel의 형)도 "모든 참된 창조적 시는 다만 한 민중

Volk의 내적 생활에서 […] 만 빚어 나올 수 있다."[338]고 하였으며, 또 다른 낭만주의자 아르님B. Arnim은 "너의 국민을 사랑과 죽음으로써 신뢰하면 그것이 신앙이요 행동으로 된다. […] 나는 국민을 존경하며 그 앞에 공손히 비천한 하인으로 종사하겠노라"[339]고 고백하였다.

낭만주의의 민족지상주의는 독일 역사학파의 개체 사상에 의해 이론적으로 더욱 세련되게 다듬어졌다. 개체 사상에 의하면, 자연현상과 인간현상(즉 역사 또는 문화)은 근본적으로 다르다. 전자는 법칙에 따라 일어나는 결정론의 영역이기 때문에 법칙정립적nomothetish 탐구가 가능하다. 그러나 후자는 자유 의지에 따라 일어나기 때문에 모든 것이 일회적이며 반복될 수 없다. 따라서 자연과학에서와 같은 법칙정립적 연구 방법이 적용될 수 없으며 개성기술적ideographisch 방법으로만 탐구할 수 있다.[340] 개성이란 원래 모든 개별적인 인간현상의 고유성과 특이성을 지칭하는 것이었지만 역사학파에서 그것은 민족 공동체적 개성을 의미하였다. 역사학파는 민족 국가를 "하나의 개성적인 총체"[341]로 보았다. 이러한 논리에 따르면, 인간에 관한 연구는 민족 국가를 단위로 해서만 가능하다. 역사학파의 중심인물인 랑케는 민족 국가에 대해 "독자적인 개성 […] 인간 정신의 독창적인 창조물 — 말하자면 신의 사상Gedanke Gottes"[342]이라고까지 표현했다.

베버와 방법론 논쟁을 한 독일 역사학파의 인물들은 독일 낭만주의의 개체 사상을 이어받아 민족(국가)이라는 개체를 최고의 유기체로 보면서 최상의 도덕적인 문화집단으로 보았다. 독일 역사학파는 민족이 "사람의 모든 목적과 이 목적들의 조화를 위해 추구해야 할 것을 제시하며, 이에 필요한 감정, 도덕, 규범 및 제도를 유발"[343]한다고 주장했다. 이러한 주장에서 역사학파는 강하게 가치판단을 요구하면서 "사회과학과 사회정책의 결합"[344]을 추구했다.

베버는 독일 낭만주의와 역사학파의 개체 사상을 받아들여 개체의 주관적 의지를 절대화했지만, 유기체 사상은 거부했다. 독일 낭만주의의 유기체 사상은 집단주의적 감정에 바탕을 둔 전통적인 민족주의이다. 베버는 민족주의를 철저하게 자의식을 통해 행해지는 주관적 의지의 결단에 근거하여 새롭게 재구성하려고 하였다. 2차 세계대전 이전의 독일에서는 마르크스주의자를 제외하고는 지식인들 사이에 가는 길이 달라도 목적지는 항상 민족지상주의였다는 것을 생각할 필요가 있다. 초록은 동색이기 때문이다. 베버가 개인의 주관적 의미 결단에 따라 어떻게 독일 민족 국가를 재구성하려고 하는지는 이 책의 3장에서 자세히 토론할 것이다.

3) 합리화론: 본질적 자아의 절대적 주관화를 위한 역사철학적 정당화

합리화의 의미

베버의 합리화론은 가치중립성과 밀접한 관련이 있다. 가치중립성이 본질적 자아의 절대적 주관화를 논리적으로 정당화하는 것이라면, 합리화는 그것을 정당화하는 베버의 역사철학이다. 베버는 합리화의 결과로 인간이 객관적으로 타당한 보편적 가치에 더는 속박될 필요가 없는 가치중립(가치 자유) 상황이 도래했다고 설명한다.

그럼 먼저 합리화가 무엇을 의미하는지부터 이해해 보자. 베버는 인간의 행위 유형을 도구 합리적인 행위, 가치 합리적 행위, 감정적 행위, 전통적 행위, 네 가지로 구분하였다.

① 도구 합리적 행위(목적 합리적 행위)는 외부에 존재하는 대상이나 다른 인간들의 행동에 대해 어떤 기대를 하고 이러한 기대를 행위자 자신이 가진 목적의 성공적인 달성을 위한 수단으로 사용하는 행위이다. 이 행위는 목적의 성공적인 달성이라는 결과를 가장 우선시하며, 이를 위해서라면 수단과 방법을 가리지 않는다. 따라서 이 행위에서는 행위에 영향을 끼치는 모든 인간적 변수와 자연적 변수를 예측하는 고도의 계산성, 장기적인 계획성, 자신의 감정의 좋고 싫음에 관계없이 행위를 수행하는 객관성이 중요시된다.

② 가치 합리적 행위는 윤리적이거나, 심미적이거나, 종교적인 가치의 절대성에 대한 의식적인 믿음을 갖고 수행되는 행위이다. 이 행위는 행위 목적의 성공적인 달성이라는 결과에는 전혀 관심 없고 오로지 절대적인 가치의 수행이라는 동기의 관점에서만 행해진다. "형제를 사랑하라"는 종교적 계명을 절대적인 가치로 여기는 사람이 길을 가다가 구걸하는 거지를 만났을 때, 그가 갖고 있던 1억 원을 선뜻 기부하는 행위를 예로 들 수 있다. 그 돈이 그 거지를 방탕하게 만들거나 타락시킬 수도 있겠지만, 그는 자신의 행위가 가져올 성공적인 결과에 대해서는 전혀 관심이 없고 오직 형제를 사랑하라는 가치를 수행하는 것에만 관심이 있다.

③ 전통적 행위는 오랫동안 실행됨으로써 습관화된 행위로, 습관적인 자극에 대한 자동적인 반응을 특징으로 한다. 습관적으로 익숙하게 된 일상적 행위의 대부분이 여기에 속한다.

④ 감정적 행위는 행위자의 감정 상태에 의해 결정된 행위로 어떤 예외적인 자극에 대한 통제되지 않은 반응을 특징으로 한다. 이 행위는 감정의 표출 자체가 목적이다.[345]

행위에 대한 네 가지 분류에 근거해서, 베버는 합리화를 도구 합리적 행위가 사회 전체로 제도화되는 상태로 본다. 하지만 여기서 주의할 점이 하나 있는데 베버가 합리화 개념을 보편적 용법과 특수한 용법 두 가지로 사용하고 있다는 것이다. 보편적 합리화는 문화 전체적인 수준에서 일어나는 과정이고, 특수한 합리화는 특정한 삶의 영역에서 질적으로 서로 다르게 진행되는 과정을 말한다.

합리화의 특수한 용법과 보편적 용법

지금 우리는 보편적 합리화 과정에 관심이 있지만, 특수한 합리화 과정에 대해 간단히 언급하면 다음과 같다. 인간의 삶에는 종교, 정치, 경제, 법률, 지식, 예술, 성 등과 같은 다양한 영역들이 존재하는데, 베버는 이들 각 영역이 다른 영역과 독립해서 서로 다른 정도로 합리화 과정을 겪을 수 있다고 보았다.[346] 따라서 어떤 나라(예를 들면, 청교도가 번성했던 영국과 미국)에서 종교와 경제 영역의 합리화가 더 많이 진행되었다면, 어떤 나라에서는(독일, 특히 프로이센의 경우) 법률의 합리화가 더 많이 진행된다. 나중에 보겠지만, 베버는 독일이 법률 영역의 합리화와 더불어 관료제화 정도가 가장 앞선 것에 대해 매우 자랑스럽게 생각했다. 또 어떤 나라는 다른 영역에서 합리화가 늦게 진행되었지만, 성性의 영역에서는 고도로 합리화가 진행될 수도 있을 것이다.

이 같은 특수한 합리화와 달리 보편적 합리화는 서구 문화 전체의 특징적인 근대화 과정을 지칭하는 것이다.[347] 베버는 인류의 역사를 보편적 합리화 과정으로 보았으며, 이 과정의 정점을 근대 서구의 시민사회 형성에서 발견하였다. 그는 중국, 인도, 그리고 고대 근동의 문화가 어째서 서구 문화를 특징짓는 합리화 과정을 채택하지 않았는가 하는 의문을 제기했다. 그는 다음과 같이 말했다.

> 근대 유럽의 문명을 계승한 우리는 인류의 보편적인 역사와 관련된 문제를 연구할 때 항상 다음과 같이 자문하지 않을 수 없다. 도대체 어떠한 사정들이 서로 어울려 서양 문명에서만 인류 전체에 **보편적** 의의와 가치를 가진 문화현상이 나타났는가?[348]

베버는 보편적 합리화론에서 근대 서구 사회의 보편적 가치가 부재한 상황을 "지식의 나무를 먹어 버린 시대의 운명"으로 표현하였다.[349] 이것은 그가 가치의 절대적 주관화를 역사 발전의 불가피한 과정으로 본다는 의미이다. 베버의 보편적 합리화론을 분석해 보면, 사실을 추구하는 현상적 자아와 가치를 추구하는 본질적 자아의 관계를 더욱 명확히 이해할 수 있다.

주지주의화 또는 탈주술화로서 합리화

그는 보편적 합리화를 주지주의화intellectualization 또는 탈주술화 demagification로 명명하면서, 그것을 계산할 수 없는 어떠한 주술적 힘도 존재하지 않으며, 원칙적으로 모든 것이 계산으로 정복될 수 있는 상태라고 보았다.[350] 합리화의 정도가 미미했던 시대의 야만인들 사이에는 주술적 힘이 존재했다.[351] 야만인들은 주술적 힘을 지배하거나 달래기 위해 "주술적인 수단"[352]을 사용했다. 베버는 이러한 상태를 "주술의 정원"이라고 불렀다. 이후 합리화된 근대 서구 사회에서는 기술과 계산이 주술을 대신하게 되었지만,[353] 베버는 합리화의 증대가 삶의 조건에 대한 지식을 증가시키지는 않는다고 하였다.

> 그것(합리화)은 [⋯] 우리들이 아메리카 인디언이나 호텐토트족보다 삶의 조건에 대해 더 많은 지식을 가지고 있다는 것을 의미하는가? 거의 그렇지 않다. 물리학자가 아니라면 전차를 타는 사람은 그것이 어떻게 작동하게 되었는지 알지 못한다. [⋯] 이에 비해 야만인은 그의 도구에 대해 훨씬 더 많이 안다. 비록 이 강당에 정치경제학을 전공하는 다수의 동료들이 앉아 있지만 나는 그들이 화폐 지출에 대한 다음과 같은 질문에 각자 다른 답변을 제시할 것이라고 단언한다: 어떻게 우리는 동일한 화폐로 어떤 것을 때로는 더 많이, 때로는 더 적게 살 수 있는가? 야만인은 그의 일용할 양식을 얻기 위해 무엇을 하는지, 그리고 그렇게 할 때 어느 기관이 그에게 양식을 공급하는지를 알고 있다.[354]

이처럼 합리화가 삶의 조건에 대한 지식의 증가와 무관하다면 이것은 무엇을 의미하는가? 베버는 합리화된 상태의 특징을 "원하기만 하면 언제라도 삶의 조건에 대한 지식을 배울 수 있다는 것을 알고 있는"[355] 상태라고 보았다. 이에 의하면, 야만 상태와 합리화된 상태 간의 차이는 단순히 지식의 양의 차이가 아니라 지식의 한계와 가능성에 관련된 질적인 차이라 할 수 있다. 야만 상태(탈주술화 이전의 상태)에서는 신비적 힘으로 인해 지식의 범위가 한정되어 있었다. 신비적 힘은 지식의 대상이 될 수 없기 때문이다. 그러나 신비적 힘이 전혀 존재하지 않는 합리화된 상태에서는 지식의 범위에 한계가 존재하지 않게 된다. 모든 것이 지식의 대상으로 될 수 있다.

합리화와 현상적 자아

세계 전체가 지식의 대상이 된 합리적 세계의 특성을 보다 명확하게 이해하기 위해서는 베버의 지식 개념에 주목할 필요가 있다. 베버에게 지식은 도구적인 성격을 갖고 있다. 그래서 지식의 중요한 기능을 "기술적 수단technical means"과 "계산"[356]이라고 소개하였다. 그의 지식 개념에 따르면, 생활 세계의 모든 것이 지식의 대상이 되어 합리적 사고에 의한 기술적 수단과 계산의 대상이 될 수 있다. 이러한 지식 개념은 앞에서 소개한 도구 합리적 행위의 정의와 잘 어울린다. 도구 합리적 행위가 사회 전체에 제도화된 사회에서 지식은 목적의 수행을 위해 매우 중요한 역할을 한다.

도구 합리적 행위가 지배하는 베버의 합리화된 세계는 합리적 의지가 지배하는 퇴니스의 이익 사회와 매우 유사하다. 베버의 도구 합리적 행위를 퇴니스의 합리적 의지의 인간과 비교해 보면 그 유사점을 확인할 수 있다.

> [합리적 의지의 인간은] 사물의 규칙적 또는 개연적 흐름에 대한 이용 가치를 가진 지식과 세상의 의견들, […] 그 자신의 권력에 대한 지식, 자신에게 적대적인 또는 우호적인 외부의 힘들에 대한 지식 전체를 의식consciousness한다. 이 같은 의식은 올바로 계산된다면 틀림없이 모든 동기와 평가의 근원이 된다. 그것은 계획적으로 사용하기에 적합한 획득 가능한 지식, 즉 자연과 인간의 통제control를 위한 이론과 방법을 의미한다. 의식적인 개인은 모든 불투명한 감정, 예감, 편견들을 경멸한다. 왜냐하면, 그러한 것들은 정확한 계산에 무가치하거나 미심쩍기 때문이다. 그는 오직 그의 계획들, 생활양식, 삶의 철학을 자신의 분명하고 명확한 인식conceptions에 따라 정돈하기를 원한다.[357]

결국, 베버의 합리화된 사회는 퇴니스의 이익 사회를 다른 용어로 표현한 것이라고 할 수 있다.[358] 수단적 적합성을 염두에 둔 퇴니스의 합리적 의지[359]가 독일 문화 전통의 현상적 자아에 근거한 것처럼[360] 베버의 도구 합리적 행위도 현상적 자아에 근거한 것이라고 할 수 있다. 이것은 베버의 합리화된 세계가, 현상적 자아에 의해 영위되는 삶의 세계로 나타난다는 것을 의미한다. 그러나 목적 없이 수단만 존재할 수는 없으므로 합리화된 세계에는 삶의 의미에 근거해 목적을 추구하는 또 다른 자아가 필요하다. 그것이 본질적 자아이다.

합리화와 본질적 자아

베버는 시민사회처럼 개인들이 서로를 수단으로 보는 합리화된 사회에서는 모든 개인들에게 "객관적으로 구속력이 있는 의미"[361]는 존재할 수 없다고 보았다. 그 이유는 객관적으로 타당한 의미의 근거였던 종교가, 합리화된 사회에서는 더는 그러한 기능을 수행할 수 없기 때문이다.[362] 따라서 합리화된 사회는 "세계의 의미meaning of universe"에 대해 아무것도 말할 수 없는 사회이다."[363]

베버는 의미라는 개념을 가치와 목적을 포괄하는 개념으로 사용하고 있다. 그에게는 어떤 것이 의미 있을 때만 그것은 가치 있고, 목적이 될 수 있으며, 윤리적인 기능을 수행할 수 있다. 그러므로 합리화된 세계가 무의미한 세계라면 그것은 또한 무가치·무목적·무윤리의 세계가 된다. 그러나 가치는 없고 사실만 존재하는 삶, 그리고 목적이 없고 수단만 존재하는 삶, 윤리가 존재하지 않는 삶은 생각할 수 없다. 그래서 베버는 개인의 주관 '안'에 삶의 의미가 존재할 수 있는 공간을 확보하고자 하였다. 그는 다음과 같이 말했다.

> 개인a person은 그의 환상을 잃어버렸다. 그 결과 그는 그 자신이 객관적으로 무의미하고 지극히 냉정하게 되어 버린 세계 속에 놓여 있다는 것을 발견한다. 이제 사물들의 의미와 실재에 대한 인간의 관계는 근본적으로 개인의 문제이다. 따라서 개인은 **의미를 창조하도록**(저자에 의한 강조) 강요된다.[364]

베버는 또한 합리화된 세계에서는 "궁극적이고 숭고한 가치들이 공적인public 관계로부터 자취를 감추었다"라고 말했다.[365] 따라서 모든 개개인은 스스로 자신의 의미를 창조해야 한다. 개개인의 의미 창조를 위해서는 개인 속에 수단적 지식을 추구하는 현상적 자아와 근본적으로 다른 '또 하나의 자아'가 필요한데, 이 자아가 본질적 자아이다. 그런데 베버에게는 본질적 자아가 스스로 창조한 의미에 따라 삶의 목적과 가치를 제시하는 참된 자아에 국한된다. 세계가 합리화되어서 수단적 지식을 취급하는 현상적 자아의 활동 범위가 크게 확대되었지만, 그럼에도 불구하고, 현상적 자아는 여전히 본질적 자아의 수단에 불과했던 것이다.

탈주술화 과정과 현세적 금욕주의의 출현

베버는 서구에서 일어난 보편적 합리화 과정을 고대 유대교에서 출발해 중세 가톨릭을 거쳐 근대 칼뱅주의에서 정점에 달한 종교의 탈주술화 과정으로 설명했다. 서구 종교의 기초가 된 유대교는 처음부터 온갖 형태의 비합리적인 주술적 구제 방식을 철저히 거부한 고도의 합리적인 종교 윤리를 갖고 있었다. 유대교 경전인 성경의 첫 부분에는 선악과를 따 먹고 인간이 타락했다는 이야기가 소개되는데, 이이야기는 유대교의 윤리적 특성을 강하게 드러내는 것이다. 이러한면에서 유대교의 윤리적 구제 방법은 아시아 여러 종교의 온갖 주술적 구제 방법과는 현저히 달랐다.[366]

베버는 윤리적인 종교일수록 합리적인 지식에 호소해서 신정론theodicy의 문제를 해결하고자 하는 경향이 강하다고 주장하였다.[367] 신정론은 세계를 하나의 의미 있는 통일체로 해석하고자 하는 지적 욕구로서 모든 종교에 고유한 것이다. 신정론은 신(또는 어떤 원리)이 다스리는 세계에 가난, 질병, 힘든 노동, 전쟁, 죽음, 악과 불의, 행위와 운명 사이의 괴리(정의로운 사람이 비참하게 살고, 불의한 사람이 행복하게 사는 것) 같은 고통들이 왜 존재하는가에 대한 답을 제시하는 인식 틀이다.

이 점에서 그는 마르크스와 견해를 달리했다. 앞장에서 살펴본 것처럼, 마르크스는 경제적·물질적 이익에 대한 욕망이 인간 사회를 형성하고 인간의 역사를 움직이는 원동력이라고 보았으며, 종교적 세계상(관념)은 지배 계급의 물질적 이익을 정당화시키는 이데올로기에 불과하다고 주장했다. 마르크스는 세계상의 출현을 베버처럼 의미 추구의 관점에서 설명한 것이 아니라 물질적 이익의 박탈에 대한 보상이라는 관점에서 설명하였다.

마르크스는 생존을 인간 역사의 제1전제로 선언하면서 생존을 위한 물질적인 욕망의 충족이 인간의 활동을 결정한다고 보았다. 원시 상태의 인간은 자연으로부터 획득할 수 있는 물질적인 욕망 충족 수단이 너무 미약하였으므로 서로 협동하지 않을 수 없었다. 협동하지 않으면 인간은 굶어 죽게 된다. 따라서 인간 사회는 공산주의 형태를 취하게 되었다. 원시 상태의 인간들이 공산주의 사회 형태를 취한 것은 인간성이 고상해서가 아니라 굶어 죽지 않기 위해서였다. 그러나 생산 수단이 발달하면서 잉여가 발생하자 그 잉여를 놓고 인간은 갈등을 빚게 되었고, 그 결과 인간 사회는 잉여를 차지한 지배 계급과 잉여를 차지하지 못한 피지배 계급으로 나뉘어 졌으며, 인간의 역사는 계급투쟁의 역사가 되었다.

계급으로 나누어진 나쁜 사회에서 피지배 계급은 인간의 자유로운 본성을 충분히 누리지 못하고 억압적인 노동을 강요당하는 고통을 겪게 된다. 이 고통 속에서 피지배 계급은 종교적 세계상을 만들어 내세의 천국에 자신의 소망을 투사한다. 마르크스에 의하면, "종교는 억압받는 피조물의 한숨이다." 종교적 세계상이 제시하는 신정론은 아편과 같은 것이다.

종교는 현세에서의 고통을 내세에서의 천국 생활을 위한 준비 과정으로 인식하게 함으로써 고통당하는 피지배 계급의 사람들에게 위로를 제공한다. 하지만 이러한 위로는 피지배 계급이 자신의 운명을 개선하기 위한 모든 노력을 무력하게 함으로써 그들의 현실을 더욱 악화시킨다. 결론적으로 마르크스에 의하면, 종교는 자신의 삶에 적극적인 의미를 부여하기 위한 인간 노력의 산물이 아니라, 계급갈등에서 오는 소외의 고통을 단순히 투사한 것에 불과한 것으로, 지배 계급의 이익에 봉사할 뿐이다.

베버도 세계상이 지배 계급의 이익에 봉사하는 측면이 있다는 사실을 부정하지 않았다. '정상적인 기대와 실제로 일어나는 것 사이의 불일치'를 설명하는 과정에서 세계상은 행복한 위치에 있는 사람들(지배 계급)에게는 어떻게 해서 그들이 그렇게 행복한 상태에 있게 되었는가에 대한 설명을 제공하고, 불행한 위치에 있는 사람들(피지배 계급)에게는 왜 그들이 그렇게 불행한 상태에 놓여 있는가에 대한 설명을 제공하는 계급 이데올로기를 발전시킬 수 있다. 그러나 베버에 의하면, 세계상에는 계급 이데올로기만이 아니라 모든 인간이 직면하는 보편적인 실존 상황(앞에 언급되었던 여러 가지 물음들)에 대한 의미 설명과 구원의 길도 들어 있다.

따라서 세계상은 물질적인 욕망과 그로 인한 계급 상황을 단순히 반영하는 종속변수가 아니라 나름대로 내재적인 논리에 따라 의미 문제를 적극적으로 해결하는 추동력을 갖고 있으며, 그 동력의 전개에 따라 물질적인 욕망의 추구와 계급 상황에 변화를 초래하는 독립 변수의 역할도 한다. 바로 이러한 관점에서 베버는 마르크스의 자본주의론에 이의를 제기하고, 의미 문제를 설명하는 종교적 세계상이 어떻게 인간 사회의 형성에 독자적으로 기여했는가를 보여 줄 목적으로 종교의 합리화 과정을 연구하였고, 『프로테스탄트 윤리와 자본주의 정신』을 썼다.

베버는 신정론이 합리화 과정을 주도하는 내재적인 자기법칙성 Eigengesetzlichkeit이라고 보았다.[368] 모든 종교는 서로 다른 전제에서 출발하기 때문에 신정론 문제를 해결하는 방식도 상이하다. 비윤리적인 아시아의 종교들은 주로 주술적 수단과 신비적 지식에 의해 신정론을 발전시켰다. 그러나 고도로 윤리적인 종교였던 유대교는 합리적인 지식을 통해 신정론의 문제를 해결하려는 근본적으로 다른 길을 걸었다. 베버의 종교사회학의 전반적인 논지에 의하면, 합리적 지식을 통한 신정론 문제의 해결이라는 이 길이야말로 현대 서구의 운명을 결정지은 주요한 요인 중 하나였다.

베버는 신정론의 문제를 해결하는 과정에서 다음과 같은 네 가지 종교적 세계상이 출현했다고 말한다. 그는 '무엇을 구원된 상태로 보느냐'에 따라 종교를 현세적 종교와 내세적 종교로 나누었다. 현세적 종교는 이 세상을 가치 있는 곳으로 여긴다. 따라서, 이 세상에서 근면하고 성실하고 정직하게 일해서 직업적으로 성공하면 내세에 구원을 보장받는 것으로 간주한다. 이와 반대로 내세적 종교는 이 세상을 무가치하게 여기고 이 세상의 것들을 포기하면 죽은 후 구원을 보장받는 것으로 간주한다.

또 베버는 '어떻게 구원을 이루느냐'에 따라 금욕주의 종교와 신비주의 종교를 나누었다. 금욕주의 종교에서는 사람을 신의 명령을 수행하는 도구로 여기고, 신비주의 종교에서는 사람을 신성을 담고 있는 그릇으로 여긴다. 따라서 금욕주의 종교는 신의 명령에 따라 이 세상을 정복하는 적극적인 행동을 통해 구원을 이루려고 하지만, 신비주의 종교는 이 세상을 체념하고 명상을 통해 자신 속에 담겨 있는 신성을 깨달아 구원을 이루려고 한다. 이것을 표로 정리하면 다음과 같다.

현세적 종교	내세적 종교
① 고통, 악, 질병, 죽음 등이 있음에도 불구하고 이 세상은 가치 있는 곳임. ② 이 세상의 직업 활동에 성공하는 것이 구원을 보장함.	① 고통, 악, 질병, 죽음 등이 있는 이 세상은 무가치함. ② 이 세상의 직업 활동을 포기하는 데 성공하는 것이 구원을 보장함.

구원된 상태를 중심으로 하는 종교의 구분

금욕주의 종교	신비주의 종교
① 인간은 신의 명령을 수행하는 도구. ② 고통, 악, 질병, 죽음 등을 정복하려고 함. ③ 적극적인 행동을 통해 구원을 이룸.	① 인간은 신성을 담고 있는 그릇. ② 고통, 악, 질병, 죽음 등을 수용하고 체념하려고 함. ③ 명상을 통해 구원을 이룸.

구원 수단을 중심으로 하는 종교의 구분

이처럼 종교를 두 가지 방식으로 나눈 다음 베버는 이 두 가지 방식을 합쳐 종교를 다음과 같이 네 가지 형태로 구분하였다. 이것을 표로 나타내면 다음과 같다.

구원된 상태 구원 수단	현세적 종교	내세적 종교
금욕주의 종교	현세적 금욕주의	내세적 금욕주의
신비주의 종교	현세적 신비주의	내세적 신비주의

베버의 네 가지 종교적 세계상

① 현세적 금욕주의는 이 세상을 가치 있는 곳으로 생각하고 고통, 악, 질병, 죽음 등을 정복하고 극복하려고 한다. 직업 노동을 열심히 해서 인간의 본성에 들어 있는 악한 경향을 억제하려고 한다. 1장에서 살펴본 칼뱅주의가 대표적인 형태이다.

② 현세적 신비주의는 이 세상을 가치 있는 곳으로 보지만 고통, 악, 질병, 죽음 등에 대해 체념하려고 한다. 그리고 직업 노동에 열심을 내기보다는 명상을 더 좋아한다. 1장에서 살펴본 루터의 종교 사상이 이러한 특징을 보인다. 유교도 이 유형에 속한다고 할 수 있다.

③ 내세적 금욕주의는 이 세상을 가치 없는 곳으로 생각한다. 그러나 고통, 악, 질병, 죽음 등을 체념하지 않고 적극적으로 극복하고 정복하려고 한다. 하지만 세상의 직업 노동을 중요하게 생각하지 않고

수도원 등에서 수도하는 것을 좋아한다. 가톨릭이 여기에 속한다고 할 수 있다.

④ 내세적 신비주의는 이 세상을 무가치한 곳으로 생각할 뿐만 아니라 고통, 악, 질병, 죽음 등에 대해서도 체념하려고 한다. 따라서 세상과 단절하고 명상에 집중하려고 한다. 힌두교와 불교가 여기에 속한다고 할 수 있다.

이 네 종류의 종교적 세계상 중에서 칼뱅주의가 현세적인 금욕주의의 가장 두드러진 예이다. 칼뱅주의는 윤리적인 구제 방법을 추구한 유대-기독교 세계상의 논리적 결론에 도달했다. 베버에 의하면, 윤리적인 종교와 합리적인 지식은 일종의 모순관계에 있다. 종교와 합리적 지식은 전혀 상반된 관점에서 우주를 바라본다. 종교는 우주 전체를 윤리적 인과응보의 체계라는 관점에서 바라보지만, 지식은 기술적 조작의 대상인 자연적 인과성의 체계라는 관점에서 바라본다.[369] 윤리적 종교는 자신의 신정론을 관철시키기 위해 합리적 지식에 호소한다. 그러나 사실과 가치를 엄격하게 분리하는 지적 성실성을 자체적인 규범으로 가지고 있는 합리적 지식은 자신을 양육한 윤리적 종교를 부정할 수밖에 없다. [유대교 ➜ 가톨릭 ➜ 칼뱅주의]로 이어지는 서구의 종교적 발전 과정은 이와 같은 모순관계 속에서 합리적 지식이 증대되는 과정, 지식의 나무를 먹는 과정이다. 베버는 이 과정이 칼뱅주의의 예정predestination 교리에서 정점에 달했다고 보았다.

현세적 금욕주의와 근대 세계의 형성

예정 교리는 절대적 주권자인 신이 자기 뜻대로, 일부 사람만 구원되도록 예정해 놓았다고 주장한다. 칼뱅주의의 주요한 신앙고백 가운데 하나인 웨스트민스터 신앙고백 3장(신의 영원한 결정에 대하여) 3절에 보면, 다음과 같은 선언이 나온다.

> 하나님은 당신의 영광을 드러내기 위해 당신의 뜻으로 일부의 사람과 천사를 영원한 생명으로, 나머지를 영원한 죽음으로 예정하셨다.

하지만 누가 구원으로 예정되었는지는 아무도 알 수 없으며, 인간은 신의 영광을 증대시키는 것을 목표로 살아야 한다. 베버에 의하면, 예정 교리는 칼뱅주의를 받아들인 사람들의 성격을 다음과 같은 방식으로 혁명적으로 바꾸어 놓았다. 혁명이라는 용어는 내가 베버의 논의를 요약하면서 임의로 붙인 것이다.

① 개인 혁명

예정 교리는 사람들이 자신의 삶을 독립적으로 꾸려 가도록 자극했다. 누구도 신의 결정을 알 수 없으며, 한 번 내려진 결정은 결코 번복될 수 없다. 신조차도 그것을 번복할 수 없다. 따라서 어떤 존재도, 성직자도, 교회도, 부모도, 형제도, 친구도 그리고 신조차도 개인의 구원에 도움을 줄 수 없다. 사람은 홀로 자신에게 주어진 운명을 책임져야 한다. 이러한 신앙 태도에서 근대 개인주의가 형성되었다. 예정론은 이런 식으로 구원을 위해 주술적인 수단을 사용하는 모든 시도를 거부하였다. 어떤 주술적인 수단도 자신의 구원을 이루는 데 도움이 되지 않는다. 아니 주술적 수단을 통해 신의 마음을 움직이려고 하는 태도는 신의 절대주권을 부정하는 행위이다.

② 조직 혁명

예정 교리는 개인들을, 신의 영광을 증대시킬 수 있는 능력, 예를 들면 전문 지식과 기술 등을 위주로 하는 합리적 조직 형태로 결합했다. 이 조직은 혈연, 지연, 신분 등과 같은 인맥이 아니라 합리적 규칙을 중심으로 운영되었고, 어떤 전통적인 조직보다 탁월한 효율성을 나타내었다.

③ 민주주의 혁명

예정 교리는 아랫사람이 윗사람에게 존경을 표해야 했던 전통 사회의 위계서열 풍습을 개혁하였다. 칼뱅주의자들은 인간에게 과도한 존경을 표하는 것을 피조물 숭배라고 여겨 배척했다. 이러한 반권위적 태도는 민주주의 문화의 기초가 되었다.

④ 직업 혁명

예정 교리는 직업을 소명으로 여겨, 정직하고 근면한 직업 생활을 하도록 격려했다. 어떤 직업에 종사하든 그것을 신의 소명으로 여겨야 한다. 정직하고 근면한 직업 활동에서 오는 성공은 자신이 구원받았다는 사실을 증명해 주는 증거이다. 예정 교리에 의하면, 직업 활동에서 신의 영광을 아무리 많이 드러낸다고 하더라도 그것이 구원에 영향을 미칠 수는 없다. 그러나 직업 활동에 성공했다는 것은 구원받았다는 증거가 될 수 있다.

⑤ 규율 혁명

예정 교리는 삶 전체를 금욕적으로 통제하는 방식으로 철저하게 자기관리를 하도록 자극했다. 구원받은 사람이라는 것을 증명하기 위해서는, 마음 내킬 때 선을 행하는 것이 아니라 매 순간마다 선과 악의 싸움에서 악을 억제하고 선을 행하는 방식으로, 자신의 삶 전체를 아주 계획적으로 꼼꼼하게 관리해야만 했다. 이를 위해 매일 생활 계획표를 꼼꼼하게 만들어 그 계획표대로 살고 있는지 아닌지를 자세하게 점검해야 했다. 감정적 충동에 따라 무계획적으로 행동해서는 지속적으로 선행을 할 수 없다. 1분 1초라도 헛되이 낭비하지 않고 자신의 욕망과 성격을 통제할 수 있는 금욕적인 행동이 필요하다.

⑥ 부 혁명

예정 교리는 부의 축적을 긍정적으로 보도록 동기를 부여했다. 부의 축적은 신의 소명을 수행하는 미덕이었다. 직업 생활의 성공을 통해 획득한 물질과 돈은 구원에 대한 확신을 증명하는 표시였다. 경계했던 것은 재산을 가지고 놀면서 흥청망청 쓰는 방만함이고, 그 결과 게으름과 성적 욕망에 빠져 종교 생활을 제대로 하지 못하는 방탕함이었다. 죽으면 영원히 휴식할 수 있으므로 살아 있는 동안에는 자신의 구원을 증명하기 위해 신의 일을 쉼 없이 행해야 한다. 인생은 자신의 선택을 증명하기에는 너무 짧고 귀중한 시간이다. 사람들과의 교제나 한가한 잡담, 사치 등으로 시간을 보내는 것뿐만 아니라 건강에 필요한 시간 이상으로 잠을 자는 것도 비난받았다.

베버는 예정 교리가 가져온 이러한 혁명적 삶의 변화가 자본주의 정신 형성에 큰 영향을 끼쳤다는 사실을 보여 주고 싶어 했다. 자본의 크기가 자본주의를 초래했다고 주장한 마르크스와 달리 베버는 자본주의의 동력이 자본의 크기보다는 자본주의 '정신'의 발전에 달려 있다고 보았다. 그는 다음과 같이 말했다.

> 근대 자본주의를 퍼뜨린 동력은 자본주의적으로 사용될 수 있었던 자본 총액에 있었던 것이 아니다. 그 동력은 무엇보다도 먼저 자본주의 정신의 발전에 있었다. 자본주의 정신이 출현해서 스스로를 실현할 수 있는 곳에서는 자본이 생성되고 화폐가 공급되어 그 정신을 수행하는 수단 노릇을 한다. 그러나 반대로 자본과 화폐가 있다고 해서 자본주의 정신이 생겨나는 것은 아니다.[370]

베버가 말하는 자본주의 정신은 '노동의 합리적 조직'이다. 그것은 다음의 다섯 가지 항목으로 설명된다.

① 노동하는 것은 그 자체로 가치가 있다.
② 정직하고 근면한 노동을 통해 돈을 버는 것이 인생 최고의 목표이다.

③ 감정의 동요에 따라 시간을 허비하는 것을 경멸하고, 이성을 따라 미리 세워 둔 계획을 실천하는 생활을 한다.

④ 돈을 더욱 많이 벌기 위해 쾌락, 행복, 즐거움 등을 포기하고 쓸데없는 휴식과 게으름을 물리친다.

⑤ 돈을 모으기 위해 절약하고 검소하게 생활한다. 베버는 자본가든 노동자든 이런 정신을 가진 사람들에 의해 움직이는 것이 서구에서 탄생한 근대 합리적 자본주의라고 주장했다.

탈주술화, 신의 죽음, 가치중립성, 절대적 다신론

그런데 서구의 문화를 합리화시키고 자본주의 정신 형성에 큰 영향을 끼친 칼뱅 신학 사상의 예정론에서 대반전이 일어났다. 모든 주술적 행위를 타파한 예정론이 오히려 신의 죽음을 가져왔다는 것이다. 이런 점에서 탈주술화 과정은 종교가 자신의 무덤을 파는 과정이었다.[371] 그는 유대-기독교 전통에서 우주 전체에 대한 신의 주권을 절대적으로 고양한 예정론은 신의 존재를 불필요한 것으로 만들어 결국 유일신을 죽이는 결과를 초래했다고 보았다. 그 결과 탈주술화가 완성되었다.

> 종교 발전의 위대한 역사적 과정은 주술적 수단들을 사용해 구원을 이루려고 하는 일체의 시도를 미신이나 죄악으로 거부하면서 세계로부터 주술을 몰아내는 과정이다. 이 과정은 옛날의 히브리 예언자와 함께 시작되었고, 헬레니즘의 과학적 사고와 결합하였는데, 이제 칼뱅주의에 와서 논리적 결론에 이르게 되었다.[372]

신이 죽고 탈주술화가 완성되었으므로, 근대 서구 사회에는 인간의 삶에 공통된 의미를 부여하는 세계상이 존재하지 않는다. 이제 근대 서구인은 삶의 의미를 잃어버리고 기계처럼 작동하는 자본주의 질서 속에서 단순히 생존만을 위해 살아간다. 『프로테스탄트 윤리와 자본주의 정신』 끝부분에서 베버는 근대 서구인들이 느끼는 삶의 무의미함을 다음과 같이 진술하고 있다.

청교도는 직업을 소명으로 삼고 일하기를 원했다. 그러나 우리는 직업을 갖고 일하기를 강요당하고 있다. […] 오늘날 기계제 생산은 저항할 수 없는 강제력으로 경제적 영리 추구에 직접적으로 관심을 갖고 있는 사람들뿐만 아니라 이 장치 안에서 태어난 모든 개인의 삶을 결정한다. […] 오늘날 종교적 금욕주의 정신은 쇠 우리를 빠져나갔다. […] 직업 의무 사상은 죽은 종교적 신념의 유령처럼 우리의 삶 속을 배회한다.[373]

신을 중심으로 해서 인간 삶의 모든 가치 영역들을 통제하던 객관적으로 타당한 삶의 의미가 사라졌으며, 그와 함께 객관적으로 타당한 (도덕적) 가치도 더는 존재하지 않게 되었다. 인간의 삶을 구속하던 객관적으로 타당한 기독교적 가치로부터의 해방, 이것이 바로 베버가 의미하는 가치중립성이다.

베버는 가치중립의 상황을 절대적 다신론absolute polytheism[374]이라고 불렀다. 그에 따르면 정치, 경제, 지식, 예술, 성, 민족 문화와 같은 삶의 각 가치 영역들은 원래 자율성을 가지고 있으나 보편적인 기독교

윤리의 침투로 자율성을 박탈당하고 말았다. 그러나 탈주술화로 기독교 신앙과 윤리가 약화되면서 각 영역의 자율성이 회복되었다. 베버는 이러한 상황을 그리스적 다신론의 재연으로 보면서 고대의 신들이 무덤으로부터 일어난다고 묘사하였다.[375]

차이가 있다면 그리스 시대에는 각 가치 영역이 인격 신의 형태로 표현되었던 반면, 근대 세계에서는 비인격적인 힘impersonal forces의 형태로 표현된다는 것이다. 고대의 신들이 각자의 위엄을 위해 투쟁한 것같이 근대적인 삶의 각 가치 영역 또한 자신들의 위엄[376]을 위해 끊임없이 투쟁하게 된다.[377] 그는 지난 천 년 동안 서구 문화가 기독교의 도덕적 열정에 몰두하고 있었다고 비판하면서 새롭게 재현된 투쟁 상황을 보다 명확하게 인식해야 한다고 주장하였다.[378] 그는 각 가치 영역 간의 갈등이 치열해서 신과 악마 사이의 투쟁처럼 화해될 수 없다고 하였다.[379]

> [우리는] 지식의 나무를 먹어 버린 시대의 운명이 [...] 다음과 같다는 사실을 인식해야만 한다. 우리를 가장 강력하게 움직이는 최고의 이상들은 항상 다른 이상들과의 투쟁 속에서만 형성된다. 왜냐하면, 우리의 이상들이 우리에게 신성한 것만큼 다른 이상들은 다른 사람들에게 신성하기 때문이다.[380]

그렇다면 우리는 이처럼 서로 투쟁하는 삶의 가치 영역들 가운에 어떤 것을 자신의 신성한 가치로 선택해야 하는가? 베버에게 가치 선택은 본질적 자아의 주관적 결단에 달린 문제이다. 합리화된 시대에 개인의 현상적 자아는 도구적 지식을 추구하고, 개인의 본질적 자아는 스스로 삶의 "의미를 창조하도록 강요받는다." 삶의 의미를 창조하도록 강요받는 본질적 자아는 다양한 삶의 가치 영역 중 어느 것을 자신의 신으로 삼을지를 결단해야 한다. 그리고 현상적 자아는 본질적 자아의 결단에 수단으로 봉사해야 한다. 본질적 자아와 현상적 자아 간의 이러한 목적-수단 관계는 베버의 과학론에서도 매우 중요하게 등장한다. 과학론으로 넘어가기 전에 잠시 베버의 탈주술화와 이를 비판한 파슨스의 가치 일반화를 비교해 보기로 하자.

베버의 탈주술화 논리를 비판한
파슨스의 가치 일반화value-generalization

파슨스는 베버의 합리화 논의로부터 많은 영향을 받았지만, 합리화를 탈주술화로 인해 객관적으로 타당한 가치(보편 도덕)의 종말을 초래하는 논리, 말하자면 가치 주관화로 해석하는 베버의 입장에 동의하지 않았다. 반대로 파슨스는 현대문명에서 가치 일반화를 통해 여전히 객관적으로 타당한 가치가 중요한 역할을 한다고 주장했다. 가치 일반화 용어는 파슨스가 뒤르켐에게서 가져와 발전시킨 것이다. 파슨스는 자신의 저서 『현대사회들의 체계』에서 자신의 관점이 "베버와 상당한 강조의 차이를 포함하고" 있으며 "'베버를 현대화하려는' 시도"라고 말했다.[381] 파슨스가 베버를 어떻게 현대화하는지 살펴보자.[382]

파슨스는 현대문명의 형성 과정을 분화differentiation, 적응 향상adaptive upgrading, 가치 일반화value-generalization, 포용inclusion, 네 가지로 설명

한다.

현대문명의 형성 과정이란, 전체 사회에 포섭된 채로 서로 융합되어 있던 경제, 정치, 사회 공동체, 문화가 분화되어 독자적인 하위 영역으로 확립되어 가는 과정이다. 분화된다고 해서 서로 분리되어 별개로 움직이는 것이 아니라, 상호침투를 통해 밀접하게 상호의존함으로써 통합성도 동시에 증대된다. 분화의 증대는 환경에 대한 사회의 적응 향상을 가져온다. 적응 향상은 "사회 단위들이 더욱 광범위한 자원을 이용할 수 있게 되어서 이들의 기능이 이전의 구속으로부터 자유롭게 되는 과정이다."[383] 그러나 분화와 적응 향상은 가치 일반화를 전제로 해서만 가능하다. 가치 일반화는 문화의 가치가 인간의 행위를 하나하나 구체적으로 지시하는 상태에서 행위의 일반적이고 추상적인 지침만을 제시하는 상태로 변화하는 것이다. 이렇게 가치가 일반화됨으로써 다른 종교나 인종 등과 같은 새로운 단위들이 사회 공동체 안으로 큰 갈등 없이 포용된다.

이렇듯 현대문명의 형성은 가치 일반화를 기점으로 하여 유기적으로 연관되어 있다. 파슨스는 "사회의 여러 단위가 새로운 행위 유형에 대해 적절한 정당성과 지향 양식을 획득하려면 나머지 세 과정은 반드시 가치 일반화에 의해 보완되어야 한다"[384]라고 말했다. 파슨스는 가치 일반화 과정을 전통문명에서 현대문명으로 가치 유형이 변하는 과정으로 설명하였다.

가치 일반화의 첫 번째 측면은 특수주의particularism에서 보편주의universalism로의 변화이다.[385] 특수주의와 보편주의는 행위자들의 역할 기대를 정의하는 "가치 기준 유형"이다. 가치 기준을 상호작용 상황에 있는 행위자들에게 차별해서 적용하면 특수주의이고, 모든 행위자에게 무차별적으로 적용하면 보편주의이다. 특수주의는 "특별한 대상과 특별한 관계가 있는 특별한 행위자"의 관점을 중요시하는 것이고, 이에 반해 보편주의는 일반 대상과 일반 관계에 있는 일반 행위자의 관점을 중요시하는 것이다. 예를 들면, 특수주의는 "그가 나의 친구나 일가친척 또는 내집단in-group의 일원이기 때문에 나는 그를 도와야 한다"라는 식이고, 이에 반해 보편주의는 도움이 필요하다면 그가 누구이든지 간에 나는 그를 도와야 한다는 식이다.

두 번째로, 가치 일반화는 감정성affectivity에서 감정 중립성affective neutrality으로의 변화이다. 감정성과 감정 중립성은 표현 활동에 의한 욕구 성향의 직접적인 만족을 허용하느냐 허용하지 않느냐 하는 것과 관련이 있다. 만족은 결코 조잡한 쾌락주의를 의미하지 않는다. 욕구 성향의 내용은 문제가 안 된다. 욕구 성향은 다른 사람들을 돌보는 고상한 것일 수도 있고 매우 추상적인 이념이나 문화적 형식을 창조하는 고차원의 것일 수도 있다. 중요한 점은 욕구 성향의 내용이 무엇이든지 그것의 실행 여부를 가장 중시한다는 것이다.[386] 마음 내키는 대로 행동한다는 표현이 여기에 적절할 것이다.

"어떤 행위자도 만족 없이는 생존할 수 없는 반면, 어떤 행위 체계도 만족을 어느 정도 포기하지 않고서는 조직되거나 통합될 수 없다." 때문에 행위자는 많은 경우에 만족-규율의 딜레마에 직면한다. 이러한 딜레마에서 감정성은 만족을, 감정 중립성은 규율을 지시한다. 반드시 그런 것은 아니지만, 대체로 만족 지향은 특수주의와 결합하며, 규율 지향은 보편주의와 결합한다. 특수한 집단 안에서 느끼는 정서상의 일체감은 행위자에게 만족을 제공하지만, 특수한 집단을 초월하는 보편 규칙은 그것의 준수를 위해 집단 내에서 느끼는 정서상의 일체감을 어느 정도 자제하고 희생할 것을 요구하기 때문이다.

세 번째로, 가치 일반화는 귀속ascription에서 업적achievement으로의 변화를 수반한다. 귀속 가치는 성별, 나이, 지능, 신체 특징, 지위, 특정 집단에의 소속 등과 같은 행위자의 속성과 특질을 강조하고, 업적 가치는 행위자의 수행 능력을 강조한다.

네 번째로, 가치 일반화는 확산성diffuseness에서 특정성specificity으로의 변화이다. 확산성은 행위자의 역할을 다른 행위자들과 융합시켜 규정하는 것이고, 특정성은 행위자의 역할을 서로 분리해 규정하는 것이다. 확산성에서는 집단 책임이, 특정성에서는 개인 책임이 중시된다.

파슨스에 의하면, 서구 사회에서 현대사회가 출현한 것은 기존 문화의 한계를 돌파하여 '가치 일반화'에 성공했기 때문이다. 바꾸어 말하면, 비서구 사회에서 현대사회가 출현하지 않은 것은 가치 일반화를 위한 돌파에 실패했기 때문이다. 그러면 왜 서구 사회에서는 가치 일반화가 성공했는가? 베버를 따라 파슨스는 유대-기독교 전통에 주목하였다. 가치 일반화에 대한 유대-기독교 전통의 기여는 다음과 같이 네 가지로 요약될 수 있다.[387]

① 무로부터 천지 만물을 창조한 초월적인 유일신에 대한 믿음

이러한 믿음은 신과 인간을 포함하는 모든 피조물을 엄격하게 분리하였다. 이에 따르면, 모든 인간은 체력, 지능, 재능 등에서 상대적인 양의 차이가 있음에도 불구하고 질적인 면에서는 평등한 존재다.

그러므로 이 믿음에 의하면, 어떤 인간 또는 인간 집단도 신성을 가장
하여 다른 동료 인간 또는 인간 집단에 대해 갖는 특권을 정당화할 수
없다.

② 법의 중요성에 대한 믿음

유대-기독교 전통은 종교 제의를 통해 신을 숭배하는 것보다는 십
계명의 형태로 표현된 신의 법에 순종하는 것을 더 중시하였다. 인간
의 정치권력 조직이 어떤 것이건 간에 인간관계를 다스리는 기본 도덕
질서는 인간 조직과 독립되어 있었다. 기독교인의 첫 번째 의무는 신
의 법에 복종하는 것이지 정치권력에 복종하는 것이 아니었다. 신인
동시에 인간인 그리스도 예수는 신의 법에 대한 이 같은 강조로 인해
불가피하게 발생하는 죄로부터 세상을 구원하기 위한 대속물이었다.

③ 자원 결사체로서의 교회

교회는 십자가에 못 박힌 예수를 그리스도로 고백하는 순수한 개인
들의 모임이었다. 이들은 부모, 형제, 자매, 또는 혈족, 부족, 민족, 출
신 지역 등의 이름으로가 아니라 자신의 이름으로, 즉 신 앞의 단독자
로서 그리스도에 대한 믿음을 고백하였다. 때문에, 기독교회는 모든
귀속 공동체로부터 독립된 동등한 개인들의 결사체성 종교 집단으로
진화하였다.

④ 세상에서의 도덕적 소명에 대한 믿음

신자들은 신의 도덕적 명령을 이 세상에서 수행하도록 부름을 받았

다. 이러한 도덕적 소명 의식은 기독교인들을 세계를 정복하려고 하는 인간으로 만들었다.

종교 개혁, 특히 칼뱅의 종교 개혁으로 가장 뚜렷하게 현실화한 유대-기독교 전통의 이러한 네 가지 특징들은 파슨스가 현대사회의 가치 유형으로 여긴 보편주의, 감정 중립성, 업적, 특정성의 형성에 많은 영향을 끼쳤다. 초월적인 유일신과 신의 법, 그리고 동등한 자원 결사체로서의 교회는 특히 존재론적 불평등에 기초한 특권을 부정하고, 모든 인간이나 인간 집단을 차별 없이 평등하게 대하는 보편주의 가치 유형에 많은 영향을 끼쳤다.[388]

다음으로, 신의 법에 대한 강조는 욕구 성향을 직접 표현하기보다는 감정을 중립 상태에 놓고 객관적인 규범과 일치해서 행동하도록 하는 데 영향을 줌으로써 현대 법치 관념의 주요한 원천이 되었다. 참고로 말하면, 종교 제의를 통한 신의 숭배는 감정의 직접적인 표현을 부추긴다. 이런 곳에서는 상사의 감정 상태에 따라 권력이 행사되는 방식의 통치가 득세한다.

또 모든 귀속 공동체로부터 교회 결사체의 독립과 세상에서 신의 명령을 수행하는 소명의 강조는 행위자의 신분과 속성보다는 신을 위해 봉사하는 기능상의 역할 수행을 중시하게 된다. 여기서는 '먼저 된 자가 나중 되고 나중 된 자가 먼저 될' 가능성이 항상 열려 있다.

마지막으로, 신 앞의 단독자로서의 신앙고백은 종교의 책임성을 개인에게 요구한다. 모든 사람은 다른 사람의 믿음에 의존해서가 아니라 오직 자신의 믿음으로 구원에 이른다. 이 같은 상태에서는 확산성의 형태로 융합된 집단 책임의 역할 수행보다는 특정하게 분리된 개인 책임의 역할 수행이 강조된다.

4) 과학론

가치중립성 논의에서 언급했지만, 베버는 과학을 수단으로서의 사실을 중시하는 현상적 자아 활동의 전형적 예로 보았다. 과학은 의미나 가치가 개입되는 목적 문제를 다루지 않는다. 과학은 다만 주어진 목적을 위한 적절한 수단의 선택에만 관여한다. 그러나 베버는 과학이 항상 도구 합리적 행위였다고 보지는 않았다. 과학이 도구 합리적 행위가 된 것은 근대 서구 사회에 들어와서이다. 바로 과학적 활동의 '의미'가 변했기 때문이다.

과학의 의미 변화

베버는 과학적 활동의 의미 변화 과정을 다음과 같이 설명하였다.[389] 고대 그리스 시대에는 플라톤의 『국가론』에 잘 나타나 있는 바와 같이, 개념concept이 과학 지식의 주요한 도구였다. 그 당시 과학은 올바른 개념을 형성하는 데 주력하였다. 올바른 개념이란 플라톤의 이데아를 가리킨다. 플라톤은 모든 사물이 이데아를 가지고 있으며 이 이데아를 파악하는 것을 학문의 목적으로 보았다. 참고로 말하면, 그는 선의 이데아를 최고의 이데아로 보았다.[390] 올바른 개념 형성은 '참된 존재'의 파악을 가능하게 하여 올바른 행위를 알려 주는 길을 제시하는 것으로 여겨졌다. 따라서 고대 그리스 시대의 과학은 공동체 전체의 가치와 목적을 제시하는 역할을 담당하였다. 이처럼 합리화되기 전의 과학은 본질적 자아의 활동 영역이었다. 그러나 합리화의 결과, 상황은 완전히 달라졌다. 베버는 합리화된 이후 과학의 의미에 대해 다음과 같이 자문자답하고 있다.

> '참된 존재로의 길', '참된 예술에로의 길', '참된 자연에로의 길', '참된 신에로의 길' 등과 같은 이전의 환상들이 일소된 지금 직업으로서의 과학의 의미는 무엇인가? 톨스토이L. Tolstoi가 이 질문에 가장 간단하게 대답하였다: '과학은 우리의 유일한 관심사인 다음과 같은 물음, 즉 우리는 무엇을 해야 하며, 어떻게 살아야 하는가에 답할 수 없으므로 무의미하다.[391]

과학은 합리화로 인해 현상적 자아의 수단적 활동 영역이 되었으며, 그 결과 과학적 활동 그 자체가 무의미하게 되었다. 수단이 목적을 말할 수 없듯이, 과학은 이제 공동체 전체의 삶의 의미나 가치, 목적 등에 대해 말할 수 없게 되었다. 베버는 이 같은 상황에 대해 "지식의 나무를 먹어 버린 시대의 운명은 지식의 분석 결과로부터 세계의 의미를 배울 수 없다"[392]고 하였다. 이것은 현상적 자아의 활동으로부터 본질적 자아의 방향이 도출될 수 없다는 사실을 의미하는 것이다.

과학의 가치 관련

따라서 베버는 무의미한 과학적 활동이 의미 있는 활동으로 되기 위해서는 외부로부터 의미와 가치가 부과되어야만 한다고 생각하고,

그것을 과학의 가치 관련value-relevance이라 불렀다. 그는 가치와 관련되지 않은 사실의 탐구는 무의미한 맹목이라고 보았으며, 그런 의미에서 "과학은 과학적 활동으로 산출된 것이 '알려질 만한 가치'가 있다는 의미에서 중요하다는 것을 전제presupposition로 한다"[393]고 말하였다. 무엇이 '알려질 만한 가치'가 있는지를 결정하는 것은 개개 연구자의 주관적 의미이다. 베버의 인간론을 시작하면서 나는 베버가 문화를 "무의미한 무한한 세계 과정 중에서 인간 존재들(개개의 존재들을 말함)이 의미와 중요성을 부여하는 부분"[394]으로 정의했다는 것을 소개한 바 있다. 문화에 대한 이러한 정의는 개별 연구자가 무의미한 자료 더미들 속에서 알려질 만한 가치가 있다고 생각하는 부분이 과학적 지식이 된다는 주장과 같은 맥락이라고 할 수 있다. 무엇이 알려질 만한 가치가 있는가를 결정하는 연구자의 주관적 의미는 "과학적 수단에 의해 증명될 수 없는 것이다."[395] 결국, 베버가 말하는 과학의 가치 관련은 과학적 지식을 추구하는 현상적 자아의 활동이, 가치의 문제를 취급하는 본질적 자아의 활동에 종속되어 있다는 사실을 달리 표현한 것이라 할 수 있다.

자연과학과 문화과학

베버에 의하면, 자연과학과 문화과학[396]은 근본적으로 다르다. 인간은 자연현상을 통제control하는 데 공통된 관심이 있다. 통제를 위해 자연과학은 우주적 차원을 아우르는 사건들의 궁극적 법칙을 인식하는 것이 가치 있는 활동이라는 전제를 가지고 시작한다.[397] 그러나 문화현상은 개별 행위자에 의해 의미 있다고 여겨지는 가치의 구현체

embodiment of value이기 때문에 가치 평가를 하게 된다.[398] 그러므로 문화현상에 대한 연구자의 관심은 자신의 주관적인 의미와 가치에 의해 결정된다.[399] 이것은 연구자 자신의 개별적인 주관적 의미와 가치가 문화현상을 선택적으로 조직하는 원리가 된다는 것을 말한다.[400]

> 조사자의 평가적인 이념 외에는 자료의 선택을 위한 어떠한 원리도 존재하지 않으며, 따라서 구체적인 실재에 대한 어떠한 의미 있는 지식도 존재하지 않을 텐데. 특별한 문화적 사실들의 유의미성significance에 관한 조사자의 신념 없이는 구체적 실재를 분석하기 위한 모든 시도가 절대적으로 무의미하다.[401]

자연과학과 문화과학에 대한 이러한 구별은 자연과학이 사실적 지식을 추구하는 현상적 자아의 활동인 데 반해, 문화과학에서는 가치를 추구하는 본질적 자아가 중요한 역할을 한다는 것을 의미한다. 문화과학에서는 연구자의 본질적 자아가 무엇이 연구 대상이 될 수 있는가를 결정한다. 베버는 문화과학에서 이루어지는 가치판단의 중요성을 다음과 같이 말하고 있다.

> 문화과학의 초월적 전제는 어떤 문화a certain culture가, 또는 일반적으로 어떤 문화any culture라도 가치 있다는 것을 우리가 발견하는 데 있는 것이 아니라 오히려 우리가 세계에 대해 의도적인 태도를 취하고 그것에 중요성을 부여하는 능력과 의지를 가진 문화적 존재라는 사실에 있다.[402]

이러한 처지에서 보면, 객관적 사실로서 존재하는 문화는 그 자체로서는 무의미한 것이다. 분석하는 사람의 가치판단이 그중에서 어떤 것이 문화가 될 수 있는지를 결정한다. 이렇게 되면 문화는 결국 본질적 자아의 주관적 내면세계와 같게 된다.

그러면 우리는 여기서 다음과 같은 질문을 던질 수 있다. 모든 연구자가 오로지 자신의 개인적인 의미와 가치에 따라 알려질 만한 가치가 있는 것을 선택해 탐구하는 것이 문화과학이라면 도대체 문화과학에서 지식은 연구자 자신의 개인적인 지식과 다름없지 않을까? 모든 문화과학자가 서로의 연구를 무의미하다고 여긴다면 열심히 연구한들 각자의 연구 결과는 결국 무의미한 것이 아닐까? 이에 대해 베버는 다음과 같이 말한다.

> 의심할 여지없이, 모든 평가적 이념은 **주관적**이다. [⋯] 그러나 그렇다고 해서 문화과학에서의 연구 결과들이 연구자 한 사람에게만 타당하고 다른 사람에게는 그렇지 않다는 의미에서 **주관적**이라는 결론이 나는 것은 아니다. [⋯] 달리 말하면, 조사 대상의 선택과 이 조사가 무한한 인과 연쇄web 속으로 침투하는 넓이와 깊이는 조사자와 그의 시대를 지배하는 평가적 이념에 의해 결정된다.[403]

이 진술에 의하면, 문화과학은 연구자의 주관적 가치에 의존하지만, 그 주관적 가치는 그의 시대를 지배하는 평가적 이념에 의해 결정된다. 베버 연구가인 코카J. Kocka도 이러한 측면에서 베버를 변호하였다. 그는 베버의 문화과학론이 "주관주의적 자의성"이라는 결단주의에 근거한 것이기는 하지만, 베버가 연구자의 주관적 가치를 당대의 주도적인 가치 이념에 터하고 있는 것으로 보았기 때문에 단순한 주관주의로 비난받을 수 없다고 변호하였다.[404]

연구자의 주관적 가치가 연구자가 활동하는 당대의 시대적 이념에 의해 결정된다면, 베버의 주관적 가치는 자기 시대를 지배하는 어떤 이념에 근거한 것일까? 베버의 사상에서 우리는 그것을 분명하게 인식할 수 있는데, 바로 독일의 문화적 사명과 부국강병이다. 알려질 만한 가치가 있는 것을 연구 대상으로 선택하는 베버의 본질적 자아는 바로 독일의 민족적 자아이다.

이념형 ideal type

본질적 자아와 현상적 자아의 구분은 베버의 이념형 논의에도 그대로 반영되어 있다. 베버는 문화과학에서 이념형이라는 개념을 사용해야 한다고 주장했다. 이념형은 서구 전통의 자연과학 방법론과 독일 전통의 문화과학 방법론 사이에서 베버가 택한 일종의 타협이나 절충이라고 할 수 있다. 독일 전통에서는 자연 세계에 관한 과학적 탐구 활동을 현상적 자아의 영역으로 치부하고 문화 세계를 본질적 자아의 활동 영역으로 보았다. 그러면서 문화과학은 자연과학처럼 외부 세계의 관찰을 통해 일반 법칙을 도출하려고 해서는 안 되고 본질적인 자아의 독특한 내면세계를 이해해야 한다고 주장했다.

베버의 이해 방법론에 큰 영향을 준 딜타이는 내면세계의 이해를 위해서는 개념을 사용해서는 안 되고 직관적인 추체험追體驗, Nacherleben

을 해야 한다고 주장했다(추체험은 다른 사람의 체험을 따라 체험하는 것을 말한다). 개념은 내면세계의 독특한 의미를 이해하는 데 아무 소용이 없다. 독일 역사학파도 역사 연구에서 개념 사용을 거부하였다. 역사학파는 역사의 구체적인 사건들 자체가 실재이며, 개념은 이 실재를 복사하는 역할만 담당할 뿐이라고 주장했다. 역사학파에 의하면, 역사과학은 실재를 완전히 재생산할 수 있는 수준에 도달할 때까지 개념 사용을 연기해야 한다.

신칸트 학파의 리케르트는 달랐다. 그는 역사학이 과학이 되려면 개념 사용이 불가피하다고 주장했다. 그러면서 그는 문화과학에서는 자연과학처럼 경험적인 대상들의 공통된 특징을 드러내는 보편적인 개념이 아니라 특이한 역사 현상을 보여 주는 특수한 개념이어야 한다고 주장했다. 독일 문화 전통을 계승하면서 리케르트는 본질적 자아들의 의미 추구 세계인 역사적 실재는 이질적이고 무한하므로 "개념들을 구성함으로써 인간이 자신들에게 중요한 실재의 측면들을 뽑아" 내야 한다고 설명했다.[405] "역사학적 개념들은 과거사들을 서로 다르면서도 독특하게 해 주는 그런 측면들(예컨대, '전통 사회'나 '자본주의 정신')을 식별하기 위해 구성된다."[406] 이런 개념들을 리케르트는 "역사적 개체"라고 불렀다. 베버는 이러한 리케르트의 주장을 그대로 수용하였으며 역사적 개체를 이념형으로 구성해야 한다고 주장했다.[407]

역사적 개체historical individual는 연구자에 의해 알려질 만한 가치가 있는 것으로 선택된 독특한 문화현상으로서, "무수히 다양한 역사적 사실 중에서 문화적으로 중요하다고 여겨지는 요소들을 선택하여 통일성 있는 개념으로 결합한 합성물complex이다."[408] 역사적 개체는 이념형을 통해 구성되는 "독특한 개성을 갖는 현상"[409]인데, '자본주의 정신', '프로테스탄트 윤리' 등이 그 좋은 예라고 할 수 있다.

자본주의 정신이나 프로테스탄트 윤리 등과 같은 이념형은 문화과학자(베버)의 주관적인 가치에 의해 알 만한 가치가 있는 것으로 선택된 개별적인 문화현상의 "특징적인 모습characteristic feature"을 명확하게 부각하는 개념 장치이다.[410] 이념형은 "가설hypothesis"도 아니고, "실재에 관한 기술"도 아니며, "통계적 평균"도 아니고, "어떤 종류의 구체적 사실들에 공통된 특성들"도 아니다.[411] 그것은 개념적으로 순수한 "정신적 구성체mental construct"로서, "실재의 어느 곳에서도 경험적으로 발견될 수 없는" "유토피아"이다.[412] 그럼, 본질적 자아와 현상적 자아가 이념형의 구성에 어떻게 관계하는가를 살펴보기로 하자.

이념형의 구성과 본질적 자아

이념형의 구성에서 본질적 자아는 자신의 주관적 의미에 따라 유의미한 개별적 문화현상의 선택에 관여한다. 예를 들면, 베버의 본질적 자아는 '자본주의 정신'과 '프로테스탄트 윤리'를 알 만한 가치가 있는 것으로 선택하였다. 이것이 과학의 가치 관련을 논하면서 베버가 강조했던 내용이다. 본질적 자아의 인도를 받지 않는 과학은 무전제적 존재 판단의 오류에 빠지게 된다. 베버는 이러한 오류의 가능성을 다음과 같이 지적하였다.

실재의 가장 작은 부분에 대해서조차 남김없이 기술하는 것이 불가능한 형편인데 개별적인 사실에 대한 인과적 설명이 어떻게 가능하겠는가? 어떤 하나의 사건에 영향을 끼친 원인의 수와 유형은 항상 무한하며, 그들 중 일부만을 주목받을 만한 가치가 있는 것으로 선정해야 할 징표는 사물들 그 자체 속에 존재하지 않는다. 무수한 개별적 사건들에 대한 '존재 판단existential judgment'의 혼돈이야말로 실재를 '무전제적으로' 분석하고자 하는 진지한 시도의 유일한 결과이리라.[413]

이념형과 현상적 자아

그러나 일단 주관적 선택이 이루어지면 현상적 자아는 이성으로 자본주의 정신과 프로테스탄트 윤리에의 이념형을 구성하고, 이 둘의 인과관계에 대한 유용한 과학적 지식을 추구한다. 이념형 작업은 실제의 작업이라기보다는 상상에 의한 작업이다. 그는 먼저 자본주의 정신이나 프로테스탄트 윤리의 이념형 형성에 필요하다고 생각되는 자료들을 수집한다. 자료들은 현존할 수도, 현존하지 않을 수도 있다. 수집된 문화 자료들은 순수성을 지키기 위해 논리적 극단까지 한 측면으로만 강조된 관점에 따라 배열된다. 이렇게 가공된 자료들은 무모순적으로 통일되어 하나의 역사적 개체로 구성된다. 이것은 상상으로 구성된 허구로, 실재의 어느 곳에서도 경험적으로 발견될 수 없다.[414] 따라서 이념형을 경험적 관찰에 근거해 객관적으로 검증하는 것은 불가능하다. 이념형의 객관성을 검증하는 유일한 방법은 이념형을 구성하는 요소들 사이의 내적 무모순성이다.

게다가 역사적 개체의 이념형은 연구자마다 다르게 구성할 수 있다. 베버는 자신이 구성한 자본주의 정신의 이념형이 자본주의 정신을 분석할 수 있는 "유일한 관점"은 아니라고 말했다. 쉽게 말하면, 자본주의 정신의 이념형을 베버 자신과 다른 방식으로 구성할 수 있다는 말이다. 그의 말을 들어 보자.

모든 역사적 현상에 대해서도 그러하겠지만, 우리가 조사하는 역사적 현상(자본주의 정신)에 대해서도 다른 관점이 제시될 수 있다. 그리고 그 다른 관점은 이 연구의 관점과 달리 다른 특징을 자본주의 정신의 본질로 제시할 것이다. 결론적으로 말하면, 이 연구의 분석 목적을 위해 이 연구에 의미 있는 것으로 제시된 것만을 자본주의 정신으로 이해할 필요는 없다.[415]

이념형 구성에 있어서 본질적 자아와 현상적 자아의 이러한 역할 분담은 본질적 자아의 무한한 자유와 현상적 자아의 합리적 자유 사이의 구별과 대칭되는 것이다.

본질적 자아의 무제약적 자유와 이념형

베버의 이념형 방법은 객관적 실재를 무한한 동경의 재료로 삼았던 낭만주의의 주관화된 기회 원인론적 성격을 띠고 있다. 베버는 낭만주의자처럼 현상적 자아가 관계하는 객관적인 실재를 혼돈스러운 것으로 보고, 이념형을 통해 그것에 질서를 부여하고자 하였다. 이것은 "이념 체계(이념형)는 사실들(객관적인 실재)의 혼돈 속에 질서를 부여하기 위한 시도이다"[416]라는 베버 자신의 표현 속에서 확인된다.

베버의 이념형은 낭만주의의 동경론을 문화과학에서 하나의 방법론으로 재연한 것으로 보인다. 이것은 낭만주의자들의 낭만적 반어Romantisch Ironie와 이념형의 유사성을 살펴보면 알 수 있다. 낭만적 반어는 무한한 동경을 위한 방법이다. 낭만주의자들의 무한한 동경은 형식에 얽매이지 않는 자유 상태를 의미하였다. 그들에게 형식과 부자유는 같은 것이었다. 그러나 그들은 무한한 동경을 작품으로 남길 때 형식에 얽매이는 문제에 직면하게 된다. 작품화 자체가 이미 형식에 구속되는 것이라 부자유하게 되는 것이다. 이 같은 딜레마를 극복하기 위하여 낭만주의자들은 낭만적 반어의 기법을 사용한다. 낭만적 반어란 초월적 자유를 위한 작품의 창조(형식화)와 파괴의 연속적 활동을 말한다. 낭만주의 문학의 대표자인 슐레겔은 낭만적 반어를 다음과 같이 묘사하였다.

> … 영원히 생성·발전하여 결코 완성하지 않는다는 사실이 실로 낭만시의 본질이다. […] 낭만 시만이 무한하며, 낭만 시만이 자유이다. 시인의 자의(自意)는 어떠한 법칙도 용납하지 않는다는 것을 그 최고 원리로서 인정하고 있다. 낭만 시풍은 단순한 형식임을 초월한 유일한 시의 형식[이다.][417]

슐레겔의 이 같은 묘사와 문화과학에 대한 베버의 다음 진술은 같은 의미를 내포하고 있다.

> 영원한 젊음이 허용되는 과학들이 존재한다. 역사과학historical

disciplines이 그들 중에 있다. 영원히 전진하는 문화의 흐름으로 말미암아 역사과학은 영원히 새로운 문제들에 직면한다. 역사과학에서 모든 이념형은 일시적인 생명만을 가질 뿐이다. 따라서 기존의 이념형을 계속 파괴하는 동시에 새로운 이념형을 창조하는 작업이 요청된다.[418]

> 지적 장치(이념형)는 [⋯] 우리가 실재로부터 얻을 수 있고, 또 얻기를 바라는 새로운 지식과 부단한 긴장 속에 있다. 문화과학의 진보는 이 같은 갈등을 통해 일어난다. 그 결과 실재를 파악하기 위한 개념들이 영원히 재구성되어야 한다. 사회과학의 역사는 실재를 분석적으로 질서 지우기 위해 개념들을 구성하고, 과학적 지평이 확대되고 이동함에 따라 그러한 기존의 분석적 개념들을 소멸시키고, 변화된 기초 위에서 새로이 개념들을 재구성하는 계속적인 과정이다.[419]

개념이 실재를 더 잘 이해하기 위한 허구적 구성체라고 보는 베버의 이러한 입장은 개념을 실재를 그대로 반영하는 진리로 보는 마르크스의 입장과 대립한다. 베버는 마르크스의 역사 유물론이 개념과 실재를 동일시함으로써 사실로부터 가치를 도출한다고 비판했다. 그는 다음과 같이 말했다.

> 자연주의적 편견에서 유래하는 이론과 역사의 혼동보다 더 위험한 것은 없다. 이러한 혼동 때문에, 첫째, 역사적 실재의 참된 내

용과 본질이 이론적 구성물 안에 생생하게 묘사된다는 신념으로
표현되며, 둘째, 이러한 이론적 구성체를 프로크루스테스 침대[획
일적 기준]로 사용해 역사를 강제로 견인하려고 하며, 셋째, 사건들
의 변화 배후에서 작용하면서 역사 속에서 스스로를 실현하는 '현
실적인 힘', '참된' 실재와 같은 관념으로 실체화된다.[420]

베버는 마르크스주의가 이러한 오류를 범한다고 본다. 마르크스주
의는 "근본적으로 주관적인 자신의 전제를 객관적으로 보편타당한 것
처럼 제시하고, 또 이 양자를 혼동하여, […] 자신의 가치판단과 편견
에 체계적으로 사로잡혀 있[다]."[421] 베버는 마르크스에 대해 다음과
같이 논평했다.

> 마르크스의 '법칙들'과 발전적 구성물들이 경험적으로 타당한,
> 또는 실재하는 (즉 형이상학적으로 참된) '효과적인 힘', 경향 등으로
> 여겨지자마자 그러한 구성물들을 사용했던 사람들은 곧 그것들의
> 해악을 알게 되었다.[422]

마르크스와 뒤르켐은 이성의 능력을 너무 과장해 이성으로 사회의
본질적 진리를 알 수 있고, 그 진리(사실)를 인식함으로써 도덕적 규범
을 제시할 수 있다고 보는 독단론[423]을 보여 주는데, 베버의 이념형은
이를 물리칠 수 있는 훌륭한 논거를 제공한다. 그러나 베버는 반대로
왜소한 이성의 능력으로는 역사적 실재의 무한성을 알 수 없으며, 허
구적 개념으로 대략적인 추측만 가능하므로 사실에 대한 인식으로는

결코 가치를 도출할 수 없다는 허무주의적 결단주의로 나아가고 만다. 코카도 마르크스와 베버의 사상을 독단론Dogmatismus과 결단주의 Dezisionismus로 대비하여 설명하였다.[424]

베버의 결단주의는 낭만주의의 주관화된 기회 원인론과 같은 맥락 속에 있는 것이다. 낭만주의 문학에서 낭만적 반어가 무한한 동경의 방법이었듯이, 베버의 문화과학에서 이념형은 무한한 동경의 과학을 위한 방법이었다. 낭만주의자들이 낭만적 반어를 통해 이루고자 했던 본질적 자아의 초월적 자유를, 베버는 이념형 통해 추구하였다. 이념형은 본질적 자아의 수단 노릇을 해야 하는 현상적 자아가 결코 본질적 자아를 구속하지 못하도록 만드는 장치이다.

베버가 『사회과학과 사회정책에서의 객관성』 끝부분에서 인용한 괴테의 시구는 본질적 자아의 초월적 자유를 향한 갈망을 보여 주는 것이다.

> … 새로운 충동이 눈뜨고
> 여신의 영원한 빛을 들이마시고자
> 낮을 눈앞에, 밤을 등 뒤에
> 위로는 하늘을, 아래로는 물결을 바라본다.[425]

이처럼 베버는 개념을 역사적 실재와 동일시하는 것을 부정하고 비판했음에도 불구하고, 합리화 논의에서 본 것처럼 합리화 개념을 역사적 실재와 동일시하면서 합리화의 결과 가치중립성 시대가 초래되었다고 분석하는 모순을 범하였다. 어쨌든 베버는 본질적 자아의 무제약적 자유 외에 현상적 자아의 합리적(자기통제적) 자유도 중요시하였다.

현상적 자아의 합리적 자유

합리적 자유에 대한 베버의 논의를 쉽게 이해하기 위해서 프로이센을 효율적인 관료제 공동체로 만들고자 한 프리드리히 빌헬름의 절대 군주를 회상해 보는 것이 유익하다. 프로이센의 경험은 독일에서 두 유형의 지식인들을 출현시켰다. 하나는 관료제를 바탕으로 한 기계적 현실에 환멸을 느낀 사람들이 심미적 영역으로 도피하여 본질적 자아의 무한한 자유를 추구하였던 유형이고, 다른 하나는 효율적인 관료제를 수단으로 본질적 자아의 무한한 자유(즉 독일 민족 공동체의 위대함)를 강화하려고 한 유형이었다.

베버는 후자의 유형이다. 베버가 낭만주의적 자유를 수용하면서 동시에 낭만주의의 유기체설을 비판한 것은 다음과 같은 맥락에서 이해될 수 있다. 현상적 자아의 합리적인 과학적 활동은 무시하고 자유를 본질적 자아의 활동 속에서만 찾고자 하는 낭만주의자들은 흔히 자유를 충동적이고 감정적인 비합리성과 동일시하였다. 베버는 이러한 자유 개념을 "동물적인 삶의, 경작되지 않는 하부토양에서 인격의 에토스를 추구하여" 그 결과 "의지의 자유를 자연 세계의 어두운 구석에 감금하려는 난잡한 […] 반계몽주의적" 태도라고 비판했다.[426] 베버는 이들과 반대로 자유를 도구적 합리성이나 계산 가능성과 같은 것으로 보았다. 이것은 그의 자유에 대한 정의에 잘 나타나 있다.

의지의 자유가 행위의 '비합리성'과 동일하다는 가정은 […] 명백한 오류이다. '자연의 맹목적인 힘'과 마찬가지인 '계산 불가능성'의 특성은 미친 사람의 특권이다. 다른 한편 우리는 최고도의 경험적인 자유감을 우리가 합리적으로 수행하고 있다고 생각하는 그러한 행위들에 관련시킨다. 이러한 행위들이란 물리적, 정신적 '강제'나 '감정 상태', 그리고 우리의 지식 정도와 일치해서 가장 적절한 수단으로 명확히 지각된 목표를 추구하는 판단의 명확성을 혼란시키는 '우연적' 요소들의 부재에서 일어나는 행위들이다.[427]

그러나 자유에 대한 베버의 이 같은 정의를 근거로 해서 그가 현상적 자아의 합리적 자유만을 인정하고 본질적 자아의 무한한 자유를 무시했다고 보는 것은 가치의 중요성을 강조한 베버의 입장과 상치되는 것이다. 그보다는 베버가 무한한 동경의 형태로 표현되는 본질적 자유와 현상적인 합리적 자유라는 두 가지 자유 개념을 가지고 있다고 보는 것이 더 설득력이 있다. 그에게 이 두 가지 자유는 한쪽을 위해 다른 쪽을 버려야 하는 양자택일의 것이 아니라 목적과 수단처럼 하나로 굳게 결합해야 하는 것이었다. 나중에 살펴보겠지만, 이것은 그가 신념윤리(가치 합리적 행위)와 책임윤리(도구 합리적 행위)의 결합을 가장 이상적인 것으로 보았다는 대목에서도 잘 나타나 있다.[428] 물론 여기에는 하나의 단서가 있는데, 그것은 자기의 조국(독일 민족 국가)을 궁극적 가치로 선택할 때만 그러하다는 것이다.[429]

신칸트 학파의 문화과학론은 1장에서 살펴본 다섯 가지 혁명을 통해 영국과 프랑스에서 출현한 현대문명을 물질적인 것으로 규정하고, 이로부터 전통적인 독일의 정신문화를 수호하려는 노력의 산물이었다. 문화는 구성원들의 자유로운 창조적 행위를 통해 형성되는 고유한 정신적 특성을 가지므로 자연과학에서처럼 보편 개념을 사용해 일반화할 수 없다는 것이 신칸트 학파 문화과학론의 핵심 주장이다. 현대문명의 보편적 흐름에 휩쓸리면 고상한 독일의 정신 문화가 파괴될 수 있다. 그래서 베버의 과학 방법론에 많은 영향을 준 리케르트는 문화과학을 통해 독일의 정신문화가 물질문명으로 타락하는 것을 방지할 수 있는 이론적 토대를 만들려고 했다.[430] 마치 조선 말기에 성리학 정신을 지키기 위해 쇄국을 한 것과 같은 맥락이라고 할 수 있다.

그러나 베버는 생각이 달랐다. 베버는 리케르트처럼 전통적인 독일 문화의 초개인적이고 형이상학적인 객관적 가치를 고집하면서 현대문명의 물질적 측면을 등한시하면 독일에는 미래가 없다고 보았다. 그는 독일 문화의 위대함을 드러내기 위해서는 시대의 변화를 수용하면서 경제적인 발전을 통한 부국강병이 필요하고, 이를 위해서는 자본주의를 "문화의 타락과 파괴의 원인이 아니라 새로운 근대적 문화 현상의 경제적 조건과 토대"[431]로 인식해야 한다고 생각했다. 비유하자면, 베버의 태도는 서구의 물질문명을 적극적으로 수용하려고 한 일본 메이지 유신의 개혁가들과 같다고 할 수 있다. 베버가 "자본주의라는 물질문화와 프로테스탄티즘이라는 정신문화가 어떻게 결합하고 상호작용했는가를 문화사적으로 추적"[432]한 것은 이러한 이유에서였다. 이제 문화과학은 현세적 금욕주의의 특징을 갖는 프로테스탄트 윤리처럼 세계를 합리적으로 통제하고 정복하는 임무를 수행해야 한다. 이를 위해 그는 독일이라는 국가를 가장 합리적이고 효율적인 방식으로 재구성하는 학문 방법론을 추구하였다.

이런 관점에서 베버는 이념형을 사용했다. 이념형은 역사의 실재가 아니라 역사적 사실들 가운데서 알 만한 가치가 있는 것, 즉 역사적 개체를 개념적으로 순수하게 재구성한 것이다. 무수한 역사적 사실 중에서 왜 특정한 역사적 개체가 알 만한 가치가 있는 것으로 선택되었을까? 예를 들면, 왜 베버는 종교사회학 저서들에서 가치중립성을 뒷받침하는 역사철학 개념으로서 합리화의 이념형을 만들었을까? 왜 베버는 『직업으로서의 정치』에서 정치가의 이념형을 만들었을까? 왜 베버는 『직업으로서의 학문』에서 과학자의 이념형을 만들었을까? 왜 베버는 프로테스탄트 윤리와 자본주의 정신에 관심을 가졌을까? 그리고 왜 이 둘을 이념형으로 구성해 이들의 인과관계를 바탕으로 경제인의 이념형을 구성했을까? 왜 베버는 관료제에 관심을 두고 관료제의 이념형을 만들었을까? 왜 베버는 행위 유형을 가치 합리적 행위, 도구 합리적 행위, 전통적 행위, 감정적 행위라는 네 가지 이념형으로 나누었을까? 이 모든 이념형 작업은 가장 유능한 카리스마적 정치가에 의해 가장 효율적이고 합리적으로 작동하는 권력 국가 모형을 제시하려는 그의 주관적 의미 부여의 산물이라고 할 수 있다. 이에 대해서는 3장에서 자세하게 논의된다.

1장에서 살펴본 것처럼, 현대문명은 과학 혁명, 계몽 혁명, 민주주의 혁명, 경제 혁명, 개인 혁명이라는 다섯 요소가 상호침투하고 중첩

되면서 출현하였다. 서구에서 현대문명이 형성되는 과정에서 이 다섯 혁명은 일종의 '세트 메뉴'로서 분리 불가능한 방식으로 결합해 있었다. 다섯 혁명의 세트 메뉴는 모든 인간은 유한하고 불완전한 존재라는 유한 세계관을 토대로 해서 모든 인간은 자유롭고, 평등한 존재라는 보편적 인식과 누구든지 태어나는 순간부터 인간으로서 동등한 권리를 가진다는 보편적 가치 규범을 공통의 재료로 삼아서 만들어진 것이다.

미국 독립선언과 프랑스 인권선언의 핵심은 바로 이 같은 보편적 인식과 가치를 공유하고 있다.

> "우리는 다음과 같은 사실을 자명한 진리라고 생각한다. 모든 사람은 평등하게 태어났으며 창조주로부터 양도할 수 없는 권리를 부여받았다. 그 권리 중에는 생명, 자유, 행복을 추구할 권리가 있다."
>
> -미국 독립선언

> "국민의회를 구성하는 프랑스 인민 대표들은 인권에 대한 무지, 망각 또는 멸시가 공중의 불행과 정부 부패의 모든 원인이라고 판단하고, 하나의 엄숙한 선언을 통해 자연적이고 소멸될 수 없으며 양도될 수 없는 신성한 인간의 권리를 밝히기로 결의했다. [⋯] 제 1조, 모든 인간은 자유롭고 평등한 권리를 갖고 태어난다."
>
> -프랑스 인권선언

현대문명은 이러한 보편적 인식과 가치 규범에 토대를 둔 인간 사회가 제대로 작동하기 위해서는 인간 내면에 새겨진 자연법을 준수해야 한다고 보았다. 자연법은 누구든지 인간으로서 천부의 자유와 평등과 권리를 누리도록 하는 보편적인 법 규범이다. 그러나 독일 지식인들은 인간 존재에 대한 보편적 인식과 인간 본성에 내재하는 법 규범인 자연법을 독일 문화의 고유성이라는 이름으로 부정하고 거부하였다.

5) 반자연법적인 역사적 특수주의

마르크스도, 베버도, 그리고 독일 문화 전통 전체도 역사적 특수성에 근거하여 시민사회의 보편 규범인 자연법 사상을 부정하였다. 마르크스는 생산력의 수준에 따라 그에 조응하는 사회가 만들어진다고 하면서, 자연법에 근거한 근대 시민사회의 정치적 해방은 인간적 해방의 공산주의 사회로 나아가는 특수한 단계일 뿐이라고 주장했다. 베버는 역사를 유물론적 법칙으로 설명하는 마르크스의 시도에 대해서는 비판했지만, 자본주의를 역사 과정에서 발생한 하나의 "역사적 개체"로 보는 관점에 대해서는 높이 평가하였다.[433] 베버는 역사를 본질적 자아의 자유로운 의미 추구가 만들어 내는 무질서하고 혼돈으로 가득 찬 이질적 연속체이므로 자연법과 같은 보편 규범은 존재할 수 없고, 오직 공통의 의미를 공유한 특수한 민족만이 절대적인 규범이 될 수 있다고 주장했다. 여기서는 보편 규범을 부정하는 특수주의가 베버 사상의 중요한 주제들 가운데서 어떻게 표현되었는지를 보여 줄 것이다.

베버는 법사회학에서 일단 자연법이 한 국가가 가진 실정법의 정당성 여부를 판단하는 보편적 규범이었음을 인정하였다.[434] 그는 자연법을 "이성의 카리스마charisma of reason"라고 부르면서 역사적 과정에서 나타났던 카리스마의 마지막 형태라고 하였다.[435] 그러나 베버는 마르크스주의, 콩트의 진화론, 역사주의의 유기체적 성장이론, 지적 회의주의, 실증주의, 법적 합리주의, 현실 정치Realpolitik 등의 출현으로 자연법적 신념이 약화되었으며, 특히 종교적 세계관의 합리화 결과로 가치중립이 요구되는 근대 서구 사회에서는 자연법이 실정법의 근거가 될 수 없다고 보았다.[436]

그러나 가치중립성 시대가 도래한 것을 칼뱅주의에서 정점에 달한 합리화와 연관 짓는 베버의 설명은 역사적 사실을 왜곡하는 것이다. 베버의 설명과는 달리 칼뱅주의는 오히려 자연법 사상을 근대적으로 부활시키는 데 크게 공헌하였다. 베버 자신도 이러한 사실을 여러 곳에서 인정하고 있다. 예를 들면, 어떤 곳에서는 "근대 자연법의 형성은 부분적으로 합리주의적 종파들에 의해 제공된 종교적 동기에 근거하였다"[437]고 하였으며, 다른 곳에서는 "오늘날 우리 중 누구도 그것 없이는 살 수 없는 양심의 자유와 기본적 인권은 그 종파들의 근본적 개인주의에 은혜를 입고 있다"[438]고 하였다. 이 외에도 그는 "금욕적 집회와 종파는 근대 '개인주의'의 가장 중요한 역사적 기초 중의 하나를 형성하였다. 가부장적이고 권위적인 구속으로부터 그들의 근본적인 단절과 더불어 인간은 인간보다는 신에게 복종해야 한다는 그들의 해석 방식은 특히 중요했다"[439]고 말한 바 있다. 또한, 베버는 칼뱅주의의 영향을 크게 받았던 영국과 미국에서는 여전히 자연법 사상이 객관적으로 타당한 가치의 역할을 하고 있다는 사실을 강조하였다.[440] 이처럼 자의적으로 자연법의 시대가 지나갔다고 단정하고 그 원인을 칼뱅주의가 수행한 종교적 세계관의 합리화에 귀속시키는 베버의 설명은 그가 독일의 반자연법 전통을 계승하고 있다는 중요한 표시이다. 베버 자신도 법사회학 논의에서 독일의 반자연법 전통을 지적하면서 독일 역사학파 법 이론이 이성의 추상적 규범인 자연법을 유기적으로 성장하는 민족정신의 표현으로 변질시켰다고 하였다.[441] 20세기 전반의 대표적인 독일 역사가인 마이네케F. Meineke는 독일의 반자연법 전통을 다음과 같이 요약하였다.

> 자연법은 […] 이성을 모든 개인에 있어 동일한 것으로 보았기 때문에 그 이성의 모든 판정과 명령에 절대적인 타당성을 부여하고 있었다. 이러한 사실에서 […] 최선의 국가 형태는 보편적인 도덕률에 전적으로 복종해야 한다는 요구가 등장하게 되었던 것이다. 그러나 이제 독일에서 인간은 이성 및 이성의 이상, 그리고 이성의 명령 등의 보편적인 타당성이나 동일성으로부터 스스로를 해방시켰다.[442]

사실, 독일의 반자연법 전통의 효시는 종교 개혁자 루터에게로 거슬러 올라간다. 루터의 종교 개혁 신앙은 반자연법 전통을 독일인들의 머릿속에 각인시켰다. 여기서 루터와 칼뱅을 비교할 필요가 있다. 루터와 칼뱅은 모두 기독교의 도덕법인 십계명을 신이 인간의 마음속에 새겨 놓은 자연법으로 보았지만, 그것을 대하는 태도는 서로 달랐다. 루터는 신의 법을 행위로 나타내야 구원받는다는 가톨릭의 객관적 형식주의와 행위주의가 종교적 위선을 널리 퍼뜨렸다고 비판하면서 종교의 내면성을 강조했다. 루터의 내면 지향적 종교관은 그의 사상의 기반이 되는 이신칭의justification by faith(신앙의인이라고도 함) 교리에 잘 나타나 있다.

이신칭의는 예수가 인간의 죄를 용서하기 위해 자신의 몸을 대속물로 내어주었다는 사실을 믿기만 하면 누구든지 의롭다고 인정받아 구원된다는 교리다. 이것에 의하면, 기독교는 외적인 행위의 종교가 아니라 내면적인 고백이나 동의의 종교라고 할 수 있다.[443] 이로 인해 루터주의는 믿음이라는 주체의 의미부여 행위를 통해 무한한 신성과 합일할 수 있다고 보았다. 이에 반해 칼뱅은 루터의 이신칭의 교리를 기독교 사상의 핵심으로 받아들였지만, 루터와 달리 구원받은 자는 더 열심히 신의 법인 자연법을 준행해야 한다고 했다. 그리하여 칼뱅은 기독교가 내면적인 동기를 중요시하는 종교인 동시에 외면적 행위도 중요시하는 종교임을 강조했다.[444] 칼뱅은 법의 준수를 창조주와 피조물을 엄격히 구분하는 경계로 보았다. 따라서 믿음을 통해 신과 합일하려는 루터파적인 시도를 철저히 부정했다.

신의 법(자연법)에 대한 이러한 루터와 칼뱅의 서로 다른 인식은 중요한 역사적 결과를 낳았다. 법의 중요성을 간과한 루터의 내면 지향적 신앙은 교회 조직의 중요성을 무시하게 되었다. 그는 신과 인간의 직접적인 관계를 강조해 성직자와 평신도 사이에 차이가 없다는 만인사제설을 주장했다. 이러한 영적인 평등주의는 교회 내에 완전한 민주주의를 가져오는 것처럼 보이지만 실제로는 교회 내에 무정부주의를 초래했다.[445] 그 결과 루터 교회는 교회 조직의 권한을 세속적인 영주나 제후의 손에 넘겨주었고, 영주나 제후는 교인 훈련, 교회 재산 관리, 교직자 임명뿐만 아니라 심지어는 교리조차도 결정할 수 있는 권한을 갖게 되었다.[446] 그 결과 독일 교회는 영주 권력의 가장 신뢰할 만한 지주가 되었다. 즉 독일 교회는 상부 권력에 대한 복종의 의무를 설교하고, 영주의 권력을 신이 내린 것이라고 정당화함으로써 루터주의의 특징인 숨 막힐 정도의 편협한 보수적 정신을 배양했다.[447]

이에 반해 법의 중요성을 강조한 칼뱅은 루터의 만인사제설을 받아들이는 데서 멈추지 않고 독자적인 교회 조직을 확립하는 데까지 나아갔다.[448] 그뿐만 아니라, 칼뱅은 신의 뜻(법)을 실현하는 기관으로서 교회와 국가의 중요성을 똑같이 강조하면서도 이 둘의 기능을 엄격히 분리했다. 그리하여 그는 국가의 행정력이 교회 조직 내부까지 손을 뻗칠 수 있는 소지를 없애 버렸다. 그 결과 칼뱅의 신학 사상을 받아들인 곳에서는 교회와 국가 모두 자연법의 준수를 중요하게 생각하면서 서로의 영역을 존중하게 되었고, 국가가 교회를 좌지우지하는 일은 일어나지 않았다. 그 결과 미국 청교도들의 활동에서 보는 바와 같이 교회는 시민사회를 형성하는 선봉이 되었다.

또한, 루터는 세속적인 정치권력이 신의 의지를 구현한다고 믿었기 때문에 기독교인들은 세속적 문제에 관해서 영주나 제후에게 복종할 것을 요구했다.[449] 그는 신의 뜻이 자연법보다는 세속적 권력을 통하여 나타난다고 주장했다. 그러나 칼뱅은 신의 법을 사람들의 마음

속에 새겨진 도덕의 완전한 표준으로 보고 세속적인 권력자도 이에 복종해야 한다고 주장했다.[450] 따라서 그는 이 법을 무시하는 부당한 집권자에 대한 저항권을 인정했다.[451] 신의 법의 보편성에 대한 칼뱅의 강조는 세속적 권력에 의해 제정된 실정법을 초월해 그것을 판단할 수 있는 객관적인 근거를 재확립하는 데 기여했다. 그 결과, 그것은 중세 말기의 민족 국가 형성과 더불어 대두된 실정법 지상주의를 견제하는 데 큰 역할을 했다. 현대 정치학의 선구자로 인정받는 마키아벨리N. Machiavelli의 정치사상은 이러한 실정법 지상주의의 대표적인 예라고 할 수 있다. 그러나 루터의 종교 사상은 실정법을 종교적으로 신성시하는 결과를 초래함으로써 종교를 부정한 마키아벨리보다 더 위험한 결과를 낳았다.

루터와 칼뱅의 이상과 같은 차이점들은 주로 루터주의 영향권에 놓인 독일과 칼뱅주의가 득세한 서유럽 사이에서 다른 형태의 사회가 형성되는 데 중요한 역할을 했다. 즉 서유럽에서는 보편적인 자연법 사상에 기초한 합리적 시민사회가 형성되었지만, 독일에서는 독일 민족 고유의 공동체적 일체감을 유지하고자 하는 특수주의가 강력하게 대두되었다. 루터 종교 개혁의 특수주의적 성격은 그가 후대의 독일 지식인들에게 교회를 개혁한 지도자보다는 독일 민족의 영웅으로 간주된 사실에서 잘 나타난다. 이상의 사실은 베버의 설명과는 달리 칼뱅주의가 자연법 사상을 부정하는 것이 아니라 오히려 현대적으로 부활시키는 데 크게 이바지했다는 사실을 말해 준다. 따라서 칼뱅의 예정론에서 합리화가 정점에 달했고, 그 결과 신이 죽었으며, 보편적인 자연법 규범도 무의미하게 되었다는 베버의 설명은 루터의 관점에서

칼뱅의 신학 사상을 자의적으로 해석하는 오류를 범하고 있다고 할
수 있다.

민주주의에 대한 반反민주주의적 이해

베버는 민주주의의 기반이 되는 보편적 가치 규범을 부정했다. 그
는 18세기와 19세기 초에 고전 민주주의의 기초가 되었던 자연법
사상이 더는 민주주의 가치 규범의 기초가 될 수 없다고 보았다.[452]
이러한 그의 태도는 민주주의에 대한 다음의 정의에서 찾아볼 수
있다.

> 미국의 젊은이는 어떤 것에 대해서든 어떤 사람에 대해서든 존
> 경respect을 표하지 않는다. 전통이나 공적인 지위에 대해서도 마
> 찬가지이다. 단 한 가지 예외가 있다면, 그것은 개인의 성공이다.
> [...] 이것이 민주주의의 의미이다.[453]

그가 이 글에서 전하고자 하는 바는 민주주의가 개인의 성공만을
강조한다는 것이다. 그래서 그는 식료품 상점 주인이 식료품을 팔 듯
이, 교수도 지식만을 제공해야지 강의실에서 학생들에게 (보편적) 가
치판단을 강의해서는 안 된다고 주장했다.[454]

베버의 이런 주장에 대해 과학에서의 가치판단 문제와 강의실에서
의 가치판단 문제를 혼동해서는 안 된다고 강조하면서 전자를 상황
을 불문하고 반드시 지켜야만 할 요구로, 후자를 독일의 특수한 상황
에 근거한 요구로 해석하는 견해가 있다.[455] 즉 베버가 강의실에서 교

수의 가치판단을 금지한 것은 강의에서 교수가 절대적 권위를 갖고 있던 당시 독일 대학의 권위주의적인 풍토에 한정된 것이라는 해석이다. 이것도 한 이유가 될 수 있다. 베버는 다음과 같이 말했다.

> 강의실에서는 교수가 학생들을 마주 보고 서서 강의하고, 학생들은 그냥 듣고만 있어야 한다[독일에서 강의는 Vorlesung인데 '앞에서 읽다'라는 의미를 지님]. 학생들이 앞으로의 진로 때문에 교수의 강의에 참석해야 하므로 어떤 학생도 교수의 강의를 비판할 수 없다. 이런 환경을 이용하는 것(자신의 가치판단을 학생들에게 주입하는 것)은 무책임하다.[456]

그러나 베버가 독일 대학의 권위주의적 풍토 때문에, 독일에서만 강의실에서의 가치판단을 금지했다는 주장은 적절하지 못하다. 베버가 강의실에서의 가치판단 문제를 논하면서 예로 들고 있는 상황은 '독일의 특수한 상황'이 아니라 '미국의 상황'이기 때문이다. 베버는 "다시 한번 미국의 예를 들겠다. 왜냐하면, 미국에서는 이 문제[강의실에서 교수의 가치판단을 금지하는 문제를 말함]가 가장 순수하고 본래의 형태로 관찰될 수 있기 때문이다"라고 하면서, 이어 "미국 대학생들은 교수를 식료품 상점 주인이 나의 어머니에게 양배추를 팔듯이 나의 아버지의 돈을 받고 자신의 지식과 방법을 파는 사람으로 인식한다"고 적고 있기 때문이다.[457]

요약하면, 베버는 강의실에서의 가치판단을 두 가지 이유로 금지한다. 하나는 독일 대학에서 교수가 갖는 우월적 지위라는 이유이고.

다른 하나는 민주주의를 가치중립성과 동일시하면서 민주주의 사회에서는 개인의 성공에 필요한 사실만을 제공해야 한다는 이유다. 그러나 둘 다 설득력이 없다. 먼저, 독일 대학이 권위주의적이기 때문에 교수가 가치판단을 금지해야 한다는 것은 하나만 알고 둘은 모르는 소리이다. 인간은 태어나서 아무것도 알지 못할 때 부모의 가치판단을 습득함으로써 사회화된다. 이후로는 유치원, 초중고를 다니면서 우월적 지위를 가진 선생님들을 통해 끊임없이 가치판단을 주입받는다. 베버의 주장대로라면, 부모는 갓 태어나 아무 판단능력이 없는 아기들에게 가치판단을 제공해서는 안 되며, 초중고 선생님들도 교실에서 가치판단을 제공해서는 안 된다. 이것은 사회화 자체를 부정하는 논리이다. 따라서 베버는 독일 대학의 권위주의적 풍토를 민주적으로 개혁하여 교수와 학생들이 서로 자유롭게 가치판단과 그 근거를 제시하면서 토론해야 한다고 주장했어야 했다. 이게 바로 대학의 참된 기능 중 하나가 아닐까?

다음으로, 민주주의와 가치중립성을 동일시하면서 강의실에서 교수가 가치판단을 제공해서는 안 된다는 주장도 말이 안 되는 논리이다. 일단 민주주의는 가치중립성이 아니라 모든 인간의 자유와 평등, 그리고 자연법 사상이라는 가치를 토대로 해서 작동하는 정치 시스템이다. 민주주의가 유지되기 위해서는 그런 가치들이 계속 강조되어야 한다. 따라서 민주주의를 가치중립성으로 이어 붙이는 것은 자의적인 논리적 왜곡이다. 이러한 왜곡을 근거로 베버는 '교수가 강의실에서 가치판단을 제공해서는 안 된다'라는 자신의 가치판단을 강요하고 있다. 가치판단을 해서는 안 된다는 베버의 가치판단은 '모든 크레타 사람은 거짓말쟁이'라는 크레타 사람의 말처럼 자체 모순적이다.

민주주의를 오직 개인의 성공에만 존경을 표하는 시스템으로 이해한 베버는 민주주의적 인간상을 높이 평가하지 않았다. 그는 민주주의적 인간이 가치보다는 행복 추구에 관심이 있다고 하면서 그러한 인간을 "영혼이 없는 전문가들과 마음이 메마른 향락가들"인 "무의 인간the nullity"이라고 불렀다.[458] 이 같은 표현은 『프로테스탄트 윤리와 자본주의 정신』에서 기계적인 자본주의적 경제 기구에 갇혀 있는 인간의 상태를 묘사한 것이다.[459] 베버 자신이 이러한 인간을 민주주의적 인간이라고 부른 적은 없지만 두 가지 면에서 그의 무의 인간은 민주주의적 인간상과 관련되어 있다.

① 베버는 근대 서구 사회를 합리적 자본주의라는 역사적 개체로 특징지었다. 이것은 그에게 있어서 자본주의가 현대 서구 사회의 여러 현상들을 대표하는 개념이라는 것을 의미한다. 따라서 현대 자본주의적 인간에 대한 베버의 논의는 현대 민주주의적 인간까지 포함하고 있다.

② 베버의 무의 인간은 그가 『직업으로서의 학문』에서 인용한 니체F. Nietzsche의 마지막 인간last men과 같은 의미를 지닌다.[460] 니체의 마지막 인간은 근대 서구에서 새롭게 출현한 민주주의적 인간형을 가리키는 개념이다. 니체는 "마침내 왜소한 우스꽝스러운 종족, 가축의 무리 같은 존재, 선량하고 유약하며 범용한 존재가 육성되게끔 되었던 것이다. 즉 오늘의 유럽인이 말이다"[461]라고 하면서 이러한 인간형이 민

주주의의 결과임을 다음과 같이 지적하고 있다. "민주주의 운동은 단지 정치적 기구의 한 퇴폐 형식으로 생각될 뿐만 아니라 인간 그 자체의 왜소화의 형식, 인간의 범용화와 가치 하락의 현상으로 생각된다."[462] 베버도 니체처럼 민주주의가 자신의 행복에만 관심이 있는 왜소한 인간을 만들어 낸다고 보았다.[463]

나는 한때 베버를 민주주의의 옹호자로 보고 그의 종교사회학 속에서 프로테스탄트 윤리와 민주주의의 기본 정신 사이의 관계를 재구성하려고 시도한 적이 있다.[464] 그때 나는 왜 베버가 프로테스탄트 윤리와 자본주의 정신의 관계에 대해서만 언급하고 민주주의 정신에 대해서는 침묵했는가에 대해 의아하게 생각했다. 그러나 베버가 자유민주주의의 기반인 자연법 사상을 부정한다는 사실을 알게 되었을 때 이러한 의문은 풀렸다. 베버가 서구의 근대 시민사회를 합리적 자본주의라는 측면에서만 이념형으로 개념화하여, 그것을 칼뱅주의와 연관지어 설명한 것은 두 가지에서 역사적 사실에 대한 왜곡이다.

① 그는 현대 시민사회가 이룩한 정치적 측면의 업적인 민주주의를 도외시하고 있다. 자본주의와 민주주의는 상호 밀접하게 연관되어 있으며, 자본주의 없이 민주주의가 성공하기 어려운 것이 사실이지만, 그래도 민주주의는 자본주의로 환원될 수 없다. 따라서 마이클 노박 M. Novak의 말대로, 그는 자본주의 정신이 아니라 민주자본주의 정신에 관해 썼어야 했다.[465]

② 이것의 연장 선상에서 베버는 칼뱅주의와 민주주의와의 관련성

에 대해 언급하고 있지 않다. 허버트 루시H. Luethy에 의하면, 칼뱅주의는 경제적 측면보다는 정치적 측면에 더 큰 영향을 끼쳤다.[466] 칼뱅주의가 민주주의에 끼친 영향에 대한 베버의 무관심은, 칼뱅주의로 인해 (민주주의의 사상적 기초인) 자연법 사상이 보편적 규범의 성격을 상실하게 되었다는 그의 잘못된 합리화 논의와 같은 맥락에 있는 것이다. 이러한 측면에서 볼 때 서구의 근대 시민사회에 대한 베버의 편향된 개념화는 민주주의적 가치(자연법 사상)가 독일에 유입되는 것을 차단하면서 효율적인 자본주의만을 수입해 독일의 부국강병을 도모하려는 "가려 쓰기" 전략의 일환이라고 할 수 있다. 그리고 이러한 지적 편식을 위한 도구가 바로 이념형이라고 할 수 있다. 전통적으로 가려 쓰기는 뒤늦게 위로부터의 현대화에 착수한 독일과 일본의 정치가들과 지식인들이 사용하는 일반적인 전략이었다.

그는 독일인이 자연권을 행사하면서 행복과 평화를 추구하는 민주주의적 인간형보다는 가치 투쟁에 헌신하는 영웅적 인간형이 되기를 원했다. 그는 프라이부르크 대학 취임 연설인 「국민 국가와 경제 정책」에서 평화와 행복의 추구를 통속적인 망상이라고 비난하면서, 경제 정책이 인간 또는 국민의 행복을 목표로 해야 한다는 생각에 대해 다음과 같이 말했다.

> 우리가 행복주의자가 된다는 것은 도저히 불가능하며, 미래의 태내에 평화와 인간의 행복이 들어서 있다고는 망상조차도 할 수 없고, 또한 인간과 인간의 가혹한 투쟁을 겪지 않고 어떤 다른 방

법에 의해서 현세의 권력적 지배권을 나의 것으로 만들 수 있을 것이라고는 도저히 믿어지지 않습니다.[467]

여기서 베버는 "우리가 자손에게 선물로서 보내 주지 않으면 안 될 것은 평화라든가 인간의 행복이 아니라 우리들의 국민적 특질을 지켜 가면서 한층 더 발전시키기 위한 영원한 투쟁"[468]이라는 말로 연설을 끝맺고 있다. 결국, 베버는 독일 민족 공동체의 위대함을 궁극적 가치로 보고 이 가치를 실현하기 위해 독일인이 행복보다는 투쟁을 추구해야 한다고 말했던 것이다.

물론 베버는 정치제도로서의 민주주의를, 처음에는 내각제를, 나중에는 국민투표plebiscitary를 통한 민주주의를 지지했다. 하지만 그것은 민주주의의 가치에 대한 헌신 때문이 아니라 그 제도가 관료제를 적절히 통제함으로써 독일 민족 공동체를 잘 이끌어갈 카리스마적 정치 지도자를 배출하는 효과적인 수단이 될 수 있다고 판단했기 때문이다.[469] 배동인은 이것을 "민주주의에 대한 베버의 반민주적 이해"[470]라고 논평했는데 이는 매우 적절하다 하겠다. 베버는 친구들과의 담화에서 민주주의에 대한 자신의 견해를 다음과 같이 피력했다.

민주주의에서 국민들은 자신들이 신뢰하는 지도자를 선택한다. 선택이 끝나면 선택된 사람은 '이제 당신들의 입을 닫고 나에게 복종하시오'라고 말한다. 국민들과 정당들은 더 이상 지도자의 일에 간섭할 자유가 없다.[471]

독일의 역사학자 몸젠T. Mommsen은 베버의 "대중적 지도자 민주주의 이론"이 "케사르적·권위적 특징을 갖고 있다"[472]라고 주장했다. 그는 이러한 해석에 대한 반박이 제기되고 있지만, "막스 베버를 가장 가까이서 체험하였으며 그와는 개인적으로도 멀지 않았던 트뢸치가 이미 이와 비슷한 결론에 도달했다고 단언할 수 있다"[473]라고 덧붙였다.

나는 베버를 민주주의의 옹호자로 해석하는 견해에 대해 좀 더 토론하고 싶다. 한국 최고의 베버 전문가 중 한 사람인 전성우 교수는 베버의 지배사회학을 재구성하는 과정에서 베버가 니체처럼 민주적 가치(자연법 사상)를 부정한 허무주의자였다는 사실을 인정하면서도 베버를 계속해서 민주주의의 옹호자로 해석하고 있다.[474] 먼저, 그는 베버가 결과를 중시하는 책임윤리에 근거해 경험적 실제적 차원에서 가치 사이의 타협 가능성을 충분히 인지하고 있었을 뿐 아니라 더 나아가서 타협의 필요성마저 인정하고 있었다고 주장한다.[475]

그러나 이러한 주장은 몇 가지 문제점을 안고 있다. 일차적인 문제는 과연 베버의 사회학 안에 서로 다른 가치들을 타협할 수 있도록 만드는 장치가 존재하느냐 하는 것이다. 이 장치가 베버에게는 없다. 다만 서로 다른 가치들 간에는 죽느냐 사느냐의 투쟁만 있을 뿐이다. 베버의 논리에서 보면, 가치의 타협은 곧 가치의 포기이다. 여기서 두 번째 문제가 제기된다. 즉 더 높은 수준의 보편적 가치에 의해서가 아니라 단지 성공적인 결과의 달성만을 위해서 자신의 가치를 포기한다면 이것이 마키아벨리즘과 다른 점이 무엇인가?

다음으로, 그는 자연법적 근거 없이도 민주주의가 가능하다고 본다.[476] 그 이유는 한 번 정착된 민주주의적 권리들은 자연법적 근거 없이 적절한 제도적 장치와 구조적 권력 분화를 통해서도 충분히 보호될 수 있기 때문이다. 그러나 민주적 가치의 지속적인 내면화 없이 제도만으로 민주주의가 가능할까? 설사 그것이 가능하다고 하더라도 베버 당시의 독일이 아직 민주주의의 정착 단계에 진입하지 못했다는 사실을 고려한다면 이러한 논의는 설득력을 잃는다.

마지막으로, 그는 베버가 노동조합주의자라는 사실을 강조함으로써 베버를 민주주의자로 해석하려 한다.[477] 그는 베버가 노동조합주의를 지지한 것은 민주적인 시민 의식과 시민적 행위 양식에 대한 그것의 교육적 효과를 기대했기 때문이라고 해석한다.[478] 그러나 비담에 의하면, 베버에게 노동조합의 문화적 가치는 "노동 계급이 기존의 사회질서를 수용하도록 교육하는 중추 기관"으로 여겨졌다. 베버는 노동조합적 동지애와 연대감을 중시했는데, 이는 노동자의 대중적 규율을 확보하고 조합 지도자들이 노동 계급으로 하여금 국가 정책을 신뢰하도록 하는 수단이었을 뿐이다.[479]

도덕적 정당성을 파괴하는 정당성 유형론

베버의 정당성 유형론은 매우 위험한 정당성 파괴 논리이다. 그는 정당성 논의를 통해 민주주의의 보편적 가치 규범을 철저히 무시한다. 그는 정당한 지배의 순수 유형을 합법적 권위, 전통적 권위, 카리스마적 권위의 세 가지로 구분했다.[480]

먼저, 합법적 권위legal authority는 제정된 규칙들이 합법적이라는 믿음과 합법적 규칙들에 따라 명령권을 획득한 사람들의 지배에 대한 믿음에 근거하는 것이다. 다음으로, 전통적 권위traditional authority는 전통의 신성함과 전통에 따라 권위를 행사하는 사람들의 정당성에 근거하는 것이다. 마지막으로, 카리스마적 권위charismatic authority는 어떤 개인이 가진 예외적인 신성함, 영웅적 자질 또는 모범적인 특질에 대한 헌신과 그런 개인에 의해 계시되거나 규정된 규범적 질서에 대한 헌신에 근거하는 것이다. 종교 예언자, 전쟁 영웅, 정치 지도자, 사회 운동 지도자, 암흑가의 보스 등이 카리스마를 소유하고 있다고 보았다. 예수, 석가, 공자, 알렉산드로스, 나폴레옹, 시저, 히틀러, 간디, 알 카포네, 이순신 등이 여기에 포함된다고 할 수 있다.

이 세 가지 유형은 순수하게 형식적인 측면에서 정의된 것으로, 내용적인 측면은 완전히 무시되고 있다. 예를 들면, 전통적 권위에서 베버는 그 전통이 민주적 가치에 기반을 둔 것이냐 전제적·가부장적 가치에 기반을 둔 것이냐 하는 차이를 도외시하고 있다. 카리스마적 권위에서도 카리스마의 소유자가 정상적인 유형의 지도자냐 아니면 해적 두목이나 갱 두목과 같은 비정상적인 유형의 지도자냐, 또는 민주적 가치를 지향하는 지도자냐, 독재를 지향하는 지도자냐 하는 것에는 별로 관심이 없다.[481] 합법적 권위에서도 사정은 마찬가지이다. 그는 권력의 통치 수단인 실정법의 내용이 자연법과 일치하는가에 대해서는 무관심했다. 단지 통치 행위가 비인격적인impersonal 법에 의한 것인가 아니면 인격적인personal 온정에 의한 것인가에만 관심을 나타내었다.[482] 베버는 이러한 권위의 세 가지 유형 중 합법적 권위를 근대 서구의 가장 공통된 정당성의 형태라고 보았다. "합법적 권위의 단초들beginnings이 먼 과거 속에서 아무리 많이 발견된다고 하더라도 그것의 완전한 발전은 현대의 특징적인 현상"[483]이라는 것이다.

합법적 권위에 대한 베버의 논의는 법실증주의자인 게오르그 엘리네크G. Jellinek와 순수 법학의 창시자인 한스 켈젠H. Kelsen의 법 이론과 유사하다. 베버는 엘리네크로부터 커다란 영향을 받았다.[484] 엘리네크는 국가를 법적 권위의 유일한 원천으로 보았고,[485] 켈젠도 법질서를 행동하는 국가로 보았다. 켈젠은 베버와 마찬가지로 가치의 문제는 판단하는 주체의 감정이나 욕망에 의해 정서적으로 결정될 수밖에 없다고 보았다. 그는 객관적으로 타당한 가치를 제시하는 자연법 이론을 거짓말(플라톤이 말하는 고상한 거짓말)이라고 했는데,[486] 이것은 가치중립성의 견지에서 자연법을 환상으로 보는 베버의 태도와 일치한다.

형식적 측면에서 정의된 베버의 합법적 권위는 이처럼 국가와 법을 동일시하는 결과를 가져온다. 결국, 이러한 법이론들은 민족 공동체의 전체 의지인 민족정신을 법의 최고 원천으로 삼은 독일 낭만주의의 반자연법적 법 개념과 같은 맥락에 있는 것으로 볼 수 있다. 따라서 합법적 권위를 근대 서구의 특징적인 현상이라고 본 베버의 해석은 잘못된 것이다. 베버가 말하는 합법적 권위는 프로이센 관료제에 의해 지배당하고 있던 독일에서만 나타난 특징적인 현상이라고 말하는 것이 옳다.[487]

하이에크F. Hayek에 의하면, 전통적으로 독일에서는 합법적 지배를 형식적인 법치국가의 개념과 동일시했다.[488] 형식적 법치국가는 "어떤 명령이 합법적으로 공포되었느냐만을 물을 뿐 그것이 모든 사람에게 평등하게 적용될 수 있는 정의의 규칙이냐를 묻지 않는다." 따라서 그것은 개인의 자유를 보호하지 못한다. 1장에서 아이히만이 자신은 당시의 법을 준수했기 때문에 아무런 잘못이 없다고 주장하는 근거가 바로 형식적 법치국가 사상이다.

차성환은 베버의 합법적 권위에 나타난 이 같은 형식적 법치국가의 개념과 민주주의의 기초가 되는 실질적 법치국가의 개념을 구별하지 못했기 때문에 베버의 합법적 권위를 공공윤리와 동일시하는 오류를 범하고 있다.[489] 즉 그는 사적 윤리의 행위를 인간적 주종관계를 지향하는 행위로, 공공윤리적 행위를 사실적이고 비인격적인 목적에 의무적으로 봉사하도록 지향하는 행위로 정의한다. 그러면서 그는 공공윤리의 준거로서 다음과 같은 베버의 논의를 소개하고 있다. "만일 관료가 제 일을 가장 이상적인 의미에서 국가 권력 체제의 합리적 규정에 따라서 처리하는 경우에, 관료제적 국가 기구 및 국가에 고용된 합리적인 정치적 인간은 […] 불의를 처벌하는 것까지 포함해 자신의 업무를 '인간을 고려함 없이' 그리고 '증오함이 없음과 마찬가지로 또한 편애함도 없이' 객관적이고도 사실적으로 수행한다."

그러나 민주주의의 기초가 되는 공공윤리적 행위는 비인격적인 규칙에 대한 지향뿐만 아니라 보편적 가치 내용에 대한 지향을 포함하는 행위이다. 독일적인(베버적인) 의미에서의 합법은 공공윤리에서 매우 중요한 보편적 가치 내용을 도외시하고 있다. 바로 이 때문에 다렌도르프R. G. Dahrendorf는 독일에서 공공윤리(그의 표현으로는 공적 미덕)가 부재한다고 비판했던 것이다.[490]

베버는 법사회학에서 "자연법이 […] 법적 질서의 유일한 무모순적 정당성의 유형"[491]이라는 사실을 인정했지만, 합리화로 인한 가치중립성 시대의 도래로 더는 법체계의 기초가 될 수 없다고 보았다. 가치중립성 시대에는 민족 공동체의 의지에 기초한 합법적 권위가 가장 적합한 권위 형태이다.

베버를 민주주의의 옹호자로 확대 해석하는 전성우 교수는 여기서도 베버가 법 실증주의자가 아님을 변호하고 있지만 별로 성공적이지 못하다. 그는 한편으로는 마치 베버가 실정법을 초월하는 기초로서 자연법을 인정한 것처럼 진술하다가 갑자기 방향을 바꾸어 베버가 합리화의 결과 실정법을 초월하는 어떠한 규범도 거부한 허무주의자라고 하면서 이를 '베버 해석의 딜레마'라고 얼버무린다.[492]

그뿐만 아니라, 그는 카리스마적 지배와 전통적 지배가 정당성의 확보를 위해 마술적 세계상이나 종교적 세계상과 같은 초실정법적 근거에 의존하는 반면, 합법적 지배는 그 정당성이 '합리적인 관료제에 내재하는 자기충족적 속성'에 놓여 있다고 말한다.[493] 여기서 합리적 관료제의 자기충족적 속성이란 "비인격적이고 체계적인 질서, '마치 기술적으로 합리적인 기계같이 기능하는'"[494] 것을 말한다. 이것은 결국 합법적 정당성이 기계처럼 수단으로 봉사하는 데 있다는 의미이다.

결론적으로, 베버의 합법적 정당성에 대해 정리하자면 이렇다. 즉 베버의 합법적 정당성은 그것의 수단적 합리성에 있다. 그러나 수단은 목적 없이 독자적으로 존립 불가능하기에 합법적 정당성은 목적 그 자체인 외부의 초월적 근거를 필요로 한다. 그런데 이 초월적 근거는 베버에게 자연법이 아니라 카리스마적 지도자의 의지를 통해 표출되는 민족 공동체의 전체 의지이다. 관료제를 논할 때 자세히 살펴보겠지만, 베버는 관료제를 수단적 지위에 묶어 두기 위해 강력한 카리스마적 지도자를 요구했다.

의미 전쟁과 정당성 문제 그리고 카리스마적 권위[495]

개인을 무제약적인 의미지향 주체로 보는 베버에게, 인간 사회는 당연히 '의미들의 전쟁 상태'이다. 모든 사람이 자신만의 의미를 무제약적으로 추구하면서 살아간다면 인간들 사이에 필연적으로 갈등이 생길 수밖에 없다. 이것은 인간을 욕망 추구의 존재로 보고, 인간 사회의 상태를 욕망들의 전쟁 상태로 본 홉스에 비유될 수 있다. 하지만 욕망들의 전쟁이든, 의미들의 전쟁이든 결국 권력을 가진 자가 이 전쟁에서 승리한다. 왜냐하면, 권력은 "사회관계 안에서 한 행위자가 저항에도 불구하고 자신의 의지를 관철할 수 있는 개연성"[496]이기 때문이다. 따라서 홉스와 마찬가지로 베버도 권력을 인간 사회에 질서를 확립할 수 있는 핵심 요소로 본다.

그러나 적나라한 권력 그 자체만으로는 의미 전쟁을 끝낼 수 없다. 권력은 항상 또 다른 권력의 도전을 받기 때문이다. 의미 전쟁을 끝내기 위해서는 권력이 정당하다고 인정받는 의미에 의해 뒷받침되어야만 한다. 이것이 홉스와 다른 베버의 해결방식이다. 인간 사회를 욕망들의 전쟁으로 본 홉스는 강한 권력(리바이어던)을 해결책으로 제시했지만, 의미들의 전쟁으로 본 베버는 [강한 권력 + 정당하다고 인정받는 공통의 의미]를 해결책으로 제시하였다.

베버는 정당하다고 인정받는 공통의 의미에 의해 뒷받침되는 권력을 지배라고 불렀다. 지배는 "권력의 불평등이 규칙적인 유형으로 정립되고 그것에 의해 복종하는 집단(혹은 개인)이 지속적인 서열 체계에서 그 지위를 수락하고 지배하는 집단(혹은 개인)의 명령에 따라 행동하는 그러한 권력관계"[497]를 말한다. 베버는 이처럼 권력을 중심으로 한 지배-복종의 관계를 인간 사회의 가장 본질적인 측면으로 이해했다. 그래서 그의 사회학은 지배 사회학이라고 불린다. 사회현상을 연구하는 방법론적 측면에서 본다면, 그의 사회학은 개별 행위자의 의미에 대한 이해를 강조하는 이해 사회학이지만 사회를 움직이는 본질적인 내용의 측면에서 본다면 그의 사회학은 권력에 의한 지배를 강조하는 지배 사회학인 것이다.

그러면 정당하다고 인정받는 공통된 의미에 의해 뒷받침되는 지배를 확립할 수 있는 원천은 무엇인가? 베버는 그 원천을 카리스마적 인물에서 찾았다. 대체로 카리스마적 인물들은 위기 상황에 출현해서 사람들이 해결하지 못하는 문제를 해결하고 돌파해 낸다. 그들은 보통 사람들이 예상하지 못하는 방식으로 문제를 해결해 나간다. 사람들은 그의 문제 해결 능력을 보고 영웅으로 인정하고 그의 권위를 인정하고 수용하게 된다. 카리스마적 인물들은 위기 상황의 해결을 위해 상황에 대한 공통된 정의를 제공함으로써 사람들을 공통된 의미로 묶을 수 있다. 이러한 의미 묶음을 통해 인간 집단은 갈등을 벗어나 질서를 유지할 수 있다.

여러 종류의 카리스마적 인물들이 이러한 의미 묶음을 통해 인간 집단에 공통된 의미를 제공하지만, 그중에서 베버가 사회학적 분석에서 특히 주목한 인물들은 종교 예언자들이었다. 종교 예언자들은 사람들에게 자신들이 직면하는 갖가지 종류의 고통들을 포함해서 자신들의 실존적 상황을 해석할 수 있는 가장 포괄적인 공통의 의미 체계,

베버의 표현으로 세계상world-image을 제공해 주는 주요 담당자들이었기 때문이다.

베버는 인간의 역사를 카리스마가 출현해서 일상화되는 과정으로 설명한다. 카리스마적 인물들은 한 집단이 지도력의 부재, 내부의 의견 대립이나 갈등, 외부의 위협과 침략, 천재지변 등과 같은 다양한 위험에 노출되어 구성원들이 혼란에 빠질 때, 자신의 비범한 능력으로 위기를 극복해 내기 위해 서로 경쟁한다. 이 경쟁에서 문제 해결 능력을 발휘하는 카리스마적 인물이 승리해 집단의 지도자가 된다. 카리스마적 지도자는 한 집단이 처한 상황에 대한 정의와 세계에 대한 새로운 인식을 제공함으로써 사람들을 하나로 묶어 주는 공통의 의미를 발전시킨다.

카리스마적 지도자는 오로지 자신의 개인적인 자질로 추종자들에게 권위를 인정받는다. 그는 구성원들에게 삶의 의미를 제공하던 기존의 세계상을 수정하여 새로운 삶의 의미를 추종자들에게 제시한다. 그의 강력한 카리스마는 자신의 의도대로 추종자들을 이끌기에 충분하다.

그러나 그가 죽은 후 그의 권위를 계승하는 인물들은 카리스마의 부족을 경험하게 되고, 따라서 지도력을 제도화해야 하는 문제에 직면한다. 그들은 카리스마적 지도자가 생전에 가르친 삶의 의미와 교훈을 지식의 형태로 정리하여 믿음 체계와 의례 체계로 발전시킨다. 이렇게 정리된 지식은 새로운 추종자들을 가르치는 데 사용된다.

그 결과 새로운 의미를 추구하는 단순한 운동이 조직의 형태로 구체화한다. 이렇게 지도력이 후세대에 계승되면서 한편으로는 최초의 카리스마적 인물이 제시한 세계상이 더욱 조직적이고 세련되게 다듬어져 교육되고, 다른 한편으로는 후계자들의 지도력에 습관적으로 복종하게 된다. 이처럼 카리스마적 권위가 제도화되면서 전통적 권위로 변한다. 베버는 이러한 현상을 카리스마의 일상화로 불렀다. 마치 용암이 분출되어 기존 산의 모습을 변화시킨 후 시간이 감에 따라 용암이 식어서 굳어지는 것처럼 말이다.

[카리스마의 출현 ➡ 카리스마의 일상화 ➡ 위기의 발생 ➡ 새로운 카리스마의 출현 ➡ 카리스마의 일상화 ➡ 위기의 발생 = 새로운 카리스마의 출현 …] 이런 식의 순환 과정을 거치면서 인간의 역사는 진행된다. 칼뱅주의의 창시자인 칼뱅도 기독교 전통 내에서 새로운 세계상을 제시한 카리스마의 중요한 예라고 할 수 있다. 베버는 다른 모든 종교에서는 카리스마적 권위가 일상화되면서 전통적 권위로 변화고, 또 새로운 카리스마적 인물이 출현하고 이것이 또 일상화되어 전통적 권위로 변하는 식으로 순환되는 데 반해서, 서구에서만 합리화 과정이 지속적으로 이루어지면서 합법적 권위가 출현했다고 보았다.

윤리 자체를 파괴하는 신념윤리와 책임윤리

끝으로, 베버의 반자연법적 특수주의는 신념윤리와 책임윤리에 대한 논의에서도 나타나고 있다. 신념윤리와 책임윤리는 네 가지 행위 유형 중 가치 합리적 행위와 도구 합리적 행위를 각각의 내재적인 평가 기준에 따라 표현한 것이다.

그에 의하면, 가치 합리적value-rational 행위는 "어떤 가치가 윤리적이거나 심미적이거나 종교적이거나 간에 그 가치 자체에 대한 의식적인 믿음에 의해 결정되는" 행위이다.[498] 따라서 가치 합리적 행위자는 행위의 성공적인 결과에는 관심이 없다. 그는 자신이 궁극적인 것으로 간주하는 가치에 대해 얼마나 순수한 동기를 유지하느냐에 관심이 있을 뿐이다. 그러므로 가치 합리적 행위는 궁극적 가치에 대한 동기의 순수성이라는 내재적인 평가 기준을 갖는다고 할 수 있다. 이러한 평가 기준이 신념윤리이다.

이와는 반대로 도구 합리적 행위(목적 합리적 행위)는 "상황 내에 존재하는 자연적인 물체들과 인간 존재들의 행동을 예상하고, 그 예상을 자신의 목적 달성을 위한 '수단'으로 사용하는" 행위이다.[499] 따라서 도구 합리적 행위자는 동기의 순수성에는 관심이 없고, 오직 목적의 성공적인 달성에만 관심이 있다. 그러므로 성공적인 결과가 도구 합리적 행위를 평가하는 내재적 기준으로 나타나며, 이러한 기준을 결과에 책임을 진다는 의미에서 책임윤리이다.

전성우 교수는 가치 합리적 행위와 도구 합리적 행위에 대해 다음과 같이 설명했는데,[500] 나는 여기에 동의하지 않는다. 그에 의하면, 가치 합리적 행위는 "목적과 수단에 관해서는 자율적인 선택권을 가지지만, 가치는 그 자체로 선택의 여지 없이 주어진 것이고, 또 그런 이상 이 가치의 실현을 위한 행위의 결과에 관해서는 관심이 없는 행위"인 반면, 도구 합리적 행위는 "모든 요소의 자율성이 주어진 행위이다. 특히 가치 합리적 행위와 비교해 볼 때, 이 행위는 인간 행위의 원래적 주된 동인인 이해 추구가 어떠한 절대적 성질의 가치 규범적 제한도 받지 않는" 행위로 이해된다. 이 해석에 따르면, 도구 합리적 행위는 인간의 이성이 목적과 수단의 선택뿐만 아니라 "가치 선택의 자율성"까지 갖는다는 면에서 "행위의 내적 자율성"이 가장 큰 행위이고, 가치 합리적 행위는 인간의 이성이 "가치 선택의 자율성"을 갖지 못하고 주어진 가치를 수용해야 한다는 점에서 도구 합리적 행위보다 행위의 내적 자율성이 제한되는 행위이다.

그러나 내 분석에 의하면, 이와 달리 가치 합리적 행위는 가치 선택에 대해 절대적인 자율성을 갖는 행위이며, 또 자신이 선택한 가치의 성공적인 수행이 아니라 그것에 대한 동기의 순수성에만 관심을 두는 행위이다. 그리고 이에 반해 도구 합리적 행위는 가치 선택의 자율성과 선택한 가치에 대한 동기의 순수성에는 아예 관심이 없고, 오직 목적의 성공적인 달성에만 관심을 두는 행위이다. 가치 합리적 행위는 본질적 자아의 영역이고, 도구 합리적 행위는 현상적 자아의 영역이다.

이처럼 가치 합리적 행위와 도구 합리적 행위에 대한 잘못된 해석을 바탕으로 그는 도구 합리적 행위를 다음과 같이 확대 해석하는 오류를 범한다. "도구 합리적 행위는 행위자들의 대등한 교통관계를 전제로 한다. 왜냐하면, 어떤 가치도 그것 자체로 절대적일 수 없고, 이성적 토론과 설득을 통해서만 그 타당성을 인정받을 수 있기 때문이다." 앞에서도 강조했지만, 베버에게 아무리 토론을 많이 해도 이성은 어느 가치가 더 타당한지는 결코 관여할 수 없다.

물론 베버도 가치토론에 대해 언급했다. 그러나 그가 말하는 가치토론은 서로 다른 가치들 사이에서 어느 것이 더 타당한가를 밝히는 토론이 아니다. 베버가 말하는 가치토론의 진정한 목적은 "어떤 사람이 자신과 완전히 다른 가치를 가진 사람과 토론할 때" "자신이나 반대자의 가치가 진짜로 의미하는 바가 무엇인지", 즉 "단순히 두 토론자의 외관상의 차이가 아니라 진정으로 이들을 갈라놓는 가치를 이해하고, 분명한 가치 입장을 취할 수 있도록 하는 것에 있다."[501] 따라서 가치에 대한 합리적 토론을 할수록 두 사람은 서로가 합의를 이룰 수 없다는 사실을 깨닫고 가치에 더욱 민감하게 반응할 뿐이다.[502] 줄곧 강조되고 있지만, 베버에게 가치 선택은 주관적 결단에 의해서만 가능하고, 상이한 가치들 간의 타당성은 투쟁을 통해 승리함으로써만 증명된다. 결국 가치 합리적 행위에 내재하는 신념윤리와 도구 합리적 행위에 내재하는 책임윤리는 자연법 같은 보편타당한 윤리적 가치와는 정면으로 배치된다고 할 수 있다. 베버는 다음과 같이 자문하고 있다. "연애, 사업, 가정, 관직 등과 같은 인간관계에 대해 동일한 내용의 명령을 확립할 수 있는 윤리가 실제로 존재하는가?"[503] 당연히 베버의 대답은 부정적이다. 그럼 신념윤리와 책임윤리를 좀 더 깊이 살펴보기로 하자.

① 신념윤리(궁극적 목적의 윤리)

신념윤리에 대한 베버의 정의는 권위의 세 가지 유형에 대한 정의와 마찬가지로 순전히 형식적인 것으로 볼 수 있다. 베버는 신념윤리에 대한 논의에서 가치 내용의 문제를 중요하게 생각하지 않는다. 신념윤리는 개개의 행위자가 절대적으로 여기는 가치의 내용이 무엇이든 상관없이, 그것에 관련된 동기의 순수성이라는 형식만을 고려할 뿐이다. 예를 들어, '모든 인간은 태어날 때부터 자유롭고 평등하다'고 주장하는 자연법적 가치와 '모든 인간은 태어날 때부터 상이한 신분과 위계 서열 속에 위치한다'고 주장하는 가치를 비교해 보자. 신념윤리의 관점에서 보면, 이 두 가지 가치 내용 중 어느 것이 객관적으로 타당한지를 결정할 수 없으며, 행위자가 어느 가치를 수용하든지 그 가치에 순수한 동기로 헌신한다면, 그는 훌륭한 윤리적 인간이 된다. 또한, 히틀러처럼 인종주의를 궁극적인 절대가치로 삼는 행위자가 순수한 동기로 자신의 가치에 몰입되어 다른 인종에게 폭력을 가할 경우, 그는 훌륭한 신념윤리의 행위자이다. 따라서 서로 다른 신념윤리들 사이에서는 항상 '신과 악마 사이에서처럼' 영원한 투쟁이 발생한다.

물론 베버도 신념윤리의 행위자를 비판했지만, 비판의 이유는 그가 자연법과 같은 보편적인 규범을 따르지 않기 때문이 아니라, 자신의 행위 결과를 고려하지 않았다는 사실 때문이다. 베버에 의하면, 신념윤리는 무책임과 동일시될 수는 없지만, 행위의 결과에 무관심하도록 만든다. 신념윤리의 행위자는 자신이 추구하는 신념이 무엇이든, 자신의 행위가 행위 의도와 배치되는 다른 결과를 초래할 때, 그는 그것을 자신의 책임으로 인정하지 않고 "세상", "다른 사람들의 어리석음" 또는 "그들을 만든 신"에게 책임을 돌린다.[504]

이러한 무책임에 더하여, 베버는 신념윤리의 행위자가 "세계의 윤리적 비합리성ethical irrationality을 견딜 수 없다"[505]라고 비판했다. 윤리적 비합리성이란 선으로부터만 선이 생기고 악으로부터만 악이 생기는 것이 아니라 오히려, 그 반대로 악으로부터 선이, 선으로부터 악이 생기는 것을 말한다.[506] 베버는 이러한 윤리적 비합리성에 근거해, 현실에서는 많은 경우에 선한 목적을 달성하기 위해 도덕적으로 의심스럽거나 위험스러운 수단을 쓰지 않을 수 없다고 말했다.[507] 따라서 신념윤리적 행위자, 특히 산상수훈과 같은 비현실적인 사랑의 윤리를 따르는 평화주의자는 이 같은 세계의 윤리적 비합리성 앞에서 반드시 좌절하게 된다.

> 신념윤리는 목적에 의한 수단의 정당화 문제에서 명백히 박살
> 이 나고 만다. 사실 논리적으로만 보면, 신념윤리는 도덕적으로 위
> 험한 수단들을 사용하는 모든 행위를 거부해야만 한다. 이론적으
> 로 그렇다는 말이다. 그러나 현실의 세계에서 우리는 신념윤리의
> 지지자가 천년왕국을 부르짖는 예언자로 돌변하는 현상을 자주
> 경험한다. 예를 들면, 방금 '폭력을 반대해 사랑'을 설교하던 사람
> 들이 이제는 모든 폭력이 사라지는 상태로 가는 **마지막** 폭력적인
> 행위를 위해 무력을 사용할 것을 요구한다.[508]

② 책임윤리

책임윤리는 동기의 순수성에 관계하는 신념윤리와는 반대로 목적의 성공적인 달성이라는 결과에 따라서 행위를 판단하는 것이다. 따라서 책임윤리에서는 물질적 대상이든, 인간이든 목적의 성공적인 달성을 위한 수단으로 간주한다. 베버는 가치 및 동기에 관련된 신념윤리와 수단 및 결과에 관련된 책임윤리 사이에는 결코 화해할 수 없는 장벽이 존재한다고 보았다. 그는 다음과 같이 말했다.

우리는 다음과 같은 사실을 명백히 해야 한다. 윤리적으로 지향된 모든 행위는 신념윤리 또는 책임윤리 중의 하나에 의해 인도된다. 그런데 이 둘은 근본적으로 상이한, 대립된 공리들maxims이기 때문에 서로 화해할 수 없다.[509]

베버의 책임윤리가 신념윤리와 반대된다고 해서 자연법론적 윤리관과 조화를 이루는 것은 아니다. 신념윤리는 행위자가 준수해야 할 보편적 규범으로서의 자연법을 부정하지만 행위자가 헌신해야 할 주관적인 가치는 중요시한다. 그러나 책임윤리는 보편적 가치이든 주관적으로 헌신해야 할 가치이든 가치 자체를 전혀 염두에 두지 않는다. 달리 말하면, 책임윤리의 특징은 모든 가치로부터의 해방을 뜻한다. 책임윤리의 이 같은 성격은 베버가 책임윤리의 대표적인 예로 삼고 있는 현실 정치Realpolitik의 개념에서 아주 뚜렷하게 드러난다. 그에 의하면, 정치는 아주 특별한 수단, 즉 폭력에 의해 뒷받침되는 권력과 함께 움직인다. 그뿐만 아니라 정치는 오직 폭력에 의해서만 해결될 수 있는 여러 상이한 과제들을 갖고 있다. 이것은 정치에서 성공적인 결과를 얻기 위해, 필요하면 폭력이 사용될 수 있다는 의미이다. 이것은 정치의 영역이 철저히 윤리적 비합리성의 영역이라는 뜻이다.

정치에 종사하고자 하는 자, 특히 정치를 직업으로 삼고자 하는 자는 누구든지 이러한 윤리적 역설을 깨달아야만 한다. 그리고 그는 이러한 역설의 영향하에서 어떻게 자기 자신이 될 것인가에 관해 책임이 있다는 사실을 알아야 한다.[510]

정치의 이 같은 특성 때문에 그는 정치에 윤리를 요구해서는 안 된다고 보았다. 그는 그런 사람을 정치적 유아political infant라고 불렀다.[511] 베버는 현실 정치의 이 같은 특성을 "정치에 몸담는 사람은 [...] 악마적인 힘들과 계약을 맺는 사람"[512]으로 결론지었다. 결과적으로, 책임윤리에 근거하는 현실 정치의 관점에서는 종교적인 형제애 윤리나 인간 해방의 사회주의 윤리, 또는 인간의 자연적 권리라는 이념을 주장하는 자연법적 윤리는 객관적인 책임감을 결여하고 지적인 흥미만을 추구하는 낭만주의에 불과한 것이다.[513] 따라서 책임윤리 역시 보편적 규범을 상정하는 자연법론과 조화를 이룰 수 없는 것이라 할 수 있다.

③ 신념윤리와 책임윤리의 결합

이상에서처럼 베버는 신념윤리와 책임윤리가 결코 화해할 수 없다고 보면서도 한 가지 경우에만은 오히려 두 윤리의 결합을 권장하고 있다. 바로 자신이 속한 공동체, 즉 조국fatherland을 궁극적 가치로 선택할 경우이다. 베버는 조국을 궁극적 가치로 선택한 정치가가 "나는 여기를 고수한다; 나는 이것 외에 다른 어떤 것도 할 수 없다Here I stand; I can do not other"라고 하면서 다른 모든 윤리를 희생시킬 때 헤아릴 수 없는 감동을 느낀다고 고백했다.[514] 그는 "이러한 경우에 신념윤리와 책임윤리가 절대적인 대립관계absolute contrasts에 있는 것이 아니라 오히려 상호보완관계supplements에 있으며, 이 같은 결합 속에서만 정치를 소명으로 가질 수 있는 진정한 인간이 형성된다"고 했다.[515]

앤서니 스미스A. A. Smith는 베버가 주관적 결단에 의해 민족 국가를 자신의 궁극적인 가치로 선택했다고 하면서도 이것이 변형된 책임윤

리에 속한다고 보았다. 이에 대한 그의 설명은 이렇다.[516]

먼저, 베버는 두 가지 지점에서 신념윤리가 결함이 있다고 보았다. 하나는 가치중립성 시대에 신념윤리는 '지성의 희생'을 강요하는 교조주의가 될 수 있다는 것이며, 다른 하나는 신념윤리가 폭력 사용을 거부한다는 것이다. 그러나 그렇다고 베버가 책임윤리를 무조건 선호한 것은 아니었다. 베버는 (신념윤리의 측면에서) 아무런 신념을 갖지 못한 사람을 '영적으로 사망한 사람'이라고 불렀다. 신념윤리와 책임윤리에 대한 베버의 이러한 비판을 고려해 스미스는 베버의 입장을 '변형된 책임윤리'라고 부른 것이다.

그러나 스미스는 베버가 민족 국가도 하나의 궁극적 가치로서 신념윤리의 대상으로 보았다는 사실을 간과했다. 이러한 사실만 알게 되면 베버가 '변형된 책임윤리'를 선택한 것이 아니라 민족 국가 안에서 신념윤리와 책임윤리의 결합을 시도했다는 사실을 쉽게 알 수 있다. 이렇게 함으로써 베버는 영적으로 사망한 사람이 되지 않으면서도 지성을 희생하거나 폭력 같은 비도덕적이지만 필수적인 수단을 거부할 필요가 없게 되었다.

신념윤리와 책임윤리에 대한 베버의 이러한 태도는 자연법이 실정법의 정당성 여부를 판단하는 기준이 된다는 자연법 사상에 맞서, 실정법을 나름대로 고유하고 절대적인 가치를 가진 민족정신의 표현이라고 본 독일의 법실증주의 전통과 같은 맥락에 있는 것이다.

유럽에서 파시즘의 출현 과정을 설명한 『경제인의 종말』에서 드러커 P. F. Drucker는 기독교의 등장 이후 권력의 도덕적 정당성은 "유럽의 정치 철학과 유럽 정치사의 중심적인 문제"였는데 파시즘은 이러한 도덕적 정당성 자체를 부정했다고 본다.[517] 권력의 도덕적 정당성을 파괴하는 전통은 마키아벨리로부터 유래하는 것인데, 베버의 정당성 유형론과 신념윤리·책임윤리 개념은 이러한 마키아벨리 전통을 윤리라는 이름으로 훨씬 더 우아하고 매력적으로 가공한 결과물이라고 할 수 있다. 신념윤리와 책임윤리를 결합한 카리스마적 정치 지도자는 니체의 초인처럼 선과 악을 초월하는 인물이다.

6) 문화적 존재로서의 인간

인간을 문화적 존재로 보는 베버의 인간론은 그의 특수주의를 이해하는 데 가장 중요한 관건이 된다. 베버에 대한 논의를 시작하면서 인용했지만, 베버는 인간을 "세계에 대해 의도적인 태도를 취하고, 그것에 의미를 부여하는 능력과 의지를 가진 문화적 존재"로 규정했다.[518] 이는 어떤 특정한 종류의 인간에게만 해당하는 것이 아니라 모든 개개인에게 적용된다. 그래서 베버의 사회학에서는 [인간 = 문화적 존재 = 개성적 존재]라는 등식이 성립된다. 베버는 이 등식을 자신의 사회학의 초월적 전제로 삼았다.[519] [인간 = 문화적 존재 = 개성적 존재]라는 이 등식이야말로 베버가 가치중립성이라는 이름으로 자연법과 같은 보편적 가치를 부정하고, 모든 가치가 주관적이라는 근거와 모두 차별 없이 동등하다는 실존적 결단주의를 주장하게 되는 인간학적 정초이다. 그리고 이 인간학적 정초야말로 많은 베버 연구가들이 시민사회 지지자들의 천박한 자유주의와 구별되는 참된(또는 영웅적) 자유주의자로서의 베버의 모습을 그려 내는 근거가 되

었다.[520]

그러나 [인간 = 문화적 존재 = 개성적 존재]로서의 베버의 인간학은 인간을 특수한 민족 공동체 속에 가두려는 시도에 지나지 않는다. 이것은 베버가 문화 개념을 민족 공동체적 개성에 국한해서 사용하고 있는 사실에서 증명된다. 베버의 사회학에서 문화는 세계에 대한 한 개인의 의미 부여(개인적 개성)가 아니라 한 집단의 공유된 의미 부여(공동체적 개성)이다. 즉 "문화는 다른 집단이나 사회로부터 한 집단이나 사회를 구분해 주는, 즉 그 개성Eigenart을 구성하는 특수한 가치이다."[521] 그리고 여기서 '개성을 구성하는 특수한 가치'는 바로 민족 공동체의 가치이다. 문화는 베버가 민족 공동체의 개성을 형성하는 복합적 특징들을 지칭하기 위해 사용한 중심 개념이다.[522]

베버에 의하면, 한 문화를 특징짓고 규정하는 개성은 민족적 개성이다. 이것은 베버가 민족 문화와 관련해서만 문화라는 개념을 사용했다는 것을 의미한다. 베버는 한때 "모든 문화는 민족 문화이다"[523]라고 쓰기도 했다. 문화의 개념과 민족 공동체적 개성 사이의 이 같은 밀접한 연관성은 베버가 "민족의 의미는 보통 공동체의 개성을 배양함으로써 보존되고 발전될 수 있는 문화 가치의 우위성 또는 적어도 대치 불가능성에 근거하고 있다"[524]고 말한 데서 명백해진다. 비담은 개성을 민족 공동체와 동일시하는 베버의 이러한 태도를 개인주의적 가치에 대한 헌신의 연장으로 보았다.[525] 그러나 이러한 해석은 완전히 잘못된 것이다. 이와 반대로 베버는 개인의 개성을 민족적 개성 속에 용해함으로써 개인주의 가치의 말살을 의도했다고 해석해야 한다.

물론 베버는 그의 사회학 속에서 여러 종류의 문화 공동체(특히, 종교 공동체)를 아주 중요한 것으로 언급하고 있다. 하지만 그에게는 민족 공동체가 최고의 가치를 가지는 개성적 공동체였다. 왜냐하면, 종교적 이념이 더는 객관적인 구속력을 가질 수 없는, 탈주술화 시대에는 민족 공동체만이 "문화의 운반 수단이며 체현 형태"[526]이기 때문이다.

이처럼 개성을 민족 공동체적 개성과 동일시한 베버는 이제 참된 개성적 인간은 그의 개인적 개성이 민족 공동체의 개성 형성에 이바지하는 특별한 종류의 인간이라고 보는 엘리트주의적 관점을 취한다. 그는 "지식인들이 민족적 이념의 주요 지지자라는 것은 자명하다"고 말하면서 지식인을 "자신들의 독특한 개성 때문에 문화 가치로 여길 만한 어떤 업적을 달성하는 특별한 사람들"[527]로 정의했다. 그에게 대중은, 지식인 엘리트에 의해 유포된 문화적 가치들을 공유하기 전까지는 "문화가 없는kulturlos" 존재에 불과하다.[528] 따라서 베버에게는 문화적 존재이자 개성적 존재인 인간은 민족 공동체의 개성을 창조할 수 있는 특별한 능력을 소유한 엘리트적 인간인 셈이다. 카리스마적 정치 지도자에 대한 베버의 깊은 관심은 이러한 맥락에서 이해될 수 있다.[529] 카리스마적 지도자가 모든 민족 구성원들의 개성을 대표하는 궁극적인 최고의 개성이 되기 때문이다.

결국, 문화적 존재로서의 인간이라는 외견상의 보편적 규정은, 실제로는 특정 문화 공동체 내에서만 존재 의의가 있는 특수한 인간을 지칭하는 셈이다. 비담은 전자를 베버의 방법론적 저작들에서 나타나는 문화에 대한 광의의 정의로, 그리고 후자를 정치적 저작들에서 나타나는 협의의 정의로 보면서 이 둘을 구별한다. 이것은 베버의 학문적 저작들과 정치적 저작들이 구별되어야 한다는 비담의 시각이 반영된 것으로 보인다. 그러나 이러한 구별은 베버의 사상을 제대로 이해하지 못한 것이라고 할 수 있다.

베버 이전에도 독일에는 한편으로는 개인의 절대적 자유를 강조하는 극단적인 개인주의 사상을 주창하면서도, 다른 한편으로는 개인의 자유가 민족 공동체의 개성 속에서만 가능하다고 보고 공동체적 자유를 실현하는 위대한 개인을 찬양하는 지적 전통들이 존재했다. 이러한 맥락에서 독일 전통 속에는 개성individuality 숭배 사상으로 인한 딜레마가 존재해 왔다. 이 딜레마는 한편으로는 개인의 개성 실현에 최상의 가치를 두면서도, 다른 한편으로는 민족 국가의 개성 실현을 최고의 윤리적 의무로 규정하는 딜레마였다. 독일 지식인들은 이 딜레마를 논리적으로 해결하지 못하고, 다만 양자의 심오하고 신비로운 조화라는 방식으로 해결했다. 주관적 결단에 의한 가치의 선택을 강조하는 베버의 가치중립성은 이러한 딜레마를 해결하는 이론적 장치이다.[530] 주관적 결단으로 민족 국가를 궁극적 가치로 선택한다는 것은 개인의 개성과 민족 국가의 개성을 동시에 실현하는 것이다.

이 전통은 영국에서 비롯된 시민사회의 개인과 자유 개념을 수용했지만, 그 의미를 반대로 해석했다.[531] 근대 시민사회의 개인과 자유 개념이, 보편적인 자유권과 평등권을 소유한 개인이 자신의 욕망을 충족시키는 외적 자유(외적인 형태로 관찰할 수 있는 자유)의 영역을 확보하는 데 큰 관심을 보였다면, 독일에서는 내적 자유(외적인 형태로 관찰할 수 없는 자유)에 깊은 관심을 보였다. 독일의 지식인들은 인간과 문화를 자연과 대립하는 존재로 보아 내적 자유 개념을 정당화했다. 이것은 앞서 다룬 루터의 내면적 신앙에서부터 시작된 것이다.

독일 지식인들은 인간을 생명이 있고, 정신적이며, 자유로운 존재로 보았고, 자연을 생명이 없고, 물질적이며, 필연적인 존재로 보았다. 이러한 구분에 근거해 그들은 시민사회가 보장하려고 한 인간의 자연적 권리들을, 물을 먹고 싶을 때 물을 먹는 것처럼 자연적 욕구에 굴복하는 것으로 해석했다. 그들에게 인간이 자연적 권리를 누리려고 하는 행동은 자유롭지 못하다는 표시였다. 반면에 그들은 물을 먹고 싶은 자연적 욕구에도 불구하고 물을 먹지 않고 견디는 정신적 능력을 참된 자유라고 해석하면서 이렇게 할 수 있는 인간이 진정한 인간이라고 주장했다.

독일의 자유주의자들은 항상 이처럼 정신적이고 내적인 자유의 관념에 사로잡혀 있었다.[532] 그런데 이 내적 자유는 항상 공동체적 정신(개성)과의 일치를 통해 향유된다고 여겨졌다. 모리스 크랜스턴M. Cranston은 "독일 자유주의자들은 인민에 관심을 갖고 있었으나 그들은 '인민'을 개별적인 인간의 집합체로 보기보다는 오히려 민족적 국가적 통일체로 보았다"고 하면서 "독일 사람들은 영국적 의미에서의 자유주의자이기를 그만둔 바로 그때부터 스스로를 '자유주의자'라 부르기 시작했다"고 표현했다.[533] 개성의 실현과 관련된 베버의 자유 또한 바로 이러한 내적 자유를 의미하는 것이었다. 따라서 베버는 시민사회의 자유를 지지하는 자유주의자는 결코 될 수 없다. 그는 자신의 행복 추구에 관심을 두는 시민사회의 자유인(민주주의적 인간형)을 경멸하고, 역사를 민족적 가치들 간의 투쟁의 장으로 인식하면서 독일 민족 문화의 우월성을 위해 헌신하는 인간을 높이 평가했다.

그러나 베버의 사회학은 여기서 끝나지 않았다. 그는 민족들 사이의 투쟁에서 승리해 독일 민족 문화의 위대함을 증명하려면 독일이 강력한 권력 국가가 되어야 한다고 역설하면서 이를 위한 이상적인 권력 국가의 모습을 이념형을 통해 제시하는 데까지 나아갔다. 3장에서는 '적으로서 마르크스와 베버'라는 주제로, 마르크스가 지향한 유적 공산주의와 베버의 민족 지상주의의 차이를 자세하게 소개할 것이다.

제3장

적:
마르크스와 베버,
대립하는 호모 데우스 프로젝트

1

마르크스: 신적 무한성을 실현하는
철학적 공산주의

마르크스에 의하면, 인간은 본질적으로 신적인 존재이므로 신적 무한성의 삶을 살아야 하는데 역사 속에서 겪는 생존의 필연성 때문에 자신의 본질로부터 소외되는 상태에 놓이게 되었다. 따라서 마르크스 사상의 목표는 인류 전체가 소외된 본질을 완전히 실현하는 것이었다. 앞에서 살펴본 바와 같이, 마르크스는 유물론적 역사 이론에서 생존의 필연성 때문에 인간이 어떻게 자신의 본질로부터 소외되었다가 다시 이 본질을 회복하는지를 필연적 역사법칙을 통해 보여 주려고 하였다.

유물론적 역사 이론에서 이상과 현실, 존재와 당위를 통합하는 역할을 하는 것은 생존의 필연성이다. 생존의 필연성 때문에 인간은 자신의 본질(이상과 당위)로부터 소외되었지만, 이 생존의 필연성이 역사 속에서 생산력과 생산관계 사이의 모순을 일으키고, 또 그 모순을 해소하면서 변증법적으로 운동한다. 이에 대해서는 앞에서 이미 설명했기 때문에 이러한 변증법 운동이 마르크스의 자본주의 이론에서 어떻게 표현되고 있는지를 소개하려고 한다.

1) 자본주의 작동원리와 착취

마르크스는 자본주의의 작동원리를 상품에 대한 분석으로부터 시작한다. 그는 다음과 같이 말한다.

> 자본주의적 생산양식이 지배적인 사회의 부는 하나의 거대한 상품 집적으로 나타나고, 하나하나의 상품은 이러한 부의 기본형태로서 나타난다. 그러므로 우리의 연구는 상품의 분석으로부터 시작한다.[534]

상품은 인간의 욕망을 충족시키는 "물적 존재"[535]인데, 물적 존재는 우선 사용가치를 가진다. 사용가치는 사용하거나 소비할 때 물적 존재의 유용성을 말한다. 쌀은 배고픔을 채워 주는 유용성을 가지고, 침대는 잠잘 곳을 제공하는 유용성을 가진다. 사용가치에서 인간은 고유한 질적 특성의 관점에서 물적 존재와 관계를 맺는다. 쌀의 유용성과 침대의 유용성은 그 질이 다르다. 그러나 물적 존재는 사용가치 외에도 교환가치를 가진다. 교환가치는 "어느 한 종류의 사용가치가 다

른 종류의 사용가치와 교환되는 양적인 관계로 나타난다." 교환가치
는 물적 존재에 대해 유용성이나 질의 관점에서가 아니라 교환 가능
성의 관점에서 접근한다. 서로 교환되는 물적 존재는 "같은 크기의 교
환가치"[536]를 가져야 한다.

물적 존재들이 같은 크기의 교환가치를 가진다는 의미는 그것들을
생산하는 데 투입된 노동의 양이 같다는 것이다. 노동의 양은 개인마
다 다를 수 있다. 힘센 사람이 한 시간 노동하는 것과 허약한 사람이
한 시간 노동하는 것은 그 양이 다르다. 또 숙달된 사람이 한 시간 노
동하는 것과 미숙한 사람이 한 시간 노동하는 것도 그 양이 전혀 다르
다. 개인적인 노동의 이러한 차이를 고려하여 마르크스는 사회적 필
요 노동시간이라는 개념을 제시한다. "사회적 필요 노동시간이란 현
존의 사회적·표준적인 생산조건 아래에서 그 사회의 평균적인 노동
숙련도 및 노동 강도로써 무엇인가의 사용가치를 생산하는 데 필요한
노동이다."[537]

따라서 물적 존재들이 같은 크기의 교환가치를 가진다는 의미는 그
것을 생산하는 데 같은 크기의 사회적 필요 노동시간이 투입되었다는
말이다. 모든 물적 존재들은 이 투입된 노동시간에 의해 가치가 결정
된다. 이것이 바로 마르크스의 노동가치설이다. 노동가치설은 마르크
스의 독창적인 이론은 아니고 애덤 스미스로부터 가져온 것이다. 교
환가치의 관점에서 물적 존재를 다룰 때 그것은 상품이 된다. 상품은
다른 물적 존재와 교환하기 위해 만들어지는 물적 존재이다.

마르크스는 교환가치 속에 나타나는 상품의 물신적 성격을 비판
한다. 요지는 "상품들(노동생산물들)의 가치관계는 인간 자신들의 사

회적 관계일 뿐인데 그 관계가 사람들의 눈에는 물체와 물체의 관계라는 환상적 형태를 취하게 된다"[538]는 것이다. 이것은 종교가 "인간 두뇌의 산물"인데도 마치 독자적인 생명을 가진 모습으로 나타나는 것과 같다. 다른 점이 있다면 상품은 "인간 손의 생산물"이라는 것이다.[539]

마르크스는 상품 유통을 "자본의 출발점"이라고 하면서, 상품들의 순환 형태로 C(상품)—M(화폐)—C(상품)와 M(화폐)—C(상품)—M(화폐)을 제시한다. C—M—C의 순환 목적은 사용가치이며, "소비와 욕망의 충족"[540]이다. 이에 반해 M—C—M의 순환 목적은 "교환가치 자체"[541]이다. M—C—M의 순환은 화폐로 상품을 사서 다시 화폐로 바꾸는 것이므로 "동어 반복적"이며 "무의미한 것"처럼 보인다.[542] 그러나 화폐로 상품을 사서 그것을 다시 화폐로 바꾸는 사람은 나중의 화폐(M′)가 처음의 화폐(M)보다 더 커지는 것을 목표로 한다. 여기서 M′=M+ΔM이며, 증가분 ΔM은 잉여가치이다.

여기서 핵심적인 질문이 제기된다. 마르크스에게 모든 상품은 등가의 교환가치로 거래되는데, 어떻게 해서 잉여가치 ΔM가 산출되어 M′이 M보다 커지게 되는 건가? 앞에서 언급한 노동가치설이 이 질문에 대한 답을 준다. 자본가는 제품을 만들어 시장에 팔기 위해 자본을 투자하여 토지를 빌리고, 공장을 짓고, 그 안에 기계 설비를 마련하고 원료를 사서 상품을 만든다. 그러나 이것만으로는 제품을 만들 수 없다. 그래서 자본가는 법적으로 자유롭고 평등한 상태에서 노동자와 계약을 맺어 노동자의 노동력을 구매한다. 인간의 노동력은 사용가치가 교환가치가 될 수 있는 유일한 상품이다. 이 계약으로 자본가는 노동자의 노동력을 자기 마음대로 사용할 수 있는 권리를 갖게 된다. 여기서 노동력이라는 상품이 바로 잉여가치를 만들어 낸다. 이것을 도식으로 나타내면 다음과 같다.

이 도식에서 제품 생산에 필요한 토지, 공장, 기계 설비, 원료는 투자된 자본의 가치를 변화시키지 못하는 불변자본이다. 여기에 투자된 자본은 그대로 제품으로 이전된다. 노동력만이 투자된 자본의 가치를 변화시켜 잉여가치를 만들어 내는 가변자본이 된다.

어떻게 그렇게 될까? 자본가는 노동자의 노동력이라는 상품의 가치에 대한 대가로 임금을 지급하는데, 그 가치는 어떻게 계산될까? 그것은 노동력을 재생산하는 데 필요한 생활 수단의 가치로 매겨진다. 예를 들어 노동자와 그 가족이 생존하는 데 하루에 쌀 1kg이 필요하다면, 노동자의 노동력의 가치는 쌀 1kg을 생산하는 데 투입되는 사회적 필요 노동시간이다. 만약 쌀 1kg을 생산하는 데 투입되는 사회적 필요 노동시간이 6시간이라면 노동자의 하루 노동력의 가치는 6시간으로 결정된다. 등가의 교환가치에 따르면, 자본가는 노동자의 노동력을 사서 6시간만 사용해야 한다. 그러나 실제로는 이보다 더 많은 시간 동안 노동력을 사용한다. 8시간이 될 수도 있고, 10시간이 될 수도 있고, 12시간, 14시간, 16시간이 될 수도 있다. 노동력을 6시간보다 더 많이 사용하는 만큼 노동자는 잉여가치를 생산하게 되고, 자본가는 이 잉여가치를 노동자에게 주지 않고 자신이 주머니로 가져간다. 이게 바로 잉여가치 착취이다.

자본가가 착취하는 잉여가치에는 절대적 잉여가치와 상대적 잉여가치가 있다. 절대적 잉여가치는 노동시간을 절대적으로 늘려서 잉여가치를 생산하는 방식이고, 상대적 잉여가치는 같은 노동시간에 노동강도를 높여서 잉여가치를 생산하는 방식이다. 자본주의는 자본가가 잉여가치를 착취해 자본을 증식하고, 이를 다시 투자해서 새로운 잉여가치를 만들어 자본을 증식시키는 방식으로 굴러간다.

2) 자본주의의 본원적 축적

마르크스는 자본주의가 시작되기 위해서는 자본주의에 선행해서 축적된 자본이 존재해야 한다면서 그것을 "본원적 축적"이라고 불렀다.[543] 본원적 축적은 "신학에서 원죄"[544]와 같은 역할을 한다. 그에 의하면, 본원적 자본이 축적되기 위해서는 "아주 다른 두 부류의 상품 소유자가 대면하여 접촉"해야 한다. 한쪽은 화폐와 생산 수단 및 생활 수단의 소유자들이다. 이들은 다른 사람의 노동력을 구매하여 자신이

점유하고 있는 가치를 증식시키려고 한다. 다른 한쪽은 자기 노동력을 스스로 파는 자유 노동자들이다. 자유 노동자들은 노예와 농노처럼 생산 수단의 일부도 아니고 자영 농민처럼 생산 수단의 소유자도 아니다. 이들은 노예나 농노와 달리 신분적으로 자유로우면서도 생산 수단으로부터 분리되어 있다는 점에서 이중으로 자유로운 사람들이다.[545] 마르크스는 이러한 자유 노동자들의 출현을 최초의 자본이 축적될 수 있는 여건으로 보았다.

> 역사적으로 보아 본원적 축적의 역사에서 획기적인 사건 […] 은 많은 인간이 갑자기 폭력적으로 그 생존 수단으로부터 분리되어 보호받을 길 없는 프롤레타리아로서 노동시장에 내던져진 그 사건이다. 농촌의 생산자 곧 농민으로부터 토지 수탈은 이 모든 과정의 기초를 이루고 있다.[546]

이 사건은 인클로저Enclosure 운동이라 불린다. 인클로저 운동은 1차(15-16세기)와 2차(18-19세기)로 나누어진다. 1차 인클로저는 당시 유럽의 양털 가격이 많이 올라 토지 소유 귀족들이 돈을 벌기 위해 자신의 농지와 공유지를 목양지로 만들고 울타리를 친 사건을 말하며, 2차 인클로저는 농업 생산성을 향상하기 위해 대규모 농지를 조성하고 농민들을 축출한 것을 말한다. 자본의 본원적 축적 시기는 1차 인클로저 운동 시기이다. 1차 인클로저의 결과로 많은 농민이 생산 수단인 농지로부터 쫓겨나 자유 노동자들이 되었다. 이들은 다시 농업 노동자로 고용되든지 도시로 나가 공장 노동자가 되었다. 당시 농민들이 토지로부터 쫓겨나는 모습을 보고 『유토피아』의 저자 토머스 모어가 "양이 인간을 잡아먹는다"고 말했는데 마르크스가 『자본론』의 각주에서 이 말을 인용했다.[547]

3) 자본주의의 붕괴법칙

자본주의에 대한 마르크스 비판의 핵심은 자본주의 사회에서도 생존의 필연성이 생산력과 생산관계의 모순을 발생시켜 자본주의를 필연적으로 붕괴시키고 공산주의로 인도한다는 것을 보여 주는 것이었다. 마르크스에 의하면, 자본주의의 내적 모순을 단적으로 보여 주는 것이 '이윤율 저하의 법칙'이다. 자본주의적 경쟁 상태에서 자본가의 최대 관심사는 생존이다(물론 생존은 자본가뿐만 아니라 노동자를 포함한 모든 사람의 최대 관심사이다). 생존을 위해 자본가는 내적으로 자본을 축적해야 하며 외적으로는 다른 자본가들과의 경쟁에서 이겨 자본의 집중을 달성해야 한다. 축적을 위해 자본가는 노동자의 잉여가치를 착취하고, 집중을 위해 자본가는 상품가격을 인하하는 방법을 사용한다.

문제는 후자에서 발생한다. 자본주의 경제는 필연적으로 과당경쟁을 유발한다. 과당경쟁으로 자본가는 상품가격을 평균 가격(장기적으로 사업을 계속할 수 있는 수준의 이윤을 남기는 가격) 이하로 내리는 위험까지 감수한다. 이로 인해 당연히 이윤율이 저하된다. 그러나 자본가는 이윤율 하락을 수수방관하고 있는 것이 아니라 그것을 상쇄할 수 있는 대안을 찾는다. 그 대안 중 하나는 상대적 잉여가치를 착취하는 것이다. 상대적 잉여가치는 노동시간을 연장해서 발생하는 절대적 잉여

가치와는 달리, 단위 시간당 더 많은 노동을 시킴으로써 발생하는 잉여가치이다. 상대적 잉여가치를 증대시키기 위해서는 생산 설비를 기계화, 자동화하고 임금으로 지출되는 경비를 절약하기 위해 노동자를 해고해야 한다. 그러나 이것은 다음과 같은 두 가지 상반된 결과를 낳는다. 하나는 고도의 기술 설비에 의한 생산력의 폭발적인 증대이며, 다른 하나는 실업자 증대로 인한 노동자 계급 궁핍화이다. 이 상반된 결과가 과소 소비의 경제 공황을 발생시킨다. 마르크스는 공황의 주기적 반복을 자본주의 사회에서 생산력과 생산관계가 모순 상태에 처해 있다는 것을 알려 주는 신호로 보았다.

생산력과 생산관계의 모순은 계급투쟁에서 피지배 계급(노동자 계급)이 지배 계급(자본가 계급)에 대해 혁명을 일으킬 수 있는 조건이다. 이 모순 속에서만 혁명적 대중이 형성될 수 있다. 물론 생산력과 생산관계가 모순 상태에 이르기 전에도 계급투쟁과 혁명이 일어날 수 있지만, 그것은 필연성이 없는 우연한 것이므로 금세 동력을 잃어 결코 성공할 수 없다. "생산력이 [⋯] 충분히 발전되어 있지 않아서 [⋯] 새로운 사회의 형성에 필요한 물질적 조건"이 갖추어지지 않은 상태에서 계급투쟁을 말하는 "이론가들은 공상가들에 지나지 않는다."[548] 그는 『정치경제학 비판을 위하여』 서문에서 다음과 같이 말했다.

> 한 사회구성체는 그 내부에서 발전의 의지가 없을 정도로 생산력이 발전하기 전에는 멸망하지 않으며, 새로운 보다 높은 생산관계는 그들의 물질적 존재 조건들이 낡은 사회 자체의 품에서 부화가 되기 전에는 결코 대신 등장하지 않는다. [⋯] 부르주아 사회 내

에서 발전되는 생산력은 [···] 계급 적대를 해결하기 위한 물질적
조건을 창조한다.[549]

또 그는 공산당 선언에서 다음과 같이 말했다.

> 부르주아적 생산관계와 소유관계는 [···] 자기가 주문으로 불러
> 낸 저승의 힘[생산력]을 더는 감당할 수 없게 된 마술사와 같다.
> [···] 수십 년 내의 공업과 상업의 역사는 [···] 생산력 반항의 역사
> 에 지나지 않았다. [···] 공황 시에는 [···] 과잉생산의 전염병이 만연
> 하게 된다. [···] 사회가 가지고 있는 생산력은 이제는 벌써 ··· 부르
> 주아적 소유관계의 발전에는 봉사하지 않는다. 도리어 그것은 [···]
> 너무나 방대하여져서 부르주아적 관계는 생산력의 발전을 억제하
> 게 된다. 그리고 그 생산력이 이 질곡을 극복하기 시작하자 [···] 부
> 르주아적 소유의 존립을 위태롭게 한다. 부르주아적 관계는 자기
> 가 만들어 낸 부를 포용하기에는 너무나 협소하여진 것이다.[550]

생존의 필연성은 생산력을 계속 증대시키면서, 인간의 역사를 원시
공산 사회 ➡ 고대 노예 사회 ➡ 중세 농노 사회 ➡ 근대 자본주의 사
회로 이행하도록 이끌었으며, 자본주의 사회에서 생산력의 폭발적 증
대를 가져왔고, 생존의 필연성이라는 한계 때문에 역사의 저주에 붙
들려 있던 인류를 해방할 수 있는 물적 토대를 마련하게 되었다. 생존
의 필연성이 드디어 생존의 필연성을 극복하게 된 것이다. 마르크스
는 자본주의의 생산력에 다음과 같은 찬사를 보냈다.

그들은 처음으로 인간의 활동이 무엇을 이룩할 수 있는가를 보여 주었다. 그들은 경탄할 만한 예술을 창조하였다. [⋯] 부르주아지는 생산도구에서 부단한 혁명을 일으키지 않고서는 [⋯] 존재할 수 없다. 종전의 모든 산업 계급의 첫째가는 생존 조건은 낡은 방식을 그대로 유지하는 데 있었다. 생산에서의 끊임없는 변화[에서] [⋯] 부르주아 시대는 모든 선행 시대와 구별된다.[551]

자본주의 사회에서 생산력이 계속 증대할수록, 그것은 자본주의적 생산관계와 더 격렬한 모순을 일으킨다. 역사상 처음으로 생존의 필연성에서 인간을 해방할 수 있는 생산력을 창출하였음에도 불구하고, 자본주의적 생산관계는 여전히 인간을 생존의 필연성에 묶어 두려 하고 있다. 마르크스에 의하면, 자본주의적 생산관계의 핵심은 사유재산 제도이다. 사유재산 제도는 모든 사람이 자신의 이익을 위해 노동하도록 한다. 사유재산 제도는 유적 존재인 인간을 자본가 계급과 노동자 계급으로 분열시키고, 또 자본가든 노동자든 가리지 않고 모든 인간을 생존의 필연성에 몰두하는 고립된 개인으로 만든다. 생존의 필연성에 대한 몰두 때문에 자본가들끼리의 경쟁이 격심해지고, 이윤율은 저하되며, 노동자들은 기계로 대치되어 실직자가 되고 주기적으로 공황이 발생한다. 결국, 자본주의 사회에서는 생존경쟁에서 승리한 소수의 독점 자본가를 제외하고 대다수 인간이 궁핍하게 된다. 증대된 생산력과 자본주의적 생산관계가 더는 함께할 수 없는 지점에 이르게 되고, 이 지점에서 프롤레타리아 혁명이 일어나 공산주의 사회로 이행한다. 공산주의 사회에서 인간은 자본주의가 산출한 전대미

문의 생산력을 바탕으로 생존의 필연성에서 해방되어 신적 무한성의 본질을 회복하여 누리게 된다.

마르크스는 『공산당 선언』에서 "자본가 계급이 발전하는 것과 같은 정도로 노동자 계급도 발전한다"[552]고 주장하면서 노동자 계급이 혁명 세력으로 발전하는 단계를 제시하였는데, 다음의 3단계로 요약할 수 있다.

1단계는 개별 노동자들이 ①서로 경쟁하는 분열된 대중으로 존재하면서, ②착취하는 개별 부르주아에 대해 투쟁하기도 하고, ③경쟁하는 외국 상품들을 파괴하고 기계를 부수며 상실한 중세의 지위를 회복하려고 하기도 하며, ④자본가 계급이 절대왕정과 싸울 때 동원되기도 한다.

2단계는 ①노동자들이 공업의 발전과 함께 수가 많아져 대집단으로 집결하고, ②기계의 도입으로 노동자들의 이해관계와 생활 조건이 점차 더 비슷해지고, ③자본가들의 경쟁이 격심해짐에 따라 임금이 불안정해지고, ④노동자들은 자본가를 반대하는 연합체를 조직해 부르주아 계급에 대항해 동맹관계를 맺기 시작하고, ⑤교통수단의 확대가 프롤레타리아들의 단결을 촉진하면서 ⑥지방적 투쟁이 전국적 투쟁으로 집중된다.

3단계는 계급투쟁의 막바지 시기로, ①경쟁에서 패한 지배 계급이 노동자 계급으로 합류해 노동자 계급에게 정치적 교양 요소를 제공하고 ②자본가 지식인들 중 일부가 노동자 계급의 혁명 대열에 가담해 이데올로기를 제공한다.

프롤레타리아 혁명의 첫 단계는 프롤레타리아 계급이 국가 권력을 장악하고 "프롤레타리아 독재"[553] 정치를 통해 부르주아의 적폐를 청산하는 사회주의이다.

> 프롤레타리아는 자기의 정치적 지배를 이용하여 부르주아 계급의 자본 전체를 점차 탈취하며 모든 생산도구를 국가 수중에 집중시키며, 그리하여 생산력의 총체를 될수록 급속히 증대시킨다.[554]

사회주의 사회에서 실시될 정책들은 다음과 같다.

① 토지 소유의 수탈과 지대에 의한 국가경비 충당

② 고율 누진세

③ 상속권 폐지

④ 모든 망명 분자들과 반역자들의 재산몰수

⑤ 국가 자본 및 배타적인 독점권을 가진 국립은행에 의한 국가 수중에로의 신용의 집중

⑥ 국가 수중에 전체 운수기관의 집중

⑦ 국영 공장 수와 생산도구의 증가, 전반적인 계획에 의한 토지 개간과 토지개량

⑧ 모든 사람에 대한 동일한 의무노동, 산업군 특히 농업을 위한 산업군의 편성

⑨ 농업과 공업의 결합, 도시와 농촌 간의 차이의 점차적인 근절의 촉진

⑩ 전체 아동의 사회적 무료 교육, 현재와 같은 아동들의 공장

프롤레타리아 계급이 낡은 부르주아적 생산관계를 폭력적으로 철폐하게 되면 계급 대립의 조건도 철폐되고, 계급 일반도 철폐되어 프롤레타리아 계급의 지배까지도 철폐될 것이다.[556] 그러면 인류 사회 공동체인 공산주의 사회가 도래하는 것이다.

4) 인류 전체가 무한한 신성을 누리는 공동체를 향하여

마르크스에게 자본주의적 생산관계의 치명적인 문제점은 사유재산 제도였다. 사유재산 제도는 자본주의의 풍부한 생산력이라는 과실을 맺는 뿌리였다. 그러나 마르크스에게 사유재산 제도는 자유로운 주체들의 합일 공동체를 분리된 개인으로 산산조각 내는 폭탄과도 같았다. 이 폭탄을 제거하는 것이 마르크스 사상의 궁극적인 목적이었다. 이 폭탄만 제거되면 자본주의 사회의 풍부한 생산력은 생존의 필연성이 초래하는 유한자의 비애로부터 인류를 해방할 수 있다. 그래서 그는 모든 인류가 하나의 합일된 공동체를 만드는 공산주의 혁명을 추구한 것이었다. 그러나 뿌리를 제거하면 나무는 열매를 맺을 수 없다. 역사상 존재하는 모든 공산주의 사회가 가난하게 되는 이유다.

진보적 낭만주의자 마르크스

마르크스가 자본주의 사회에 대해 생산력의 증대를 찬미하면서도 사유재산 제도를 증오하는 이중적 태도를 보인 것과 마찬가지로, 그는 전통적인 공동체에 대해 인간의 능력을 억압하는 다양한 질곡들을 비판하면서도 그것의 공동체성은 찬미하였다. 그래서 그는 자본주의의 생산력을 이용해 전 인류의 공동체성을 실현할 수 있다고 보았다. 이런 점에서 마르크스는 진보적 낭만주의자라고 할 수 있다.

무한한 동경을 통하여 본질적 자아를 실현하려고 한 독일 낭만주의자들은 자기 민족의 먼 과거나 중세의 공동체를 동경의 대상으로 삼았다. 이러한 정서가 발전하여 민족 공동체를 열망하게 되었다.[557] 그러나 독일 낭만주의자들 중에는 미래에 관심을 가진 사람도 있었다. 과거에 관심을 가진 사람은 반동적 낭만주의자로, 미래에 관심을 가진 사람은 진보적 낭만주의자로 분류될 수 있다.[558] 피셔는 낭만주의에 대하여 다음과 같이 기술하였다.

> 시간이 지남에 따라 낭만주의 운동 내에서 어떤 분화가 뚜렷이 드러나기 시작하였다. 어떤 사람들은 지난 과거를 단지 구원의 시대로 간주했으며 또한 인간의 조화와 존엄의 시대로 생각했다. 그 반면에 다른 사람들은 자유와 풍요와 휴머니즘의 세계가 도래함과 동시에 총체적 인간이 부활될 수 있는 미래로 눈을 돌렸다.[559]

독일 낭만주의자들은 본질적 자아의 무한한 자유를 추구했다. 그들은 형식을 초월한 무형식의 낭만주의 문학이 이러한 무한한 자유를 가능하게 해 준다고 믿었다.[560] 진보적 낭만주의자들은 낭만주의 문학에 대한 이러한 자부심으로 영국과 프랑스의 계몽주의 문화 형식에 대항하였다. 그들은 계몽주의 문화가 하나의 형식으로 경직화되어 버린 영국과 프랑스에서는 새로운 문화 창조가 불가능하다고 보면서, 낭만주의 문학을 발전시킨 독일에서는 새로운 문화 창조의 가능성을 보았다. 짐멜G. Simmel은 이 같은 견해의 대표자였다. 그는 『독일 정신의 변증법』에서 독일이 계몽주의 문화를 수용하지 않는 까닭은 그것에 대립하는 형식과 가치를 인정하여 더 높은 문화를 창조하기 위해서였다고 주장하였다.

> 영국과 프랑스에 있어서는 문화 가능성인 생의 소재가 거의 문화적 현실로 형식화해 버[렸다.] 그리하여 합리주의적 형식화가 정체의 결과를 가져온 데 비하여, 형식 이전 상태에 있는 독일의 경우는 항시 문화 생성 가능성을 보유하고 [있다.][561]

즉 독일의 진보적 낭만주의자들은 낭만주의의 무형식을 기초로 문화의 비약적 발전을 꾀하려 하였다.

마르크스도 이러한 진보적 낭만주의자들의 비약을 공유하고 있었다. 피셔는 마르크스를 진보적 낭만주의의 계열에 속하는 인물로 분류하였다.[562] 『헤겔 법철학 비판 서문』에서 마르크스는 독일이 실천적으로는 영국과 프랑스 등이 이룩한 정치적 해방의 단계에 도달하지 못하였지만, 이론적으로는 정치적 해방의 단계를 거쳐 인간 해방의 단계까지 나아갔다고 생각하였다. "다른 민족들이 실행했던 것을 독일 민족은 […] 사유했다. 즉 독일은 다른 민족들의 이론적 양심이었다."[563]

마르크스가 독일 철학이 인간적 해방의 단계에까지 나아갔다고 본

이유는 독일에서 "모든 비판의 전제"인 "종교에 대한 비판"이 사실상 완결되었기 때문이다. 마르크스에 의하면, 종교에 대한 비판만이 근본적인 비판으로, 인간의 신적 본성을 드러낼 수 있다. 따라서 아직 종교에 대한 비판이 완결되지 않은 영국과 프랑스 등은 단지 정치적 해방에 만족하지만, 독일의 철학은 인간의 신적 본성을 실현하는 인간적 해방에까지 나아갈 수 있는 것이다. 그러면서 그는 이제 독일은 자신이 이론적으로 도달한 인간적 해방을 실천적으로 성취해야 한다고 주장하였다. 그는 자신의 주장을 다음과 같이 자문자답의 형식으로 표현하였다.

> 독일은 과연 **원리의 수준으로까지 고양된** 실천에 도달할 수 있는가? 즉 독일은 자신을 근대적인 민족들이 도달한 **공식적 수준으**로까지 고양할 수 있을 뿐만 아니라 이 민족들의 바로 다음의 미래가 될 **인간적인 수준**으로까지 고양할 수 있는 혁명을 성취할 수 있는가?[564]

> 사유의 섬광이 근본적으로 이 소박한 민족의 대지 위에 부딪히자마자 **독일 민족의 인간**으로서의 해방은 완성될 것이다. [⋯] 유일하게 **실천적으로** 가능한 독일 해방은 인간을 인간의 최고의 본질로서 선언하는 **바로 그러한** 이론의 관점에 서 있는 해방이다.[565]

여기서 독일을 해방하는 동시에 인간을 해방하는 그의 방법은 공산주의 사회를 건설하는 것이었다. 마르크스의 공산주의 사회는 인간의 신적 본질을 실현하는 인류 공동체였다. 독일 민족의 '비약'에 대한 이 같은 기대는 마르크스의 공산주의 사상이 일종의 독일 민족주의의 한 변종이라는 것을 말해 주는 동시에, 왜 마르크스주의가 정치적 해방의 단계에 도달한 서구의 여러 선진국에서보다는 그 단계에 못 미치는 전통적 형태의 사회에서 빈번하게 수용되었는가를 잘 설명해 준다. 전통적 사회가 자본주의에 노출될 때 그 사회의 엘리트 중 일부는 마르크스주의 전략을 선택함으로써 자기 민족의 모든 모순을 한꺼번에 해결하여 새로운 사회로 비약하고자 하는 민족주의적 열망을 갖게 된다. 이러한 이유로 민족주의를 반대하고 인류 공동체를 지향하는 공산주의는 아이러니하게도 그것을 수용한 모든 나라에서 민족주의로 변질하고 말았다. 소비에트 공산주의는 러시아 민족주의로 변질하였고, 중국 공산주의는 중국 민족주의로, 북한 공산주의는 북한 민족주의로 변질하였다. 그러나 그러한 비약이 불가능하다는 것은 이미 역사를 통해 증명되었으며, 공산주의는 기괴한 독재나 전체주의 모습으로 유지되고 있다.

신적인 공동체

여러 번 확인했지만, 독일적 세계관에서는 항상 개인의 무제약적 자유와 공동체적 일체감이 신비하게 결합해 있다. 마르크스도 이러한 전통을 계승하고 있었다. 유적 존재라는 말이 의미하는 바가 바로 그러하다. 서유럽의 자연법적 전통에서는 개인의 무제약적 자유와 공동체는 결코 양립할 수 없는 성질의 것이다. 그러나 독일적인 전통에서는 반대로 개별적 자아가 공동체 속에 용해될 때 신과 같은 무한한 자유를 누릴 수 있다고 여긴다.

ⓐ 공동체적 존재로서의 인간

마르크스는 시민사회의 자유가 인간과 인간의 결합에 기초한 것이 아니라 분리에 기초하고 있다고 비판하였다. 시민사회의 자유는 개 개인에게 제한된 자유이다.[566] 분리되고 제한된 자유는 현상적 자아의 자유에 불과한 것이다. 자유경쟁은 인간과 인간을 분리하는 시민사회 적 자유의 성격을 가장 잘 나타내는 것이다. 그는 시민사회의 자유경 쟁을 항구적인 전쟁으로 묘사하였다.[567]

마르크스에게 있어서 본질적 자아의 자유는 인간과 인간의 결합에 의해서만 가능하다. 따라서 그는 『테제』의 제10명제에서 "구태의연한 유물론의 기초는 시민사회이며, 새로운 유물론의 기초는 인간적 사회 혹은 연합적 인류die vergesellschaftete Menschheit"[568]라고 말했다. 인간과 인간 을 결합하는 것은 곧 모든 인간을 공동체 속에 완전히 흡수시키는 것 을 의미한다. 그는 이것을 다음과 같이 표현하였다.

현실적인 개체적 인간은 추상적인 시민을 자기 자신 속으로 회 수하여 […] 유적 존재가 되어야 한다. 인간은 그 자신의 힘을 사회 적 힘으로 인지해야 하고 이 힘을 조직해야 한다. 그리하여 이 이 상 더 사회적 힘을 정치적 힘의 형식에 의해서 자기 자신으로부터 분리하는 일이 없어야 한다. 이러한 일이 성취될 때에만 인간적 해 방은 완성될 것이다.[569]

그래서 마르크스는 인간 해방을 "인간의 자기 내면세계로의 복귀"인 동시에 "사회적 현존재로의 복귀"로 보았다.[570] 그에 의하면, 인간은 본질적으로 "공동체적"이다.[571] 이것은 곧 그가 인간과 사회, 다른 말로 표현하면 본질적 자아와 공동체적 자아를 동일시하는 것으로 볼 수 있다. 그래서 그는 "무엇보다도 우리는 '사회'를 추상적 대상으로 고정해 개인과 대립하게 하는 일을 피해야 한다. 개인은 사회적 존재이다. 따라서 개인의 삶의 표현은 사회적 삶의 표현이요, 확인이다"라고 말했다.[572] 궁극적으로, 사회 공동체는 인간 역사의 모든 모순을 해결해 주는 신비로운 실체이다. 즉 "사회는 인간과 자연의 완전한 본질적 통일체요, 자연의 진정한 회복이요, 완성된 인간의 자연주의요, 완성된 자연의 인간주의이다."[573]

ⓑ 분업과 공동체적 본질의 상실

마르크스는 분업을 비판적인 시각에서 분석하였다.[574] 그는 사적 소유와 표리관계에 있는 분업이 특수 이익과 공동 이익 사이에 갈등을 일으켜[575] 인간을 사회 공동체와 분리한다고 생각했다. 분업의 결과 인간의 노동은 공동 이익을 실현하는 본연의 공동체적 활동에서 벗어나, 분리된 부분적 활동으로 고착화하는 것이다. 그는 분업에 대해 다음과 같이 진술하였다.

노동이 분화되자 각 개인은 하나의 일정한 배타적 영역을 갖게 되고, 이 영역이 그에게 강요되기 때문에 그는 이것을 벗어나지 못한다. 그는 한 사람의 사냥꾼, 한 사람의 양치기, 한 사람의 어부 혹은 한 사람의 비평가이며, 그가 그의 생계 수단을 잃지 않고자 하는 한 계속 그렇게 살아가야 한다.[576]

이렇게 되면 공동체는 붕괴하고 "각 개인은 욕망들의 전체로서 존재하며 각 개인은 상대방에 대해 수단으로 전화된다."[577] 이 같은 상태를 노동소외로 보면서 "우리 자신이 생산한 것이 우리의 통제를 벗어나 우리의 기대를 뒤집어엎고, 우리의 계산을 수포로 만드는, 우리를 넘어선 물질적 폭력으로 토착화"된다고 하였다.[578]

따라서 마르크스는 무엇보다 먼저 분업화를 막아 분리된 개인을 공동체 속으로 다시 흡수하여 공동체적 통일체를 복원하고자 하였다. 그는 이러한 신비적 통일체 속에서의 인간관계 모습을 다음과 같이 묘사하였다.

우리가 인간적인 방식으로 생산 활동에 종사해서 우리 각자가 자신의 생산에서 자기 자신과 동시에 자신의 동료 인간들을 확인했다고 가정해 보자. 그렇다면 나는 첫째로 나의 생산에서 나의 개성과 그 특수성을 객관화시킴으로 나의 활동 중에 나의 생활의 개성 있는 표현을 향유했을 것이고, 동시에 내가 생산한 객체를 바라보면서 나의 인격이 객관적이며 감지할 수 있는 것으로 되어 있기에 나의 힘이 의심할 여지 없이 증대된 것을 깨닫는 데서 개인적인 기쁨을 누릴 수 있었을 것이다. 둘째로 당신이 내가 생산한 물건을 즐기거나 사용하는 것을 보고 나는 나의 노동으로 인간적 수요를 충족시킨 동시에 인간적 본질을 객관화시켰고 따라서 다른 인간 존재를 위하여 그의 수요를 충족시킨 객체를 만들어 냈다는 것을 깨닫는 즐거움을 누릴 수 있었을 것이다. 셋째, 나는 당신을 위하여 당신과 인류 간에 중개자 역할을 수행하였기에 당신은 내가 당신 자신의 본질을 완성하며 당신 자신의 필요한 부분임을 인정하고 느끼게 되어 결국 나는 당신의 생각과 사랑 속에 확인되어 있음을 인식할 수 있었을 것이다. 넷째, 나의 생활을 나의 방식으로 표현하면서 나는 당신의 생활을 당신 방식으로 표현하게 하였으며, 이리하여 나 자신의 활동 가운데에 나 자신의 본질, 나의 인간적, 공동체적 본질을 실현할 수 있었을 것이다.[579]

이리하여 [인간 = 무제약적 자유 = 인류 공동체]라는 마르크스의 등식이 성립한다. 마르크스에게 있어서 인간은 무한하고 자유로운 존재인데, 이것은 개인이 공동체와 일체가 되었을 때 가능하다. 바로 이것이 독일 공산주의이다. 엥겔스는 그의 초기 논문에서 마르크스의 공산주의를 영국의 실용 지향적 공산주의, 프랑스의 정치 지향적 공산주의와는 본질적으로 다른 독일 특유의 철학적 공산주의라고 불렀다. 그는 다음과 같이 말했다.

독일 국민은 철학적인 민족이다. 공산주의가 철학 원리에 근거해 있는 한, 그것이 독일 국민 자신의 철학에서 결과되는 한, 독일 국민은 그것을 포기하지 않을 것이며 그렇게 할 수도 없다. 이것이 우리가 지금 이행해야 할 역할이다. 우리 당[철학적 공산당]은 칸트부터 헤겔에 이르기까지 독일 국민의 모든 철학적 노력이 무익한 ―무엇보다도 더 해로운― 것이었는지 아니면 그 모든 노력이 공산주의로 귀결되어야 하는지를 증명해야 한다. 또한, 우리 당은 독일인들이 그들의 위대한 철학자들 ―이들의 이름을 독일인들은 그 민족의 영광으로 치켜올리고 있다― 을 배척하든지 아니면 공산주의를 채택해야 하든지 하는 양자택일을 해야 할 것이다.[580]

독일 공산주의는 다른 나라의 공산주의와 달리 미분화된 신비적 공동체이다.

> 공산주의는 완성된 자연주의 = 인도주의, 완성된 인도주의 = 자연주의로서 존재하며, 인간과 자연 그리고 인간과 인간 사이에 일어나는 모순의 진정한 해결이요, 실존과 본질, 대상화와 자기 확인, 자유와 필연성, 개체와 유 사이에 일어나는 투쟁의 진정한 해결이다. 공산주의는 역사의 해결된 수수께끼이며, 자기 자신을 이러한 해결책으로 인지한다.[581]

이러한 마르크스의 인류 공동체는 모든 인간이 자신의 신적 본질을 실현할 수 있는 사회를 지향한다는 의미에서 일면 보편적 특성을 가진 공동체라 볼 수 있다.

프롤레타리아 계급 공동체

인간의 미분화된 통일체를 이상적인 인간의 모습으로 보고 있는 마르크스의 태도는 계급 공동체를 지향하는 데서도 표출된다. 여기서 계급은 프롤레타리아 계급을 말한다. 사회 공동체가 인간 삶의 궁극적 목적에 관련된 것이라면 프롤레타리아 계급 공동체는 그 목적을 달성하기 위한 수단으로 존재하는 것이다.

ⓐ 해방의 도구로서 프롤레타리아 계급

마르크스는 프롤레타리아 계급이 인간 해방이라는 보편적 목적을 달성할 수 있는 유일한 계급이라고 보았다. 이러한 그의 생각은 다음의 진술에 나타나 있다. "이 해방의 머리는 철학이고 이 해방의 심장은 프롤레타리아트이다. 프롤레타리아트의 지양 없이 철학은 실현될 수 없[다.]"[582] 그 이유는 프롤레타리아트가 아래와 같은 영역에 속하기 때문이다.

철저하게 속박되어 있는 한 계급, 시민사회의 계급이면서도 시민사회의 어떤 계급도 아닌 한 계급, 모든 신분의 해체를 추구하는 한 신분, 자신의 보편적 고통에 의해 보편적 성격을 소유하고 있으며, 어떤 **특정한 부당성**이 아니라 부당성 그 자체가 자신에게 자행되기 때문에 어떤 특수한 권리도 요구하지 못하는 한 영역, 더 이상 아무런 역사적인 명분을 내세울 수 없고 오히려 단지 인간적인 명분만을 내세울 수 있을 뿐인 영역, [...] 마지막으로 사회의 모든 다른 영역들로부터 자신을 해방함과 동시에 사회의 모든 다른 영역들을 해방함이 없이는 결코 해방될 수 없는 한 영역[583]

즉 프롤레타리아 계급은 "인간의 완전한 상실태이고, 따라서 인간의 완전한 회복에 의해서만 자기 자신을 획득할 수"[584] 있는 것이다. 그래서 프롤레타리아가 기존 사회질서의 해체를 선언하는 것은 곧 자신의 존재 비밀을 선언하는 것으로 보았다.[585] 이처럼 마르크스는 프롤레타리아 계급이 자신의 육체 외에는 아무것도 소유하지 못한 물질적 조건에 의해 필연적으로 인간의 해방을 위한 통일체의 원리를 내포하고 있다고 보았다. 이러한 이유로 마르크스가 지향하는 해방된 공동체는 실제로 프롤레타리아 계급이 지배하는 특수 공동체이다.

ⓑ 미분화된 합일로서 계급의식

마르크스는 성공적인 프롤레타리아 혁명을 위해 두 가지 요소가 갖추어져야 한다고 보았다. 하나는 객관적인 물질적 요소이며, 다른 하나는 의식적 측면인 주관적 요소이다.[586] 마르크스 자신이 직접 이와 같은 구분을 한 적은 없지만, 오늘날 대부분의 마르크스 연구가들은 이러한 구분을 거의 정설로 받아들이고 있다. 그는『공산당 선언』에서 전자에 속하는 것으로서 다음과 같은 요소들을 들고 있다. 경제적 궁핍화로 인해 부르주아에 대한 복종을 감수하고자 하는 프롤레타리아의 동기 감소, 공장의 대규모화로 인한 프롤레타리아의 대집단화, 교통수단의 발달에 의한 프롤레타리아의 단결 촉진 등[587]이 여기 포함된다. 후자는 계급의식으로 명명될 수 있는데, 전자의 필연적인 결과로 나타난다. 그러나 현재 우리의 관심사는 주관적 요소인 계급의식이 무엇을 의미하는가 하는 것이다. 그것은 궁극적으로 미분화된 공동체 의식과 관련된 것이다.

대부분의 마르크스 연구가들은 계급의식을 대자적 상태의 계급을 의미한다고 보고 있다. 대자적 계급class for itself이란 어떤 계급이 자기 자신을 하나의 계급으로 자각하고 있는 상태를 말하는 것이다.[588] 이에 비해 계급의식이 없는 계급은 즉자적 계급class in itself이라 불린다. 마르크스는 어떤 한 계급이 대자적 상태에 도달하기 위해서는 다른 사회 집단에 대한 공동의 적개심이 필요하다고 보았다. 즉 "고립된 개인들이 다른 계급에 대항해서 하나의 공동 전투를 수행하지 않을 수 없게 되는 한, 이들은 하나의 계급을 형성"한다는 것이다.[589] 마르크스는 공동 전투를 수행할 수 있는 공동의 적개심을 가진 대자적 계급을 참된 의미에서 계급으로 간주한 것으로 보인다. 마르크스의 이러한 입장은 『루이 보나파르트의 브뤼메르 18일』에 나타나 있는 프랑스 농민의 분석에서 잘 나타나 있다.

소규모 자산의 농민들이 대규모적인 대중을 구성하고 있었는데, 그들은 유사한 조건 속에서 살고 있었지만 서로 다양한 관계를 맺지는 않았다. 그들의 생산 방법은 서로 상호 교류할 수 있도록 해 준 것이 아니라 서로를 고립시켰다. 이렇게 해서 프랑스의 거대한 대중은 자루 속의 감자들처럼 동질적인 것들이 단순히 모여져 있는 것에 불과하였다. 수많은 가족이 다른 계급과는 구별되는 그들의 독특한 이해관계와 문화를 가질 수 있도록 해 주는 경제적 존재 조건하에서 살고 있으며 그들의 존재 조건이 다른 계급들의 존재 조건과는 적대적인 것이라면 **그들은 계급을 형성하게 된다**. 그러나 소규모 자산의 농민들 사이에 단순한 부분적인 상호 연결만이 존재하며, 이해관계의 동질성이 공동체적이고 국가적인 범위의 결속관계를 가져오지 못하고 내부의 정치적 조직을 발생시키지 못한다면, 그들은 계급을 형성할 수 없다.[590]

마르크스는 이 글에서 자본주의 생산양식 아래에 있는 프롤레타리아가 프랑스 농민보다 더 쉽게 대자적 계급이 될 수 있는 물질적 조건을 갖추고 있다고 보고 있다. 그러나 이 물질적 조건에도 불구하고 프롤레타리아가 대자적 계급이 되는 것은 어렵다. 그는 "프롤레타리아들이 계급에로의, 또 이어서 정당에로의 조직화는 노동자 자신들 사이에 일어나는 경쟁으로 말미암아 간단없이 파괴"[591]되기 때문에 프롤레타리아가 대자적 계급 상태로 되기 위해 공산주의자들이 있어야 한다고 하였다. 그는 다음과 같이 말하였다.

공산주의자들은 실천에 있어서는 각국 노동자 당들의 가장 결정적이며 언제나 추진적인 부분이며 이론에 있어서는 프롤레타리아 운동의 제 조건, 과정 및 일반적 결과를 이해하는 데 있어서 프롤레타리아의 나머지 대중보다 우월하다. 공산주의자들의 당면 목적은 […] 프롤레타리아의 계급에로의 형성, 부르주아지의 지배권의 전복, 프롤레타리아에 의한 정권의 쟁취이다.[592]

이상의 논의에서 계급의식은 각 구성원이 특수 이해를 계급 전체의 공동 이익에 종속시킬 때만 의식화가 가능하다. 만약 계급 구성원들이 자루 속의 감자들처럼 개인의 특수 이익에 의해 분리된다면, 계급 의식은 존재할 수 없다. 계급 전체의 공동 이익에 개인의 특수 이익을 동화하는 것은 결국 계급이라는 미분화된 공동체 속에 개인을 용해하는 것을 의미한다고 볼 수 있다. 마르크스는 계급의식, 즉 미분화된 공동체 의식에 의해 계급투쟁의 승패가 좌우된다고 보았다. 그에 의하면 부르주아 계급이 투쟁에서 패배할 수밖에 없는 이유는 그 계급의 물질적 조건이 공동체 의식의 형성을 불가능하게 하기 때문이다. 반대로 계급투쟁에서 프롤레타리아 계급이 승리하게 되는 이유는 그것의 물질적 조건이 필연적으로 공동체 의식의 형성을 수반하게 되기 때문이다. 그는 다음과 같이 말하였다.

> 부르주아 계급의 존립과 지배의 기본 조건은 개인 수중에의 부의 축적, 즉 자본의 형성과 증식이다. 자본의 존재 조건은 임금 노동이다. [⋯] 부르주아지가 싫든 좋든 촉진시키지 않을 수 없는 공업의 진보는 경쟁에 의한 노동자들의 분리 대신 연합에 의한 그들의 혁명적 단결을 가져온다. [⋯] 부르주아지의 멸망과 프롤레타리아트의 승리는 다 같이 불가피하다.[593]

결론적으로, 마르크스가 인간 해방을 목표로 추구한 공산주의 사회와 그것의 유일한 담지 세력인 프롤레타리아 계급은 모두 공동체적 일체감과 통일성을 주된 원리로 삼고 있다.

마르크스는 공산주의 혁명이 성숙한 자본주의 사회에서 발생할 것이라 예측하였다. 그러나 공산주의 혁명의 대부분은 전통적인 삶의 방식을 보존하고 있던 자본주의 이전 사회에서 빈번하게 발생하였다. 그 이유는 미분화된 통일체로서의 삶에 대한 마르크스주의의 선호와 전통적인 공동체적 삶의 양식 사이에 큰 친화력이 있기 때문이다. 마르크스의 계급 개념이 민족주의적 색채를 띤 공동체적 민중 개념으로 쉽게 변질될 수 있는 것도 이러한 조건을 잘 반영하고 있다.

2
베버: 신적 무한성을 실현하는 독일 민족 공동체

베버는 가치의 세계를 무제약적 자유를 추구하는 본질적 자아의 활동 영역으로, 사실의 세계를 도구적 합리성 논리에 따르는 현상적 자아의 활동 영역으로 분리하고, 현상적 자아를 본질적 자아의 수단으로 보았다. 그가 이러한 관점을 취한 이유는, 한편으로는 자연법적 신념에 기초한 시민사회의 생활 방식이 민족 공동체를 와해시킬 위험성이 있기 때문이며, 다른 한편으로는 시민사회가 이룩한 과학기술적·경제적 성과들을 수용하려는 의도라고 할 수 있다.

독일을 통일한 프로이센에서는 프리드리히 빌헬름 이후 화혼양재의 전통이 확립되어 있었다. 이에 대해서는 앞에서 충분히 고찰했다. 이후의 많은 독일 지식인들은 이를 이론적으로 뒷받침하기 위해 노력해 왔다. 퇴니스의 공동 사회와 이익 사회에 대한 논의에서도 이러한 경향이 나타난 바 있다. 퇴니스는 도덕적인 측면에서 공동 사회는 선하고 이익 사회는 악하지만, 공동 사회에서 이익 사회로의 전환은 필연적이라고 했다. 이것은 민족 공동체가 이익 사회로 변해 가는 과정에 대한 네 단계의 설명에 잘 나타나 있다.[594] 첫째 단계는 폐쇄적 통일체closed unity를 지향하는 합일 공동 사회union of Gemeinschaft이며, 두 번째 단계는 좀 느슨한 관계의 결사체적 공동 사회association of Gemeinschaft, 세 번째 단계는 근대 시민사회에서 나타나는 개방된 결사체적 이익 사회association of Gesellschaft, 그리고 마지막 단계는 결사체적 이익 사회라는 몸 위에 폐쇄적 통일체인 합일적 공동 사회라는 머리를 결합한 합일적 이익 사회union of Gemeinschaft이다. 앞의 세 단계는 계약, 교환, 경쟁, 이기주의, 합리성의 증대를 반영하고 있다. 그러나 네 번째 합일적 이익 사회는 이익 사회 위에 폐쇄적인 공동체를 구축하는 것을 의미한다. 퇴니스에 의하면,

> 공동 사회는 합일적인 형태로부터 결사체적 형태로 하강한다. 그러나 […] 이익 사회는 결사체 형태로부터 합일적 형태로 상승한다. 개별적인 의지들의 합일을 위해서는 결사체가 더욱 적절한 형태이다. 단순한 결합combination을 위해서는 결사체가 유일하게 가능한 형태이다. 그러나 모든 사람이 관여하는 많은 결사체들을 통일하기 위해서는 합일이 더욱 적절한 형태이다. 이것이 발전하게 되면 종국적으로 공동 사회에 보다 유사하게 되고, 합리 의지는 본질 의지에 보다 유사하게 되며, 합일은 그 정도와 범위에 있어서 보다 일반적인 형태가 된다.[595]

퇴니스의 합일적 이익 사회는 특수적 민족 공동체를 기본으로 해서

자본주의의 시장 논리를 받아들이는 것이다. 베버의 사상도 이러한 합일적 이익 사회를 지향하는 것으로 이해할 수 있다.

1) 신들의 투쟁

베버는 근대 서구의 상황을 여러 신들이 서로 투쟁하는 절대적 다신론으로 규정하고, 누구나 하나의 신을 수호신으로 선택하지 않으면 안 된다고 하였다. 신들의 투쟁 교리는 주관주의적 가치론에 근거해 민족 공동체를 자신의 수호신으로 받아들이기 위한 베버의 이론적 전략이다. 그는 다양한 가치 영역들이 서로 투쟁한다고 하면서도 민족이 바로 최고의 가치 영역이라는 식으로 논리를 전개한다. 그의 논리를 따라가 보자.

첫째, 여러 신들의 투쟁에서 자연법의 근거가 되었던 기독교적 형제애 윤리와 다른 가치 영역들 사이의 투쟁을 부각하고 있다.

> 형제애의 종교는 항상 이 세상의 […] 가치 [영역]들과 충돌해 왔다. 형제애의 요구가 보다 일관되게 수행될수록 충돌은 더욱 첨예하게 되었다. 그리고 그 틈이 넓어질수록 세상의 가치 [영역]들은 그들 자신의 고유한 법칙에 따라 합리화되고 승화되어 왔다.[596]

베버는 이러한 충돌이 근대 서구에서 정점에 달한 것으로 보았다. 이 같은 전제 위에서 기독교 형제애 윤리가 정치, 경제, 지식, 예술, 성

등의 영역들과 어떻게 갈등을 일으키고 있는지를 분석하고 있다.[597] 기독교 형제애 윤리는 중세 동안 삶의 모든 영역을 지배하는 보편적인 가치였지만 합리화된 가치중립 시대인 근대에 들어오면서 서로 자신의 우월성을 주장하며 투쟁하는 많은 가치 영역 중 하나로 전락했다는 것이 그의 주장이다. 베버에 의하면, 합리화되기 이전부터 예술, 성 등은 세속적인 구원의 형태로서 세속 외적인 구원의 형태인 종교의 강력한 경쟁자였다. 그러나 합리화의 결과, 종교가 무의미해진 근대사회에서 그들은 구원의 유일한 형태가 되었다.[598]

그러나 우리는 2장에서 베버의 합리화가 역사적 사실을 왜곡했다는 것을 확인했다. 칼뱅의 종교 개혁이 들어간 지역에서는 여전히 기독교 형제애 윤리가 자연법의 형태로 삶의 모든 영역을 지배하는 보편적 가치로 인정되었다. 하지만 루터의 사상이 들어간 독일지역에서는 교회를 국가기관의 하부 조직으로 삼음으로써 기독교 형제애 윤리의 지위가 격하되었다. 베버는 이러한 독일적 특수 상황을 마치 근대 서구의 일반적 합리화 과정인 것처럼 과장하고 있다.

둘째, 이처럼 기독교 형제애 윤리를 다양한 가치 영역 중 하나로 격하한 다음, 나머지 가치 영역들을 다시 정치, 경제, 지식 등의 '합리적 영역'과 예술, 성 등의 '비합리적 영역'으로 나누었다. 그러면서 심미적 탐구나 성적 사랑 등을 비합리적이고 비정상적인 영역으로 치부하였다. 즉 이 영역들을 나약한 사람들이 힘든 합리적 생활 영역으로부터 도망가는 도피처로 보았다. 그는 다음과 같이 말한 적이 있다.

> 근대인, 특히 젊은 세대는 무미건조한 일상생활workday existence에
> 적응하는 것을 힘들어한다. 이러한 연약함으로 인해 [비합리적인]
> '체험experience'을 대대적으로 추구하는 현상이 발생한다. 이러한 연
> 약함으로 말미암아 우리의 젊은 세대는 우리 시대의 숙명인 삶의
> 엄격한 진지함을 싫어한다.[599]

셋째, 선택 가능한 대안을 합리적인 영역인 정치, 경제, 지식의 세
영역으로 축소한 다음, 정치가 최고의 가치 영역이라는 논리를 펼쳤
다. 이를 이해하기 위해 베버의 내재적 규범론을 살펴볼 필요가 있다.

2) 내재적 규범 이론과 민족 국가 공동체

그는 합리적 영역에 속하는 전문 작업에는 내재적인 규범이 존재한
다고 하면서, 그 작업에 대한 개인적 선호와 관계없이 내재적 규범에
충실할 때 '인격적인 사람'이 된다고 주장했다.[600] 이 내재적 규범론은
베버의 민족 국가 공동체 지향을 이해하는 데 매우 중요하다. 베버는
정치, 관료, 경제, 과학을 특히 중요한 전문 작업 분야로 간주하였다.

정치 영역

먼저, 정치가는 자기 민족의 문화적 가치나 국가 전체의 이익이라
는 대의cause에 헌신적으로 몰입할 수 있는 정열을 가지고 있어야 한
다.[601] 이것이 정치가가 지녀야 할 신념윤리이다. 2장에서 살펴보았듯
이, 베버에 의하면, 궁극적 목적의 윤리와 책임윤리 간에는 결코 넘

을 수 없는 심연이 존재하지만, 조국을 궁극적 가치로 선택하는 정치가에게는 이 둘이 '상호 보완관계'에 있다. 실제로 정치가는 최상의 국가 이익이라는 결과를 산출하기 위한 투철한 책임감을 소유해야 한다.[602] 이것은 책임윤리를 두고 하는 말이다. 또한, 정치가는 사물과 인간, 그리고 자신에 대해서 중립적인 균형 감각을 유지해야 한다.[603] 베버는 이러한 정치의 내재적 규범이 영웅적 지도자에 의해서만 성취될 수 있다고 보았다. 그는 다음과 같이 말하였다.

> 정치는 단단한 판자에 힘을 들여서 서서히 구멍을 뚫어 나가는 것이다. 그것은 정열과 균형perspective 둘 다를 요구한다. 만약 불가능한 것을 이루기 위해 재삼재사 노력하지 않는다면 가능한 것조차도 이루지 못한다는 것은 역사적 경험으로 확증된 진리이다. 그러나 지도자만이, 그것도 영웅적 지도자만이 그렇게 할 수 있다.[604]

베버는 정치가에게 이러한 카리스마적 특성을 요구하면서 그에게 예외적 특권을 부여하였다. 카리스마적 지도자는 헌법을 포함하여 어떤 사람이나 사물로부터도 제한받지 않는다. 몸젠에 의하면, "민주적 지도자는 자신을 선출해 준 사람들의 명령을 수행해야 한다는 이론을 베버는 분명히 거부했다. 베버에 따르면 […] 자신의 인격에 대중을 결속시키는 것이 「대중적 지도자 민주주의」의 특성이다."[605] 그러므로 카리스마적 지도자는 자유로운 상태에서 새로운 가치를 창조할 수 있다. 그는 공동체 전체와 인류 전체의 삶에 대한 가치를 창조할 사명을

갖게 된다.[606]

관료 영역

정치와 달리, 관료의 내재적 규범은 철저히 수단적 성격을 지니고 있다. 관료는 자신의 사적인 판단이나 감정과 관계없이 정치가에 의해 결정된 사항을 성실히 수행하기만 하면 된다.[607] 관료제에 대한 베버의 논의는 두 가지로 요약될 수 있다. 하나는 관료들이 자신에게 부과된 수단적인 규범을 충실히 수행하는 한, 관료제는 효율적인 장치가 된다. 그러나 관료제가 너무 비대해지면 수단적 위치를 이탈하여 목적에 관련된 가치판단을 하는 정치 영역을 침범할 때가 있다. 이때는 반대로 관료제가 비효율적인 장애물이 된다. 기술적 장치로서의 관료제에 대한 논의는 『경제와 사회』에서, 관료제의 역기능에 대한 논의는 정치적 저작들에서 주로 이루어지고 있다.[608]

경제 영역

다음으로, 베버가 생각하는 경제인의 내재적 규범은 경제적 개인주의를 바탕으로 한 초기 자본주의의 치열한 경쟁 원리이다. 그는 경제 분야에 대한 국가의 감독과 통제가 시장경제의 역동적 과정을 저해한다고 비판했다.[609] 국가 주도적 자본주의 형태는 안락한 금리 생활이나 손쉬운 이윤 추구의 풍조를 조성하여 기업의 경쟁력을 약화할 수 있다.[610] 베버가 사회주의를 반대했던 중요한 이유 하나는 관료 체계로 인한 경쟁의 역동성 상실을 우려했기 때문이다. 베버는 『프로테스탄트 윤리와 자본주의 정신』에서 경제적 개인주의를 근간으로 하는

시장경쟁에서 승리하기 위해 경제인이 습득해야 할 규범을 제시하고 자 하였다.[611]

그러나 베버가 시장적 경쟁의 경제적 개인주의를 옹호한다고 해서, 그가 개인의 자유권 보장에 대한 신념을 가진 자유주의자라는 것을 의미하지는 않는다. 그가 시장경쟁을 옹호한 것은 다만 그것이 국가 전체의 이익에 가장 적절하게 봉사할 수 있는 수단적 장치였기 때문 이다. 국가 전체의 이익에 관한 문제는 전적으로 정치 지도자의 소관 이다. 그는 경제인들이 정치적 영역을 침범하는 것을 용납하지 않았 으며, 또 그렇게 하는 것을 두려워하였다. 그는 "물질적인 목표나 경 제적 발전이 경제 정책을 위한 자명한 기준을 제공할 수 없으며, 경제 정책은 정치적 기준에 따라 형성되어야만 한다"[612]고 강조하였다. 베 버가 카리스마적 지도자를 선호한 것도 강력한 지도자만이 경제의 논 리로부터 정치 영역을 보호할 수 있다고 보았기 때문이다.[613]

과학 영역

마지막으로, 과학자의 내재적 규범도 수단적이다. 이에 대해서는 이미 2장의 가치중립성에서 자세하게 논의한 바 있으므로, 여기서는 베버가 과학의 역할을 공동체 전체의 이익을 추구하는 정치의 수단으 로 한정하고 있다는 점만 지적하고자 한다. 정치가는 책임윤리에 따 라야 하며, 그러기 위해서는 더 많은 지식을 소유해야 한다. 과학자는 이러한 필요를 충족시키는 기능을 수행해야 한다. 쉘팅A. Schelting은 베 버의 이 같은 의도를 다음과 같이 진술하였다.

책임 있는 정치적 행위의 달성은 사회적, 경제적 생활의 영역에서 수반되는 경험적 관계에 대한 객관적으로 타당한 지식을 성취할 가능성에 달려 있다. [⋯] 막스 베버보다 이것을 더 잘 인식했던 사람은 없었다.[614]

이상의 고찰에 의하면, 정치가만이 자신의 가치판단에 따라 민족 국가 공동체의 목적을 설정할 수 있으며 관료와 경제인과 과학자는 수단으로 봉사해야 한다. 결국, 여러 신들의 투쟁에서 정치 영역이 최고의 신으로 등장하게 된다. 이 최고의 신은 민족 국가 공동체이며 베버는 이를 자신의 수호신으로 삼았다. 따라서 목적의 영역에 관계하는 베버의 본질적 자아는 민족 국가 공동체적 자아와 같다고 할 수 있다. 이것은 세상의 그 무엇보다도, 특히 자기 영혼의 구원보다도 자기가 출생한 도시의 위대함을 더 귀하게 여긴 한 영웅을 칭찬한 마키아벨리의 태도에 그가 전적으로 공감했다는 사실[615]에서 잘 드러난다.

베버는 특히 문화를 민족 국가의 핵심적 요소로 간주하였다.[616] 그에게 문화는 민족 공동체의 정체성을 확립하는 것으로서 민족 공동체들을 상호 구별하는 기준이었다. 그는 민족 공동체가 자신의 개별적 특성을 계발하고 문화 가치의 우월성을 증명해야 한다고 하였다.[617] 그에게 모든 문화는 민족 문화였으며[618] 그보다 상위의 가치는 존재하지 않았다. 만약 민족의 문화적 가치가 모든 종류의 윤리와 화해 불가능한 갈등 속에 있다면 민족의 문화적 가치가 우선적이다.[619] 만약 민족 문화 간에 우열의 문제가 생기면 투쟁을 통해서만 해결될 수 있다. 따라서 그는 "나는 프랑스 문화의 가치와 독일 문화의 가치를 어떻게 과학적으로 결정해야 좋을지 알지 못한다. 여기서도 다른 신들은 지금이나 장래에나 서로 투쟁한다"[620]고 말하였다.

이상과 같은 논리에서, 여러 신들의 투쟁은 결국 문화 공동체들 사이의 투쟁이다. 투쟁을 통해서만 민족 공동체의 우수성이 증명될 수 있다면 투쟁에서 이기기 위해 각 민족은 강력한 권력 국가Machtstaat를 형성할 필요가 있다. 여기서 독일을 강력한 권력 국가로 만들 필요성이 제기되었다고 할 수 있다.[621] 그에게는 독일이 세계적인 권력 국가 Weltmachtstaat가 되는 것이 독일 민족 문화의 위대함을 증명할 수 있는 유일한 수단으로 보였다. 이러한 생각은 그의 공적인 생애의 초기에 해당하는 프라이부르크 대학 취임 연설,『국민 국가와 경제 정책』에서부터 말기의 『직업으로서의 정치』에 이르기까지 모든 정치적 저작에 나타나고 있다.[622] 세계적인 권력 국가가 독일이 당면한 목표라면, 그 방법은 독일의 모든 인적·물적 에너지가 가장 효율적으로 동원될 수 있도록 국가를 조직화하는 것이었다. 실제로 이것은 그의 주된 관심사였으며 내재적 규범론은 이러한 관심의 산물이라고 할 수 있다. 내재적 규범론은 그가 감정적 일체감에 의해 형성된 민족 문화 공동체를 뒷받침하기 위한 합리적 권력 국가의 이념형이었다.

3) 독일 관료제의 양면성

학문적으로 베버의 관료제 논의는 행정조직을 이해하는 데 크게 공헌하였다. 특히 많은 학자들이 관료제화 경향과 그것의 위험성에 대한 경고를 그의 사회학의 귀중한 측면으로 여기고 있다. 그러나 민족 공동체에 대한 그의 정치적 열정과 분리되어서는 그의 관료제 논의가 제대로 이해될 수 없다. 내재적 규범론을 통해 형성한 합리적 권력 국가의 이념형을 실제의 독일 현실과 비교·검토해 본 결과, 베버는 관료제가 독일을 합리적 권력 국가의 이념형으로부터 이탈시키는 주된 요인임을 발견하게 되었다.

처음에 베버는 독일 관료제의 기술적 효율성 때문에 독일이 세계적 권력 국가가 될 수 있다고 생각했다. 프로이센에서 만들어진 독일 관료제는 그 위력을 역사적으로 증명하였다. 프리드리히 2세는 그것을 이용해 프로이센을 유럽의 강국으로 만들었고 비스마르크O. E. L. Bismarck가 독일을 통일하는 데에도 크게 이바지했다. 따라서 베버는 독일 관료제의 원형인 프로이센의 군대 조직을 보면서 근대 관료제의 이념형을 구성했다. 베버는 독일 관료제가 권위주의적이었다는 사실에 대해 별로 개의치 않았다. 그는 관료에게 부여된 커다란 사회적 위신prestige이 직무의 기술적 수행에 필요한 성실성과 의무감 등을 확보하는 데 필수적이라고 변호하였다.[623] 또한, 그는 독일 관료제를 자유주의적이고 민주적으로 변화시키는 것을 반대하였다.[624]

독일 관료제의 기술적 효율성을 긍정한 베버는 관료제가 이루어진 정도를 "국가 근대화의 결정적인 척도"로 보았다.[625] 이렇게 보면 당시 가장 관료제화된 독일이 가장 근대화된 국가인 셈이다. 따라서 "프로이센 행정조직의 모든 진전은 관료제적 [⋯] 원리의 진전이었으며 미래에도 그럴 것"[626]이라는 표현은 그의 생각을 잘 나타내고 있다. 이처럼 관료제와 그것의 효율성을 중요한 요소로 본 것은 근대 국가에 대한 사회학적 정의와 밀접하게 관련되어 있다. "궁극적으로 우리는 근대 국가를 사회학적으로 [···] 물리적 강제력의 관점에서만 정의할 수 있다"라는 표현이 바로 그것이다.[627] 관료제는 근대 국가의 물리적 강제력을 위한 가장 효율적인 도구이다. 결국, 관료제론이 의도하는 것은 효율적인 행정조직을 가진 독일이 강력한 권력 국가가 될 수 있다는 기대감이었다. 베버는 당시 강력한 권력 국가였던 영국이 명망가 notables 행정조직으로 운영되고 있다는 사실에 주목했다.[628] 그리고 그 것이 행정업무의 질적 증가로 인해 한계에 봉착하게 될 것이라고 보았다.[629] 이것은 행정조직의 측면에서 볼 때 권력 국가를 향한 경쟁에서 독일이 영국보다 유리할 것이라는 의미를 내포하고 있다. 베버는 관료제론 6항에서 "명망가에 의한 행정조직에 대한 관료제적 조직의 기술적 우위성"을 길게 논하고 있다.[630]

그러나 베버에게 희망을 주었던 관료제는 반대로 그에게 절망을 안겨 주게 되었다. 그 결정적인 이유는 독일 관료제가 내재적 규범에서 벗어났기 때문이었다. 베버는 관료제를 도구적인 내재적 규범에 충실해야 하는 폐쇄 체계로 규정한 바 있다. 이에 따르는 한 그는 독일 관료제가 탁월한 기술적 효율성에 힘입어 독일을 세계적인 권력 국가의 자리에 올려놓을 수 있다고 보았다. 그러나 너무 비대해진 독일 관료제가 다른 영역에까지 세력을 확장함으로써 독일의 세계적인 권력 국가화가 어렵게 되고 말았다.

먼저 정치 영역을 살펴보면, 관료제의 확장으로 "권력감과 책임감을 결여한" 관료들이 "정치가에게 고유한 목적 설정 기능을 찬탈"하는 결과를 초래하였다.[631] 그럴 뿐만 아니라 관료들은 자신들의 이익을 영속적으로 유지하기 위해 책임감 있는 유능한 정치가가 나타날 길을 막아 버렸다. 다음으로, 경제 영역에서는 위험을 회피하고 안정을 희구하는 관료적 경직성이 개인의 창의력과 기업가 정신을 억압하여[632] 독일 부르주아들의 자본주의 정신의 태동을 어렵게 만들었다. 베버는 독일 부르주아들이 당시 지배 계층이었던 관료 귀족의 생활을 흉내를 내는 태도에 대해 비판하였다.[633] 마지막으로, 독일의 관료제는 학문 영역까지 파고들어, 당시의 독일 대학들을 군주 개인에게 "충성을 바치는 행정관료를 훈련하는 국가 기구"로 전락시켜 버렸다. 이 때문에 군주 개인의 이익과 독일의 세계 이익이 조화될 수 있는지의 문제를 자유롭게 논의할 수 없다고 베버는 불평하였다.[634]

따라서 베버가 보기에 독일이 직면한 최대의 문제는 비대한 관료제를 통제할 수 있는 방법을 찾는 것이었다. 그 방법으로, 베버는 강력한 정치적 지도력으로 관료제를 통제할 수 있는 정치가를 권력의 정상에 올려놓을 것을 주장했다. 그러나 이를 위해 두 가지가 먼저 해결되어야 했다. 하나는 과연 '누가' 그런 인물이 될 수 있냐는 것이었고, 다른 하나는 그런 인물을 '어떻게' 권력의 정상에 올려놓느냐는 것이었다. 그래서 그는 전자를 위해 카리스마적 지도자론을 전개하였고,[635] 후자를 위해 처음에는 의회 민주주의를, 이후에는 국민의 직접 선거에 의한 지도자 선출을 주장했다. 그러나 그는 카리스마적 정치가를 배출시킬 수 있는 다른 방법이 있었다면 의회 민주주의나 국민투표적 민주주의도 포기할 수 있었다. 따라서 그에게 헌법의 형태는 어떤 다른 기구와 마찬가지로 기술적 수단에 불과하며, 군주만이 정치가라면, 또는 그렇게 될 수 있다는 표시만 보여 준다면 자신은 기꺼이 의회를 반대하고 군주를 지지할 것이라고 말하였다.[636] 베버에게 진정한 의미의 정치가는 군주든 국민에 의해 선출된 사람이든 항상 카리스마적 지도자여야 한다. 하지만 독일 관료제는 끝내 어떠한 주인도 앉히기를 거부하고 스스로 주인(목적)이 되고자 함으로써 베버를 절망시켰다.

관료제가 인간을 톱니바퀴 속의 한 톱니로 만든다느니, 영혼을 파편화시킨다느니, 수단과 목적이 전치되었다느니 외치면서 베버가 절망한 것도 이러한 맥락에서 이해될 수 있다. 관료제화가 자유를 질식시킬 것이라고 경고한 그의 태도는 그가 자유주의자임을 의미하는 것이 아니다. 그는 합리적인 시민적 자유를 옹호했다는 의미에서 자유주의자가 아니었다. 몸젠은 자유의 상실에 대한 베버의 절망 속에서 영웅주의자로서의 베버의 모습을 보았는데,[637] 이것은 타당한 견해이다.

그는 합리적인 시민적 자유의 근거였던 자연법적 신념의 수용을 거부하였으며, 오히려 시민적 자유가 무의 인간을 양산해 낸다고 비판하였다. 베버가 민족 공동체를 자신의 궁극적 가치로 선택하였다는 사실을 고려할 때, 그가 수호하려고 한 자유는 공동체 전체의 가치를 추구하는 본질적 자아의 자유라고 볼 수 있다. 공동체의 전체 의지를 표현하는 공동체적 자아인 본질적 자아는 영웅적 인간에 의해서만 실현될 수 있다. 베버에게는 두 종류의 자유가 존재하였다. 한편으로는 공동체 전체의 가치와 목적의 설정에 관련한 본질적 자아의 자유였고, 다른 한편으로는 설정된 목적을 정확히 수행하는 현상적 자아의 도구적인 자유였다. 두 측면은 모두 공동체의 전체 의지에 종속된다는 의미에서 공동체적 자유라고 할 수 있다.

물론 방법론적 개인주의와 명목론을 주장하였던 베버는 공동체의 전체 의지와 같은 형이상학적 실체를 인정하지 않았다. 그는 다음과 같이 말했다.

실제적인 목적을 위해서는 국가, 결사체, 기업체, 재단 등과 같은 사회적 집합체들을 마치 개별적인 인격체들처럼 취급하는 것이 편리하고 심지어는 필요불가결할지 모른다. 따라서 이러한 집합체들은 권리와 의무의 주체로서 또는 법적으로 의미 있는 행위의 수행자로 취급될지도 모른다. 그러나 사회학적 작업에서 행위의 주관적 이해를 위해서 이러한 집합체들은 오직 개별적인 인격체들이 행하는 특이한 행위들의 결과물이거나 조직 양식들로서 취급되어야만 한다. 왜냐하면 개별적인 인격체들만이 주관적으로 이해할 수 있는 행위 과정의 작인agents으로 취급될 수 있기 때문이다.[638]

베버는 방법론적 개인주의와 명목론을 합리화된 시대가 겪어야 할 과학의 운명으로 간주했다. 베버가 방법론적 개인주의와 명목론 관점을 취한다고 해서 그를 개인주의자로 인식해서는 안 된다. 방법론적 개인주의와 명목론은 공동체의 전체 의지를 부정하기보다는 오히려 더욱 강화하는 것이라고 할 수 있다. 베버는 공동체의 전체 의지를 형이상학적 실체로 간주하는 낭만주의적 입장이, 공동체의 전체 의지에 대한 개인의 관련을 습관적이고 수동적이며 비합리적으로 만든다고 보고, 이것을 자의식적이고 적극적이며 합리적인 방식으로 변화시키기를 원했다. 그가 계산 불가능한 비합리성을 자유와 동일시한 낭만주의의 견해를 비판하고, 계산 가능한 합리적 자유를 중요시한 것은 이 때문이다.

베버의 이러한 의도는 방법론적 개인주의와 명목론의 전제가 되는 결단주의에서도 명확하게 드러난다. 결단주의는 개인이 주관적 결단으로 민족 공동체를 자신의 궁극적 가치로 선택하는 것을 가능하게 한다. 베버 자신도 이러한 결단주의에 근거하여 독일 민족 공동체를 자신의 궁극적 가치로 선택하였다. 그의 내재적 규범론은 형이상학적 실체가 아니라 베버 자신의 주관적 가치에 근거하여 형성된 허구적 이념형이지만, 그것은 독일적 전통에서 국가 이성Staatsräson으로 명명된 공동체의 전체 의지를 합리적으로 재구성한 것이다. "국가 이성이란 국가 행동의 기본 원칙, 국가의 운동 원리 […], [즉] 건전하고 강력한 국가를 유지하는 데 있어 정치가가 해야 할 일을 말한다."[639] 몸젠의 다음과 같은 말은 나의 이러한 분석을 지지한다.

베버의 결단주의적 책임윤리는 초개인적인 요소들이 역사 과정을 움직이는 요소라고 설명한 —그것이 세계정신의 자유의식으로서 발전이건(헤겔), 경제적 생산관계의 변증법이건(마르크스), 민족정신의 유출이건(낭만주의) […]— 모든 철학적 구성물들과 일치할 수 없었다. 왜냐하면 이 구성물들을 통해서 개인은 자신의 특수한 책임을 기피하였고, 그에게는 단순한 가상인 역사의 품속으로 '도피'가 허용되었기 때문이다.[640]

베버는 모든 개인이 자의식적인 주관적 결단으로 자신이 헌신할 전문 분야를 선택하고 그것의 전문적인 내재적 규범에 대해 무모순적으로 봉사할 것을 주장하였다. 여기서 그의 체념론이 등장한다.

근대적인 노동이 금욕적인 성격을 갖고 있다는 사상은 물론 새로운 것이 아니다. **전체성에 대한 인간의 파우스트적 본성**[필자 강조]을 단념하고 **전문화된 노동**에 자신을 한정하는 것은 근대 세계에서 가치 있는 노동의 조건이다. 그러므로 **행위**와 **체념**[필자 강조]은 오늘날 불가피하게 서로를 제약하고 있다. 이러한 중류 계급적 삶의 금욕적 특성은 ─단순한 무양식이 아니라 하나의 생활양식이 되려고 한다면─ 지혜의 정점에 도달한 괴테가 『방랑시대』와 죽음을 눈앞에 둔 파우스트를 통해 가르치기를 원했던 것이다. 괴테에게 금욕적인 특성의 실현은 풍요롭고 아름다운 인간성의 시대와의 이별과 체념을 의미했다. 인간성의 시대는 […] 우리 문화의 발전 과정에서 되풀이될 수 없다.[641]

이 인용문에서 "전체성에 대한 인간의 파우스트적 본성"과 "전문화된 노동", "행위"와 "체념"은 서로 대립하는 개념이다.

"전체성에 대한 인간의 파우스트적 본성"과 "행위"는 신처럼 무제약적 주체가 되려는 본질적 자아의 영역이다. 파우스트는 무제약적으로 자신을 실현해 신과 같은 존재가 되려고 하는 절대주체[642]를 상징한다. 파우스트적 인간은 괴테가 독일의 문화적 영웅을 형상화한 것이라고 할 수 있다. 파우스트는 "어떤 규준도 제한도 없이 어디서나 맛을 보고 도망 중이라도 무엇이든 낚아채고 마음에 드는 것은 꼭 손에 넣게 된다."[643] "무제한의 자아실현은 개인의 자아를 인류의 자아로 확장하는 것이다."[644]

이에 반해 "전문화된 노동"과 "체념"은 현실 세계를 합리적으로 통제하려는 현상적 자아의 영역으로, 영국에서는 금욕적 프로테스탄트 윤리의 산물이고, 독일에서는 엄격한 관료제의 산물이다. 파우스트적 인간은 당연히 전문화된 노동을 경멸하므로 이 둘은 서로를 "제약"한다. 그런데 베버는 이 둘을 하나의 내재적 규범론을 통해 민족 국가 공동체 속에 통합된 시스템으로 만들려고 했다.

그는 직업으로서의 정치를 선택한 카리스마적 정치가에게만 본질적 자아의 목적을 설정하는 지위에서 "파우스트적 인간성"을 실현하는 특권을 부여하고, 나머지 다른 직업인들에게는 국가를 위해 수단적으로 "전문화된 노동"에 헌신함으로써 마치 한 사람의 지휘자가 오케스트라 전체를 움직이듯이, 카리스마적 지도자가 독일이라는 합리적인 권력 국가를 지휘하도록 한 것이다. 베버의 이러한 체념은 모든 사람이 유적 존재로서 "파우스트적 인간성"을 실현하는 마르크스의 철학적 공산주의와 극명하게 대비되는 태도이다. 베버는 독일에서 관료제가 비대해짐에 따라 도구적인 현상적 자아에 속하는 관료들이 본질적 자아의 영역을 침범하여 목적 설정 기능을 찬탈하는 상황을 목격하고 관료제화의 절망이라는 노래를 불렀다. 그러나 베버는 마르크스의 공산주의를 대안으로 생각하지 않았다. 그는 공산주의가 현실화하면 관료제화의 폐해가 더 심각해질 것이라고 주장하였다.

4) 독일 문화 사명론

지금까지 관료제가 독일 민족 국가를 합리적인 권력 국가 이념형에서 벗어나게 한 결정적 요소라는 사실을 살펴보았다. 베버는 이러한 사실을 기초로 관료제가 근대 세계 전체의 불가피한 운명인 것처럼 확대하여 설명하였다.

세계는 질서를 필요로 하는, 아니 질서만을 필요로 하는 사람들에 의해 지배되는 그러한 종류의 사회로 급히 나아가고 있다. 그들은 질서에 너무 순응되어 있어서 질서가 잠깐만이라도 멈칫한다면 겁을 먹을 정도로 신경과민을 나타낸다. 만약 그들이 질서로부터 떨어져 나가기라도 한다면 그들은 혼비백산하고 만다. 세계에는 이 같은 질서인들만이 존재하고 있다. 우리는 이러한 발전에 사로잡혀 있다.[645]

관료제화에 대한 베버의 절망에서 현대문명의 미래에 대한 예언자의 모습을 발견할 수도 있을 것이다. 그러나 모젤리스N. Mouzelis는 현대의 조직론자들이 관료제적 지배의 불가피성을 극화하고 지나치게 강조하는 관료제화라는 관념적인 감정metaphysical Pathos에 동의하지 않는다는 사실을 지적하고 있다.[646] 관료제화의 세계적 경향에 대한 이 같은 진단은 독일 문화 사명론에 그 뿌리를 두고 있다는 점을 유의할 필요가 있다.

근대 시민사회의 출현과 함께 문화 사명론은 독일의 문화 전통에서 지속적으로 표출되었다. 독일 지식인들은 대체로 근대 시민사회의 합리적이고 개인주의적인 생활양식이 인간의 본질적 자아를 소외시킨다고 생각하고 있었다. 그래서 그들은 시민적인 생활양식의 물질적 하부구조에 해당하는 과학기술적인 부분은 수용하면서도 정신적 상부구조에 해당하는 자연법적 신념이 독일에 파급되는 것은 저지하였다. 그뿐만 아니라, 그들은 더 나아가 본질적 자아의 공동체적 본질을 간직하고 있는 독일 문화가 현상적 자아의 시민적 생활로부터 서유럽과 세계를 구해야 한다는 일종의 사명감을 표출하였다. 그리고 그러한 사명감이 좌절될 때 세계 전체가 돌이킬 수 없는 위기에 빠져 있다고 과장하는 경향이 있었다. 마르크스의 인간 해방론 속에도 독일 문화 사명론의 흔적이 나타나고 있음을 앞에서 살펴보았다.

베버도 예외는 아니었다. 그는 독일 민족에 세계 문화의 장래에 대한 역사적 책임성을 부여하였다.[647] 그는 러시아와 영국의 문화가 세계 문화를 위협하는 두 개의 주요 세력이라고 보고, "이 두 열강의 완전한 세계 지배를 저지해야 하는 의무와 책임이 […] 우리 위에 무겁게 놓여 있다"[648]고 말하였다. 여기서 영국 문화에 대한 베버의 태도는 그의 민족 공동체 지향성을 이해하는 데 중요하기 때문에 세부적으로 검토해 볼 가치가 있다.

이미 근대 시민사회의 개방적인 정치 문화를 확립하고 있었던 영국에서는 관료제화가 별로 문제가 되지 않았다. 더욱이 영국은 베버가 지적한 것처럼, 관료제에 의한 행정이 아니라 명망가에 의한 행정 조직으로 운영되고 있었다.[649] 따라서 독일의 비대한 관료제화는 근대 세계의 불가피한 운명이라기보다 민족 문화의 수호라는 논리하에 만연해 있던 권위주의적 문화 풍토 때문이었다고 볼 수 있다. 따라서 비대한 관료제에 대한 가장 적절한 교정 수단은 자유롭고 민주적인 시민 문화를 수용하여 그것을 개혁하는 것이었다.

그러나 베버는 시민사회의 도덕적 기반이었던 자연법적 신념을 수용하지 않았으며, 나아가 시민적 인간형을 경멸하기까지 하였다. 그런데 시민 문화의 근원지가 바로 영국이었다. 그는 영국이 "정신없는 전문가와 마음이 메마른 향락가"라는 "무의 인간들"을 양산해 내는 시민적 생활양식으로 세계를 위험에 빠뜨리고 있다고 진단하였다. 그래서 그는 영국에 대한 니체의 다음과 같은 태도에 공감하였다.

영국인이 벌써 한 번, 그 끈질긴 범용성으로서 유럽 정신의 총체적인 침체를 초래케 하였다는 것은 결코 잊을 수 없는 사실이다. 즉 사람들이 「현대적 이념」 혹은 「18세기적 이념」 혹은 「프랑스적 이념」이라고 부르는 것은 ─바로 이것이야말로 독일 정신이 깊은 구토감을 지니고서 반항했던 것인데─ 영국에 기원을 두고 있다는 것에 의심할 여지가 없는 것이다. 프랑스 사람은 이 이념을 흉내 내는 원숭이며 배우에 불과했다. […] 「현대적 이념」이라는 것에 의한 저주받을 영국광 때문에, 그 프랑스 정신 그 자체가 매우 희미하게 되고 […] 그러나 우리들은 […] 일시적인 외관에 기만당하지 않도록 조심해야 할 것이다. […] 유럽의 비속성이나 현대적 이념의 천민성 ─ 이것은 영국의 산물이며 발명인 것이다.[650]

베버는 영국의 시민 문화를 관례convention라고 규정하였다.[651] 베버의 사회학적 용법에서 관례는 관습custom의 한 부분이다. 관습은 오랫동안 지속한 실행 중 외부의 제재가 없는 것이지만, 관례는 구속력이 있는binding 것으로서, 위반했을 시에는 외부의 비난disapproval이라는 제재가 가해지는 것이다.[652] 따라서 관례는 전통적 행위, 특히 전통적 권위의 핵심적 요소가 되는 것이다. 베버는 전통이라는 말을 경멸적으로 사용하였다. 그것은 무사고적이고unthinking 반사적이고 습관적인 것으로 이해되었다.[653] 이렇게 볼 때, 관례를 토대로 하는 앵글로 색슨의 문화는 순응주의와 내적인 노예 상태의 인간형을 양산해 내는 셈이 되는 것이다.[654] 여기서 우리는 관례적인 영국적 인간형에 대한 베버의 태도와 민주주의적 인간형에 대한 그의 태도가 일치한다는 것을 발견하게 된다.

그러나 근대 영국의 선조인 청교도들puritans은 달랐다. 그들은 종교적인 소명의식으로 인해 내적인 삶의 의미로 충만했다. 베버는 그들을 "영웅"으로 불렀다. 그러나 세속화된 오늘날의 영국인들은 정반대로 변하였다. 그들은 내적 의미를 완전히 잃어버렸으며, 오로지 외적인 질서에 기계적으로 적응하는 방식으로서만 행동한다. 이것이 『프로테스탄트 윤리와 자본주의 정신』의 마지막 부분에서 베버가 강조하고자 했던 내용이다. "청교도들은 직업을 소명으로 삼고 일하기를 원했다. 그러나 우리는 직업을 갖고 일하도록 강요당하고 있다".[655] 이제 영국의 관례는 철창iron-cage이 되어 그 안에서 태어난 모든 사람의 생활을 결정한다.[656] 그리고 베버에게 더욱 심각한 문제는 이 철창이 세계를 집어삼키려 한다는 것이다.

베버는 철창과도 같은 영국의 관례가 세계를 지배하는 것을 저지하는 방법으로 두 가지를 제시하였다. 하나는 새로운 예언자가 나타나는 것이고, 다른 하나는 지난날의 이념과 이상의 대대적인 부활이었다.[657] 베버는 아직 시민사회로 성숙하지 못한 독일 문화가 내적 자유의 상태에 있으므로[658] 영국의 관례로부터 세계를 수호하는 이러한 두 가지 가능성을 가지고 있다고 믿었다.

우리는 앞에서 독일 낭만주의자들의 다음과 같은 환상적 기대를 언급한 적이 있다. 당시 선진국이었던 영국과 프랑스의 문화는 이미 형식화된 상태에 있었기 때문에 더 이상의 발전 가능성은 없으며, 반면에 후진국인 독일의 문화는 내적 자유, 즉 무형식의 상태에 있었기에 무한한 발전 가능성이 있다는 것이다. 독일 문화는 이미 형식화한 대립적인 각 문화를 종합하여 새로운 세계 문화를 형성할 가능성을 갖고 있다는 것이다. 독일 지식인들은 이 같은 가능성을 현실화시킬 수 있는 대안으로 영웅적 인간의 출현을 열망했다. 그들에게 영웅적 인간은 본질적 자유를 향유할 수 있는 존재로서 공동체의 전체 의지를 체현하는 일종의 공동체적 자아였다. 베버 또한 내적 자유 속에서 독일 민족 공동체의 새로운 방향을 제시하는 영웅적 인간의 출현을 기대했다. 그러므로 그의 카리스마적 지도자론은 이러한 기대의 산물로 간주될 수 있다.

같은 맥락에서 베버의 네 가지 행위 유형(가치 합리적 행위, 도구 합리적 행위, 전통적 행위, 감정적 행위)과 세 가지 권위 유형(전통적 권위, 합법적 권위, 카리스마적 권위)은 다음과 같이 해석될 수 있다. 시민적인 관례로 대변되는 앵글로 색슨의 문화는 전통적 행위와 전통적 권위의 특징을 갖는다. 이에 반해 독일 문화는 이중적이다. 한편으로는 관료제에 의해 대변되는 것으로 이것은 도구적으로 합리적인 행위와 합법적 권위의 특징을 갖는다. 베버는 관료제를 합법적 권위 아래서만 실현 가능한 조직 형태로서[659] 도구적으로 합리적인 행위를 위한 탁월한 기술적 수단으로 정의하고 있다.[660] 다른 한편으로는 내적 자유에 의해 대변되는 것으로, 가치 합리적인 행위와 카리스마적 권위의 가능성으로 특징지을 수 있다.

베버는 내적 자유를 가치 합리적인 행위와 카리스마적 권위의 존재 조건으로 보았다. 결론적으로, 이것은 도구 합리적 행위와 가치 합리적 행위, 그리고 합법적 권위와 카리스마적 권위가 적절하게 결합한다면, 독일 문화가 전통적 행위와 전통적 권위로 화석화되어 버린 영국의 관례로부터 세계를 구할 수 있다는 것을 의미한다. 그러나 독일의 관료제는 가치 합리적으로 행위 하는 카리스마적 지도자의 출현을 봉쇄하고 있다.

이러한 상황에서 베버는 영국에서 광범위하게 나타났던 합리적인 근대 자본주의 경제 질서를 독일에서 출현한 관료제와 같은 현상으로 간주하였다. 즉 양자는 모두 형식적 합리성이 제도화된 형태로서, "비인격적인 규칙"에 따르는 "고도의 계산 가능성과 예측 가능성"이라는 특성을 공유하고 있었다는 것이다.[661] 따라서 그에게는 양자 모두 인간을 구속하는 철창으로 보였다. 그러나 베버가 영국의 시민사회적 (자본주의적) 질서와 독일의 관료제적 질서를 이처럼 무차별적으로 형식적 합리성의 제도화로 규정하는 것은 다음과 같은 역사적 사실을 설명하지 못하는 한 유지되기 어렵다. 그것은 "완전히 발전된 관료제적 형식주의로 특징지을 수 없음에도 불구하고 왜 영국에서는 자본주의가 발생하게 되었는가? 또는 반대로 고도의 관료제적 형식주의가 두드러졌던 독일에서는 왜 자본주의가 처음으로 나타나지 않았는가?" 하는 것이다. 베버는 이 문제에 구체적으로 언급한 적이 없다.[662]

나는 영국의 근대 합리적 자본주의와 독일의 형식적 관료제를 뭉뚱그려 형식적 합리성의 제도화로 규정할 수 없다고 본다. 성격에 있어서 이 둘은 다르다. 독일의 관료제적 합리성이 개인의 자유를 억압하는 권위주의적인 문화에서 출현한 것이었다면 영국의 합리적 자본주의는 오히려 그 속박을 끊고 개인을 해방했다. 따라서 영국의 합리적 자본주의는 독일 관료제의 형식적 합리성이 초래하는 강철 우리 iron cage를 저지하는 기능을 수행한다. 다렌도르프는 베버가 자본주의의 시장 합리성과 관료제의 계획 합리성을 구별하지 못했다고 비판했다.[663] 영국의 합리적 자본주의와 독일의 관료제를 동일시한 베버의 시각은 독일의 합리적 관료제가 합리적인 자본주의의 발전에 매우 긍정적으로 작용할 것이라는 개인적인 생각 때문이라고 할 수 있다. 그는 『종교사회학』 서문에서 다음과 같이 진술했다.

합리적인 법과 행정은 확실히 이러한 상황의 형성에 중요한 요소들이다. 근대 합리적인 자본주의는 기술적인 생산 수단뿐만 아니라 형식적인 규칙의 관점에서 계산 가능한 법률 체계와 행정 체계도 갖추어야 했다. 모험적이고 투기적인 방식으로 무역을 하는 자본주의와 정치권력을 수단으로 삼는 모든 종류의 자본주의는 합리적인 법률 체계와 행정 체계 없이도 가능하다. 하지만 고정 자본을 가지고 확실한 계산을 바탕으로 행동하는 개인 주도의 합리

적 기업은 합리적인 법률 체계와 행정 체계 없이는 불가능하다.[664]

그러면서 그는 "자본주의적 관심 그 자체가 합리적인 법을 창조하지는 못했다. 합리적인 법의 발전에 전혀 다른 힘들이 작용하였다"라고 하면서 "우리는 그러한 법률이 어디서 왔느냐는 물음을 던져야 한다"고 말했다. 우리는 이러한 법률이 프로이센의 프리드리히 빌헬름이 펼친 화혼양재 정책에 근원을 두고 있다는 것을 이미 알고 있다. 이후 독일 지식인들은 근대 시민사회를, 정치적 민주화의 측면이 아니라 도구적 이성, 형식적 합리성의 관점에서만 바라보는 시각을 갖게 되었는데 이러한 시각이 베버에게서도 나타나고 있다.

베버가 독일의 관료제화 현상을 세계적인 현상으로 일반화한 것은 공동체적인 독일 문화를 통해 영국적인 시민사회로부터 세계를 구하

본질적 자아의 영역	현상적 자아의 영역
무한 세계	유한 세계
의미와 가치 추구	사실 추구
의지	이성
문화과학	자연과학
가치 합리적 행위	도구 합리적 행위
가치 창조의 자유	도구적 통제의 자유
신념윤리	책임윤리
카리스마적 권위	합법적 권위
정치가	관료, 경제인, 학자
민족 공동체(문화적 의미)	국가 권력

고자 한 자신의 독일 문화 사명론이 좌절된 데 있다고 할 수 있다. 앞
선 표는 지금까지 논의된 베버 사상의 핵심을 요약한 것이다.

3

호모 데우스 프로젝트와 전체주의 정치 체제

20세기의 강력한 전체주의 사상인 나치즘과 마르크스주의가 모두
독일 전통에서 유래했다는 사실은 특기할 만하다. 나치즘은 우익 전
체주의이고, 마르크스주의는 좌익 전체주의이다. 마르크스가 마르크
스주의의 효시라는 것은 말할 필요가 없겠고, 나는 베버를 나치즘 출
현의 전조인 준quasi나치즘 사상가로 규정한다. 독일의 전체주의 전통
은 종교 개혁자이자 독일 민족의 영웅인 루터 신학 사상의 반이성주
의·실존주의 세계관 속에서 이미 싹을 틔우고 있었다고 할 수 있다.
유대인에 대한 루터의 증오심도 잘 알려져 있다.

루터교에서 형성되기 시작한 독일 전통에서 인간의 참된 자아인 본
질적 자아는 신적 무한성을 누리는 자아이다. 이 자아는 유한한 형식
의 속박을 벗어나 무제약적 자유를 추구하는 동시에 전체와 완전히
하나가 되는 합일 공동체 속에서 그 자유를 충족시키는 자아이다. 이
자아에서는 [무제약적 자유 = 미분화된 합일 공동체]라는 신비한 등
식이 성립되는데, 이 신비는 개인을 전체 안에 용해하는 전체주의 사
상의 핵심 코드이다. 합일 공동체는 본질적 자아들 사이의 결합에 의

한 존재의 충만감을 통해 소외를 극복하기 위해 추구된다. 독일 문화 전통은 근대 시민사회의 사상적 토대인 자연법 사상을 부정하는데, 그 주된 이유는 그것이 자연 상태에서 개인의 인격적 독립성과 책임성을 강조함으로써 인간과 인간을 분리하고 소외를 증대시킨다는 것이다.

독일 전통이 전체주의 경향을 내포하고 있다는 주장은 여러 학자에 의해 제기된 적이 있다. 예를 들면, 터커는 칸트의 도덕적 독재가 어떠한 정치적 독재보다도 더 완전하고 가혹한 노예 체계임을 지적한 바 있다.[665] 그리고 포퍼는 헤겔의 사상에 대해 "전체주의의 무기 창고"라는 짐머른A. F. Zimmern의 말을 인용하였다.[666] 신학자 브루너E. Brunner는 피히테와 헤겔을 "현대적인 전체 국가 사상을 처음으로 선전한 철학자"라고 보았다.[667] 또한 카이퍼A. Kuyper는 독일의 철학적 범신론이 국가 주권론을 산출시켰다고 하였다.[668] 세이빈G. H. Saine과 솔슨T. L. Thorson 역시 나치즘을 취급하면서 독일 낭만주의의 비합리주의와 헤겔 사상에 대해 언급한 바 있다.[669]

니스벳은 『현대사회의 정신사적 기초』에서 가족, 친족, 교회, 직업 집단, 그리고 여타의 자발적 결사체와 같은 중간 결사체intermediate associations를 부정한다는 사실을 전체주의 사회 이론의 공통점으로 꼽으면서 루소의 사상을 언급했다.[670] 루소는 문명사회의 불평등을 해소하기 위해 모든 사람이 재산은 물론, 신체와 생명까지 자신의 전 존재를 단체에 양도하는 사회계약을 제안했다. 이 계약을 통해, 모든 사람의 의지를 하나의 의지로 합일시키는 일반 의지의 공화국이 만들어지는데, 이 공화국에서는 모든 사람이 일반 의지에 절대적으로 복종해야 한다. 루소는 일반 의지를 통해 천부의 권리를 갖는 자연 상태의 인간을 사회 속에서 재창조하려고 하였다. 그래서 그는 사회계약을 제2의 탄생이라고 불렀다. 일반 의지는 인간의 영혼 속에 곧바로 침투해야 하는데, 가족을 비롯한 중간 결사체들은 각자의 특수 이익을 지켜야 하므로 이러한 침투를 방해한다. 그래서 그는 중간 결사체들의 존재를 부정했다. 루소의 일반 의지 프로그램은 무제약적 자유와 합일 공동체를 동일시하는 루터의 반이성주의·실존주의 세계관에 딱 들어맞는 것이었다. 절대적 존재인 신과의 신비적 합일을 강조하는 루터의 종교 사상과 절대주권을 갖는 일반 의지와의 합일은 같은 코드라고 할 수 있다. 그래서 루소의 사상은 이성주의·구조주의 무한 세계관을 갖고 있었던 프랑스보다는 독일 전통에서 열렬히 수용되었다.

마르크스와 베버의 사상은 이러한 전통의 거대한 산맥들 가운데 높이 솟은 산봉우리들이다. 그런데 마르크스의 사상은 독일 지성사에서 약간 이탈되어 있다고 할 수 있다. 대부분의 독일 지식인들이 루터나 칸트처럼 신적 무한성(전체)을 향한 욕망을 내면의 관념 세계에 한정하고, 외면의 행동 세계에서는 절대권력에 철저히 복종하는 민족 국가를 지향한 보수적인 해결책을 추구했다면, 마르크스는 신적 무한성을 향한 욕망을 외면의 행동 세계에서 그대로 현실화하려는 매우 급진적인 해결책을 선택했다. 달리 말하면, 마르크스는 모든 인간이 신과 하나가 되는 루터의 정신적 왕국을, 또는 모든 인간이 그 자체로 목적이 되는 칸트의 목적의 왕국을, 내면적인 관념 속에서가 아니라 현실 속에서 곧바로 실현하려고 하였다. 마르크스가 말하는 공산주의는 바로 루터의 정신적 왕국이며, 칸트의 목적의 왕국이다. 가라타니 고진柄谷行人도 『세계사의 구조』에서 마르크스의 공산주의가 칸트가 말하는 목적의 왕국이라고 말하고 있다.[671] 마르크스는 모든 인간이 신적인 무제약적 자유를 현실적으로 누리는 인류 사회 공동체를 추구하였다. 그는 자신의 스승 헤겔이 무제약적 자유를 관념 속에서만 누리고자 했기 때문에 인간을 본질로부터 소외시켰다고 비판했다. 마르크스는 포이어바흐의 인간론을 수용하여 신이라는 이름으로 하늘에 투영된 인간의 완전한 존엄을 이 땅에서 실현하려고 하였다.

그러나 베버는 모든 사람이 현실 속에서 신적 무한성을 누리는 마르크스의 공산주의가 환상에 불과하며, 이것이 현실화하면 훨씬 더 엄격한 관료제적 지배로 억압당할 것이라고 경고했다. 그래서 그는 공산주의 사상을 비판하고, 카리스마적 정치 지도자가 전체를 대표하는 무제약적 존재가 되어 관료, 경제인, 학자 등 나머지 직업인들은 오직 부분의 역할로 봉사함으로써 전체와 하나를 이루는 민족 국가를 현실적인 대안으로 삼았다. 이런 맥락에서 베버는 무엇보다도 민족 국가의 전체 이익을 중요시하면서 중간 집단들을 그것을 위한 수단적 요소로만 취급하였다. 수단이 목적에 봉사해야 하듯이, 모든 구성원과 중간 집단은 목적 그 자체인 카리스마적 지도자의 의지에 봉사해야 한다.

베버는 독일의 병리적 관료제화를 세계적 현상인 것처럼 과장하면서, 그것에 대해 체념하고 불가피한 숙명으로 받아들일 것을 역설하였다. 베버는 "관료제화에 대한 열정이 우리를 절망으로 몰아간다"[672]고 말했다. 비담은 베버의 관료제 논의가 프로이센에만 국한된 경험

에 의존하고 있었다는 비판을 타당성 있는 것으로 평가했다.[673]

뢰비트는 관료제화에 대한 베버의 태도에 대해 다음과 같이 논평하였다.

> 베버의 문제는 마르크스와 다르다. 합리화된 세계의 특수한 인간 유형, 즉 전문가가 분업과 함께 지양될 수 있는 길을 찾는 것이 아니라, 오히려 인간 그 자신이 그의 불가피하게 '분열된' 인간성에도 불구하고 자기 책임의 자유를 대체로 보존할 수 있는 길을 찾는 것이다. 여기에서도 베버는 ―마르크스의 말로 하면― 자기소외된 인간상을 근본적으로 긍정하는 것이다.[674]

마르크스와 베버는 국가 관료제 자체가 존재하지 않는, 무정부적인 인류 사회 공동체와 억압적인 독일 관료제 공동체 사이에 실현 가능한 대안으로서 근대 자연법 사상에 기초한 자유민주주의 사회를 고려하지 않았다. 그들에게 그것은 경멸의 대상이었다. 마르크스는 자유민주주의의 기본 가치인 자유, 평등, 인권 등을 프롤레타리아 계급에 대한 부르주아 계급의 착취를 정당화시키는 수단으로 간주하고 경멸하였다. 이에 반해 베버는 인간들 사이에 근본적인 불평등이 존재한다고 여겼으므로 자유민주주의 이념을 공산주의 이념과 마찬가지로 환상으로 취급하였다.[675] 그에게는 근본적으로 다른 두 종류의 인간이 존재하는바, 본질적 자아의 무한성을 실현하고자 하는 영웅적 인간과 현실적 자아의 유한성에 굴복하는 하찮은 인간이다.[676] 때문에, 그는 자유, 평등, 인권 등과 같은 그럴듯한 이념이 니체가 경멸적으로 호칭한 마지막 인간을 양산해 낼 뿐이라고 주장했다. 마지막 인간이란 이전에는 결코 성취된 적이 없는 문화 수준에 도달했다는 자부심에 도취해 있는 "영혼이 없는 전문가와 마음이 메마른 향락가"이다.[677] 더 노골적인 니체의 용어로 표현하면, 자유민주주의형 인간은 "가축의 떼"와 같은 존재이다.[678] 왜냐하면, 그는 불가능한 무한성을 실현하려고 하는 초인으로의 길을 포기한 존재이기 때문이다.[679]

마르크스와 베버가 이처럼 자유민주주의를 평가 절하한 것은 독일 문화 전통의 무한 세계관을 계승하고 있기 때문이라고 할 수 있다. 무한 세계관은 전부가 아니면 전무all or nothing라는 식의 극단적 대안만을 상정한다. 이러한 태도는 논리적 일관성을 유지할 수 있을지는 모르지만, 다수의 인간이 공유하는 상식common sense과는 거리가 먼 결론에 도달하고 만다. 그러나 자유민주주의는 인간의 유한성을 전제로 하므로 논리적 일관성보다는 상식을 존중한다.[680] 영국의 신학자 매킨토시R. Mackintosh는 현대의 신학 사상을 소개하는 그의 책에서 독일과 영국의 학문 풍토를 비교한 적이 있는데 함께 살펴볼 만하다.

앵글로 색슨 민족이 일반적으로 보아 독일 사람들보다 덜 학자적이라는 것은 사실이다. 그러나 때로는 훨씬 더 건전한 판단을 내리는 경우가 많다고 나는 생각한다. […] 독일식의 학문 방법은 극단에서 극단으로 서로 반발하면서 맹렬한 정신으로 제각기 학파를 만들며 일방적인 열정에 불타 그 새 학파를 중심으로 새 사람들을 유효하게 각기 그 깃발 아래 모이게 한다. 그러나 영국식 학문 방법은 꾸준히 길 가운데로 걸어간다. 그런 만큼 눈부신 새 운동은

별로 생겨나지 않는다.[681]

학문 방법에서 독일과 영국이 이렇게 다른 이유는 다른 반이성주의·실존주의 무한 세계관과 유한 세계관이라는 상반된 세계관에서 학문이 이루어지기 때문이다. 여기서 우리는 자유민주주의 사상의 창시자라고 할 수 있는 로크의 인식론에 대한 러셀의 다음과 같은 논평에 주목할 필요가 있다.

> 아무도 지금까지, 철학의 창안에 있어서 확실성[경험적 타당성을 의미함]과 동시에 논리적인 일관성을 유지하는 데 성공하지 못하였다. 로크는 확실성을 얻는 것을 목표로 삼았다. 그 결과, 논리적인 일관성은 희생하고 그 확실성을 성취하였다. 위대한 철학자의 대부분이 로크와는 반대되는 일을 하였다. 논리의 일관성이 없는 철학은 전체적으로 진리일 수 없다. 그러나 논리에 일관성이 있는 철학은 흔히 전체가 뒤틀리게 마련이다. 가장 열매가 많은 철학일수록 분명한 모순을 내포하고 있지만, 바로 그 때문에 부분적으로는 참된 것이었다. 그러므로 논리가 일관된 철학 체계가 반드시, 로크의 철학과 마찬가지로 어느 정도 뚜렷한 잘못이 있는 철학보다 더욱 정당하다고 할 수는 없다.[682]

오래전에 죽은 영국의 정치학자 샤피로L. Schapiro는 그의 책 『전체주의』에서 전체주의 정치 체제의 다섯 가지 윤곽을 제시한 바 있다. 별로 알려지지 않은 책이지만, 나는 이 책이 전체주의 정치 체제의 특징을 매우 잘 요약하고 있다고 생각한다. 그 다섯 가지 윤곽은 다음과 같다.

① 지도자: 전체주의 국가의 지도자는 모든 집단이나 국가 위에 사적인 권력을 확립해 그에게 순종하는 집단으로 변질시킨다.

② 법질서의 종속화: 지도자의 권력이 법 위에 있는 것을 말한다. 이것을 정당화하는 법 이론이 국가를 실정법의 유일한 원천으로 보는 법 실증주의이다.

③ 사적 도덕에 대한 통제: "개인적인 도덕 판단이라는 개념 자체를 붕괴"시키는 것이다. 이에 성공할수록 국가는 더욱 전체주의적이 된다.

④ 계속되는 대중 동원: 위대하고 고결한 목표를 위해 모든 노력을 기울여야 하는데 나라 안팎의 적들 때문에 좌절된다는 식으로 대중들을 동원한다.

⑤ 대중의 지지에 근거하는 정통성: 전체주의는 국가의 구성원들이 국가에 흡수되어 국가와 완전히 하나가 동일체가 되는 것을 추구한다. 이를 위한 수단으로 일반 국민투표가 이용된다.

이 다섯 가지 윤곽을 마르크스와 베버의 사상에 적용해 보려고 한다. 마르크스와 베버의 사상에는 이 다섯 가지 요소들이 다 포함되어 있다.

1) 지도자

첫 번째로, 마르크스와 베버의 사상에는 인간이 신적 무한성을 실현할 수 있다는 열망이 두드러진다. 신적 인간의 존재에 대한 열망은 모든 사람에 대해 복종을 요구하는 위대한 지도자, 즉 영웅 숭배를 위한 관념적인 열망을 제공한다.

아렌트도 『전체주의의 기원』에서 지도자를 전체주의 운동을 작동시키는 "원동력"으로 보고 있다.[683] 지도자는 운동의 초기에는 "당내의 권력 투쟁을 조종할 수 있는 뛰어난 능력 덕분"[684]에 지도자로 부상한다. 하지만 운동의 틀이 잡히고 "지도자는 당의 법칙"이라는 원칙이 세워지면, 지도자는 "대체 불가능한 존재"가 되며, 그의 명령이 없으면 운동 전체가 "존재 이유"를 상실하게 된다.[685] 지도자의 절대성을 유지하기 위해 "측근들은 지도자 주변에 불가해한 신비의 아우라를 확산시킨다."[686] 지도자는 "무제한적 권력"[687]을 요구한다. 아렌트의 말을 계속 들어 보자.

지도자는 평범한 당 지도자와는 전혀 다른 방식으로 운동을 대표한다. 그는 운동원이나 간부들이 공적인 자격으로 저지른 모든 악행, 모든 행위와 활동에 대해 스스로 개인적 책임이 있다고 주장한다. 이 총체적 책임이 이른바 지도자 원칙의 가장 중요한 조직적 측면인 것이다. 이 원칙에 따르면, 모든 간부는 지도자가 임명할 뿐만 아니라 지도자의 살아 있는 화신이며, 모든 명령은 영원히 존재하는 하나의 출처에서 나오는 것으로 여겨진다.[688]

운동이 자행한 모든 일에 대한 총체적인 책임과 운동원 한 사람 한 사람과의 총체적 동일시 현상은 누구도 자신의 행동에 대해 책임을 지거나 그 행위의 이유를 설명할 수 있는 상황을 경험해 본 적이 없다는 실질적인 결과를 가져온다. 지도자는 설명의 권리와 가능성을 독점하기 때문에, 자신이 무슨 일을 하는지 알고 있는 유일한 사람, 다시 말하면, 운동의 유일한 대표자로 외부 세계에 비쳐진다.[689]

지도자 원칙은 전체주의 운동에서나 전체주의 국가에서 하나의 위계질서를 구축하지 않는다. [⋯] 지도자의 의지는 모든 곳에서 언제나 구현될 수 있으며, 지도자는 어떤 위계질서에도, 심지어 그 스스로 구축한 것에도 묶이지 않는다.[690]

먼저, 마르크스는 모든 사람이 신적 인간이 될 수 있는 무정부적인 인류 사회 공동체를 꿈꾸었다. 혁명의 이상으로는 이런 환상이 매력적으로 보이지만 일단 혁명이 성공하면 현실적인 사회를 운영해야 문제가 발생하고 이 과정에서 불가피하게 특수한 인물이 자신을 신적 인간의 상징으로 과대평가하면서 모든 사람의 복종을 요구하는 지도자 노릇을 할 수 있다. [마르크스 ➡ 레닌 ➡ 스탈린]으로 이어지는 개인숭배 과정이 좋은 예라고 할 수 있다. 이런 개인숭배는 마르크스의 사상에 내재해 있는 결함 때문에 발생하는 것이다.

신학자 에밀 브루너는 이 과정을 "점진적인 탈환상의 과정"[691]으로 묘사했다. 마르크스는 이론가였기 때문에 현실 사회를 운영하는 부담이 없었다. 그래서 자유롭게 환상을 보여 줄 수 있었다. 마르크스와 달리 레닌은 직접 혁명을 주도하고 성공한 인물이었다. 그는 직접 구체적인 사회를 통치해야 하는 문제에 직면하였고, 마르크스의 무정부적인 인류 사회 공동체가 환상임을 깨달았다. 그래도 여전히 미래의 환상에 대한 미련을 완전히 버리지는 못했다. 스탈린은 모든 것이 환상이라는 것을 철저하게 인식했다. 그는 무정부적인 인류 사회 공동체라는 공산주의가 실제로는 홉스의 만인에 대한 만인의 전쟁 상태를 만들 뿐이므로, 오직 하나의 신적 인간이 리바이어던이 되어야 공산주의를 통치할 수 있다는 사실을 간파했다. 권력 투쟁에서 스탈린보다 유리한 위치에 있었던 많은 사람이 스탈린에 의해 숙청당하고 말았는데, 아마 그 주된 이유가 여전히 마르크스의 환상에서 빠져나오지 못했기 때문일지도 모른다. 만약 마르크스가 자신의 환상을 품은 채 스탈린 시대에 살았다면 그 역시 숙청당했을 것이다.

러시아에서 마르크스의 공산주의 혁명이 일어난 것은 러시아 문화가 독일 문화와 비슷한 데에도 그 원인이 있을 것이다. 독일의 작가였던 부흐하임L. Buchheim은 독일의 정신이 시민사회를 만들어 낸 서구의 정신과 다르고 러시아의 정신과 닮았다고 말한 바 있다.[692] 러시아의 문화를 형성하는 데 큰 영향을 준 정교회는 기독교의 여러 분파 중에서 가장 무한 세계관을 지향하는 정도가 강하다. 러시아 정교회는 그리스 정교회를 계승한 것으로, 로마 가톨릭과 대비해서 동방 교회라고도 불린다. 서방의 가톨릭이 예수 그리스도를 주로 도덕적인 의와 연결한 것에 비해, 동방의 정교회는 주로 신과 합일, 즉 신적 존재에 대한 영혼의 참여와 연결해 이해했다. 이것은 주관적인 믿음에 의해 신과 유기적으로 결합하려고 한 루터의 사상과 닮았다. 이런 곳에서는 신적인 영웅적 인물에 대한 열망이 자라난다.

러시아의 실존 철학자 베르자예프N. Berdyaev는 인간의 삶을 본질적 자아에 해당하는 주관적인 영혼의 영역과 현상적 자아에 해당하는 객관적인 물질의 영역을 구분하는 이원론을 발전시켰는데, 그는 이 같은 철학이 사람 안에 있는 신적 요소의 개념을 핵심으로 하는 러시아 정교의 무한 세계관에 뿌리를 둔 것이라고 했다.[693] 또한, 그는 신적인 본질적 자아의 인격성에 따르는 공동체적 삶이 러시아인의 특성이라고 보았다. 러시아 신학자 불가코프M. Bulgakov도 베르자예프처럼 공존하는 상태를 의미하는 소보르노스트sobornost를 러시아 정교회의 특징으로 보았다. 소보르노스트는 '신자들을 결합하는 사랑 안에서의 자유'를 표현하는 것이다.[694] 이런 곳에서는 필연적으로 공동체성을 실현하는 신적인 영웅적 인물에 대한 열망이 자라난다. 베르자예프와 불가코프가 마르크스주의와 러시아 정교회 사이를 넘나들 수 있었던 것도 이 같은 친화성에 의해 설명될 수 있을 것이다.

베버는 마르크스의 주장이 환상이며, 공산주의가 더욱 엄격한 관료제적 지배 체제가 되리라는 것이라는 것을 알고 있었다. 그래서 그는 처음부터 한 사람만이 신적 인간이 되어 독일 민족을 이끌어야 한다고 주장했다. 카리스마적 정치 지도자에 의한 통치만이 독일 민족의 국가 이익을 확보할 수 있다고 보고, 그러한 지도자의 출현에 깊은 관심을 보였다. 그가 효율적인 독일 관료제를 옹호하다가 점차 절망하게 된 이유도 관료제가 그러한 지도자의 출현에 심각한 걸림돌이 된다는 사실을 인식하면서였다. 따라서 그의 관심은 어떻게 하면 관료제를 통제할 유능한 지도자를 선출하느냐 하는 것이었다. 이런 관점에서 그는 국민투표에 의한 지도자 선출을 지지했다. 베버의 민주주의를 "경쟁적 엘리트주의 민주주의"로 정의하는 데이비드 헬드D. Held의 말 몇 구절을 살펴보자.

베버는 현대 민주주의를 시저리즘caesarism적이라고 서술하기까지 했다. 민주주의는 모든 시민의 잠재력을 계발하기 위한 기반으로서가 아니라 유능한 정치적·국가적 리더십을 보증하는 핵심 메커니즘으로 파악될 때에 가장 잘 이해된다. 선출기능을 제공한다는 점에서 그리고 선거를 통해 선출된 자들을 정당화한다는 점에서 민주주의는 필수 불가결하다.[695]

베버는 중요한 점에서 그 전통[고전적 자유민주주의 전통]을 변경시켰다. 그는 새롭고 아주 제한적인 민주주의 모델을 표명했기 때문이다. 베버가 생각한 민주주의는 유능한 정치 지도자를 확립하는 방법을 제공하는 것 이상이 아니었다는 점에서 제한적이었다. 또한, 정치 참여를 확대할 적절한 방법이나 유권자의 역할 등은 아주 회의적으로 다루어졌기 때문에 그 모델은 제한적인 것이었다.[696]

권력정치, 즉 리더십 상호 간의 그리고 국가 상호 간의 정치가 더 우선이고 중요하기 때문에, 정치권력이나 계급 권력의 심각한 불평등이라는 문제의 중요성이 경시되고 있는 것이다. 이처럼 권력정치를 중요시하기 때문에 권력과 권리 간의 균형을 유지하는 과제는 결국 '카리스마적' 정치 지도자들의 판단에 맡겨지게 된다.[697]

그에게 민주주의는 신과 같은 전능한 지도자가 국가를 자기 뜻대로 통치하는 데 필요한 수단이었을 뿐이다. 베버는 카리스마적 지도자에게 니체의 초인처럼 새로운 가치를 창조할 수 있는 지위를 부여했으므로, 그는 기존의 어떤 가치에도 얽매일 필요가 없다. 베버가 죽은 지 5년 후, 히틀러가 란츠베르크 교도소에서 자신의 정치 철학을 개진한 『나의 투쟁』을 썼다. 이런 점에서 베버의 사상은 히틀러 출현의 전조라고 할 수 있다. 이 책에서 히틀러는 베버가 문화과학의 토대로 삼은 인격 원리를 그의 정치사상의 중심으로 삼았다. 베버의 인격론은 카리스마적 지도자와 연결된다. 마찬가지로 히틀러도 인격 원리를 민주주의의 다수결 원리를 부정하고 위대한 영웅적 인물을 민족 문화의 창조자로 여겨 추종하는 것이라고 말했다. 히틀러의 저서 『나의 투쟁』에서 몇 구절을 인용해 본다.

민주주의적 대중 사상을 거부하고 […] 최고 인간에게 이 지상 [지극히 높은 지위]을 주려고 애쓰는 세계관은, […] 귀족주의 원리에 따라 가장 훌륭한 인물로 하여금 민족의 지도와 최고 영향력을 확보하도록 해야 한다. 그러므로 이 세계관은 다수자 사상이 아닌 인격의 사상 위에 구축된다.[698]

인격 이념, 다시 말해, 인격의 권위는 위에서 아래로, […] 책임은 아래에서 위로라는 이념이 우세하게 된다. 다만 오늘날의 정치 생활[민주주의 정치를 말함]은 이 가장 자연스러운 원리에서 완전히 떨어져 있다. 인류 문화는 모두가 오로지 [위대한] 개인의 창조 활동의 결과인데, 전체적인 민족 공동체에서, 특히 그 최고 지도부에서 다수자에게 가치가 있다는 원리가 결정적으로 나타나고, 그로부터 차츰 모든 생활을 좀먹기 시작하고, 또한 모든 생활을 해체하고 있다.[699]

가장 좋은 헌법과 국가 형태는 민족 공동체의 가장 좋은 두뇌를 가진 인물을 가장 자연스럽게 확실히 지도적 중요성과 지도적 영향력을 가진 지위에 앉히는 것이다. […] 국가는 그 조직에 있어서 지방자치단체라고 하는 가장 작은 세포에서 시작하여 온 독일국의 가장 높은 지도부에 이르기까지 인격 원리를 근거로 삼아야 한다. 다수결이 아니라 오로지 책임 있는 인물만 있어야 한다. […] 결정은 한 인간만이 내리는 것이다.[700]

이 운동은 그 본질 및 내부 조직으로 보아 반의회주의이다. 이 운동은 … 다수결의 원리를 거부한다. 이 운동은 일의 크고 작음을 불문하고, 최고 책임과 결합된 무조건의 지도자 원칙을 주장한다.[701]

지도자가 되려고 하는 자는 최고 제약 없는 권위를 가지면서 궁

극적인 가장 중대한 책임[베버의 책임윤리를 떠올려 보라]도 짊어진
다. [···] 영웅만이 지도자에 알맞다.[702]

2) 법질서의 종속화

마르크스와 베버의 사상은 지도자가 법 위의 존재라는 사상을 담고
있다. 마르크스는 지켜야 할 법 자체가 아예 존재하지 않는다. 모든
법은 지배 집단의 이익을 정당화하는 이데올로기에 불과하다. 그리고
공산주의 사회가 되면 국가와 함께 법 자체도 소멸한다. 따라서 당연
히 지도자는 법을 무시해도 된다. 현실과 이상은 통합되어 있고, 사실
과 가치도 결합해 있으므로, 역사의 유물 변증법처럼 절대진리를 인
식하고 있는 마르크스 자신과 같은 지식인이야말로 가치를 제시하고
법을 만들어 내는 법 위의 존재이다. 공산주의 사회에서 공산당과 최
고 지도자가 초법적인 존재가 되는 이유는 이러한 사유의 산물이다.

베버는 국가의 실정법을 궁극적인 가치 기준으로 여기는 법 실증
주의자였다. 베버에게 법은 법이라는 형식이 중요하지, 법의 정당성
이라는 내용은 중요한 것이 아니었다. 자유민주주의에서 국가의 법
은 자연 상태에서 모든 사람이 서로의 권리를 존중해 주는 자연법을
기반으로 한다. 자연법의 범위 안에 있을 때 국가의 법은 정당하다.
따라서 근대 국가는 무엇보다도 올바른 법의 관점에서 정의된다. 하
지만 베버는 근대 국가를 영토와 폭력이라는 점에서 정의한다.

현대 국가는 주어진 영토 내에서 폭력의 합법적 사용을 독점하

는 능력을 보유한다. […] 국가는 인간이 인간을 지배하는 관계이며, 합법적 폭력 수단에 의해서 유지되는 관계이다.[703]

  본문에서도 상세히 언급했지만, 여기서 베버가 말하는 합법은 올바른 내용의 법이 아니라 법의 형식을 가진 규칙에 부합한다는 의미를 지닌다. 이 법의 형식을 가진 규칙에 따라 운영되는 것이 바로 관료제이다. 따라서 관료제는 국내 통치나 국가 간의 권력관계에서 폭력을 효율적으로 행사할 수 있도록 해 주는 매우 중요한 수단이다. 따라서 이 합법은 아이히만이 예루살렘에서 재판을 받으면서, "국가에 의해 범죄가 합법화"되었고, 법에 대한 복종이 "미덕"[704]이었던 히틀러 시대에 이루어진 자신의 행위는 범죄가 아니라고 주장한 그 합법과 같은 의미를 지닌다. 이런 점에서 베버의 카리스마적 지도자는 히틀러처럼 형식적인 법을 효율적인 폭력 수단으로 이용하는 초법적인 존재이다.

  아렌트에 의하면, "전체주의 해석에서 모든 법은 운동의 법"이며, 따라서 "자연과 역사는 그 자체가 운동이다."[705] 그리고 전체주의는 이 운동의 법칙을 "엄격하고 확고하게" 따른다는 구실로 합법 정부를 "무시한다."[706] "합법 정부란 불변의 자연법이나 영원한 신의 계명을 옳고 그름의 기준으로 바꾸어 실현하기 위해 실정법이 필요한 정치 체제를 말한다."[707] 본문에서 살펴본 것처럼, 마르크스와 베버를 포함해 독일 지적 전통 전체가 자연법을 토대로 하는 실정법이라는 관념 자체를 아예 부정하는데, 그 이유가 바로 자연과 역사를 운동으로 보는 독일적 관점 때문이다. 자연과 역사를 운동으로 보는 관점은 자연과 역사 속에서 역동적으로 운동하며 자신의 의지를 실현해 가는 루터의 독특한 신 개념에 뿌리를 두고 있다. 자연과 역사 속에서 운동하는 루터의 신을, 헤겔은 정신의 변증법적 운동으로 대체하였고, 마르크스는 물질의 변증법적 운동으로 대체하였으며, 베버는 독일 낭만주의를 계승하여 무한(신)과 직결된 개체들의 비합리적이고, 우연적이고, 이질적인 흐름으로 대체하였다.

히틀러는 아리아인의 우수한 문화 창조 능력을 정당화하기 위해 루터의 반이성주의·실존주의 무한 세계관 전통을, 자연선택을 주장한 다윈의 생물학적 진화론과 접목했다. 히틀러는 인종을 문화 창조자, 문화 지지자, 문화 파괴자 세 종류로 나누면서 아리아인을 "유일한"[708] 문화 창조자로 추켜세웠다. 자연과 역사 속에서 운동하는 루터의 신은 다윈의 진화론과 잘 어울린다. 자연선택이라는 다윈의 진화론이 인종 간의 문화 투쟁으로 한 단계 업그레이드된 것이다. 마르크스도 물질의 변증법적 운동의 관점에서 다윈의 진화론에 "지대하고 긍정적인 관심을 보였다."[709]

3) 사적 도덕에 대한 통제

마르크스와 베버의 사상은 모든 사람의 개인적인 도덕 판단을 박탈하는 내용으로 채워져 있다. 마르크스의 사상에 의하면, 살인하지 말라, 도둑질하지 말라와 같은 역사를 초월하는 인간의 보편적인 도덕은 존재하지 않는다. 도덕은 마르크스가 발견한 역사의 필연적인 법칙에 종속된다. 모든 경제적 생산력의 토대 위에서 만들어지는 인간 사회의 도덕적 규범은 그것의 지속적인 증가에 따라 계속 변한다. 게다가 한 시대의 지배적인 사상은 지배 계급의 이익을 정당화하는 사상에 불과하다. 마르크스의 사상은 이론과 실천의 통합을 목표로 한 것이다. 이것은 존재에 대한 과학적 이론이 도덕적 당위의 실천을 위한 근거라는 말이다. 이러한 통합에서는 올바른 과학적 인식에 따른 행위가 바로 도덕적으로 옳은 행위이다. 필연적인 법칙이 혁명이 필요하고, 혁명을 위해 살인이 필요하다고 말하면, 기꺼이 살인하는 것이 도덕이다. 인정사정없이 무자비하게 살인할수록 그는 훌륭한 역사의 도구가 된다. 헤겔이 말한 것처럼, "세계의 역사는 원칙적으로 도덕이 관여하는 영역을 전적으로 무시할 수 있다."

베버 사상 역시 보통 사람의 도덕 판단을 박탈한다. 그는 인간 세계의 보편적인 도덕을 부정했다. 그가 신념윤리와 책임윤리라는 말을 사용했지만, 그 내용은 오히려 윤리를 완전히 부정한다. 신념윤리는 오로지 자신의 특수한 가치에 투철한 신념으로 몰입하는 것이며, 이 가치를 위해서는 어떤 부도덕한 행동도 불사하게 된다. 또 책임윤리는 행위의 성공적인 결과를 위해 철저한 계산이 필요할 뿐이며, 이 계산상에서 필요할 때는 가차 없이 부도덕한 일을 행할 수 있어야 한다. 마키아벨리는 다음과 같이 말했는데, 베버의 책임윤리는 마키아벨리의 충고를 뼈에 새기는 것이다.

군주는 인심, 자비, 신뢰, 용맹, 친절, 순결, 믿음, 성실, 경건 등의 성품을 실제로 갖출 필요는 없지만 갖추고 있는 것처럼 보이도록 해야 한다. 나는 군주가 그런 성품들을 실제로 갖추는 것은 해롭고 다만 갖추고 있는 것처럼 보이는 것이 이롭다고 감히 말하고 싶다. [...] 그는 상황의 변화에 따라 자신의 태도를 바꿀 수 있어야 하고, 필요하다면 기꺼이 악을 행할 준비가 되어 있어야 한다. 다시 말하면, 필요할 때는 언제든지 악마가 될 결심과 능력을 갖추고 있어야만 위대한 군주가 될 수 있는 것이다.[710]

베버는 신념윤리와 책임윤리가 양립할 수 없다고 하면서도 민족 국가에서 둘이 결합할 수 있다고 주장했다. 민족은 하나의 절대적 가치로서 신념윤리의 대상이 되고, 국가는 권력 국가를 위한 책임윤리의 대상이 된다는 것이다. 따라서 베버의 신념윤리와 책임윤리는 인간으로서의 보편적 윤리를 철저히 파괴하기 위해 고안된 자의적 윤리 이론이다. 앞서 살펴보았지만, 피터 드러커는 파시즘의 출현에 대한 분석을 시도한 『경제인의 종말』에서 파시즘에 대해 다음과 같이 말했다.

유럽의 전통에 기반을 둔 모든 사회 체계에서 권력의 정당성은 중심적인 문제였다. 왜냐하면, 자유와 평등이, 혹은 과거에 정의라고 표현한 것이 사회적·정치적 현실로 나타날 수 있는 것은 오직 이런 개념을 바탕으로 가능하기 때문이다. 그리고 자유와 평등은 기독교의 등장 이후 유럽의 기본적인 정신적 이념이었다. 그러나 파시즘에 있어 그런 문제는 [...] 아예 존재하지도 않는다.[711]

드러커에 의하면, 파시즘은 '권력 그 자체로 정당성을 내포하고 있다'라는 것을 자명한 진리로 간주한다. 드러커는 이탈리아의 파시즘과 독일의 나치즘을 비교하면서 "이탈리아의 파시즘은 그저 모방에 지나지 않은 데 비해 나치즘은 진정 전체주의 혁명"이라고 말했다. 베버의 사상은 오직 카리스마적 지도자의 신념윤리와 책임윤리에 바탕을 둔 민족주의 정치사상으로서 기존의 모든 도덕적 정당성을 허물어버리고 권력 그 자체를 정당한 것으로 여기는 진정한 나치즘 사상을 제공한다.

아렌트는 "악행의 선전 가치와 도덕 기준에 대한 일반적 무시가"[712] 전체주의에서 매우 중요하다고 보았다. "전체주의 통치자가 될 사람들은 통상 그들의 과거 범죄를 뽐내거나 자신들이 저지를 미래 범죄의 윤곽을 조심스럽게 드러냄으로써 출세한다."[713] "나치는 악을 행하는 것이 병적인 매력을 갖고 있다고 확신"했고,[714] "정상적인 도덕 기준을 인정하지 않는다고 러시아의 안팎에서 단언한 볼셰비키 당원들의 확약은 공산주의 선전의 대들보가 되었다."[715]

4) 계속되는 대중 동원

마르크스와 베버는 대중을 동원하기 위해 이 세상을 어떤 고결한 목표를 이루기 위한 투쟁의 무대라는 사상을 갖고 있다. 고결한 것을 이루기 위해 대립, 부정, 투쟁의 불가피성을 강조하는 사상은 독일 문화 전통의 두드러진 특징 중 하나이다. 마르크스와 베버도 이러한 투쟁 사상을 이어받고 있다.

괴테는 『파우스트』에서 '파우스트' 박사가 악마 '메피스토펠레스'와 계약을 통해 구원에 이른다는 식의 이야기를 전개하는데, 이 이야기

는 부정, 대립, 투쟁 없이는 결코 진리에 도달할 수 없다는 사상을 내
포하고 있다. 토마스 만T. Mann에 의하면, "악마는 [...] 지극히 독일적
인 성격을 보여 준다. 악마와의 맹약, 영혼의 구제를 포기하고 잠시
동안 이 세상의 모든 재화와 권력을 입수하기 위해 악마에게 몸을 파
는 것은 독일적 본질에 특히 가까운 것이다."[716]고 썼다. 칸트 또한 투
쟁을 매우 긍정적으로 평가했다. 그는「세계 시민적 견지에서 본 보편
사의 이념」에서 인간의 모든 자연적 소질을 발전시키기 위해 자연이
"사회 속에서의 대립관계"를 이용한다고 주장했다. 그의 말을 더 들어
보자.

> 우리는 불화와 시기하고 경쟁하는 허용과 결코 만족할 줄 모르
> 는 소유욕과 지배욕이 존재한다는 사실에 대해 자연에 감사해야
> 할 것이다. 그런 것들이 없다면 인류에게 주어진 뛰어난 모든 자연
> 적 소질들은 발전되지 못한 채, 영원히 잠자고 있을 것이다. 인간
> 은 융화를 원한다. 그러나 자연은 무엇이 인류에게 유익한가 하는
> 것을 더 잘 알고 있다. 따라서 자연은 불화를 원한다. [...] 자연적
> 충동은 많은 악의 원인이 되기는 하지만 동시에 새로운 힘의 긴장
> 의 원천으로서, 즉 자연적 소질을 더 크게 발전시키는 비사교성과
> 저항의 원천으로서 현명한 창조자의 구실을 확실히 알려 준다.[717]

헤겔은 칸트의 이러한 자연의 간지奸智 사상을 이어받아 인간의 역
사를 이성의 간지에 의한 투쟁의 서사시로 간주했다. 이성은 인간의
역사 속에서 대립과 투쟁이라는 변증법적 과정을 통해 자신의 목적을

이루어 간다. 변증법적 투쟁 과정에서 이성의 간지가 좋아하는 것은 정열이다. 헤겔은 "세계에서 어떤 위대한 것도 정열 없이 성취된 것은 없다"고 말했다. 여기서 정열은 도덕적인 한계를 넘어 수단과 방법을 가리지 않고 자신의 욕망을 실현하려는 의지이다.

> … 정열은 내가 표현하고자 하는 것에 꼭 적합한 말이 아니라는 것은 사실이다. 내가 여기서 말하고자 하는 것은 오직 의지와 성격의 모든 에너지가 그 목적만 달성되면 그만인, 개인적 관심으로부터 유발된, 특히 자기의 이익을 추구하려는 의도에서 취해진 인간 행위를 의미할 뿐이다. […] 이것들의 힘은 정의나 도덕이 부과하는 제한을 전혀 존중하지 않는 데 있다. 그리고 이러한 자연적 충동들은 질서와 자제, 법과 도덕에 따르려는 인위적인 지루한 규율보다 이웃들에게 더 직접적인 영향을 미친다.[718]

마르크스도 헤겔의 변증법적 투쟁 역사관을 이어받았다. 단지 그 것을 유물론과 계급투쟁론으로 바꾸었을 뿐이다. 그는 『공산당 선언』에서 "지금까지 존재한 모든 사회의 역사는 계급투쟁의 역사였다"[719]고 선언했다.

> 자유민과 노예, 귀족과 평민, 영주와 농노, 장인과 직인, 간단히 말하여 압박자와 피압박자는 서로 영원한 적대적 관계에 처하여 있어서 혹은 은연하게 혹은 공공연하게 끊임없는 투쟁을 전개해 왔다.[720]

이제 최후의 계급인 프롤레타리아 계급은 인류 역사상 진정한 인간 해방을 공산주의 혁명에 헌신해야 하며, 이 목표를 이루기 위해 부르주아 계급을 향한 투쟁을 감행해야 한다고 말했다.

> 공산주의자들은 자기들의 목적이 현존하는 일체 사회제도를 폭력적으로 전복함으로써만 달성될 수 있다는 것을 공공연하게 선언한다.[721]

프롤레타리아의 계급투쟁은 억압받고 있는 자신뿐만 아니라 전 인류를 고통에서 해방하기 위해 수행되는 것이다. 그것은 숭고한 사명이다. 그리고 계급투쟁에서 프롤레타리아는 역사의 필연적 법칙에 따라 반드시 승리하게 되어 있다. 숭고한 사명과 선취한 승리감은 대중 동원의 효과적인 수단이다. 게다가 계급투쟁은 한 나라에서 성공한다고 해서 만족할 만한 것이 못 된다. 전 인류를 하나의 합일 공동체로 만들 때까지 계속되어야 한다.

베버도 인간의 삶 자체를 투쟁이라고 선언하면서 기꺼이 이 투쟁에 참여할 것을 권장했다. 그러나 베버는 마르크스와 다른 점이 있었다. 마르크스는 앞문에는 인류 전체의 해방이라는 고귀한 목표를 간판을 걸어 놓고, 뒷문으로는 이 목표를 달성하기 위해 투쟁이 필요하다고 말했다. 투쟁은 해방을 위한 도구였다. 이에 반해, 베버는 아예 출발부터 인간 사회는 불평등하고 억압적이며, 인간의 삶 자체가 투쟁이므로, 투쟁은 영원히 계속될 수밖에 없고, 마르크스가 말한 그런 해방은 불가능하다고 보았다. 이런 점에서 베버는 마르크스보다 덜 위선적이며 더 현실적이다.

베버의 윤리학은 한마디로 가치 충돌학이다. 다른 가치들 사이의 중재를 취급하는 윤리학이 오히려 가치 충돌학이 되는 것은 그야말로 상식의 전복이다. 본문에서도 살펴보았지만, 베버는 지식의 나무를 먹어 버린 합리화된 시대의 도래로 인해 근대 서구 사회에서는 상이한 가치들 간의 투쟁이 불가피하게 되었다고 주장했다. 상이한 가치들 간의 투쟁은 워낙 격렬해서 마치 기독교의 신과 악마 사이에서처럼 결코 "화해할 수 없는 필사적인 것"[722]과도 같다. 이러한 필사적인 투쟁 때문에 가치 선택은 "궁극적 결단의 연속"[723]이다. 그는 이러한 투쟁을 인식하지 못하는 것을 천박함의 표시로 보았다. "일상생활의 천박함에 매몰되어 있는 사람들은 가치들 간의 화해 불가능한 적대관계를 인식하지 못한다. 아니 아예 인식하고 싶어 하지 않는다."[724]

베버는 자신의 가치론을 상대주의라고 부르는 것에 대해 "가장 조잡한 오해"[725]라고 말했다. 그에 의하면, 상대주의는 "가치 영역들의 상호 관련이라는 견해에 기초해 있는 삶의 철학"으로, "유기체적 형이상학에 기초할 때만 일관성 있게 주장될 수 있다."[726] 유기체적 형이상학이란 인간의 역사를 특정한 길을 따라 "이미 정해져 있는 목표로 나아가는" 유기적인 성장 과정으로 보는 견해이다.[727] 이에 의하면, 역사 속에 존재하는 모든 가치는 역사의 궁극적인 목적을 실현하기 위한 수단으로서 매우 유기적으로 연관되어 있다. 그들은 모두 나름대로 역할을 수행하며 그런 의미에서 상대적으로 동등한 권리를 갖는다. 따라서 상대주의에서는 가치들 간의 진정한 대립은 존재할 수 없다.[728] 베버가 자신의 가치론을 상대주의와 구별하는 점은 바로 여기에 있다. 상대주의는 가치들 간의 필사적인 투쟁을 은폐하는 일종의 "제설 혼합주의syncretism"이다. 이러한 상대주의적 태도는 자기기만이고 책임회피이다. 베버에게 투쟁은 삶의 본질이다.

> 투쟁은 사회생활로부터 배제될 수 없다. 우리는 투쟁의 수단이나 목적, 그것의 근본적인 방향, 그것의 담당자 등을 바꿀 수 있지만, 그것을 제거할 수는 없다. 외적인 목표를 놓고 적대적인 사람들이 벌이는 외적 투쟁이 있는가 하면, 주관적인 가치 때문에 서로 사랑하는 사람들 간에 일어나는 내적인 투쟁이 있다. 그리고 외적인 강제를 통해 나타나는 투쟁이 있는가 하면, (성적인 헌신이나 박애적인 헌신의 형태를 취하는) 내적인 통제를 통한 투쟁이 있다. 또한, 투쟁은 개인의 마음속에서 일어나는 주관적인 형태를 취할 수도 있다. 투쟁은 항상 현존한다. 투쟁의 영향은 가끔 외적으로 주목되지 않을 때 가장 크다. 예를 들면, 투쟁의 과정이 무관심이나 자기만족에서 오는 냉담의 형태를 취할 때 또는 자기기만의 형태를 취할 때가 그러하다. 또한 투쟁의 영향은 투쟁이 '도태'로 작용할 때 가장 크다. '평화'는 투쟁의 형식이나 투쟁 대상자 또는 투쟁의 목표, 혹은 궁극적으로 도태의 위험성에서의 변화에 불과하다.[729]

이러한 투쟁 철학 맥락에서, 베버는 프라이부르크 대학 교수 취임 연설인 「국민국가와 경제 정책」에서 "행복주의자가 된다는 것은 도저히 불가능"하며, "가혹한 투쟁을 겪지 않고 어떤 다른 방법에 의해서 현세의 지배권을 나의 것으로 만들 수" 없으며, 우리 후손들에게 선물로 주어야 할 것은 "평화라든가 인간의 행복이 아니라 우리들의 국민적 특질을 지켜 가면서 더 한층 발전시키기 위한 영원한 투쟁"이라고 역설했다. 이러한 투쟁 숭배 맥락에서, 베버는 특히 정치를 폭력 사용이 불가피한 윤리적 비합리성의 영역으로 규정하면서, "정치에 몸담은 사람은 … 악마적인 힘과 계약을 맺는 사람"[730]이라고 주장했다. 악마와 계약을 맺는다는 괴테의 『파우스트』 이야기와 많이 닮았다.

베버의 사상은 이러한 투쟁 철학을 독일의 문화적 사명과 결부시키고 있다. 그는 영국 문화와 러시아 문화가 세계 문화를 위협한다고 진단하면서 다음과 같이 말했다. "이 두 열강의 완전한 세계 지배를 저지해야 하는 의무와 책임이 […] 우리 위에 무겁게 놓여 있다."[731] 베버의 투쟁 철학이 독일에 나치즘을 불러일으킨 히틀러의 책 이름인 『나의 투쟁』과 오버랩되는 것이 나만의 상상력일까? 히틀러는 나치즘 운동에 투쟁을 위한 교육이 필요하다고 주장했다.

> 이 운동은 원칙적으로 그 구성원들이 투쟁을 자연적으로 성장하게 내버려 두어도 좋은 것이 아니라 스스로 추구하지 않으면 안 되는 것으로 여기도록 그들을 교육해야 한다. 따라서 그들은 상대의 적의를 두려워해서는 안 되며, 오히려 자기 존재 자격을 부여해 주는 전제로 느껴야만 한다. 그들은 우리 민족 및 우리 세계관에 대해 적이 품는 증오의 발현을 피해서는 안 되며, 오히려 고대해야 한다. […] 우리 태도의 가치, 우리 신념의 공명성, 우리 의욕의 힘을 재는 가장 좋은 측정기는 […] 적 쪽에서 우리에게 나타내는 적

의이다.[732]

히틀러에 의하면, 시대를 막론하고 민중은 용서 없이 적을 공격하는 데에서 자신이 정의롭다고 확신하기[733] 때문에, 나치즘 운동은 "적극적인 싸움"을 수행하고, "적대자를 없애 버리는 경우에만 성공할 수 있다."[734]

우리는 베버의 전기에서 특별한 이야기를 접하게 된다. 바로 베버가 아버지와 격렬하게 충돌했으며, 이 충돌로 몇 주일 후 아버지가 죽고, 또 얼마 후 베버 자신이 신경쇠약에 걸렸다는 이야기이다. 나는 베버의 격렬한 충돌 이야기가 독일적 전통에 만연한 투쟁 사상, 베버의 투쟁 숭배 철학과 무관하지 않다고 생각한다. 물론 인생에는 투쟁이 필요한 부분들이 있다. 그러나 인생 전체를 투쟁으로 과잉 일반화하는 것은 문제가 있다. 영국의 철학자 러셀은 다음과 같이 이야기했다.

> 행복을 천하게 생각하는 것은 자기 자신의 행복에 대해서보다 남의 행복에 대하여 그러하기가 일쑤이다. 그런 경우에 흔히 행복 대신에 어떤 영웅주의가 대치된다. 이것은 권력에 대한 충동에 무의식적인 분출구를 마련해 주는 것이다. 그리고 잔인성에 대하여 충분한 구실을 제공한다.[735]

5) 대중의 지지에 근거하는 정통성

한나 아렌트는 대중이 전체주의 운동에 있어 매우 중요하다고 강조했다. "전체주의 운동은 대중의 조직을 목표로 하며, 그것에 성공한다."[736]

> 만약 그(히틀러)나 스탈린이 대중의 신뢰를 얻지 못했다면, 그들은 다수의 주민들에 대한 리더십을 유지할 수 없었고, 안팎의 수많은 위기에서 살아남을 수 없었으며, 냉혹한 당내 투쟁의 수많은 위험과 용감하게 맞설 수 없었을 것이다.[737]

아렌트는 대중이 "고도로 원자화된 사회의 분열"에서 생겨났다고 주장한다. 대중의 '원자화'는 개인 혁명을 겪지 못한 상태에서 진행된 산업화로 인해 전통적인 농촌 공동체가 해체되는 사회에서 생겨난다. 이때 사람들은 개인이 될 수 있는 정신적 자질과 태도를 갖추지 못한 상태에서 기존의 공동체로부터 떨어져 고립된 개인이 되도록 압력을 받기 때문에 큰 심리적 불안을 느끼고 다시 공동체 속으로 도피하고 싶은 욕망을 갖게 된다. 나치가 출현하기 이전의 독일 상태도 이런 상황이라고 할 수 있다. 특히 독일 문화 전통은 '무제약적인 주체들의 합일 공동체'라는 이상이 깊이 뿌리를 내리고 있었다. 전체주의 운동은 이런 불안한 대중을 흡수하여 "총체적이고 무제한적이며 무조건적이고 변치 않는 충성"을 요구한다.

대중의 원자화는 루소가 일반 의지를 각 개인의 영혼 속에 바로 침투시키기 위해 모든 중간 결사체를 부정한 것과 일맥상통한다. 중간 결사체가 건강한 민주주의에 매우 중요하다는 토크빌의 주장은 민주주의 제도의 상식이 되었다. 토크빌은 "한 사람의 권력이 이전에 중앙

집권화된 행정을 수립했고 또한 국민의 습관과 법률에 깊이 그것을 스미게 만든 나라에서 미합중국과 비슷한 민주 공화국이 세워진다면, 이런 나라에서는 유럽의 어느 절대군주국에서보다도 더욱 견딜 수 없는 전제정치가 실시"[738]될 것이라고 말했다. 아렌트도 "민주주의의 자유는 시민들이 어떤 집단에 속해 있고, 또 그 집단에 의해 대변되거나 특정한 사회적·정치적 위계질서를 형성하는 곳에서만 의미가 있고 기능을 발휘한다"고 하면서 이러한 중간 집단들과 계층의 붕괴가 "나치즘 발생에 유리한 조건을 제공했다"고 진단했다.[739]

마르크스와 베버의 사상은 이런 대중으로부터 개인을 전체와 하나의 합일체로 만드는 권력의 정통성을 창출한다. 마르크스는 개인의 무제약적 자유와 합일 공동체를 동일시하는 강력한 관념적 감정을 갖고 있다. 공산주의 지도자는 이 파토스를 이용해 자신이 마치 전체의 화신인 것처럼 선전함으로써 대중으로부터 자기 권력의 정통성을 끌어내고 또 대중을 동원한다. 이미 잘 알려진 사실이지만, 공산주의 국가에서는 모든 국민이 선거에 참여하는 국민투표라는 형식을 통해 지도자의 권력 정당성을 확보하려고 했다. 이 선거는 완전히 조작된다. 입후보자는 지도자 한 사람뿐이며 선거 자체가 조직적으로 동원되고 당국의 감시를 받는다.

베버도 무제약적 자유와 공동체적 합일을 위한 수단으로, 국민투표에 의한 카리스마적 지도자 선출을 지지한다. 그의 사상은 어떻게 하면 유능한 정치 지도자(카리스마적 지도자)를 만들어 내느냐에 집중되어 있다. 그는 국민투표로 선출된 카리스마적 지도자는 헌법을 포함해 어떤 사람이나 사물로부터도 제한받지 않는 특권을 가진다고 말했다. 카리스마적 지도자가 초법적인 권력을 행사하면서 국민에게 자신과의 일체감을 만들어 낼 때, 국민은 자유로운 상태가 된다. 나는 베버가 친구들과의 담화에서 민주주의에 대해 다음과 같이 말한 내용을 인용한 바 있다.

> 민주주의에서 국민은 자신들이 신뢰하는 지도자를 선택한다. 선택이 끝나면 선택된 사람은 '이제 당신들의 입을 닫고 나에게 복종하시오'라고 말한다. 국민과 정당들은 더 이상 지도자의 일에 간섭할 자유가 없다.[740]

히틀러도 『나의 투쟁』에서 지도자에 대한 존경을 교육해 대중을 지도자에 결합시켜야 한다고 주장했다.

> 이 운동(나치즘 운동)은 인물에 대한 존경을 모든 수단을 다해서 부추겨야 한다. 모든 인간적인 것의 가치는 인물 가치 안에 있다는 것, 또 모든 이념과 모든 작업은 인간의 독창력의 산물이라는 것, 더욱이 중요 인물에 대한 숭배는 오로지 이 인물에 대한 감사의 뜻을 나타내는 데 그치지 않고 연대감으로써 감사하는 사람들을 결합하는 것 등, 이상과 같은 것을 이 운동은 결코 잊어서는 안 된다. 인격은 대체될 수 없다.[741]

사피엔스는 무엇이 되고 싶은가: 호모 데우스Homo Deus? 호모 심퍼씨쿠스Homo Sympathicus?

현대문명은 유한적 존재와 무한적 존재가 질적으로 다르며, 인간이 유한하고 불완전한 존재라는 코페르니쿠스적 인식의 대전환에서 시작되었다. 이러한 인식 전환에 대항해 독일 문화는 끊임없이 인간을 무한한 신적 존재로 만들려는 역코페르니쿠스적 시도를 감행하였다. 나는 이러한 시도를 호모 데우스 프로젝트라고 명명하였다. 독일에서 이러한 시도의 깃발을 처음 든 인물은 종교 개혁자 루터였다. 본문에서 자세하게 언급한 것처럼, 중세 가톨릭이 이성주의·구조주의 무한 세계관의 관점에서 호모 데우스 프로젝트를 수행했다면, 루터는 정반대로 반이성주의·실존주의 세계관의 관점에서 호모 데우스 프로젝트를 수행하였다. 마르크스와 베버는 독일 문화 전통의 호모 데우스 프로젝트에서 크게 활약한 우수 요원들이라고 할 수 있다.

독일 문화를 계승한 마르크스와 베버의 반이성주의·실존주의 무한 세계관은 매우 매력적이다. 한편으로는 모든 유한한 형식과 굴레로부터 해방되어 신처럼 절대적으로 자유로운 주체가 되고 싶은 인간의 열망을 충족시키며, 다른 한편으로는 전통적인 공동체의 와해로 불안을 느끼는 사람들이 갖는 공동체적 열망을 충족시킨다. 그러나 이러한 열망 충족은 가장 신적인 경지에 도달한 지도자 1인이 인간의 본성을 철저히 통제하는 전체주의 정치 체제로 귀결된다. 여기서는 마르크스와 베버의 사상에 관한 이 책의 논지가 21세기 상황에서 어떤 시사점을 갖는지를 두 가지 언급한 다음, 인류문명을 위한 대안으로써 동감문명을 제안하면서 글을 끝맺을까 한다.

첫째, 이 책의 논지는 공산주의 체제하의 중국이 앞으로 걸어갈 길에 대해 시사점을 제공할 수 있다. 무한 세계관을 갖는 모든 문화집단은 그 규모가 클수록 전체주의 정치 체제로 현실화하는 에너지가 더 커진다. 규모가 큰 집단에 소속된 사람일수록 자신의 집단과 지도자를 신적 무한성을 실현할 대상으로 간주할 가능성이 크기 때문이다. 전체주의는 "세계 지배를 지향하는 대외정책을 확립"[742]하는데, 집단의 규모가 작으면 정책 시행에 계속해서 대중을 동원하기가 어려우므로 이웃 국가를 정복하는 야심을 가질 수가 없다. 아렌트는 대중을 조직할 집단의 규모가 전체주의 정치 운동에 중요한 조건이라는 사실을 언급했다. "전체주의 운동은 순전히 수의 힘에 의존하기 때문에 비교적 인구가 적은 국가에서는 다른 관점에서 보면 유리한 상황에서도 전체주의 정권이 나타날 가능성은 거의 없을 정도이다."[743] 인구 규모가 크지 않으면 전체주의적 지도자들은 기껏해야 "계급 독재나 당 독재의 형태를 취할 수밖에 없다."[744]

이런 점에서 가장 큰 인구 규모를 자랑하는 공산당 통치하의 중국은 전체주의 정치 체제로 작동할 가능성이 매우 크다고 할 수 있다.

흥미롭게도 아렌트는 다음과 같이 썼다. "아시아적 전제정치를 전통적으로 대변하는 인도[745]와 중국에서 전체주의 통치의 기회는 대단히 좋다. 그곳에는 권력을 축적하고 인명을 살상하는 전체주의 지배 장치가 작동할 수 있을 정도로 무진장한 자원이 있으며, 이곳 대중은 사람들이 불필요할 정도로 남아돈다는 느낌을 여러 세대 동안 가지고 있었고, 그것이 인명 멸시로 나타났다."[746]

중국이 채택한 공산주의 이념 자체가 무한 세계관의 산물인 데다 오랜 세월 동안 중국 문명을 뒷받침한 유교 역시 두드러진 무한 세계관의 특징을 갖고 있다. 유교의 세계관은 『중용』의 첫 구절에 잘 나와 있다. "하늘이 명命한 것을 성性이라 하고, 성에 따르는 것을 도道라고 하며, 도를 닦는 것을 교敎라고 한다."[747] 이 문장은 공맹孔孟에서 비롯되는 유교 사상의 기본 프레임이라고 할 수 있다. 유교 사상이 아무리 다양하다고 하더라도 근본적으로 이 프레임 내에서 움직인다. 유교는 교육(수양)을 통해 도를 닦아서 성을 완성해 하늘과 하나가 되는 천인합일天人合—을 지향한다. 유교에서 천天은 무한을 의미한다. 이것은 기독교에서 신이 무한을 의미하는 것과 같다. 따라서 천인합일은 인간이 신이 되려는 것과 같은 의미이다.

공자는 『논어』에서 자신의 삶을 6가지 단계로 회고하면서, 최후 단계인 70세에 종심소욕불유구從心所欲不踰矩의 경지에 도달했다고 묘사한다. 욕망대로 행동해도 법도에 어긋남이 없다는 의미이다. 이 상태가 바로 도덕적 완전성을 실현하는 천인합일의 경지에 오른 것이다. 수신제가치국평천하修身齊家治國平天下를 위해 ①명명덕明明德(밝은 덕을 밝히는 것), ②신민新民(백성을 새롭게 하는 것), ③지어지선止於至善(지극한 선에 도달하는 것)으로 이어지는 『대학大學』의 도道 역시 도덕적 완전성의 실현에 대한 열망을 표현하고 있다. 이러한 열망이 신비주의로 나타나는데, 맹자의 사상에서 더욱 두드러진다. 객관적인 도덕적 질서인 천도와 합일을 추구한다는 점에서 유교는 이성주의·구조주의 무한 세계관의 관점에서 실행되는 호모 데우스 프로젝트라고 할 수 있다.

이러한 열망은 반드시 성인과 범인 사이에 "천양지차"[748]를 만들어 전자가 후자에 대해 커다란 권위를 갖게 만든다. 이러한 권위에 근거해 유교에서는 가장 선한 사람(또는 집단)이 규칙을 만들고 심판을 보는 방식으로 경기를 운영하는 것을 선호한다. 공산당이 게임의 규칙을 정하고 심판까지 겸하는 중국의 공산당 독재는 무한성과 완전성의 실현을 지향하는 공자 사상과 그렇게 다른 것이 아니다. 이미 본문에서 본 것처럼, 마르크스주의도 무한 세계관을 갖고 있다. 현재 시진핑習近平이 집단지도 체제를 무너뜨리고 자신에게 권력을 집중시키는 1인 지도 체제를 굳힌 것을 볼 때, 그는 유교 문명의 논리적 귀결을 충실히 따르고 있다고 볼 수 있다. 마르크스주의와 마찬가지로 유교도 1당 독재에서 1인 독재로 끝없이 1로 수렴하는 문화적 압력을 산출한다. 천양지차가 나는 인간들 사이에서는 자연스러운 동감이 어렵다. 오직 권위적인 일방적 교시만이 존재할 뿐이다.

지적인 능력이든, 도덕적인 능력이든 인간은 무한성과 완전성을 실현할 수 없다. 무한성과 완전성의 실현에 대한 열망은 인간에 대한 낭만적 이상화이다. 어떻게 인간이 욕망대로 행동해도 법도에 어긋남이 없는 경지에 도달할 수 있겠는가? 나는 그것이 불가능하다고 생각한다. 독재자에게만이 그런 경지가 가능하다. 독재자에게는 자기 행동이 곧 법도니까 말이다.

　유교 사상 안에 들어 있는 가족주의, 가부장적 권위주의, 전제군주제, 남성중심주의 등은 이미 자유와 평등을 핵심 가치로 삼는 현대 민주주의 문명과 맞지 않는 것으로 일반적으로 인정되고 있다. 그렇지만 여전히 유교 안에는 현대문명을 위기로부터 구하는 데 이바지할 수 있는 자원이 있다고 생각하는 사람들이 많이 있는데, 이들이 제시하는 그 자원이란 것이 바로 천인합일 사상이다. 현대 신유학의 대표자인 뚜웨이밍杜維明은 자신의 저서 『문명들의 대화』에서 이러한 기대를 표현하고 있다.[749] 유교의 천인합일 사상이 삼강오륜에 나타난 가족주의, 가부장적 권위주의, 전제군주제와 분리될 수도 없겠지만, 분리될 수 있다고 하더라도 천인합일 사상은 결코 그러한 자원이 될 수 없다.

　성숙한 인간은 무한성과 완전성을 실현한 인간이 아니라 무한성과 완전성을 사모하면서도 유한성과 불완전성을 철저하게 깨닫고 인정하는 인간이다. 이런 성숙한 인간이 많을수록 동감의 원리를 바탕으로 하는 민주주의가 잘 운영될 수 있다. 무한성과 완전성을 실현하려는 것과 그것을 사모하는 것은 전혀 다르다. 신의 형상을 한 인간은 다른 생명체와 달리 무한성과 완전성에 대한 사모함이 있다. 바로 이 사모함 때문에 자신의 유한성과 불완전성을 깊이 깨닫게 된다. 다른 동물들은 이런 사모함이 없으므로 자신의 유한성과 불완전성을 자각하지 못한다. 무한성과 완전성을 실현할 수 없음에도 불구하고 그것을 사모하면서 자신의 유한성과 불완전성을 인정하는 인간의 이중성,

이 이중성 때문에 인간은 참으로 균형을 잡기 어려운 애매한 존재이다. 견제와 균형의 민주주의 문명은 이러한 깨달음에서 생겨나고 운영되는 것이다.

현대 민주주의 문명을 수호하기 위해서는 유교에 근거한 중화 문명의 도전을 잘 극복해야 한다. 현재 중국은 공산당 독재 자본주의라는 모순된 사회구성에 매달리면서 중화민족의 부흥을 외치고 있다. 중국은 자신이 내면화하고 있는 전통적인 유교 세계관이 불평등한 인간관의 지배행위 원리이므로 민주주의 정치 제도를 운용하는 데 전혀 맞지 않는다고 공공연하게 말한다. 이탈리아, 독일, 일본 같은 민족적 전체주의 국가들이 그러했듯이, 그리고 소련의 공산 전체주의가 그랬듯이, 중국도 자신의 문명이 현대문명의 문제점을 극복할 자원을 보유하고 있다고 주장하면서 현대문명에 대한 도덕적 우위 전략을 펼 것이다. 천인합일이 지향하는 도덕적 이상주의는 이러한 전략에 안성맞춤일 것이다.

중국은 무한 세계관인 유교 사상과 마르크스주의 사상을 혼합해서 내재화하고 있고, 국토의 크기와 인구 규모가 지구 최대이므로 전체주의적 대중 동원을 위한 최적의 조건을 갖추고 있다. 따라서 중국은 자유민주주의 진영에게 구소련보다 더 위험한 대상이라고 할 수 있다. 중화 문명의 도전에 대응하기 위해서는 현대 민주주의 문명국가 간의 연대와 협력이 구소련을 상대할 때보다 더 강력하게 작동해야 한다고 나는 생각한다.

둘째, 마르크스와 베버의 호모 데우스 프로젝트에 대한 논의는 많은 반향을 불러일으킨 책 『사피엔스』와 『호모 데우스』에서 유발 하라리가 주장하는 내용과 연관해서 시사점을 제공할 수 있다. 하라리는 두 책에서 진화론적 인본주의라는 용어를 사용하고 있는데, 이것은 히틀러의 나치즘이 추구한 문화적 인종주의를 좀 멋있게 표현한 것이다. 히틀러의 나치즘은 인류가 초인으로 진화할 수도, 인간 이하로 퇴화할 수도 있다고 주장하며, 퇴화를 막고 진보적 진화를 부추기려고 했다.[750] 마르크스 사상을 수용한 소련 공산주의 치하에서도 인간의 본성을 공산주의 사상에 맞게 개조하려는 진화론적 인본주의의 시도들이 진행되었다.

하라리는 오늘날의 사피엔스가 과학기술의 힘으로 자신의 몸과 마음을 재설계해 호모 데우스Homo Deus로 진화하는 길목에 서 있다고 주장한다. 그러면서 그는 진화론적 인본주의가 대대적으로 인간성을 파괴하는 범죄를 저질러 그동안 금기시되었지만, 과학기술의 발전에 힘입어 다시 유행하고 있다고 본다.

"하급 인종이나 열등한 집단을 멸절시키고자 하는 사람은 없지만 많은 사람이 인간 생물학에 대한 우리의 해박한 지식을 이용해 초인간을 만드는 문제를 심사숙고하고 있다."[751] "미래 기술의 진정한 잠재력은 호모 사피엔스 자체를 변화시키는 것이다."[752] 사피엔스는 과학기술의 도움으로 자연선택의 법칙을 지적 설계의 법칙으로 대체하고 있다.[753] "우리의 후계자들은 신 비슷한 존재일 것이다." "그 존재는 체격뿐만 아니라 인지나 감정 면에서 우리와 매우 다를 것이다."[754] 지적 설계에 의한 사피엔스의 진화는 다음과 같은 세 차원에서 진행된다.

① 인간이 유전자 편집에 계획적으로 개입하는 생명 공학

② 생체 공학의 도움으로 생물과 무생물을 부분적으로 합친 사이보그 공학

③ 컴퓨터 프로그램과 바이러스처럼 완전히 무생물적 존재를 제작하는 비유기물 공학[755]

> 21세기 초, 진보의 열차가 다시 정거장에서 빠져나가고 있다. 이 열차는 아마 호모 사피엔스라고 불리는 정거장을 떠나는 막차가 될 것이다. [⋯] 21세기의 주력 상품은 몸, 뇌, 마음이 될 것이고, 몸과 뇌를 설계할 줄 아는 사람들과 그렇지 못한 사람들 아이의 격차는 [⋯] 사피엔스와 네안데르탈인 간의 격차보다 클 것이다. 21세기 진보의 열차에 올라탄 사람들은 창조와 파괴를 주관하는 신성을 획득하는 반면, 뒤처진 사람들은 절멸에 직면할 것이다.[756]

그는 "'인간 강화' 문제라고도 불리는 이 질문에 비하면 오늘날 정치인이나 철학자, 학자, 보통 사람들이 몰두하고 있는 논쟁은 사소"[757]하며, "오늘날의 종교, 이데올로기, 국가, 계급 사이에서 벌어지고 있는 논쟁은 호모 사피엔스의 종말과 함께 사라질 것"[758]이라고 주장한다. 그러면서 그는 다음과 같은 질문을 던진다.

> 만일 호모 사피엔스의 역사가 정말 막을 내릴 참이라면 우리는 그 마지막 세대로서 마지막으로 남은 하나의 질문에 답하는 데 남은 시간의 일부를 바쳐야 할 것이다. 우리는 무엇이 되고 싶

전통문명들의 무한 세계관에서는 신적인 존재로 상승했다고 여기는 사피엔스들이 상류 계급이었고, 유한성에 매여 있는 평범한 사피엔스들은 하류 계급이었다. "언제나 상류 계급은 하류 계급보다 똑똑하고 강건하며 전반적으로 우수하다는 주장을 펼쳤다."[760] 전통문명들의 무한 세계관은 상류 계급에 속하는 사피엔스들이 동료 사피엔스를 속이는 관념적인 허구였다. 하지만 과학기술의 발달과 함께 상황이 많이 달라졌다. 이후로는 많은 사피엔스들이 돈과 과학기술의 힘으로 호모 데우스가 되기로 선택함으로써 전통문명의 무한 세계관을 '객관적 실재'로 만들 수 있다. 만약 그렇게 된다면 호모 데우스족 중에서 가장 신적 무한성에 가까운 존재가 인류를 지배하는 가공할 만한 전체주의 문명이 탄생할 것이다.

현대의 사피엔스는 기나긴 역사의 투쟁을 통해 무한 세계관의 불평등한 인간관을 물리치고 유한 세계관의 평등한 인간관을 확립하였다. 하라리 말대로, 현대문명은 인류문명사에서 처음으로 "모든 인간이 기본적으로 평등하다는 사실을 인정한 시대이며 사람들은 이 사실을 자랑스러워한다."[761] 현대의 사피엔스는 무한 세계관의 불평등한 인간관이 사피엔스를 얼마나 고통스럽게 했는지를 역사에서 배워 잘 알고 있다. 현대의 사피엔스는 현대문명의 토대가 된 유한 세계관의 평등한 인간관을 거부하고 무한 세계관에 근거한 전통문명의 불평등한 인간관으로 되돌아가려고 한 나치즘과 공산주의의 호모 데우스 프로젝트와 싸워 승리하였다. 따라서 사피엔스는 호모 데우스 프로젝트를 감행해 불평등한 인간관을 다시 들여오려는 세력들이 있다면 머뭇거리지 않고 그들과 싸우기를 선택할 것이다. 과학기술이 아무리 발전하더라도, 그래서 사피엔스가 스스로를 진화시킬 수 있는 지적 능력을 갖춘다고 하더라도, 사피엔스는 유한 세계관을 바탕으로 하는 평등한 인간관으로 소화해서 수용하는 지혜가 필요하다.

이를 위해 나는 동감문명sympathetic civilization을 해결책으로 제시하고 싶다. 동감문명은 호모 사피엔스의 본성에 새겨진 동감의 정서를 중심에 두고, 현대문명의 문제를 진단하여 그에 대한 처방을 제시하기 위해 구성된 이론 체계로, 스미스의 『도덕 감정론』에서 제시된 동감 원리를 세계관 논의와 결합하여 발전시킨 것이다. 1장에서 시장경제 혁명을 논할 때 나는 애덤 스미스의 경제 이론이 동감의 인간학에 토대를 두고 있다는 사실을 언급하였다.

동감문명이란 동감 행위 원리가 일상적인 삶의 방식이 되는 문명, 다시 말하면 동감의 중력이 작용하는 문명을 말한다. 행위 원리는 인간이 상호작용하는 방식을 말하는데, 이는 크게 두 가지로 나눌 수 있다. 하나는 지배 원리이고, 다른 하나는 동감 원리이다. 먼저, 지배 원리는 힘으로 상대방을 자기 뜻에 복종시키는 것을 행위의 중심으로 삼는다. 따라서 누가 지배할 위치에 있는 갑인지, 누가 복종할 위치에 있는 을인지를 분명히 규정하는 상하 구별이 행위자들 사이에 매우 중요한 관심사가 된다. 따라서 삶의 궁극적 목표는 자신의 힘을 행사할 수 있는 자리에 올라가는 것이다. 지배를 위한 수단에는 권력, 부, 명예, 지식, 혈통, 도덕성, 체력, 나이 등이 있다.

이와 반대로 동감 원리는 모든 인간을 평등한 존재로 보고 상대방의 동감을 얻는 것을 행위의 중심으로 삼는다. 물론 어떤 인간 사회든 과업 수행을 위해 상하 구별이 존재한다. 그렇지만 동감 행위 원리가 통용되는 사회에서는 그것이 절대적인 것이 아니라 편의상 존재하는 잠정적인 것에 불과하다. 따라서 높은 위치의 사람들이 낮은 위치의 사람들에게 일방적으로 명령을 내리고 지배하려는 태도보다는 그들과의 의견교환과 설득을 통해 동감을 끌어내려는 태도가 일반적인 것이 된다. 어떤 문명도 지배 행위 원리로부터 완전히 자유로울 수 없지만, 상대적으로 전통문명은 지배 원리를 중시하는 반면, 현대문명에서는 동감이 바람직한 행위 원리로 여겨진다. 동감문명에 대해 좀더 깊이 알고자 하는 독자는 『동감신학-기독교와 현대문명을 말하다』(2014)를 읽어 보기를 권한다. 이 책에서 나는 동감의 원리가 기독교의 수평적 초월의 영성에서 더욱 잘 작용할 수 있음을 강조하였다.

한국 사회를 포함한 모든 인간 사회는 동감문명의 길로 나아가는 것 외에 다른 방도가 없을 것이다. 다른 길로 간다면 인간과 사회의 상태는 더 악화할 뿐이다. 인간 본성에는 원초적 동감의 정서가 새겨져 있다. 동감의 원리는 인간 사회의 중력의 법칙이다. 원초적 동감은 어떠한 이성적인 심사숙고보다 인간 사회의 유지에 더 중요하다. 원초적 동감에 기초하지 않을 때 문화, 사회, 정치, 경제를 이루고 있는 거시 사회 제도들은 그것을 만들어 낸 인간을 억압하는 도구로 변한다. 지구 중력이 없는 곳에서 인간은 물리적으로 생존하기 어렵듯이, 동감의 중력이 없는 사회에서 인간은 인간다운 삶을 살기 어렵다. 우리 모두 인류문명에서 동감의 중력장을 어떻게 복원하고 유지할 것인지를 고민해야 할 때다.

만약 우주에 인류와 유사하거나 더 우수한 지적 생명체들이 존재한다면 그 생명체들 속에도 역시 원초적 동감의 정서가 새겨져 있을 것이고 따라서 그들도 당연히 그것을 존중하는 동감문명을 지향해야 할 것이다. 그 길만이 그들이 평화적으로 협력해서 문명을 운영할 수 있는 유일한 길이 아닐까 한다.

1   Daniel W. Rossides, *The History and Nature of Sociological Theory*(Boston: Houghton Mifflin Company, 1978; 전성우, 「막스 베버의 현대사회론」, 『막스 베버와 동양 사회』(유석춘 편, 나남, 1992); 박성환, 『막스 베버의 문화 사회학과 인간학』(문학과지성사, 1992).

2   스튜어트 휴즈, 『지성의 대이동』(김창희 역, 한울, 1983), 200쪽.

3   칼 뢰비트, 「막스 베버와 칼 마르크스」, 『마르크스냐 베버냐』(강신준·이상율 편역, 홍성사, 1986), 170-171쪽.

4   모리치오 비롤리, 『공화주의』(김경희·김동규 역, 인간사랑, 2006), 99쪽.

5   Max Weber, *The Methodology of the Social Sciences*, translated by E. A. Shils & H. A. Finch(New York: The Free Press, 1949), p.81.

6   경희대학교 후마니타스 칼리지, 〈과학 혁명〉 동영상(http://hc.khu.ac.kr/board/bbs/board.php?bo_table=v2_05_02_04&wr_id=44).

7   같은 동영상.

8   에릭 뉴트, 「과학 혁명의 전개」(이민용 역), 『우리가 사는 세계』 제3판(후마니타스 칼리지 중핵교과 교재편찬위원회, 2014), 12쪽.

9   에드워드 윌슨, 「과학과 과학 아닌 것」(최재천·장대익 역), 『우리가 사는 세계』, 41쪽.

10 정병훈, 〈뉴턴 근대 과학의 정초〉, 네이버 열린 논단(https://post.naver.com/viewer/postView.nhn?volumeNo=8813026&memberNo=9831125).

11 Thomas Kuhn, *The Structure of Scientific Revolutions* 2nd Edition(Chicago: University of Chicago Press, 1970), p.12.

12 같은 책, p.109.

13 같은 책, p.113.

14 같은 책, p.94.

15 앨런 차머스, 『현대의 과학철학』(신일철·신중섭 역, 서광사, 1985), 215쪽.

16 같은 책, 221쪽.

17 정병훈, 〈뉴턴 근대 과학의 정초〉, 앞의 동영상.

18 에드워드 윌슨, 「과학과 과학 아닌 것」, 『우리가 사는 세계』 제3판, 40쪽.

19 같은 글, 41쪽.

20 제이콥 브로노우스키, 「과학의 조건과 과학 정신」(우정원 역), 『우리가 사는 세계』 제3판, 23쪽.

21 같은 글, 24-26쪽.

22   같은 글, 31쪽.

23   에른스트 카시러, 「과학 혁명과 계몽사상」(박완규 역), 『우리가 사는 세계』 제3판, 48-49쪽.

24   같은 글, 49쪽.

25   프랜시스 베이컨, 「과학의 탐구 방법」(진용석 역), 『우리가 사는 세계』 제3판, 15쪽.

26   피터 게이, 「계몽주의: 새로운 사상의 탄생」(주명철 역), 『우리가 사는 세계』 제3판, 53쪽.

27   이동희, 『시민사회신문』(2008.08.18).

28   존 로크, 『통치론』(임성희 역, 휘문출판사, 1985), 190쪽.

29   같은 책, 191쪽.

30   같은 책, 191쪽.

31   같은 책, 192쪽.

32   같은 책, 192쪽.

33   존 로크, 「통치론 해제」, 『통치론, 자유론』(이극찬 역, 삼성출판사, 1978), 19쪽.

34   존 로크, 『인간 오성론』(조병일 역, 휘문출판사, 1985), 50쪽.

35   애덤 스미스, 『도덕 감정론』(박세일·민경국 역, 비봉출판사, 1996), 417-420쪽.

36   볼테르, 「관용」(신동식 역), 『우리가 사는 세계』 제3판, 72쪽.

37   이마누엘 칸트, 「계몽이란 무엇인가」(이한구 편역), 『우리가 사는 세계』 제3판, 65쪽.

38   토마스 페인, 「인간의 권리와 국가」(박홍규 역), 『우리가 사는 세계』 제3판, 107쪽.

39   같은 글, 107쪽.

40   존 로크, 『통치론』, 272-273쪽.

41   몽테스키외, 「권력 분립과 정치적 자유」(고봉만 역), 『우리가 사는 세계』 제3판, 132쪽.

42   제임스 렉서, 「민주주의, 어떻게 발전했는가」(김영희 역), 『우리가 사는 세계』 제3판, 102-103쪽.

43   로버트 하일브로너, 「경제적 인간의 탄생」(장상환 역), 『우리가 사는 세계』 제3판, 163쪽.

44   전성우, 『막스 베버 역사 사회학 연구』(사회비평사, 1996), 206쪽.

45   로버트 하일브로너, 「경제적 인간의 탄생」, 『우리가 사는 세계』 제3판, 165-167쪽.

46   애덤 스미스, 『도덕감정론』, 27쪽.

47   같은 책, 35-36쪽.

48   같은 책, 246쪽.

49   같은 책, 275쪽.

50   윤원근, 『애덤 스미스의 국부론을 말하다』(신원문화사, 2009), 89-90쪽.

51   같은 책, 105쪽.

52   같은 책, 105쪽.

53   같은 책, 157쪽.

54   로베르 르그로, 「개인의 탄생」(전성자 역), 『우리가 사는 세계』 제3판, 214-219쪽.

55   서구 사회 내에서도 개체의 독립성을 강조하는 정도가 다르다. 앵글로 색슨 지대(미국, 영국, 호주)가 개체의 독립성을 가장 강조한다. 리처드 니스벳, 『생각의 지도』(최

인철 역, 김영사, 2004), 72-74쪽. 호프스테드가 각 나라의 개인주의·집합주의 정도를 조사한 바에 의하면, 앵글로 색슨 지역에 속하는 미국(91), 오스트레일리아(90), 영국(89), 캐나다(80), 뉴질랜드(79)가 가장 높은 개인주의 점수를 얻었다. 호프스테드, 『세계의 문화와 조직』(차재호·나은영 역, 학지사, 1995).

56 로널드 잉글하트, 「문화와 민주주의」, 『문화가 중요하다』(새뮤엘 헌팅턴·로렌스 해리슨 편, 이종인 역, 김영사, 2001), 147-169쪽.

57 제이콥 브로노우스키, 「과학의 조건과 과학 정신」, 『우리가 사는 세계』, 22쪽.

58 윤원근, 『유사 나치즘의 눈으로 읽는 프로테스탄트 윤리와 자본주의 정신』(신원문화사, 2010), 14쪽.

59 Frederick Copleston, *Philosophy & Cultures*(Oxford: Oxford University Press, 1980), p.135.

60 프레드릭 코플스톤, 『영국 경험론』(이재영 역, 서광사, 1991), 461쪽.

61 Jeffrey Alexander, *Theoretical Logic in Sociology. vol.* I : *Positivism, Presuppositions, and Current Controversies*(Los Angeles: University of California Press, 1982), p.37.

62 I. C. 헤넬 편, 『폴 틸리히의 그리스도교 사상사』(송기득 역, 한국신학연구소, 1987), 329쪽.

63 에드워드 윌슨, 「과학과 과학 아닌 것」, 『우리가 사는 세계』 제3판, 38쪽.

64 라인홀드 니버, 『그리스도인의 윤리』(박봉배 역, 삼성출판사, 1990), 45-46쪽.

65 부드러운 유한 세계관과 완고한 유한 세계관의 구별은 영성의 인정 여부에 달려 있다. 영성은 무한한 궁극적 실재와의 관계 속에서 삶의 의미를 추구하는 것으로 정의된다. 완고한 유형은 궁극적 실재의 존재 자체를 부정함으로써 영성을 위한 근거를 제거해 물질주의 안에 갇히게 된다.

66 단절 유형은 유일신을 믿는 곳에서 나타난다. 유일신 사상은 무한(신)과 유한(인간)의 단절을 강조하지만, 이 사이를 연결하는 다리를 놓으려는 시도를 통해 무한에 이르려고 하는 모습을 보일 수 있다. 이에 반해 연속 유형은 처음부터 유한과 무한의 연속성을 전제한다.

67 신비주의는 개개인이 신과 직접 신비적 합일하는 것을 추구한다는 점에서 반이성주의·실존주의 무한 세계관으로 분류할 수 있다.

68 힌두교는 해탈을 위해 아트만과 브라만의 신비적 합일을 추구한다는 점에서 반이성주의·실존주의라 할 수 있지만, 카스트를 교조적인 진리 규범으로 보기 때문에 이성주의·구조주의로 분류하였다.

69 탈코트 파슨스, 『사회의 유형』(이종수 역, 기린원, 1989), 173-174쪽; 피터 버거, 『종교와 사회』(이양구 역, 종로서적, 1981), 132쪽 이하.

70 에른스트 트뢸치, 「프로테스탄티즘과 진보이념」, 『서양 근대사에서 종교의 역할』(임희완 역, 민음사, 1990), 57-79쪽.

71 장 칼뱅, 『기독교 강요』(김종흡 외 역, 생명의 말씀사, 1988), 1부 5장 5절.

72 같은 책, 1부 5장 9절.

73 차하순, 『르네상스의 사회와 사상』(탐구당, 1988), 69-86쪽.

74 피터 게이, 「계몽주의: 새로운 사상의 탄생」, 『우리가 사는 세계』 제3판, 53쪽.

75 프랜시스 베이컨, 「과학의 방법과 우상 파괴」 『우리가 사는 세계』 초판(후마니타스칼리지 중핵교과 교재편찬위원회, 2011), 49쪽.

76 피터 버거, 『종교와 사회』, 128-132쪽.

77 알리스터 맥그래스, 『과학과 종교 과연 무엇이 다른가?』(정성희·김주현 역, 린 출판사, 2013), 32쪽.

78 같은 책, 32-33쪽.

79 Max Weber, *The Protestant Ethic and the Spirit of Capitalism*, translated by Talcott Parsons(Seoul: Joint Publishing Promotion, 1986), p.249.

80 유발 하라리, 『사피엔스』(조현욱 역, 김영사, 2015), 356쪽.

81 윤원근, 「유사 나치즘의 눈으로 읽는 프로테스탄트 윤리와 자본주의 정신」, 125쪽.

82 존 위티 주니어, 『권리와 자유의 역사』(정두메 역, ivp, 2015), 259쪽

83 에른스트 트뢸치, 「프로테스탄티즘과 진보이념」, 『서양 근대사에서 종교의 역할』, 65쪽.

84 유발 하라리, 『사피엔스』, 328-329쪽.

85 Christopher J. Berry, *Social Theory of the Scottish Enlightenment*(Edinburgh: Edinburgh University Press, 1997), pp.40-42.

86 Leon R. Kass, *The Beginning of Wisdom*(Chicago: University of Chicago Press, 2006), p.7.

87 필립 왓슨, 『프로테스탄트 신앙 원리』(이장식 역, 컨콜디아사, 1962), 143쪽 이하.

88 I. C. 헤넬 편, 『폴 틸리히의 그리스도교 사상사』, 243쪽.

89 같은 책, 244쪽.

90 알리스터 맥그래스, 『역사 속의 신학』(김홍기 외 역, 대한기독교서회, 1998), 80쪽.

91 박종현, 『헬라스 사상의 심층』(서광사, 2001).

92 알리스터 맥그래스, 『역사 속의 신학』, 57쪽.

93 레이몽 아롱, 『사회사상의 흐름』(이종수 역, 기린원, 1988), 230쪽.

94 이토 가츠히코, 『데카르트의 철학과 사상』(김문과 역, 문조사, 1994), 121쪽에서 재인용.

95 조나단 터너 외, 『사회학 이론의 형성』(김문조 외 역, 일신사, 1997), 53쪽.

96 같은 책, 54쪽.

97 같은 책, 59-60쪽.

98 같은 책, 60쪽.

99 루이스 코저, 『사회사상사』(신용하·박명규 역, 일지사, 1978), 27쪽.

100 로버트 니스벳, 「공동체 이론의 역사」, 『공동체 이론』(신용하 편, 문학과지성사, 1985), 103쪽.

101 Émile Durkheim, *The Rules of Sociological Method*(New York: The Free Press, 1966), p.14.

102 같은 책, p.17.

103 같은 책, pp.31, 32, 43, 44.

104 에밀 뒤르켐, 『종교 생활의 원초적 형태』(노치준·민혜숙 역, 민영사, 1992), 24쪽.

105 Durkheim, *The Rules of Sociological Method*, pp.17-18.

106 같은 책, p.28.

107 같은 책, p.44.

108 같은 책, p.13.

109 에밀 뒤르켐, 『종교 생활의 원초적 형태』, 81쪽.

110 같은 책, 제3권 「주요한 의식적 태도들」 참조.

111 같은 책, 590쪽.

112 같은 책, 572쪽 이하.

113 에밀 뒤르켐, 『자살론/사회 분업론』(임희섭 역, 삼성출판사, 1982), 183, 185쪽.

114 같은 책, 122쪽; 에밀 뒤르켐, 『직업윤리와 시민 도덕』(권기돈 역, 새물결, 1998), 114쪽.

115 에밀 뒤르켐, 『직업윤리와 시민 도덕』, 134쪽.

116 에밀 뒤르켐, 「개인주의 지성인」(박영신 역), 『변동의 사회학』(학문과 사상사, 1981), 145-162쪽.

117 이성의 확실성을 토대로 삼은 데카르트와 이성을 문명 타락의 주범으로 본 루소는 상반된 성향의 인물인 것 같은데, 뒤르켐은 자신의 사회학을 뒷받침하기 위해 두 사람을 언급했다. 데카르크와 루소 모두 사회구조로 개인을 통제할 필요가 있다고 본 점에서 뒤르켐이 그렇게 한 것 같다. 데카르트는 이성의 확실성에 따라, 루소는 일반 의지에 따라 사회를 구조화하고 개인을 통제하려고 하였다.

118 필립 왓슨, 『프로테스탄트 신앙 원리』, 154-155쪽.

119 I. C. 헤넬 편, 『폴 틸리히의 그리스도교 사상사』, 313쪽.

120 J. L. 니이브·O. W. 하이크, 『기독교 교리사』(서남동 역, 대한기독교서회, 1965), 351쪽.

121 같은 책, 313쪽.

122 Weber, *The Protestant Ethic and the Spirit of Capitalism*, pp.113-114.

123 같은 책, p.112.

124 Reinhold Niebuhr, *The Nature and Destiny of Man: A Christian Interpretation, vol* II. *Human Destiny*(New York: Charles Scribner's Sons), p.185.

125 같은 책, p.186.

126 J. L. 니이브·O. W. 하이크, 『기독교 교리사』, 363쪽.

127 강두식, 「독일 낭만주의의 종교적 경향에 대한 연구(1)」, 『독일 문학』 19(1977), 799-800쪽.

128 이민호, 『역사주의』(민음사, 1988), 103쪽.

129 이에 대한 자세한 논의는 윤원근, 『동감 신학』(한들출판사, 2014), 433-450쪽에 있는 보론, 「칼 포퍼의 열린 사회론에 대한 소론」을 볼 것.

130 카질 톰슨, 「루터와 두 개의 왕국」, 『서양 근대정치사상』(김종술 역, 1990, 서광사), 54-76쪽.

131 I. C. 헤넬 편, 『폴 틸리히의 그리스도교 사상사』, 307쪽.

132 빌헬름 니젤, 『비교 교회론』(이종성·김항인 역, 대한기독교출판사, 1988), 261쪽.

133 Niebuhr, *The Nature and Destiny of Man: A Christian Interpretation vol. II. Human Destiny*, p. 192.

134 같은 책, p. 191.

135 같은 책, p. 195.

136 존 위티 주니어, 『권리와 자유의 역사』, 106쪽 이하.

137 김주연, 『독일 문학의 본질』(민음사, 1991), 22쪽.

138 같은 책, 14쪽. 인용문 내의 "~의 뿌리가 되는"은 원문에서 "~를 뿌리로 하는"으로 되어 있다. 문맥상으로 볼 때, 이것은 잘못 표현된 것처럼 보인다. 저자의 논조는 신비주의가 이상주의, 낭만성, 관념론의 본질이라고 보고 있는데, 원문에 따를 것 같으면 마치 [낭만성-관념론-이상주의]가 신비주의의 뿌리인 것처럼 된다. 따라서 전체 문맥에 일치하게 원문을 일부 수정했다.

139 이 용어는 마루야마 마사오, 「일본의 내셔널리즘」, 『민족주의란 무엇인가』(백낙청 편, 창작과비평사, 1981), 273-292쪽에서 가져온 것이다.

140 여기서 '물질적 차원'이란 '과학'과 '시장경제'가 단순히 물질적 차원이라는 의미보다는, '과학'과 '시장경제'가 다른 것에 비해 물질적 차원만 분리해서 수용하기가 비교적 용이하다는 것을 의미한다.

141 J. B. Noth, 『세계종교사 하』(윤이흠 역, 현음사, 1988), 1021-1022쪽.

142 같은 책, 1022쪽.

143 사카이야 다이치, 『일본이란 무엇인가』(동아일보 출판부 역, 1992), 120쪽.

144 같은 책, 1022쪽.

145 J. B. Noth, 『세계종교사 하』, 1022쪽.

146 사카이야 다이치, 『일본이란 무엇인가』, 119쪽.

147 같은 책, 120쪽.

148 이상의 논의는 같은 책, 121-129쪽의 내용을 요약한 것임.

149 같은 책, 145쪽.

150 루스 베네딕트, 『국화와 칼』(하재기 역, 서원출판사, 1991), 183쪽.

151 같은 책, 183쪽.

152 같은 책, 115쪽.

153 프랭크 매뉴얼, 『계몽사상 시대사』(차하순 역, 탐구당, 1976), 117-124쪽; R. H. 텐브록, 『독일사上』(김상태 외 역, 서문당, 1986), 232-234쪽.

154 김언식, 「계몽절대주의의 성격」, 『독일사의 제국면』(이민호 외, 느티나무, 1991), 69쪽; 오인석, 「프로이센의 개혁」, 『독일사의 제국면』, 92쪽.

155 최종고, 『법사상사』(박영사, 1990), 121쪽.

156 같은 책, 121쪽.

157 호프스테드, 『세계의 문화와 조직』, 207-232쪽.

158 Gorski, "The Protestant Ethic Revisited: Disciplinary Revolution and State Formation

in Holland and Prussia", *American Journal Sociology*(1993) 99(2), pp.265-316.

159 이성덕, 「경건과 정치 - 독일 경건주의와 초기 프로이센 절대 국가의 관계」, 15쪽. 이 논문에서 거의 그대로 가져왔음.

160 같은 글, 18쪽.

161 R. H. 텐브록, 『독일사上』, 235쪽.

162 이마누엘 칸트, 「계몽이란 무엇인가」, 『우리가 사는 세계』 제3판, 66쪽.

163 같은 책, 67쪽.

164 니얼 퍼거슨, 『시빌라이제이션』(구세희·김정희 역, 21세기북스, 2011).

165 같은 책.

166 이마누엘 칸트, 『실천이성 비판』(최재희 역, 박영사, 1975), 63쪽.

167 같은 책, 176쪽.

168 J. L. 니이브·O. W. 하이크, 『기독교 신학사』(서남동 역, 1967), 153쪽.

169 하우저는 칸트가 루소를 '윤리 세계의 뉴턴'으로 보았다고 했다. 아놀드 하우저, 『문학과 예술의 사회사: 근세 편下』(염무웅 외 역, 창작과비평사, 1989), 138쪽. 또 러셀은 칸트의 윤리학을 루소 사상의 현학적 재판이라고 했다. 버트런드 러셀, 『서양철학사』(최인홍 역, 집문당, 1988), 980쪽.

170 한나 아렌트, 「악의 진부성: 예루살렘의 아이히만」, 『인간의 가치 탐색』 제4판(김선욱 역, 후마니타스 칼리지 중핵교과 교재편찬위원회, 2017), 271쪽. 역서에는 "악의 평범성에 대한 보고서"라는 부제가 달려 있지만, 중핵교과 교재편찬위원회에서는 아이히만의 죄악이 단순히 평범한 것이 아니라고 판단하여 "악의 진부성"으로 수정하였다.

171 같은 책, 271쪽.

172 같은 책, 271쪽.

173 같은 책, 271쪽.

174 같은 책, 274-275쪽.

175 경희대학교 후마니타스 칼리지, 〈호모 에티쿠스〉(http://hc.khu.ac.kr/board/bbs/board.php?bo_table=v2_05_02_04&wr_id=21).

176 한나 아렌트, 「악의 진부성: 예루살렘의 아이히만」, 『인간의 가치 탐색』 제4판, 275쪽.

177 같은 책, 273쪽.

178 칼 마르크스·프리드리히 엥겔스, 『독일 이데올로기 I』(김대웅 역, 두레신서, 1989), 65-66쪽.

179 루이스 코저, 『사회사상사』, 109쪽.

180 아담 샤프, 『마르크스주의와 개인』 제3판(김영숙 역, 중원문화사, 1988), 95쪽.

181 샤프도 마르크스의 인간론을 올바로 이해하기 위해서는 이러한 구분이 필요하다고 주장하고 있다. 같은 책, 59-113쪽. 그러나 그는 마르크스의 인간 본질 개념이 독일 문화 전통의 본질적 자아 개념과 깊이 연결되어 있다는 사실을 인식하지 못하였다.

182 Jeffrey C. Alexander, *Theoretical Logic in Sociology vol.3*. 1st edition(Los Angeles: University of California Press, 1983), 마르크스 부분 참조.

183 라인홀드 니버, 『맑스·엥겔스의 종교론』 제2판(김승국 역, 아침출판사, 1988), 16-17쪽.

184 김영한, 「마르크스의 종교 비판과 기독교」, 『기독교와 마르크시즘』(풍만출판사, 1988), 18쪽.

185 같은 책, 18쪽.

186 로버트 터커, 『칼 마르크스의 철학과 신화』 제2판(김정기 역, 성광문화사, 1987), 110쪽.

187 루트비히 포이어바흐, 『기독교의 본질』(박순경 역, 종로서적, 1982), 17쪽.

188 로버트 터커, 『칼 마르크스의 철학과 신화』, 101쪽.

189 폴 틸리히, 『19-20세기 프로테스탄트 사상사』 제9판(송기득 역, 한국신학연구소, 1987), 172쪽.

190 강대석, 『독일 관념철학과 변증법』(한길사, 1991), 60쪽.

191 휴 로스 매킨토시, 『현대신학의 선구자들』(김재준 역, 기독교서회, 1980), 113쪽.

192 칼 뢰비트, 『헤겔에서 니체로』(강학철 역, 민음사, 1987), 355쪽.

193 루트비히 포이어바흐, 『기독교의 본질』, 15쪽.

194 같은 책, 15-17쪽.

195 같은 책, 16쪽.

196 같은 책, 39쪽.

197 같은 책, 29쪽.

198 같은 책, 29-42쪽.

199 같은 책, 140쪽.

200 로버트 터커, 『칼 마르크스의 철학과 신화』, 119쪽.

201 루트비히 포이어바흐, 『기독교의 본질』, 70쪽.

202 같은 책, 111-112쪽.

203 같은 책, 134쪽.

204 마르크스의 사상에서도 이상과 현실의 관계는 매우 중요하다. 마르크스의 유물론적 역사 이론은 바로 현실과 이상의 문제를 해결하기 위한 노력의 산물이라고 볼 수 있다. 따라서 이상과 현실의 문제를 중심으로 헤겔과 포이어바흐를 비교해 보는 것은 마르크스의 사상을 이해하는 데 큰 도움이 된다고 할 수 있다.

205 루트비히 포이어바흐, 『기독교의 본질』, 114쪽.

206 로버트 터커, 『칼 마르크스의 철학과 신화』, 125쪽.

207 칼 마르크스, 『헤겔 법철학 비판』 제3판(홍영두 역, 도서출판 아침, 1989), 196-197쪽.

208 같은 책, 187쪽.

209 같은 책, 187쪽.

210 같은 책, 188쪽.

211 같은 책, 188쪽.

212 쉴로모 아비네리, 『칼 마르크스의 사회사상과 정치사상』 제7판(이홍구 역, 도서출판 까치, 1989), 27쪽.

213 칼 마르크스·프리드리히 엥겔스, 『독일 이데올로기 I』, 229쪽.

214 강신준·이상율 편역, 『마르크스냐 베버냐』, 170-171쪽.

215 칼 마르크스, 『경제학-철학 수고』 제2판(김태경 역, 도서출판 이론과 실천, 1990), 60쪽 이하 참조.

216 같은 책, 61-62쪽.

217 로버트 터커, 『칼 마르크스의 철학과 신화』, 175쪽.

218 데이비드 맥렐런, 『칼 마르크스의 사상』 제9판(신오현 역, 민음사, 1990), 312쪽.

219 칼 마르크스·프리드리히 엥겔스, 『독일 이데올로기 I』, 74-75쪽.

220 로버트 터커, 『칼 마르크스의 철학과 신화』, 203쪽.

221 콘라드 베커, 『헤겔과 마르크스』(황태현 역, 중원문화사, 1989), 13쪽.

222 같은 책, 15쪽.

223 에른스트 피셔, 『마르크스 사상의 이론구조』 제2판(노승우 역, 전예원, 1989), 26쪽.

224 버트런드 러셀, 『서양철학사』, 1085쪽.

225 게오르그 루카치, 『독일 문학사 - 계몽주의에서 일차대전까지』(반성완·임홍배 역, 심설당, 1987), 74쪽.

226 지명렬, 『독일 낭만주의 연구』(일지사, 1984), 23쪽.

227 헤르만 코르프, 「낭만주의의 본질」, 『문예사조』(김광규 역, 김용직·김치수·김종철 편, 문학과지성사, 1988), 93쪽.

228 같은 책, 93쪽.

229 같은 책, 89-106쪽 참조.

230 지명렬, 『독일 낭만주의 연구』, 14쪽.

231 같은 책, 33쪽.

232 김주연, 『독일 문학의 본질』(민음사, 1991), 90쪽.

233 게오르그 루카치, 『독일 문학사 - 계몽주의에서 일차대전까지』, 86쪽.

234 김주연, 『독일 문학의 본질』, 78쪽.

235 칼 마르크스, 『경제학-철학 수고』, 56-57쪽.

236 같은 책, 81-96쪽 참조.

237 강신준·이상률 편역, 『마르크스냐 베버냐』, 184-191쪽.

238 쉴로모 아비네리, 『칼 마르크스의 사회사상과 정치사상』, 134쪽.

239 같은 책, 136쪽.

240 어빙 자이틀린, 『사회학 이론의 발달사』(이경용 외 역, 한울, 1985).

241 Jeffrey C. Alexander, *Theoretical Logic in Sociology, vol.2. The Antinomies of Classical Thought: Durkheim and Marx*(Los Angeles: University of California Press, 1982), pp.11, 64-74 참조.

242 칼 마르크스, 『정치경제학 비판을 위하여』 제2판(김호균 역, 중원문화사, 1989), 7-8쪽.

243 강신준·이상률 편역, 『마르크스냐 베버냐』, 165-196쪽; 로버트 터커, 『칼 마르크스의 철학과 신화』, 177-193쪽.

244 칼 마르크스·프리드리히 엥겔스, 『독일 이데올로기 I』, 58쪽.

245 같은 책, 59쪽.

246 같은 책, 70쪽.

247 같은 책, 70쪽.

248 같은 책, 76쪽.

249 같은 책, 71쪽.

250 C. Alexander, *Theoretical Logic in Sociology, vol.2. The Antinomies of Classical Thought: Durkheim and Marx*, 마르크스 부분 참조.

251 칼 마르크스·프리드리히 엥겔스, 『당에 대하여』(한철 편역, 이성과현실, 1989), 141쪽.

252 루이스 코저, 『사회사상사』, 76쪽에서 재인용.

253 리처드 번스타인, 『헤겔과 마르크스의 실천개념』(김대웅 역, 한마당, 1989), 110쪽.

254 칼 마르크스·프리드리히 엥겔스, 『독일 이데올로기 I』, 90쪽.

255 데이비드 맥렐런, 『칼 마르크스의 사상』, 265쪽; 칼 마르크스, 『경제학-철학 수고』, 85쪽.

256 칼 마르크스, 『경제학-철학 수고』, 85쪽 이하 참조.

257 같은 책, 91쪽.

258 칼 마르크스·프리드리히 엥겔스, 『당에 대하여』, 276-280쪽.

259 같은 책, 280쪽.

260 로버트 터커, 『칼 마르크스의 철학과 신화』, 38쪽.

261 칼 포퍼, 『열린 사회와 그 적들 II』 제2판(이명현 역, 민음사, 1987), 279쪽.

262 이성과 현실 편집부, 『마르크스주의자의 품성』(이성과 현실, 1990), 77-78쪽.

263 로버트 터커, 『칼 마르크스의 철학과 신화』, 33쪽.

264 같은 책, p.33.

265 칼 마르크스·프리드리히 엥겔스, 『독일 이데올로기 I』, 91-92쪽.

266 같은 책, 93쪽.

267 같은 책, 93쪽 이하 참조.

268 Anthony Giddens, *A Contemporary Critique of Historical Materialism, Vol.I.* 1st edition(London: The Macmillan Press, 1981), pp.226-229.

269 제임스 렉서, 「민주주의, 어떻게 발전했는가」, 『우리가 사는 세계』 제3판, 103쪽.

270 데이비드 맥렐런, 『칼 마르크스의 사상』, 54-55쪽.

271 같은 책, 55쪽.

272 같은 책, 55쪽.

273 같은 책, 55쪽.

274 리처드 번스타인, 『헤겔과 마르크스의 실천개념』, 105쪽.

275 칼 마르크스, 『정치경제학 비판을 위하여』, 189쪽.

276 같은 책, 202쪽.

277 조순 외, 『아담 스미스 연구』(민음사, 1989), 47쪽.

278 같은 책, 47쪽.

279 칼 마르크스, 『정치경제학 비판을 위하여』, 202쪽.

280 같은 책, 202쪽.

281 『포이어바흐에 관한 테제』의 6명제 참조; 칼 마르크스·프리드리히 엥겔스, 『독일 이데올로기 I』, 228쪽.

282 칼 마르크스, 『자본론 I』(김영민 역, 이론과실천, 1987), 25쪽.

283 같은 책, 20쪽.

284 데이비드 맥렐런, 『칼 마르크스의 사상』, 124-125쪽.

285 칼 마르크스, 『자본론 I』, 25쪽.

286 프리드리히 헤겔, 『역사 철학 I』(김종호 역, 이문사, 1980), 53쪽.

287 스터얼링 램프레히트, 『서양 철학사』 제12판(김태길 역, 을유문화사, 1977), 552쪽.

288 칼 포퍼, 『열린 사회와 그 적들 II』, 72쪽.

289 강대석, 『독일 관념철학과 변증법』, 181-182쪽.

290 칼 포퍼, 『열린 사회와 그 적들 II』, 73-74쪽.

291 휴 로스 매킨토시, 『현대신학의 선구자들』, 119쪽.

292 같은 책, 119쪽.

293 R. H. 텐브록, 『독일사 上』, 274쪽.

294 아놀드 하우저, 『문학과 예술의 사회사: 근세 편 下』, 213쪽.

295 지명렬, 『독일 낭만주의 연구』, 34-35쪽.

296 같은 책, 14쪽.

297 Reinhold Niebuhr, *The Nature and Destiny of Man: A Christian Interpretation vol. II. Human Destiny*, pp.85-86.

298 이민호, 『역사주의』 참조.

299 같은 책, 29쪽.

300 데이비드 베빙턴, 『역사관의 유형들』(천진석·김진영 역, 두란노서원, 1988), 113쪽.

301 G. G. 이거스, 『독일 역사주의』(최호근 역, 박문각, 1992), 64쪽.

302 로버트 니스벳, 「공동체 이론의 역사」, 『공동체 이론』, 132-133쪽에서 재인용.

303 같은 글, 134쪽에서 재인용.

304 같은 글, 134쪽에서 재인용.

305 칼 마르크스·프리드리히 엥겔스, 『당에 대하여』, 144쪽.

306 같은 책, 145-146쪽.

307 같은 책, 144쪽.

308 조나단 터너 외, 『사회학 이론의 형성』(김문조 외 역), 159쪽.

309 Stanislav Andreski, *Max Weber's Insights and Errors*(London: Routledge & Kegan Paul, 1984), p.4.

310 Weber, *The Protestant Ethic and the Spirit of Capitalism*, p.81.

311 디터 헨리히, 『막스 베버의 과학 방법론』(이상률 역, 이삭, 1983), 138쪽.

312 같은 책, 140쪽.

313 같은 책, 137쪽.

314 같은 책, 133쪽

315 David Beetham, *Max Weber and the Theory of Modern Politics*(London: George Allen & Unwin, 1974).

316 Weber, *The Protestant Ethic and the Spirit of Capitalism*, p.81.

317 같은 책, p.81.

318 김덕영, 『막스 베버』(길 출판사, 2012), 404쪽.

319 Weber, *The Protestant Ethic and the Spirit of Capitalism*, p.11.

320 같은 책, p.22.

321 같은 책, pp. 11, 12, 26 참조.

322 같은 책, p.19.

323 같은 책, p.26.

324 루이스 코저, 『사회사상사』, 221쪽.

325 디터 헨리히, 『막스 베버의 과학 방법론』, 150쪽.

326 다음 한국어 사전(https://dic.daum.net/word/view.do?wordid=kkw000012678&q=%EA%B2%B0%EB%8B%A8%EC%A3%BC%EC%9D%98&supid=kku000017500)

327 윤원근, 『유사 나치즘의 눈으로 읽는 프로테스탄트 윤리와 자본주의 정신』, 215쪽.

328 테드 벤턴, 『사회과학의 철학적 기초』(안상헌 역, 풀빛출판사, 1984), 146-160쪽.

329 김덕영, 『막스 베버』, 397쪽.

330 같은 책, 399쪽.

331 같은 책, 718쪽.

332 같은 책, 719쪽.

333 Weber, *The Protestant Ethic and the Spirit of Capitalism*, p.81.

334 김덕영, 『막스 베버』, 718쪽.

335 같은 책, 719쪽.

336 같은 책, 720쪽.

337 Niebuhr, *The Nature and Destiny of Man: A Christian Interpretation vol. II . Human Destiny*, p.87.

338 지명렬, 『독일 낭만주의 연구』, 64쪽.

339 같은 책, 68쪽.

340 이민호, 『역사주의』, 103쪽.

341 프리드리히 마이네케, 『국가 권력의 이념사』(이광주 역, 민음사, 1990), 432쪽.

342 이민호, 『역사주의』, 451쪽.

343 김덕영, 『막스 베버』, 318쪽.

344 같은 책, 319쪽.

345 Max Weber, *Economy and Society*, Edited by G. Roth. & C. Wittich(New York: Bedminster Press, 1968), pp.24-26.

346 Stephen Kalberg, "Max Weber's Types of Rationality: Cornerstones for the Analysis of Rationalization Processes in History", *AJS. vol.85, No.5*(1980, March), p.1151.

347 같은 글, p.1149.

348 윤원근, 『유사 나치즘의 눈으로 읽는 프로테스탄트 윤리와 자본주의 정신』, 14쪽.

349 Weber, *The Protestant Ethic and the Spirit of Capitalism*, p.57.

350 H. H. Gerth & C. Wright Mills, *From Max Weber*(New York: A Gallary Book, 1958), p.139. demagification은 독일어 Entzauberung의 영역(英譯)이다. Gerth & Mills는 그것을 disenchantment로 번역하였다. Kalberg에 의하면, Entzauberung을 Disenchantment로 번역하는 것은 잘못이다. 왜냐하면 disenchantment는 베버의 Entzauberung과 전혀 관계없는 "공동사회(Gemeinscaft)와 초기의 보다 단순한 사회에 대한 낭만주의자의 열망"을 담고 있기 때문이다. Kalberg, "Max Weber's Types of Rationality: Cornerstones for the Analysis of Rationalization Processes in History", p.1146, 주2 참조.

351 Gerth & Mills, *From Max Weber*, p.139 이하.

352 같은 책, p.139.

353 같은 책, p.139.

354 같은 책, p.139.

355 같은 책, p.139.

356 같은 책, p.139.

357 Ferdinand Tönnies, *Community and Society*, translated by Charles P. Loomis(New York: Harper Torchbook, 1963), p.124.

358 신용하 편, 『공동체 이론』, 147쪽.

359 같은 책, 124쪽.

360 퇴니스는 공동체는 본질 의지로 결합해 있고, 이익 사회는 합리 의지로 결합해 있다고 보면서, 공동체야말로 참된 인간의 삶의 방식이라고 주장했다. 공동체적 결합을 추구하는 본질 의지가 퇴니스에게는 참된 자아의 의지이다.

361 Hubert Treiber, "Elective Affinity between Weber's Sociology of Religion and Sociology of Law", *Theory and Society. vol.14, No.6.*(1985, November), p.831.

362 칼 뢰비트, 『헤겔에서 니체로』, 139쪽.

363 Treiber, "Elective Affinity between Weber's Sociology of Religion and Sociology of Law", p.830.

364 같은 글, p.830.

365 Gerth & Mills, *From Max Weber*, p.155.

366 막스 베버, 『야훼의 사람들』(진영석 역, 백산출판사, 1989), 11쪽.

367 Gerth & Mills, *From Max Weber*, p.355.

368 Talcott Parsons, *The Structure of Social Action vol. II* (New York: FreePress, 1968), p.571.

369 Gerth & Mills, *From Max Weber*, p.355.

370 윤원근, 『유사 나치즘의 눈으로 읽는 프로테스탄트 윤리와 자본주의 정신』, 76쪽.

371 전성우, 「막스 베버의 근대 자본주의 발생론 I」, 『한국사회학』 20집(여름호, 1986a), 3-18쪽.

372 윤원근, 『유사 나치즘의 눈으로 읽는 프로테스탄트 윤리와 자본주의 정신』, 118쪽.

373 같은 책, 214쪽.

374 Weber, *The Protestant Ethic and the Spirit of Capitalism*, p.17; Gerth & Mills, *From Max Weber*, p.147.

375 Gerth & Mills, *From Max Weber*, p.149.

376 Weber, *The Protestant Ethic and the Spirit of Capitalism*, p.17.

377 Gerth & Mills, *From Max Weber*, p.149.

378 같은 책, p.149.

379 Weber, *The Protestant Ethic and the Spirit of Capitalism*, p.18.

380 같은 책, p.57.

381 탈코트 파슨스, 『현대사회들의 체계』(윤원근 역, 새물결, 1999), 201쪽.

382 파슨스에 관련된 이하의 논의는 필자가 번역한 파슨스의 『현대사회들의 체계』, 「옮긴이 후기」에서 가져왔다.

383 탈코트 파슨스, 『현대사회들의 체계』, 48쪽.

384 같은 책, 48쪽.

385 가치 일반화의 내용에 대한 이하의 논의는 Talcott Parsons, *The Social System*(New York: Free Press, 1951), pp.58-67의 내용을 정리·요약한 것이다. 따 온 문장은 모두 이 안에 있다.

386 같은 책, p.384.

387 가치 일반화와 유대-기독교적 전통의 관계에 대한 이하의 논의는 파슨스의 『사회의 유형』에 나오는 이스라엘에 대한 논의와 산재해 있는 기독교에 대한 논의를 종합하여 내가 재구성한 것이다.

388 파슨스는 유대 전통과 함께 그리스 전통이 기독교 안으로 흡수됨으로써 현대의 보편주의 가치 유형에 영향을 끼쳤다고 말하고 있다. 이에 대해서는 탈코트 파슨스, 『사회의 유형』, 그리스 편 참조.

389 Gerth & Mills, *From Max Weber*, pp.141-143.

390 플라톤, 『국가론』(조우현 역, 삼성출판사, 1978).

391 같은 책, 143쪽.

392 Weber, *The Protestant Ethic and the Spirit of Capitalism*, p.57.

393 Gerth & Mills, *From Max Weber*, p.143.

394 Weber, *The Protestant Ethic and the Spirit of Capitalism*, p.81.

395 같은 책, p.143.

396 베버에게 문화과학, 사회과학, 역사과학은 서로 대체될 수 있는 용어들이다. 사회현상이나 역사 현상은 모두 문화현상이다.

397 Gerth & Mills, *From Max Weber*, p.144.

398 Parsons, *The Structure of Social Action vol.* Ⅱ, p.592.

399 같은 책, p.593.

400 같은 책, p.593.

401 Weber, *The Protestant Ethic and the Spirit of Capitalism*, p.82.

402 같은 책, p.81.

403 같은 책, p.84.

404 위르겐 코카, 「칼 마르크스와 막스 베버 비교: 독단론과 결단주의 사이의 사회과학」, 『마르크스냐 베버냐』, 83-122쪽 참조. 박승길도 베버의 주관적 가치가 "시대 정신과 같다"라고 하였다. 박승길, 「베버 이념형의 지식 사회학적 범주」, 『사회학 연구』(1984), 62-63쪽.

405 조나단 터너 외, 『사회학 이론의 형성』, 233쪽.

406 같은 책, 233쪽.

407 베버는 처음에 역사적 (개체의) 이념형을 사용했지만, 후기로 가면서 분류적 이념형의 필요성을 느꼈다. 앞에서 제시한 네 가지 행위 유형은 분류적 이념형이라고 할 수 있다. 같은 책, 244-245쪽.

408 윤원근, 『유사 나치즘의 눈으로 읽는 프로테스탄트 윤리와 자본주의 정신』, 52쪽.

409 같은 책, 52쪽.

410 Weber, *The Protestant Ethic and the Spirit of Capitalism*, p.90.

411 같은 책, p.90; Parsons, *The Structure of Social Action vol.* Ⅱ, pp.603-604 참조.

412 Weber, *The Protestant Ethic and the Spirit of Capitalism*, p.90.

413 같은 책, p.78.

414 같은 책. p.90.

415 윤원근, 『유사 나치즘의 눈으로 읽는 프로테스탄트 윤리와 자본주의 정신』, 54쪽

416 Weber, *The Protestant Ethic and the Spirit of Capitalism*, p.105.

417 지명렬, 『독일 낭만주의 연구』, 15쪽.

418 Weber, *The Protestant Ethic and the Spirit of Capitalism*, p.104.

419 같은 책, p.105.

420 같은 책, p.94.

421 칼 뢰비트, 『헤겔에서 니체로』, 136쪽.

422 Weber, *The Protestant Ethic and the Spirit of Capitalism*, p.103.

423 같은 책, p.103.

424 위르겐 코카, 「칼 마르크스와 막스 베버 비교: 독단론과 결단주의 사이의 사회과학」.

425 Weber, *The Protestant Ethic and the Spirit of Capitalism*, p.112. 번역은 요한 볼프강 폰 괴테, 『파우스트』 제11판(박찬기 역, 삼성출판사, 1977), 50쪽에서 가져온 것임.

426 Dennis Wrong, *Max Weber*(New Jersey:Prentice-Hall, Inc., 1970), p.112.

427 Weber, *The Protestant Ethic and the Spirit of Capitalism*, pp.124-125.

428 앤서니 기든스, 『막스 베버의 정치 사회학』(김성건 역, 대영사, 1981), 74쪽.

429 Gerth & Mills, *From Max Weber*, p.127.

430 김덕영,『막스 베버』, 409쪽.

431 같은 책, 410쪽.

432 같은 책, 410쪽.

433 같은 책, 286-288쪽.

434 Weber, *Economy and Society*, p.867.

435 Treiber, "Elective Affinity between Weber's Sociology of Religion and Sociology of Law", p.845.

436 같은 글, p.874.

437 Weber, *Economy and Society*, p.868.

438 Jeffrey C. Alexander, *Theoretical Logic in Sociology vol.3., The Classical Attempt at Theoretical Synthesis: Max Weber*(Los Angeles: University of California Press, 1983), p.123 에서 재인용.

439 Gerth & Mills, *From Max Weber*, p.321.

440 Reinhard Bendix, *Max Weber - An Intellectual portrait*(London: Methen & Co. LTD, 1977), p.421.

441 Weber, *Economy and Society*, p.867.

442 프리드리히 마이네케,『국가 권력의 이념사』, 431쪽.

443 I. C. 헤넬 편,『폴 틸리히의 그리스도교 사상사』, 294-296쪽.

444 빌헬름 니젤,『비교 교회사』, 261-276쪽.

445 크레인 브린턴,『서양 사상의 역사』(최명관 외 역, 을유문화사, 1989), 320쪽.

446 존 브라트,『칼빈주의 발전 약사』(한국칼빈주의연구원 편역, 기독교문화협회, 1986), 241쪽; 조지 세이빈·토머스 솔슨,『정치 사상사』 증보판(성유진 외 역, 한길사, 1989), 478-482쪽.

447 아놀드 하우저,『문학과 예술의 사회사: 근세 편 下』, 125쪽.

448 존 브라트,『칼빈주의 발전 약사』, 240쪽.

449 에른스트 트뢸치,『프로테스탄티즘과 진보이념』, 57-70쪽.

450 장 칼뱅,『기독교 강요』(김홍명 외 역, 생명의말씀사, 1989), 526-527쪽.

451 같은 책, 631쪽.

452 앤서니 기든스,『막스 베버의 정치 사회학』, 71쪽.

453 Gerth & Mills, *From Max Weber*, p.149.

454 같은 책, p.149.

455 김용학·장덕진,「베버의 가치와 사실의 비대칭적 분리」,『막스 베버 사회학의 쟁점들』(민음사, 1995), 73-100쪽.

456 Gerth & Mills, *From Max Weber*, p.146.

457 같은 책, p.149.

458 윤원근,『유사 나치즘의 눈으로 읽는 프로테스탄트 윤리와 자본주의 정신』, 216쪽.

459 같은 책, 216쪽.

460 Gerth & Mills, *From Max Weber*, p.143.

461 프리드리히 니체, 『선악의 피안』(박준태 역, 박영문고, 1980), 104쪽.

462 같은 책, 161-162쪽.

463 몸젠도 이런 식으로 베버를 니체와 연관시켰다. 볼프강 몸젠, 「막스 베버의 보편사관 및 정치사상」, 『마르크스냐 베버냐』, 66-67쪽.

464 윤원근, 「금욕적 프로테스탄티즘 윤리와 민주주의의 기본 정신」, 『사회조사연구』 6권 1호(부산대학교 사회조사연구소, 1987).

465 마이클 노박, 『민주자본주의 정신』(김학준·이계희 역, 을유문화사, 1986), 46쪽.

466 Herbert Luethy, "Once Again: Calvinism and Capitalism", Dennis Wrong(ed.), *Max Weber*(New Jersey: Prentice Hall, INC, 1970), pp.123-132. 칼뱅주의가 민주주의에 끼친 긍정적인 영향에 대해서는 에른스트 트뢸치, 「프로테스탄티즘과 진보이념」; 존 브라트, 『칼빈주의 발전 약사』; 멜빈 데이비스, 『칼빈주의 사상과 자유 사상』(한국칼빈주의 연구원 편역, 기독교문화협회, 1986); 아브라함 카이퍼, 『칼빈주의』(박영남 역, 세종문화사, 1990); 노재성, 『교회 민주주의 윤리』(나눔사, 1989)를 볼 것.

467 막스 베버, 『국민 국가와 경제 정책』(김삼수 역, 휘문출판사, 1985), 235-236쪽.

468 같은 책, 237쪽.

469 Karl Loewenstein, *Max Weber's Political Ideas in the Perspective of Our Time*(The University of Massachusetts Press, 1972); 볼프강 몸젠, 「막스 베버의 보편사관 및 정치사상」, 『마르크스냐 베버냐』, 71쪽을 볼 것.

470 배동인, 「베버의 '합리성' 개념의 비판적 검토와 재구성」, 『막스 베버 사회학의 쟁점들』(민음사, 1995), 33-71쪽.

471 Stephen P. Turner & Regis A. Factor, *Max Weber and the dispute over reason and Value*(London: Routledge & Kegan Paul, 1984), p.15.

472 볼프강 몸젠, 「막스 베버의 보편사관 및 정치사상」, 『마르크스냐 베버냐』, 30쪽.

473 같은 책, 30쪽, 주 2.

474 전성우, 「막스 베버의 지배 사회학 연구」, 『막스 베버 사회학의 쟁점들』, 273-277쪽.

475 같은 책, 276쪽.

476 같은 책, 277쪽.

477 같은 책, 299-308쪽.

478 같은 책, 307쪽.

479 Beetham, *Max Weber and the Theory of Modern Politics*, p.146.

480 Weber, *Economy and Society*, p.215.

481 같은 책, pp.1111-1114.

482 같은 책, pp.217-220; Gerth & Mills, *From Max Weber*, p.299.

483 Weber, *Economy and Society*, p.37; Gerth & Mills, *From Max Weber*, p.295.

484 김덕영, 『막스 베버』, 495쪽.

485 레오나드 사피로,『전체주의』(장정수 역, 종로서적, 1983), 22쪽.

486 한스 켈젠,『정의란 무엇인가?』(박길준 역, 전망사, 1984).

487 마이클 노박,『민주자본주의 정신』, 47쪽.

488 프리드리히 하이에크,「자유주의적 사회질서의 제원리」,『자유주의』(노명식 편, 종로서 적, 1987), 263-283쪽.

489 차성환,『한국 종교 사상의 사회학적 이해』(문학과지성사, 1992), 248쪽 이하.

490 랄프 다렌도르프,『분단 독일의 정치 사회학』(이종수 역, 한길사, 1986), 333-347쪽.

491 Weber, *Economy and Society*, p.867.

492 전성우,「막스 베버의 지배 사회학 연구」,『막스 베버 사회학의 쟁점들』, 270-272쪽.

493 같은 책, 280쪽.

494 같은 책, 288쪽.

495 이 부분의 논의는 윤원근,『유사 나치즘의 눈으로 읽는 프로테스탄트 윤리와 자본주의 정신』에서 그대로 가져온 것임.

496 Weber, *Economy and Society*, p.53.

497 에드워드 그랩(Edward G. Grabb),『사회 불평등: 고전 및 현대 이론』(양춘 역, 고려대학 출판부, 2003), 82쪽.

498 Weber, *Economy and Society*, pp.24-25.

499 같은 책, p.24.

500 전성우,「막스 베버의 근대 자본주의 발생론 I」,『한국 사회학』20집, 11쪽.

501 Weber, *The Protestant Ethic and the Spirit of Capitalism*, p.14.

502 박성환,『막스 베버의 문화 사회학과 인간학』, 158-162쪽.

503 Gerth & Mills, *From Max Weber*, p.118.

504 같은 책, p.121.

505 같은 책, p.122.

506 같은 책, p.122.

507 같은 책, p.121.

508 같은 책, p.122.

509 같은 책, p.120.

510 같은 책, p.125.

511 같은 책, p.123.

512 같은 책, p.123.

513 같은 책, p.115.

514 같은 책, p.127.

515 같은 책, p.127.

516 앤서니 스미스,『베버와 하버마스』(김득룡 역, 서광사, 1991), 79-83쪽.

517 피터 드러커,『경제인의 종말』(이재규 역, 한국경제신문, 2008), 71-72쪽.

518 Weber, *The Protestant Ethic and the Spirit of Capitalism*, p.81.

519 같은 책, p.81.

520 W. Rossides, *The History and Nature of Sociological Theory*; 칼 뢰비트, 『헤겔에서 니체로』; 전성우, 「막스 베버의 근대사회론」, 『막스 베버와 동양 사회』; 박성환, 『막스 베버의 문화 사회학과 인간학』.

521 Beetham, *Max Weber and the Theory of Modern Politics*, p.125.

522 같은 책, p.125.

523 같은 책, p.125.

524 같은 책, p.126.

525 같은 책, p.127.

526 같은 책, p.127.

527 같은 책, p.126.

528 같은 책, p.127.

529 '카리스마적 지도자'에 대해서는 3장에서 자세하게 언급할 것이다.

530 Turner & Factor, *Max Weber and the dispute over reason and Value*, pp.83-84.

531 모리스 크랜스턴, 『자유란 무엇인가』(황문수 역, 문예출판사, 1992).

532 Turner & Factor, *Max Weber and the dispute over reason and Value*, pp.80-86.

533 모리스 크랜스턴, 『자유란 무엇인가』, 100쪽.

534 칼 마르크스, 『자본론 I』, 47쪽.

535 같은 책, 47쪽.

536 같은 책, 49쪽.

537 같은 책, 52쪽.

538 같은 책, 91쪽.

539 같은 책, 91쪽.

540 같은 책, 179쪽.

541 같은 책, 179쪽.

542 같은 책, 179쪽.

543 같은 책, 801쪽.

544 같은 책, 801쪽.

545 같은 책, 802쪽.

546 같은 책, 804쪽.

547 같은 책, 808쪽.

548 데이비드 맥렐런, 『칼 마르크스의 사상』, 296쪽.

549 칼 마르크스, 『정치경제학 비판을 위하여』, 7-8쪽.

550 칼 마르크스·프리드리히 엥겔스, 『당에 대하여』, 147쪽.

551 같은 책, 145쪽.

552 같은 책, 148쪽.

553 조나단 터너 외, 『사회학 이론의 형성』, 184쪽에서 재인용.

554 칼 마르크스·프리드리히 엥겔스,『당에 대하여』, 161쪽.

555 같은 책, 161쪽.

556 같은 책, 162쪽.

557 지명렬,『독일 낭만주의 연구』, 61-95쪽.

558 같은 책, 23쪽.

559 에른스트 피셔,『마르크스 사상의 이론구조』, 26쪽.

560 진보적 낭만주의자에 대한 이하의 논의는 같은 책, 14-28쪽 참조.

561 같은 책, 16쪽에서 재인용.

562 같은 책, 26쪽.

563 칼 마르크스,『헤겔 법철학 비판』제3판(홍영두 역, 도서출판 아침, 1989), 196쪽.

564 같은 책, 196쪽.

565 같은 책, 203쪽.

566 데이비드 맥렐런,『칼 마르크스의 사상』, 55쪽.

567 칼 마르크스,『경제학-철학 수고』, 24쪽.

568 칼 마르크스·프리드리히 엥겔스,『독일 이데올로기 I』, 229쪽.

569 데이비드 맥렐런,『칼 마르크스의 사상』, 55쪽.

570 칼 마르크스,『경제학-철학 수고』, 84-85쪽.

571 같은 책, 97쪽.

572 같은 책, 87쪽.

573 같은 책, 86쪽.

574 로버트 터커,『칼 마르크스의 철학과 신화』, 240쪽.

575 칼 마르크스·프리드리히 엥겔스,『독일 이데올로기 I』, 74쪽.

576 같은 책, 74쪽.

577 칼 마르크스,『경제학-철학 수고』, 108쪽.

578 칼 마르크스·프리드리히 엥겔스,『독일 이데올로기 I』, 75쪽.

579 데이비드 맥렐런,『칼 마르크스의 사상』, 61-62쪽.

580 로버트 터커,『칼 마르크스의 철학과 신화』, 46쪽.

581 칼 마르크스,『경제학-철학 수고』, 84쪽.

582 칼 마르크스,『헤겔 법철학 비판』, 204쪽.

583 같은 책, 202쪽.

584 같은 책, 202쪽.

585 같은 책, 203쪽.

586 데이비드 맥렐런,『칼 마르크스의 사상』, 289쪽.

587 칼 마르크스·프리드리히 엥겔스,『당에 대하여』, 149-151쪽.

588 데이비드 맥렐런,『칼 마르크스의 사상』, 289쪽.

589 같은 책, 233쪽.

590 어빙 자이틀린,『사회학 이론의 발달사』, 155쪽에서 재인용.

591 칼 마르크스·프리드리히 엥겔스, 『당에 대하여』, 150쪽.

592 같은 책, 154쪽.

593 같은 책, 153쪽.

594 로버트 니스벳, 「공동체 이론의 역사」, 141쪽.

595 Tönnies, *Community and Society*, pp.191-197 참조.

596 Gerth & Mills, *From Max Weber*, p.330.

597 같은 책, pp.323-359의 "세계에 대한 종교적 거부와 그 방향"을 참조할 것.

598 같은 책, pp.340-350 참조, 또한 p.143 참조.

599 같은 책, p.149.

600 Weber, *The Protestant Ethic and the Spirit of Capitalism*, p.5.

601 Gerth & Mills, *From Max Weber*, pp.115, 127.

602 같은 책, p.115.

603 같은 책, p.115.

604 같은 책, p.128.

605 볼프강 몸젠, 「막스 베버의 보편사관 및 정치사상」, 『마르크스냐 베버냐』, 73쪽.

606 같은 글, 73쪽 참조.

607 정치가와 관료의 역할에 대한 베버의 논의를 요약한 것으로는 Nicos P. Mouzelis, *Organization and Bureaucracy*(Chicago:Aldine Publishing Company, 1977), p.21 참조.

608 Beetham, *Max Weber and the Theory of Modern Politics*, pp.64-65.

609 같은 책, p.225.

610 같은 책, p.57.

611 같은 책, p.55.

612 같은 책, p.225.

613 같은 책, p.225.

614 같은 책, p.23.

615 Gerth & Mills, *From Max Weber*, p.126.

616 Beetham, *Max Weber and the Theory of Modern Politics*, p.125.

617 Weber, *Economy and Society*, p.925; Beetham, *Max Weber and the Theory of Modern Politics*, p.126.

618 Beetham, *Max Weber and the Theory of Modern Politics*, p.125.

619 Weber, *The Protestant Ethic and the Spirit of Capitalism*, p.15.

620 Gerth & Mills, *From Max Weber*, p.148.

621 Beetham, *Max Weber and the Theory of Modern Politics*, pp.131-134 참조.

622 앤서니 기든스, 『막스 베버의 정치 사회학』.

623 Beetham, *Max Weber and the Theory of Modern Politics*, p.81.

624 같은 책, p.89.

625 Beetham, *Max Weber and the Theory of Modern Politics*, p.67.

626   Weber, *Economy and Society*, p.974.

627   Gerth & Mills, *Max Weber and the Theory of Modern Politics*, pp.77-78.

628   Weber, *Economy and Society*, p.974.

629   같은 책, p.974.

630   같은 책, pp.973-980.

631   Beetham, *Max Weber and the Theory of Modern Politics*, p.65.

632   Mouzelis, *Organization and Bureaucracy*, p.25.

633   Bendix, *Max Weber - An Intellectual portrait*, pp.30-41 참조.

634   Weber, *The Protestant Ethic and the Spirit of Capitalism*, p.8.

635   볼프강 몸젠, 「막스 베버의 보편사관 및 정치사상」, 『마르크스냐 베버냐』, 71-72쪽.

636   Beetham, *Max Weber and the Theory of Modern Politics*, p.102.

637   볼프강 몸젠, 「막스 베버의 보편사관 및 정치사상」, 『마르크스냐 베버냐』.

638   Weber, *Economy and Society*, p.13.

639   프리드리히 마이네케, 『국가 권력의 이념사』, 31쪽.

640   볼프강 몸젠, 「막스 베버의 보편사관 및 정치사상」, 『마르크스냐 베버냐』, 39쪽.

641   윤원근, 『유사 나치즘의 눈으로 읽는 프로테스탄트 윤리와 자본주의 정신』, 214쪽. 필자는 단념으로 번역하였는데, 김덕영은 체념으로 번역하였다. 체념이라는 용어가 더 적절하다고 판단해 필자의 번역을 인용하면서 단념을 체념으로 수정하였다.

642   김덕영, 『막스 베버』, 711쪽.

643   같은 책, 711쪽.

644   같은 책, 711쪽.

645   Beetham, *Max Weber and the Theory of Modern Politics*, p.81.

646   Mouzelis, *Organization and Bureaucracy*, p.62.

647   Beetham, *Max Weber and the Theory of Modern Politics*, p.136.

648   같은 책, p.137.

649   Weber, *Economy and Society*, p.974.

650   프리드리히 니체, 『선악의 피안』, 261-262쪽.

651   Beetham, *Max Weber and the Theory of Modern Politics*, p.137; Turner & Factor, *Max Weber and the dispute over reason and Value*, p.83.

652   Weber, *Economy and Society*, p.34.

653   Turner & Factor, *Max Weber and the dispute over reason and Value*, p.81.

654   같은 책, p.85.

655   윤원근, 『유사 나치즘의 눈으로 읽는 프로테스탄트 윤리와 자본주의 정신』, 214쪽.

656   같은 책, 215쪽.

657   같은 책, 216쪽.

658   Turner & Factor, *Max Weber and the dispute over reason and Value*, pp.83, 85.

659   Weber, *Economy and Society*, pp.217-226 참조.

660 　같은 책, pp.973-980 참조.

661 　Treiber, "Elective Affinity between Weber's Sociology of Religion and Sociology of Law", p.840.

662 　같은 글, p.841.

663 　랄프 다렌도르프, 『분단 독일의 정치 사회학』, 333-347쪽.

664 　윤원근, 『유사 나치즘의 눈으로 읽는 프로테스탄트 윤리와 자본주의 정신』, 30쪽.

665 　로버트 터커, 『칼 마르크스의 철학과 신화』, 57쪽.

666 　칼 포퍼, 『열린 사회와 그 적들 II』, 97쪽.

667 　에밀 브루너, 『정의와 자유』 제14판(전택부 역, 대한기독교서회, 1988), 140쪽.

668 　아브라함 카이퍼, 『칼빈주의』, 119쪽.

669 　조지 세이빈·토머스 솔슨, 『정치 사상사』, 1095-1115쪽.

670 　로버트 니스벳, 『현대사회의 정신사적 기초』(강대기 역, 문학과지성사, 1990), 2부 참조.

671 　가라타니 고진, 『세계사의 구조』(조영일 역, 도서출판b, 2012), 21쪽.

672 　Weber, *Economy and Society*, LIII.

673 　Beetham, *Max Weber and the Theory of Modern Politics*, p.85.

674 　칼 뢰비트, 『헤겔에서 니체로』, 163-165쪽.

675 　Turner & Factor, *Max Weber and the dispute over reason and Value*, p.45.

676 　디터 헨리히, 『막스 베버의 과학 방법론』, 158쪽.

677 　윤원근, 『유사 나치즘의 눈으로 읽는 프로테스탄트 윤리와 자본주의 정신』, 216쪽.

678 　프리드리히 니체, 『선악의 피안』, 158-161쪽.

679 　Weber, *The Protestant Ethic and the Spirit of Capitalism*, p.24.

680 　휴 로스 매킨토시, 『현대신학의 선구자들』, 12쪽.

681 　같은 책, 12쪽.

682 　버트런드 러셀, 『서양철학사』, 858-859쪽.

683 　한나 아렌트, 『전체주의의 기원 2』(이진우·박미애 역, 한길사, 2006), 121쪽.

684 　같은 책, 121쪽.

685 　같은 책, 122쪽.

686 　같은 책, 121쪽.

687 　같은 책, 247쪽.

688 　같은 책, 123쪽.

689 　같은 책, 124쪽.

690 　같은 책, 168-169쪽.

691 　에밀 브루너, 『정의와 자유』, 144쪽.

692 　랄프 다렌도르프, 『분단 독일의 정치 사회학』, 23쪽.

693 　존 매쿼리, 『20세기 종교 사상』(한숭홍 역, 나눔사, 1990), 238쪽.

694 　같은 책, 238-242쪽.

695 데이빗 헬드, 『민주주의의 모델들』(박찬표 역, 후마니타스, 2010), 265~266쪽.

696 같은 책, 268쪽.

697 같은 책, 269쪽.

698 아돌프 히틀러, 『나의 투쟁』(황성모 역, 동서문화사, 2014), 581쪽.

699 같은 책, 585쪽.

700 같은 책, 587쪽.

701 같은 책, 477쪽.

702 같은 책, 478쪽.

703 같은 책, 254쪽.

704 한나 아렌트, 「악의 진부성: 예루살렘의 아이히만」, 『인간의 가치 탐색』, 274쪽.

705 한나 아렌트, 『전체주의의 기원 2』, 259쪽.

706 같은 책, 257쪽.

707 같은 책, 261쪽.

708 아돌프 히틀러, 『나의 투쟁』, 420쪽.

709 한나 아렌트, 『전체주의의 기원 2』, 260쪽.

710 Niccolò Machiavelli, *The Prince*(London: Oxford University Press, 2005), p.61.

711 피터 드러커, 『경제인의 종말』, 72쪽.

712 한나 아렌트, 『전체주의의 기원 2』, 18쪽.

713 같은 책, 18쪽.

714 같은 책, 18쪽.

715 같은 책, 18쪽.

716 박찬기, 『독일 고전주의의 문학사적 연구』(일지사, 1987), 196쪽.

717 차인석, 「세계시민적 관점에서 견지에서 본 보편사의 이념」, 『19세기 독일 사회철학』
     (민음사, 1986), 48~49쪽.

718 칼 포퍼, 『열린 사회와 그 적들 II』, 108~109쪽.

719 칼 마르크스·프리드리히 엥겔스, 『당에 대하여』, 141쪽.

720 같은 책, 141~142쪽.

721 같은 책, 173.

722 Weber, *The Protestant Ethic and the Spirit of Capitalism*, p.18.

723 같은 책, p.18.

724 같은 책, p.18.

725 같은 책, p.18.

726 같은 책, p.18.

727 디터 헨리히, 『막스 베버의 과학 방법론』, 134쪽.

728 같은 책, 135쪽.

729 Weber, *The Protestant Ethic and the Spirit of Capitalism*, pp.26~27.

730 Gerth & Mills, *From Max Weber*, p.123.

731 Beetham, *Max Weber and the Theory of Modern Politics*, p.279.

732 아돌프 히틀러, 『나의 투쟁』, 484쪽.

733 같은 책, 472쪽

734 같은 책, 471쪽.

735 버트런드 러셀, 『서양철학사』, 900쪽.

736 한나 아렌트, 『전체주의의 기원』, 20쪽.

737 같은 책, 17쪽.

738 알렉시스 토크빌, 『미국의 민주주의 I 』(임효선·박지동 역, 한길사, 1997), 382쪽.

739 한나 아렌트, 『전체주의의 기원 2』, 27쪽.

740 Turner & Factor, *Max Weber and the dispute over reason and Value*, p.15.

741 아돌프 히틀러, 『나의 투쟁』, 485쪽.

742 한나 아렌트, 『전체주의의 기원 2』, 255쪽.

743 같은 책, 20쪽.

744 같은 책, 23쪽

745 인도는 영국의 식민지를 거치면서 의회 제도가 정착되었기에 전체주의로 나아가지는 않을 것이다.

746 한나 아렌트, 『전체주의의 기원 2』, 24-25쪽.

747 자사, 『중용(中庸)』(김길환 역, 휘문출판사, 1985), 395쪽.

748 황태연, 『감정과 공감의 해석학 2』(청계, 2015), 1132쪽.

749 뚜웨이밍, 「갈등과 대화」, 『우리가 사는 세계』 제3판, 481쪽.

750 유발 하라리, 『사피엔스』, 329쪽.

751 같은 책, 334쪽.

752 같은 책, 581쪽.

753 같은 책, 561쪽.

754 같은 책, 582쪽.

755 같은 책, 564-565쪽.

756 유발 하라리, 『호모 데우스: 미래의 역사』(김명주 역, 김영사, 2017), 378쪽.

757 같은 책, 585쪽.

758 같은 책, 585쪽.

759 같은 책, 585쪽.

760 같은 책, 580쪽.

761 같은 책, 580쪽.

마르크스 vs 베버